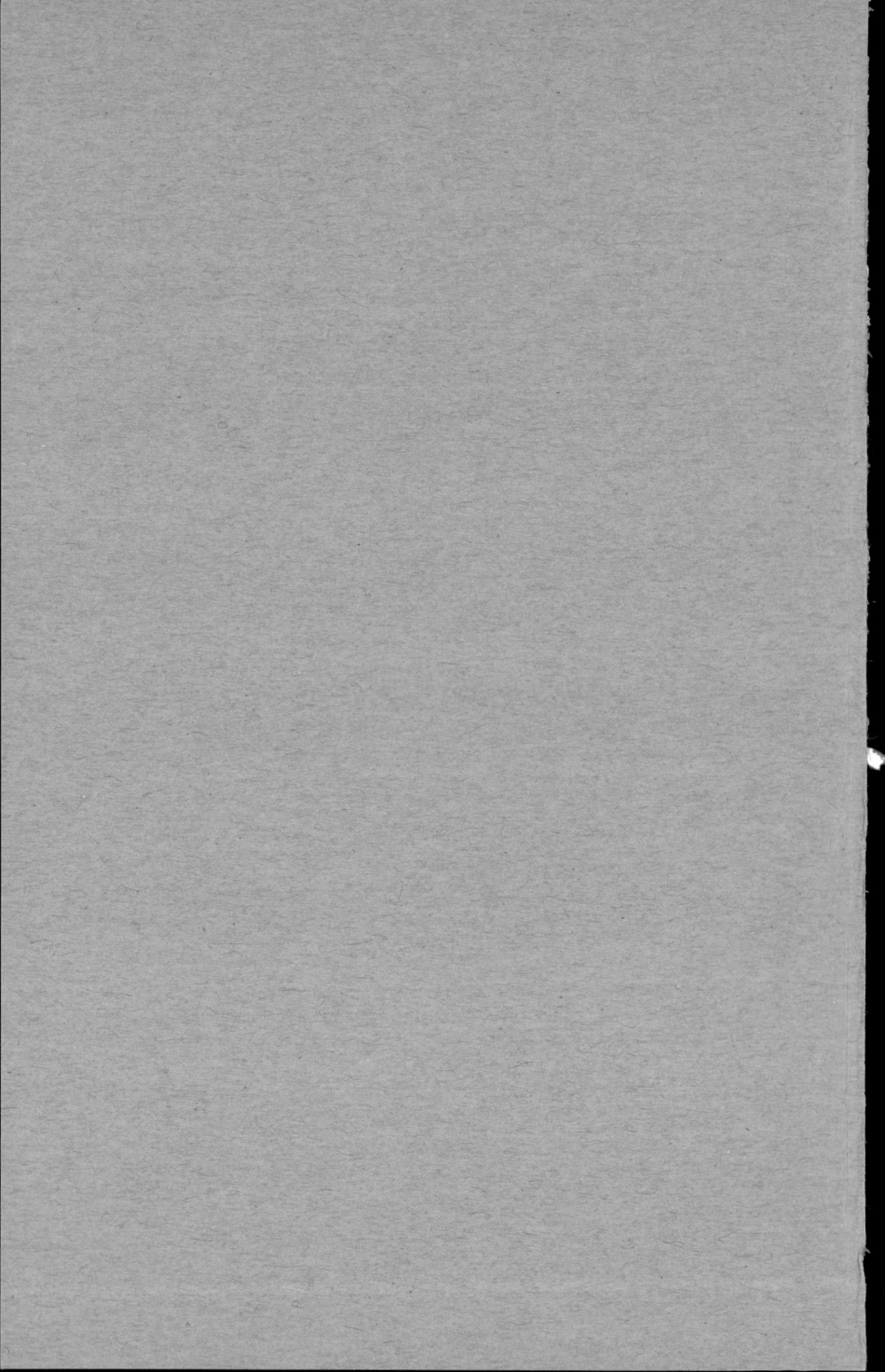

谁在银闪闪的地方，等你

简媜

著

江苏凤凰文艺出版社
JIANGSU PHOENIX LITERATURE AND
ART PUBLISHING

图书在版编目（CIP）数据

谁在银闪闪的地方，等你 / 简媜著. -- 南京 ：江苏凤凰文艺出版社，2025. 9. -- ISBN 978-7-5594-9995-0

Ⅰ. I267

中国国家版本馆CIP数据核字第2025GL2982号

著作权合同登记号：10-2025-5

本著作物经北京时代墨客文化传媒有限公司代理，由作者简媜授权在中国大陆独家出版、发行中文简体字版。

谁在银闪闪的地方，等你

简 媜 著

责任编辑	项雷达	
总 策 划	刘 平	
图书策划	王慧敏	大 仙
营销支持	卢 琛	
封面设计	所以设计馆	
责任印制	杨 丹	
出版发行	江苏凤凰文艺出版社	
	南京市中央路 165 号，邮编：210009	
网 址	http://www.jswenyi.com	
印 刷	北京中科印刷有限公司	
开 本	787 毫米 ×1092 毫米 1/32	
印 张	19	
字 数	348 千字	
版 次	2025 年 9 月第 1 版	
印 次	2025 年 9 月第 1 次印刷	
书 号	ISBN978-7-5594-9995-0	
定 价	78.00 元	

江苏凤凰文艺版图书凡印刷、装订错误，可向出版社调换，联系电话025-83280257

当我们变成橘子

——写给初老时期

1. 捶心肝之前

您有空吗？我们来说故事。

说故事之前，暖个身，先回顾。

感觉只是一瞬间，距离二〇一三年《谁在银闪闪的地方，等你》出版竟已九年。过日子怎么像买一支冰激凌，还没吃，被艳阳像几条恶犬伸出舌头舔光，连酥饼壳子也嚼了，手上涎着奶渍及饼屑，舔着，味道怪怪的，不知是冰激凌原来的口味还是自己这只脏手本就五味杂陈。

写这书时，我刚跨过五十门槛，一生大架构底定，人生中无所逃顿的困境与险涛已经历数波以上，风霜勋章别在里衣，披上外套一身亮丽。在多轨公转与创作自转之间思索生死课题常有诡异之感，像被裂解后又迅速复元为一；

盗火的普罗米修斯所受惩罚便是锁在高加索悬崖上，每日被恶鹰啄光肝脏又还他一个新肝，周而复始，即使后来获救，身上仍须系着铁链，链上拖一块高加索石头以顾全天神宙斯的颜面（神比人更爱面子），这种不自由的自由与我当时的处境相符。不知普罗米修斯后来是否找工匠将铁链雕成艺术品、石块磨成宝石坠饰用时尚感帮自己复一点仇，我在多轨公转中快被五马分尸时确实靠创作自转挡了下来，终于完成书稿，全身像脱了一层皮。但复仇的快感还没好好品尝，为这书开新书发表会的照片登上了报纸，南方澳渔港边的阿舅看到，惊呼："怎么变得这么老！"他以为我还是那个绑两条辫子、把门槛当作跨栏跳的小学生永远不被时间找到。是的，老了，眼睁睁地在亲人与朋友的眼皮底下现出一张祖母级的素颜。我不挣扎，直接去老龄柜台报到。虽然心不甘情不愿，但是，老要老得理直气壮，跟宙斯一样，我也有我的尊严。

九年后的今天，六十门槛跨过了，没有最老只有更老。这意味着，想说的话更多。原来，我们年轻时嫌年长者的那些细项，一项不少全回报在自己身上。以前嫌老人胆小，嫌老人话多，嫌老人想不开，嫌老人落伍，嫌老人怕死，现在，无须揽镜，心里有数自己好不到哪里去。

所以，以下要说的故事就是关于"好不到哪里去"的那些事，现在进行到哪儿了？

一起面对吧。有空的话，做做练习题，对身体健康无益，对捶心肝怨叹"时不我予"有点小帮助。您会捶得更大力，直到不怨叹。

2. 几个坏透了的数据

首先，先做个测验，测您的意识年龄。请在脑海里想象几个画面：一、一朵含苞凝露的红玫瑰；二、一条粗重红线；三、鲜花市场上一张艺术人像照；四、婴儿海报。

您选哪个？

趁您思考的时候，我赶紧写几个字。

像含苞红玫瑰轻易地在春暖时节开放，被少子化缠绕的台湾，轻易地在二〇二〇年跨过"生不如死"那条红线。

换言之，每年把照片挂在告别式上的人多过满月宴婴儿。

简言之，啼哭的日子多过笑声。

这世界霸凌我们的力道毫不手软，极端气候、新冠疫情、地缘政治结帮拉派、俄乌战火、通膨压力、能源战争……电影里类型大片纷纷以实境秀、真人演出方式扑向我们，活着跟煎熬渐渐同义。少子化已成气候，二〇二一年新生儿十五万多名，据估算，到二〇三〇年将仅剩十二万，既然成了气候雪上必定加霜，二〇三八年剩九万，二〇六二年恐跌破六万……

暂停。查了一下，二〇〇〇年新生儿有三十万人，推估三十年后，这批婴儿只产出十二万人。这种产能太让人生气了，他们就是我们宠出来的败家子啊！也就是说，我们这一批婴儿潮末段班的人，大都没机会做曾祖，可能连祖辈都没指望，我们抬头有三代以上，低头只剩一代或只看到自己的脚指头。

有降就有升，蒸蒸日上的是毛小孩数目，在二〇二〇年与十五岁以下孩童数目形成黄金交叉：全台湾犬猫数目大于十五岁以下孩童数目。二〇二一年，两百九十五万 vs 两百八十三万，前者四脚有毛，后者两脚没毛。一座岛狗吠猖猖，掩过婴啼。修正，"低头只剩一代或只看到自己的脚指头"加上一句：看到猫孙女、狗孙子。

大势已定，小的出不来，老的一直来。我构思这本书的那几年，台湾老化速度还不算严重，但我已察觉不妙，书一出，好像给这社会添柴火一般，高龄化速度加快，专家给出时限：二〇二五年台湾老人人口将超过20％，成为超高龄社会——台北市、嘉义县走在前面，早已荣登"超高龄县市"金榜。

二〇二五年您几岁？我六十四。婴儿照片或海报跟我们无关了，含苞红玫瑰般的青春已成有烟熏味的记忆——承受过多如烟感叹的缘故——爱过或厌过的人有的已离席（不免疑惑当年怎会爱上这个人或其实那人没那么讨厌），记得你

4

年轻貌美、帅气模样的朋友只剩几个，即使还在，可能陷入失智荆棘丛，连自己都找不着。跨过六十五这条粗红线，线头自动绕圈缠住你的脚，拖着你往香水艳百合与菊花装饰的市场去。你这辈子从未一次收到那么多花，终于在花团锦簇中看到自己那张笑得很呆的死相。

回到测验，选好了吗？

其实，不管选哪一个，没差。

想象一下，我们已经踏入电梯了，语音响起："电梯门要关了。"又用闽南语、英语说一遍。

"然后呢？"您问。

二楼膝关节髋关节磨损不良于行、三楼牙齿掉光喝雅培铁罐、四楼眼瞎耳聋、五楼慢性病折磨、六楼癌变、七楼中风瘫痪、八楼失智、九楼帕金森症、十楼天堂入口。

"什么然后？按您要去的楼层啊？"我只能这么答。

练习题1：您要到几楼？

练习题2：如果不想去，您愿意改变现在的生活习惯，譬如戒烟、戒酒、戒红肉、戒糕点、开始慢跑上健身房吗？

3. 当我们变成橘子

其实，天色还不算太晚，有人倡议第二个青春期，指的就是橘色世代——国际间称五十到六十四岁健康初老时期的人为橘色世代。橘色是丰收的颜色，饱满灿亮。

苏东坡是先知，比他们早提出，《赠刘景文》诗："荷尽已无擎雨盖，菊残犹有傲霜枝。一年好景君须记，最是橙黄橘绿时。"

春夏间艳美的荷花已凋谢，连可以承接雨水的盘叶都枯尽。秋季菊花盛放，花残瓣落之后，茎枝还孤傲地站立风霜中。人生到此，春夏秋皆随风而逝，一年中最好的季节，请您记住，正是橙橘由绿转黄的初冬时节啊。

这诗写的是人生四季，自青春至秋霜，荷叶枯尽，菊枝却能傲霜而立，意味着年华虽逝，也有值得骄傲的东西留下。一生耕耘换得果实渐渐成熟，责任已了，正是可以放怀享受人生的时候。

重点在，责任是否已了。

人生到了初冬，昔日敏感的少女纤毛都硬成钢刷，专治炉台锅底，带露玫瑰上的小刺也实用地变成可以挑虾肠的牙签了。有时觉得人生就是一场大败坏的过程，有时又自我安慰，虽然小鼻子小眼睛地活着，也不全然是浪费粮食对不起地球。

我们这一辈到了橘色时期，能放手开怀追逐自己未竟的理想生活者恐是少数，大部分人被捆手绑脚：一是尚在职场拼搏；二是晚婚晚育以致子女仍在烧钱；三是父母公婆踏进银灰色阶段，需侍老陪病；四是身体走样、零件待修，从橘色直接化成灰烬的时有所闻。以上四担，夫妻同心协力共挑还嫌重，若仅靠一人背负，好好一个橘子半边长青霉的景象见多了。

回顾自己尚在其中的橘色时期，家是主担，侍老陪病不知不觉花去十多年。这其中，还能靠自我纪律完成几本不脸红的作品，感戴苍天厚爱。这年纪看西西弗斯的神话别有体会，滚石上山、石落山底，日复日重来，是惩罚还是淬炼皆在一念之间。毕竟，我们要完成的是自己在意的人生，不是他人眼中拿来称斤两的那种。人生，精彩的东西很少，漫长且庞杂的劳务都是给挚爱的人造桥铺路而已。

橘色阶段是个给予的时期，四周都是向你伸手的人，要呵护的、要决定的、要支持的、要照顾的、要钱的，没有人注意橘色人也在经历身心煎熬的难关。是以，逆风而行的橘色路上，有时也要暂放担子，造一个半梦半醒的心境，恢复蹦跳孩童、灿笑少年、伟硕壮岁的自己，用皱纹换几两自在，以白发钓几条快乐，自我犒赏。把橘色世代当作第二次青春期，吱吱喳喳地，交可以共游的新同伴、约时常同乐的老朋友，保持人际活络。重拾或开发足以自处的兴趣，累积将来独居的心理资本。由此视之，苏东坡称之为一年好景乃智者言，给老苏按一百个赞。

按赞之后，冒出一个橘色脑袋才会问的问题："苏大师，请问您五十岁以后还敢吃东坡肉吗？"

不知道大师会怎么回答。他死于六十四岁，橘世代正好结束。

心情忽然消沉，想起血压计、验血报告上的数据，一个人的"内在"都在那张惹人厌的单子上。想起几个跨不过六十岁门槛的朋友，民俗传说人到五十至六十阶段非常危险。想起几个跨不过七十岁门槛的人，亦有传说人到六十至七十阶段更加危险。想起这些废话，内心深处有个娇滴滴的声音出现："我不要做橘子。"

接着，已在老龄柜台完成报到手续的那个"祖母绿"（苹果脸早已变成芭乐脸），领了一本"老运光明参考书"附带一张"投胎意向调查表"，坐在窗边喝咖啡，眼神呆滞，看着外头嬉闹的年轻人，似乎一点都不在意没有她的参与这世界会败坏得更快（真的吗？），清了清喉咙（需不需要做个快筛？），声音沙哑有点赌气："橘子就橘子，不然能怎样？嫌碍眼不会把皮剥掉。"

"真的呀，剥掉以后变成什么？"娇滴滴的声音问。

"还是橘子。"

练习题1：您能想出变老的五个好处与五个坏处吗？

练习题2：柑橘种类繁多，砂糖橘、帝王柑、橙子、血橙、椪柑、桶柑、茂谷柑、肚脐柑，从最甜的、最大的到最漂亮的、最贵的、最营养的……如果橘世代也有分类，您觉得自己是哪一款橘？

新版序之二

你也有"银闪闪"这一天

1. 青天霹雳：有人让座给你

关于博爱座，这是检验社会文明程度的秤盘，端看放上去的是什么臀即可评鉴。但有时候被认为"该坐博爱座的人"，其心理状态并不单纯。

真实案例：公交车靠边，三位长者上车，其中一对夫妻，另一位稍年轻的是老太太的弟弟，三人都八十多岁了。一上车，颇挤，原本坐在博爱座的年轻人起身让座，老太太招呼老先生坐，众人目光集合如一束镁光灯打在老先生身上，老先生站着不动要妻子坐，众人目光移至老太太身上，老太太身子不动嘴巴动，喊她弟弟：你腿不好你坐。众人目光移到弟弟身上，弟弟站着不动用手拨了老先生肩膀，说：姐夫，人家让你你就坐嘛。老先生两手抓吊环晃来晃去，喷火气：我不坐我不坐。

老太太语气急了：莫名其妙，你就坐嘛！司机看不下去，这三人加起来二百四十多岁要是骨头散来一根，他赔得起吗？大声命令："年轻人让老人坐。"冤枉啊司机大哥，博爱座早就让出三张，是他们臀部长铁钉不坐。

终于，在众人炯炯的目光舆论下三位长者落座了，貌似被迫，嘴巴碎念。

为何不愿坐？我猜测，不见得是心里不服老，而是坐下起身动用到的膝盖、髋骨颇不灵活，车程短，干脆站着有利于快速下车。是我们长期以来的公交车搭乘惯性让长者具有潜在的焦虑感以致如此。我听闻这个案例后，很是不解为何三位长者不搭出租车？随后得到一解，公家敬老车票每月有四百八十点可扣，乘车不用钱，越老越俭省，公家给的没花完很不甘心。

关于博爱座，我们这一代婴儿潮末段班的人被驯化得很彻底，视坐博爱座为品德有瑕疵的人，宁死不坐。

然而，被"博爱"的一天终于来了。

我一上车，有人立刻起身让座，我以为是让别人，回头看只我一人上车，惊魂未定看了善心人士一眼，胸前挂着悠游卡，一看就是"三声无奈"敬老款式，年纪比我大，外貌是个阿伯无误。或许看出我在疑惑，他解释："我马上要下车。"所以是接班人的概念喽，我心里嘀咕，只好坐下来，盯着，看阿伯你有没有骗我。

晴天霹雳就在此，我比他先下车。

从此，霹雳剧场不时开演。平常，靠我这头白发惹来让座也就罢了，疫情期间需戴口罩，加上眼睛畏光、脸部对紫外线敏感，出门标准穿戴是帽子、墨镜、口罩，白发、皱脸都遮住了，自诩身手还算矫健，穿着也不显老，居然还被让座。

那是个放学时间，公交车稍挤，我往后头站，一名穿制服的高中女生立刻弹跳起来让座，我的外显反应很正常，微笑、道谢、入座。打量她的长相，长得很清秀，是个乖孩子。接着心里有个小奸小坏的声音开始发表意见："同学，你这样不得人疼喔，我包成这样你看得出年龄吗？你依据什么判断我需要坐？你要知道人心不只复杂还险恶着呢，有些人你不让座他生气，有些人你让座他更生气。哎，察言观色是门学问啊，等你的人生折磨指数到某个阶段就懂了。同学，我看你需要吃胖点，瘦哩啪唧，怎么跟明星学校那些虎豹豺狼拼顶尖大学……考学测，不能只靠心地善良啊！"心内碎念还没完，靠窗的妇人要下车，我起身挪，待她移走，我挪入靠窗位子，立刻招呼小女生坐下，我急切的样子大概跟祖母招呼孙女差不多——看过那种场面吧，空出两个位子，阿嬷一屁股坐下，一手按住旁边座位好像怕椅垫飞走，一手高举喊孙儿快来坐。又想起几年前在文艺营，索签名的学员中有一位高中女生，摊开书请我题签名字，接着说了一句极尊荣却把我烫伤的话："这是我祖母的书，她是你的粉丝。"——

小女生很听话入座，继续看手机，是漫画。因为联想往事，以致我心内碎念的内容切换成祖母模式："你眼睛不要啦？车子震成这样还看手机，只看漫画不行喔，有没有带语文课本，我帮你签名，顺便传授几招写作秘技。"

世界往往跟不上我脑内的剧情，我包得紧紧的这一身看起来像一根漂流木，没人知晓内在有狂涛巨浪，以为我已老僧入定。

之后，我给出一个解释：纯净婴孩看得见灵异存在，阳气旺盛的少年凭感觉也能侦测年龄。这么说来，老是不可掩藏、无法蒙骗的，即使包得密不通风，自有裂缝，老的气息汩汩而出，不小心让敏感体质的小女生起了鸡皮疙瘩。

抱歉啊，年轻人，老，不是我愿意的。如果我的出现让你无法继续安坐，请包涵，我接受自己需要博爱座这件事所经历的内心撞击，不是你紧翘的臀部能想象的。

练习题 1：您知道公交车、地铁上博爱座的颜色吗？
练习题 2：您会主动坐博爱座吗？

2.当浴室像珠穆朗玛峰险峻

十多年前的某年岁末，我们一家结束在美国短期学术访问返台，下飞机那一刻，老人家跌倒。他们住老公寓四楼，"伤筋动骨一百天",爬楼梯像攀岩,八十八岁、八十五岁两老暂时与我们同住,两个月后,我决定买电梯房子安顿他们。

摊开笔记本,浏览两家房仲网站,锁定自我家步行十分钟内可到的中古电梯大楼,三房两厅两卫有车位,记下十多间标的屋,花两天一一踏查,先看生活机能、周遭环境、大楼外观、嫌恶设施、出入人等,删去泰半,再洽中介看屋,筛到只剩几间,接着带老人家亲看,冠军屋出现。进入议价阶段,钱,当然是大问题,可是放在二三十年时间长度涵盖侍亲、保值、养老蓝图上,问题变得不大,强迫储蓄即可。议价一帆风顺,买卖双方满意成交,不到一个月办妥过户。趁老人家至上海访亲期间,装潢进场,一个月后,完成装潢,搬家公司六趟车把老公寓里的家当全搬到新屋,老人家返台直接入住有电梯的新屋。

从此,老公主与老王子过着幸福快乐的日子。

几年后,九十多岁的公公病了,几乎无力自理每日的沐浴,又基于自尊不让子女知道勉力为之,这才见出我装潢此屋时眼光何等短浅,囿于当时浴缸仍崭新且尊重老人家洗浴习惯,只在马桶、浴缸旁安装扶杆,没考虑到大浴缸迟早不利于老病长者以致留下这个嫌恶设施。不多久,病程变化迅速,聘特别看护照顾,仅能在床上帮他清洁,从此无法享受沐浴之乐。我每次进浴室看到大浴缸便有无名火。公公辞世后,原打算敲掉浴缸改成干湿分离以备婆婆来日体弱时可用,然老人家坚决反对，称用浴缸较能省水，习于旧有的洗浴方式斩钉截铁不愿变更，遂作罢。七年后，窘境出现，九十七岁的她扶着ㄇ形助行器进厕所，每每被门槛卡住且无力抬脚，等到她无法行走必须用轮椅推她进去洗浴，那口浴缸占去空间，使得帮她洗浴的两人加上肢体僵硬的她在狭窄空间里手忙脚乱，一人洗三人湿，狼狈至极。如果我骂自己蠢蛋的语句能换成金块，那些金子够熔一个黄金马桶座。

再三年，婆婆辞世。我忍那口浴缸十多年了，整修房子第一件工程就是打掉两间浴室的门槛变成无障碍，拿掉浴缸改成干湿分离，将厕所的门敲掉改成左右拉门，加大空间以便将来轮椅进出。我非常满意，但自责这么舒适的洗浴设备竟然在老人家都走了以后才完成。

这个宝贵经验值得分享，实言之，凡是照顾过长辈最后一程的人必定咬牙切齿地同意，建商交给我们的那间浴室对老弱病人可比珠穆朗玛峰险峻。与其将来必须敲掉重做，为何不能一开始就配置妥当：譬如，门片放宽到轮椅、助行辅具能进出，门槛改成可拆式随时可变成无障碍，天花板设暖风扇免得冬天洗澡须先用电热器烘暖，加宽洗浴空间以便放洗澡椅，地上排水畅通、快干免得洗一次澡像下一场大雨，高低轻巧的莲蓬头，可收式不锈钢面板必要时可以放脸盆以供习惯前倾式洗头的长者使用（对一个严重驼背的人来说，后仰式洗头极为不便），甚至连干湿分离都撤了，用不易长霉的材质做活动浴帘让整间浴室变成开放式，当有长期卧床、尿袋病人时，照顾者将他从医疗床抱至洗澡轮椅上，直接推到浴室，一人即可帮他洗浴、烘干、着衣。许多家庭必须聘雇帮佣的理由排行榜前三名，必有"洗浴"一项。如果要建立一种可延长老者自尊与自理能力或家人轻省协力即可的老年生活，先给一间智能型浴室再说。

马斯克说：地球是人类的摇篮，但人类不应该一直待在摇篮里。壮哉斯言，壮到听了感慨万千，那些大富豪花十多亿台币当素人航天员圆一趟征服宇宙梦的同时，多少老人必须征服的却是那口该死的浴缸。

练习题1：您愿意戒断躺在浴缸里泡澡的习惯吗？

练习题2：您能接受别人帮您洗澡吗？

3. 钢铁人与复仇者联盟

先说动物。懒得动的动物大都长得很萌，猫熊、无尾熊即是。久远以前带小孩上动物园看可爱动物，正好碰到幼儿园户外教学，无尾熊抱着树干酣睡，可爱小人集体对可爱小无尾熊喊："动一下啦，动一下啦！"小熊理都不理继续睡，让我这急性子的人很想戳它屁屁："大家买门票进来，你好歹翻个身吧。"

足以媲美两熊的动物，名叫树懒（一作树獭），也是标准的慢动作；每分钟只移动四米，那是在树上，在地面的话每分钟只有两米。这是什么概念，我的步伐一步约八十厘米，等于我走三步的距离它要花一分钟。受到威胁时跑得快一点，但也只有一分钟四点五米。依照这种速度，在旷野无遮的地上看起来就是一团温热可口的鲜肉，所以很容易变成猎物，其茂密毛发长满绿藻，等于免费附上色拉给猛兽吃。每日睡眠时间十五至十八小时，若吃到粗硬的一片叶子，得花一个月才能消化。树懒有一张天真无邪、与世无争的脸，它在树上优雅缓慢地伸懒腰的样子，非常具有感染力，让人想看破一切。所以待考学生、办公室墙上千万不可张贴树懒海报，会瓦解奋斗意志。电影《冰川时代》那只人气爆棚的动物希德，就是树懒。

再说电影。电影杂食（趋近厨余桶）者如我，漫威宇宙《钢铁人》系列、《复仇者联盟》系列皆已献上眼球膜拜过了，连迪士尼出品的梦幻动画也无节制地捧场。不太好意思张扬这些，但确实观影胃口随着年龄略有改变，不讨厌通俗了，对营造"密室脱逃"般观影困境、掐脖式沉闷的艺术片失去耐心以致毫不惭愧地看不下去。

这两件不搭嘎的事混搭起来给出一种想象，如果树懒穿上钢铁衣，那可就称心了。同理，人衰老到一定地步就会树懒化，行动迟缓、协调性差，需要一大堆辅具重振威风。但是，需要扯这么远吗？当然需要，凡劝过自诩年轻的体衰父母使用尿布、拐杖、助行器、轮椅、电动床、气垫床却遭到抵死不从的人都理解，硬碰硬只会更硬，需要绕九拐十八弯，借用钢铁人着钢铁装那种科幻酷炫感，才能冲淡变成"树懒人"必须使用辅具时的挫败感。"挫败感"是双人份的，存在于焦虑的子女与自我感觉良好的父母之间；成长过程父母骂子女的十大金句中必有一句："你以为你还年轻啊，都几岁了！"衰老过程子女对父母动怒的十大金句中也必有一句："你以为你还年轻啊，都几岁了！"冤冤相报都是爱。

十多年前公公重症住院，我超前部署提议先购电动医疗床，皆曰不必。出院才半日，病人、照顾者都吃不消，火速购床次日送达。公公逝后，婆婆多次扭到腰起卧痛楚，我建议她改睡电动床，亦曰不必，料想在情感与认知上见床伤感吧。等到自床上起身像下地狱般痛苦时，才愿意试睡，这一试知道好用，自此离不开这床直到最后一刻。

有个真实案例欢迎对号入座。某位受人尊敬的长者，罹患罕见疾病身体渐冻，双手动作不利索、双脚无力不良于行，但脑部仍灵活运转无碍于思考、读书。经济能力丰实，儿女在异国扎根，唯有丈夫往来于此屋与别处小宅，为她添购日常用品。有长照居服员每周一两次陪同至医院复健，一日三餐靠订便当——一周吃二十一个便当，生性乐观的她自豪地向人示范，如何用袋子装着用电锅蒸好的便当，蹒跚移步，从厨房背到客厅桌子用餐。说法有二，一说她自主性强，不能接受外佣照顾、不愿改变家中设备、不想劳烦另一半，坚持着最看重的独立自主的尊严。第二种说法相反，无人为她营造适合养病养老的居家环境，遂归结于她的意愿使然。那一天提早到来，她跌倒在地身亡，不知过了多久才被发现，电视仍开着。因她猝逝而伤心的人，设想常以智者话语、母爱情怀鼓舞晚辈的她最后竟如此无助、孤独地离开，心中无法释怀，想问却说不出口的一句话："这是她应得的吗？"

这些经验使我提早整顿心态，将来有一天若需要拐杖、轮椅辅助，我将速然接受，不必等摔了三两次后才不甘愿地接受。把辅具当成复仇者联盟的邀请函，在自己身上发展轻工业，不失为苦中作乐之法。

然而，也必须务实地说，即使使用辅具也不能保证长辈安全。婆婆一向谨慎，起站、行走都小心翼翼，从未跌倒。九十八岁那年，忽然自椅子上站起来，跟跄几步轰然倒地，速送急诊，幸好未骨折。问她为何如此，她说听到有人按门铃，同在屋内的印尼妹尤妮证实门铃没响。一周后，第二次跌倒又送急诊，原因类似，我们开始怀疑是否幻听。为了预防，不再让她坐藤椅改成轮椅。某日，坐在轮椅上看电视的她忽然挣着起身，幸好旁边的人动作快扶住，但两人一起歪倒在地爬不起来，急电我回来拯救，自此几乎寸步不能离开她。经一事长一智，我做了一条长带子圈住她与轮椅，扣在沙发椅杆上，使之不能自行站起，稍稍解决问题。回想儿子一岁时成天黏着我，我如厕、洗浴时不得不将他放入游戏床（其实就是个没上盖的笼子）拘禁，他哭得肝肠寸断。长辈衰退到一个程度会跨过返老还童线，倒退着走，从稍能沟通的幼孩到不能沟通的老婴儿，这一段路最折磨。有时为了防范不得不加以束缚，一条长带子圈住轮椅看在没经验的人眼里是不够温柔的，戴上球拍型手套以防她抓伤照顾者或扯掉尿管，看在子女眼里也不好受。照顾老者现场几乎每天都有新功课、旧习题必须解决，那些难题微小到无法构成一件像样的事去向关心或不关心的家人言说；一口水、一口粥、一口痰、一坨便、一泡尿、一条管、一处疮，谁有兴趣听这些？"妈妈（爸爸）您要多吃一点喔。"这是远方电话，"这样按痛不痛？肚子有没有舒服一点？"这是协助卧床者排便后同感轻松的问话。值得说吗？生命终将活到只能体验不值得述说的地步，我们要有心理准备。没有人愿意这样老，万一注定，只能愿意。

是以，愿我们维生或监测的辅具只用得上"银光级"血压计、拐杖、助行器，不必进阶到"黄金级"血糖机、血氧机、轮椅、电动医疗床、气垫床，更不必升级到"血钻石级"鼻胃管、尿管、气切管、氧气机、抽痰机。一旦晋升"血钻石俱乐部"会员，意味着必须尝遍满汉全席，每盘胜过黄连苦。

老龄辅具也可以变成时髦产业，意大利研发"购物机器人"Gita（意为短途旅行），两轮方形载货机器人，可载重十八公斤，时速九公里，约台币十万元[1]。老人上街购物，这玩意儿像哈巴狗一样跟在后面，采买的东西放入筐内省得手提，还可当椅子坐。我辈三明治世代（上有越来越黏你的父母，下有离你越来越远的子女）虽比不上网络世代一出生就能在数字瀚海泅泳，但也比我们的上一代更能接纳新科技，日新月异的智能型辅具可望使我们的银龄生活更有尊严，心志与行动更加独立。

前提是，必须拥有开放的心胸、乐于学习新科技的好胜心，否则，变成一只什么都不会或什么都懒得学的树懒只会讨人厌。有些得天独厚的人不用科技产品，反倒成为美谈趣闻，让人津津乐道。我曾经保持戒心不想掉入科技产品陷阱，一只古董手机可做见证，但是看到这个翻脸无情的社会越来越依赖机器智慧，戒心转变成觉醒：万一有一天我独居，连上网预约、订购、申请、下载、转账、换汇都不会，被社会的马腿踢到草丛变成科技残废，可怎么办？有保姆伺候、子女呵护？这种事不会发生在我身上，早有觉悟，从小没有卖萌的本钱，老了再来装可爱，谁理你啊？从此跳入科技潮流输人不输阵，顺便拉拢身边老友一起当没出息的科技产品爱好者。

---

1 指新台币，本书提及的金额均指新台币，不再加注。（编者注）

练习题1：您愿意换新款智能型手机，学习各种数字技能吗？

练习题2：如果有一天行动不便，夜里起床三四次如厕，造成照顾者困扰，您愿意包尿布吗？

4. 在哪里养老？

对很多家庭而言，"养老院"是个禁忌。

大约三四十年前，阿嬷虽老尚康健，有一天她从信箱取回广告单，问家人是什么，答曰"养老院广告单"，这就该闭嘴了，偏偏那人嘴痒加一句："你以后要去吗？"掀起的风波不必细表。

时至今日高龄社会，关乎养老院的介绍四处可见，然而对有些人而言仍是禁忌。吾友的婆婆是个心思极度敏感的长辈，说起某位住在养老院的友人气色佳，媳妇随口答："现在有些养老院设备不错，经营得很好，跟以前不一样。"这下踩到地雷了，婆婆内心绕地球一圈得出"巴不得现在就把我送去"结论，自此一张脸从丝瓜变成苦瓜，而且还是凉拌的，冰得很。世间婆媳关系有千百种版本，大多数版本里有一个气嘟嘟的人。

在宅养老是很多人的第一选择。理想的状况是住在自己名下房子，拥有一份退休金或零用金，不必靠子女供养。

我是一个擅长长程规划的人，大约二十多年前，阿嬷八十多岁，母亲六十多，住在母亲名下公寓，而我们一家住深坑，其他手足各有住处，呈四散状态。那时阿嬷开始无法自理，常有险象，母亲承受照顾压力，情绪与心脏皆糟。我设想往下两个老人的发展及财源支撑，想到脊梁发冷。不久，我们迁至市区，深坑透天厝空出。正巧手足有婚姻变局，我说动他们迁入宽敞的透天厝，无偿使用。母亲的公寓房子装修后出租，这笔收入让她心里踏实。聘雇外佣照顾阿嬷，母亲卸下重担，宽心不少。阿嬷安详地在这屋终老，母亲也进入老龄，数年前我以原价将屋售予手足完成过户，成全母亲观念里祖先牌位与自己都要跟随儿子的传统。她安心养着蔬菜及自己的老年，不必每个月靠子女给孝亲金，不必顾念口袋里还剩多少钱，安住安养如常。这一切，照着我当年的设想发展，感谢上天让我这出嫁女儿在为公婆规划后仍有余力回报世上我最爱的两个女人的养育之恩。

我会在哪里养老？住在自己的屋子当然是首选，若有一天无力自理生活，也能接受去养老机构，当作去特殊景点露营，如果正好有熟朋友或手足一起入住，当作温馨小别墅也不错。所有思考的前提在，不要变成子女的照护压力，这一点，我们夫妻的看法一致。

说是容易的，做决定很难。有一慢性病年长朋友，有积财，无子女，不愿意聘雇，因为找不到完美的用人——连续试用五个皆不满意——困在独居大屋里，多年来每天愁思要不要去养老院却无法决定，因为找不到完美的养老院——参观过十多家养老院，太远、太潮湿、太吵、太窄、太旧、太不卫生、太不亲切、太贵，皆有瑕疵——怨叹这一生为何如此失败，陷在忧思愁苦之中，料想会到倒下那一刻为止。老了，还要坚持完美，好比种"自讨苦吃"瓜，产量丰足，天天吃一条，自成"怨叹养生法"一派开山祖师。

晴天要积雨天粮，这话适用于观念与意识形态之革新，如果我们不趁早"教育自己"理解、接受晚年有最好与最坏版本，万一拿到的是最坏本，以退化至绝对固执状态的脑子是无法接受的，无理取闹的可爱小孩我们见过，吼叫哀号一点都不可爱的老小孩也很常见。

"不要变成晚辈的照护压力"，这话的衍生句是："我们老人要过独立自主的生活""年轻人有年轻人的事，我们不要造成他们的困扰"。仿佛天上有个小秘书，专门帮你记录你讲过的冠冕堂皇金句，逮到机会，用你说过的话塞你的大嘴巴。

有两位一向具有自主意识的长者，大力宣扬过独立的老年生活，不干扰子女。一位进养老院，几年之后厌倦集体生活，对时常听闻院友往生感到害怕，要求搬出来与儿子同住。一位住在自己屋子，有雇佣陪伴，子女每日来探，怎料开始一把鼻涕一把眼泪说子女都不关心她，把她丢给外佣，想与儿子一起住。两案皆引发不小变动，前一位，儿子另租一屋共住，后一位因居处相近，儿子每晚晚餐后过去陪伴至老母就寝方回自己家，清晨起床第一件事先去床前问安，让她觉得儿子就在另一间房间漫漫长夜并非只有雇佣陪伴而已。这当然是欺骗的行为，可耻吗？不，是无奈。

有前例酌参，我也不敢拍胸脯说自己这一生服膺独立自主，老了绝不会要求跟儿子同住。天上那个小秘书太厉害了，我怕她拿我说的金句塞我的嘴。（也许，我应该朝天空说："我以后要跟儿子住啦，怎样？你记下来吧！"）

幼童怕黑，说有鬼躲在门后，哭着要妈妈抱着睡。正当阳光灿亮年纪的人，越夜越美丽，欢歌热舞通宵，黑夜既丰饶又煽情怎会吓人。缠绵病榻、气血衰弱者近似幼童，原本藏在成人骨架深处的那个小孩，现在披上老皮外衣跑出来作主，一生积存的知识、经历、名望、财富、智慧忽然干缩成斑块、肉瘤分布在枯槁肉身上，无法替他挡住漫天黑幕及只有他感受得到的阴风习习，风中有几位冥府使者站在床边盯着看，要带走他。老小孩基于本能，哭着喊："儿子啊，女儿啊，我怕，来陪陪我，你们不能把我扔在这里啊！"如同小孩拉妈妈裙角哀求："我要妈妈，不要上班，妈妈不要上班！"

好熟悉啊，原来生命像回力棒，扔得越远返回原点的力道越强。当此时，住哪里都没差，老小孩要的是住在儿女的怀抱里。

"妈妈抱抱！"

现在换谁抱谁？

练习题 1：如果您的父母哀求要跟您住，您怎么办？

练习题 2：如果您的子女无力或不可靠，无法就近照顾您，您愿意卖掉房子去养老院吗？

5.半堵墙

如果几本户口簿内的人合开一间家庭股份有限公司的话，我的职称类似 CEO 兼财务部经理；最盛时期，保管十多人的四十多本存折印章密码，像无头苍蝇管理水果摊。数字世界的思考方式跟文字不同，考验耐烦程度，每当火山快要爆发，想起红楼梦股份有限公司的 CEO 王熙凤，崇拜一下大姐头，顿时活力充沛继续耐烦。所幸阶段性任务皆圆满达成，此后管好自家的就行。这些经验提醒我财务规划的重要，尤其想要安享晚年不能没有半堵墙可以靠。

关于养老储备金，每个人的需求与潜力身价不同；若命定仆役宫昌旺，深受子女晚辈爱戴，到了晚年自有四方供养：子女买鱼肉、外甥买粮、侄儿买水果、邻居送菜，冰箱塞得满满的，每周又被带出去吃餐厅两次，身体一有小恙，子女买燕窝、外甥买人参、侄儿送滴鸡精，如此具备富豪级潜力身价，每月退休金数万进账够用了。万一没这个命，只能靠自己早日绸缪。五十六岁那年，我提前送给自己的银光礼物就是一份长照险，缴费二十年当作定期储蓄，万一战争动乱毁去资产，万一我儿谋生不易，万一我不幸长寿且缠绵病榻一时之间死不了，不至于造成家人的经济负担。这一生自诩是奋斗者、给与者、协助者，尊严与原则皆建立于此，提早盘算，求一个自给自足的晚年。

公公婆婆给了我极佳的示范，他们一生理财有道，勤俭、清朴，不仅不必仰赖子女反而有余力多做公益，身后留下遗产。婆婆晚年常吩咐我，待她身后要将一笔薪水优惠存款捐做公益，这是她当公务员时公家给的优惠，连本带利一直放在账户里。在她心中，这笔钱是实实在在靠她工作挣得的，跟因理财而获利的钱不一样，捐做慈善别有意义。我们商议后，决定趁她意识清楚时完成心愿，凑成一笔整数捐给四个机构。机构赠的感谢牌匾与一框《圣经箴言》放在她眼见所及之处，我相信是她神智溃散前最愉悦的安慰。

老友在大学任教，有一颗母亲般宝爱学生的绵柔之心，多年来陆续捐设奖助学金嘉惠学生。我们的观念一致，晚年财务布局，除了自身所需也应包含馈赠，留给家人遗产以及回报给社会的捐赠。毕竟，我们这微不足道的生命能够好风好雨地走到尽头，承受了上天与社会的厚恩，不报答就离开，黄泉路上走得不安稳。

有一天我问儿子，如果我们没留给你财产你怎么想，他是个光明正大的孩子，回答："你们的钱是你们的，不必留给我，我自己会工作。"

我听了"龙心大悦"，朕知道了。

练习题1：您想过自书遗嘱吗？
练习题2：您想过如何分配财产吗？

6.断舍离清单路

六十岁以后的人生固然还在橘世代范围，也该练习"断舍离"，跟往日说再见。

开始得很早，心智似乎像晨雾退去后山峦露出原貌，对往来酬酢的事失去兴致，不再记挂人际，连带地，跟我有关的举凡生日、节日、纪念日一律全免，礼物、礼金、蛋糕一律免备。过简单清爽的日子就好，不必繁文缛节、切勿囤积物类。

七十多岁小姑妈告诉我，不再添购衣服，衣橱里的衣服足够穿到死。她说这话时我俩坐在风景区凉亭吃她包的肉粽、喝我煮的咖啡，疫情下胆小鬼的野餐，我看着粽子里扎扎实实的红烧肉栗子香菇蛋黄，再看她的肚腩一眼："那你以后只能瘦下去不能胖上来！"我环视自家，也觉得应该过除法生活——减法太慢，除去多余之物分赠出去较快。"只出不进"原则考验欲望，欲望是长在心里岩石缝隙的狗尾草，以为枯干了，哪知春风一撩，一根根冒出来，群狗乱吠。好在目前还挺得住，除了去文具店会破功之外，其他物项非必要不下手。

都知道身外之物生不带来死不带去，偏偏当事人下不了手丢弃。人一咽气，留下的东西有两种，一是遗产，一是遗物；遗产讲的是继承，遗物要的是整理，遗产只是数字直接汇进继承人账户，遗物是人生，清理的人一份份看、一张张撕、一件件丢，人生道场微物现身说法。将满柜子照片倒在地上像个小丘，清理者如我从中获得的警惕岂是继承人得到的数字能比？这是个好问题：一个人活到一百岁，死后，数千张照片中，子女有没有兴趣看一眼，值得保留的有几张？撑得饱饱的十四升垃圾袋，给了答案。

据闻一位文坛大佬，已至耄耋，一纸一片舍不得扔，所有文书信件杂物装箱存放于租来的大货柜里。听在我这个"遗物整理师"耳里，浑身起鸡皮疙瘩。有两条铁血定律很多老人不愿面对：一、继承人有兴趣的是你的遗产不是你的人生；二、只有极少数人有资格在死后设纪念馆，其手稿信件水杯旧鞋破包被供奉起来膜拜，其他人一生制造出来的东西都叫"垃圾"，差别只在可否回收。老人不整理自己的烂摊子就走，不负责任。

有悟就要有行动，我的整理清单列出必办事项。第一条是家庭机密文件，这部分早有记录，多年前开始，只要我出远门必交代重要文件及备忘单，以防回不来家人找东西如大海捞针。第二条，整理作品，此关乎今生灵命之所系，不亲自整理托付给谁？

整理，考验一个作家在暴风雨未至时如何审视这一生成果，如何以艺术熟龄之眼评判半生提炼而出的作品，重新找到存在的意义，继而增补删改，保留精粹去除糟粕，让留存下来的不让自己脸红。每本作品记录当时的人生阶段，固然有其纪年意义但也不乏让今日之我读来有泥沙之感或笔力嫌弱的章节，这些粗粝没必要继续附着在文字肌理，在不颠覆原文精彩的拿捏下，作者应擒起小镊子将它夹出。

这些纸本书迟早会没入烟尘，不如改弦易辙在数字瀚海留一个修订过的新版本做纪念即可。我终究要离开这个世界，去之前，给等在未来的有缘读者留下值得一读的文字打声招呼，也或许，在我生命结束之前这些作品已不符新世代的阅读兴趣永远埋在数字瀚海的珊瑚礁深处，不论哪一种结局，我有责任整顿文字足迹，作品跟人一样，即使要死，也要死得优雅。

跨过这一道断舍离门槛，文学层面的贪念、执着算是卸下了。其实，断舍离也不是什么大难题，转念而已，思维刻度往一边偏几寸，眼见的景象大不同。大海中的鲸鱼有时会撞向船只以刮除寄生在身上让它发痒发痛的藤壶，书写航程上也有纷杂的欲念藤壶缠身。人比鲸鱼好办，用"梦幻泡影"这条药膏搽一搽，颇有奇效。

有个新名词"数字遗产"，苹果公司推出新功能让用户可以指定几个数字遗产联系人，在你死后，他们可以进入你的账号看到储存在 iCloud 的资料、照片、邮件、日记及各种你活着时候尽情使用而留下的足迹——在实物世界，我们对私密事物保持戒心会妥善清理，但在数字世界里，我们误以为手机、计算机都是私密的，因而忽略数字蜘蛛网帮你记录一切，包括你常逛哪个网站，一目了然。据说人每天生产的资料约 3MB，一生产出的数字资料将近 90GB。我的数字产量少得可怜，文字占不了多少空间，照片、影像随时去芜存菁，不经营社群，用不上数字遗产联系人美意。但毕竟还有未竟计划放在笔记本电脑里，这些粗坯文字大概也无人能代劳完成，人亡政息，若来不及完成，将来直接删除即可。遥想李白、苏东坡一定有不少手稿丢弃了，当中随便一张纸都比我的文字珍贵，有此自知之明方不至于自恋到一笔一画都要留给青面獠牙的"青史"。

想起好友 K，猝然离去之后，家人自笔记本电脑中发现许多珍贵记录及未完成的写作计划，特地复制到随身碟寄给她的好友保存，好友竟无法读取，家人再用新随身碟复制一次，依然空白。人有灵，即使死后也要动用灵异力量阻挡他人窥看未完成的文字。这是个很好的提醒，与其将来一缕幽魂回头遮掩数字遗产，不如生前梳理清楚。

整理清单上第三条是衣物、首饰、信件、照片、资料、书籍、文物、收藏，这一条让人头皮发麻，我决定等不麻的时候再说。

练习题 1：您的整理清单是什么？

练习题 2：对您而言，最难整理的是哪一项？

7. 最后一段路

老人家的银闪闪路程颇长，六十五岁至八十九岁属银光大道，二十四年间除了用药控制心脏、血压外，身手矫健晨昏运动，能买菜烹调自理生活，社交活跃。八十九岁丧偶后进入还算明亮的月光路，有看护伴随协助日常，依然晨昏运动，头脑清楚，能自行吃饭、刷牙、如厕，常常与家人出外吃馆子逛景区，每天笑眯眯地，挂在嘴边的话是："我很知足"。九十六岁左右进入深夜星光小径，神智渐昏、肢体钝化、不太能对答。九十八岁至一百岁是暗影幢幢的碎玻璃路，一截枯木倒卧在床。

怎么判断一个人踏入最后的碎玻璃路，有几个显而易见的指标可供参考。（1）无法沟通，失去言说能力，仅在偶尔清醒时回答是与否或忽然说出某个人名字，除此之外，陷入喃喃自语状态，声音高亢、情绪惊怖、昼夜不息。（2）睡眠混乱，一天一夜不睡或昏睡一天一夜。（3）双脚肌肉流失关节僵硬不能站立、坐稳，躺在床上无法自行移动双脚，两脚间需用大小软垫撑开以免压成褥疮。两手亦如此，手中塞软球、填充玩具避免手指挛缩或情绪激动时抓伤自己、他人。坐在轮椅上，防褥疮的气垫椅垫不可少，各种软垫都需用上。（4）因吞咽呛咳必须使用鼻胃管，泌尿功能失能必须插尿管，呼吸功能退化需使用氧气，无法咳痰需每日抽痰。（5）不管西药、中药，似乎帮助不大。

老人家神智清楚时表明不愿插鼻胃管，急性肾功能衰竭住院期间，医院不止一次建议插鼻胃管，那时她仍能以好、不好表达己愿，家人尊重。出院后，自制软泥食物佐以营养品，一匙一匙喂，她清醒的时刻都在跟汤匙奋斗；燕窝、鸡精、高单位全营养饮品、水果泥、南瓜泥、芋头奶泥、水、药粉。食毕，为她清洁口腔犹如把手伸入鳄鱼嘴里，情绪急躁直接咬下去。老人家是罕见的不喜身体被碰触的人，为她清洁、洗浴充满困难，即使在床上为她翻身、清理秽物，都是不小的工程，最受苦的是每月必须更换尿管，在她身体抗拒下护理师常失败，家人搂抱她软言哄慰、看护握手相陪才完成，貌似三四个大人围着电动医疗床把一个眷恋生命的人从鬼差手中硬拉出来。这期间，随侍在侧的大人有四个，该花的钱不在话下，要什么有什么只问最好不问价格。即使如此，碎玻璃路上只能独自体验，百岁人瑞必须走完全程，在床上每隔数小时需翻身，被强迫撑开嘴巴以小棉刷粘出卡在喉头的痰让她舒服，被施以药物、按摩以等待排出秽物，被翻来覆去以便清洁身体、更换尿布床单。一日有一日的奋战，一周有一周的灾情，如在地狱。当脏器衰败到不得不租用抽痰机为她抽痰时，她极度抗拒、哀号，不出两日，蝉蜕而去。

送别过两位百岁至亲，因而有感，耄耋长者结束的最佳时间是在月光路段。一旦跨过九十门槛，走得晚不如走得早，走得早不如走得好，善终是至福。再昂贵的床也不是头等舱，累积不了里程数，增添讣闻上的数字而已。子女若爱，已有过漫长的时间去爱，若不爱，再苟延十年等着也不会来爱。真实案例欢迎对号入座。有一位失智长者缠绵病榻最后，不可分辨的浓浊语音中忽然出现清晰的名字，一个远方的名字，侍亲者告知这恐是最后的呼唤盼那人回探。那人已读不回。病榻上的呼唤越来越清晰，侍亲者退而求其次盼那人以手机录像或自拍，让牵挂的人见一面，已读不回。长者走了，那人问需不需要回来参加告别式，侍亲者曰：不必。接着的继承在相关人等迅速配合下倒是很平顺地执行，画下句点。

爱，是恒久忍耐又有恩慈，因为爱从来就是不对等的。世间亲情之间的牵绊与缠缚，一人只能看到一面，必定有凡人不能解不能察的情有可原的困难横在最后的呼唤与最后的辜负之间，当然，这是神要去好好调查的事了。

我与先生对最后一段路与身后事看法一致，已签署"不施行心肺复苏术"（DNR），愿生命末期自然而行，将来也拟签订"预立医疗决定"（Advence Decision, AD）与器官捐赠，以求在舒缓疼痛之余顺应身体自然的节奏，安适地抵达终点。

有一天，我问儿子："你希望我们死后放在灵骨塔好让你想念的时候可以去看看，还是我们树葬了事？"他说："看你们自己，我没差。"

"什么叫没差，能这样讲话吗？"做妈妈的心里有点不平衡，当然要纠正。关键是，能当一家人自是有奇缘，我们三人的观念一致，能相互依托。

不能依托的例子也听过，真实案例欢迎对号入座。一位往生者，生前白纸黑字加上口述，交代将来要"树葬"。逝后，家人起了争执，最后由最强悍的那位决定"花葬"，理由是阳明山风水好、往生者不知道有花葬可以选择、家人去缅怀较方便、树葬花葬都是回归自然不要执着。

执着的人最擅长劝别人不要执着。爱，是恒久忍耐又有恩慈，生前死后都一样。

练习题 1：您想象过您的最后一段路吗？

练习题 2：您的医疗决定是什么？

8. 结语

九年前出版这书，心情由沉重转为镇静，如今在大陆出版简体纪念版（手绘的几幅小画中因属创作，保留了手写的繁体），再添新篇，镇静转为淡定。一个微不足道的人能看到自己的黄昏彩霞，能遇见那么多精彩的人、赏看奇妙的事，乃福大命大。"知足"二字，奥妙之处在于"知"，知有多义，明白、识别、相交、赏识、掌管，用在这一阶段的人生，好像失散多年的知己回来陪伴。想想我们做小孩时多么容易满足，看一朵花开就笑得天宽地阔。人老当如是。

感谢与您在文字里相遇。往前走，各有自己的老年生态系，也各有这生态系独具的险恶与丰饶，我们宜以开放的心胸赏看；那些毫不迟疑、毫无保留用爱与关怀照顾我们的人，不管有无血缘关系都是贵人，是守护使者，一定要完足地向他们致谢，死后若有灵要慷慨地保佑他们。那些我们抱以期待却落空的人事物，不必在意，那是上天透过我们而埋伏的一个转折、一次前提、一回试探，为了铺排未来的故事。当然，续集与我们无关。

当我们试着走到顶楼放眼一望，您应该同意，这高度已看不清楚屋内人生的小恩小怨，看到的，只有云淡风轻。

老年书写与凋零幻想

1. 是你吗？

是你吗？翻动书页的是你吗？

你刚踏入滚烫的世间，还是甫自水深火热的地方归来？你才扛起属于你的包袱，还是即将卸下重担？你过着你甘愿的日子，还是在他人的框架里匍匐？你兴高采烈写着将来的梦想，还是灯下默默回顾活过的证据？你身手矫健宛如美洲虎，还是已到了风中残烛？

人生对你而言，是太重还是太轻？是甜美还是割喉的苦？是长得看不到终点，还是短得不知道怎么跟心爱的人说再见？

2. 梦与街道

四年多前，我做了一个很短的黑白梦。梦中出现两位老者，一男一女，穿黑衣，极老，一前一后慢慢走着，走在宽阔的干涸河床暴露出的黑色砾石上。旁边，有一个小孩也可能是个侏儒，躲在大石边偷偷看着他们。梦自行运镜，没有对话，老者从小孩的右侧缓慢地走到左侧，最后，镜头停在小孩的白衣背影上。

几乎也在这时节，我发现街道上、公园里，轮椅老人越来越多，婴儿车越来越少，社会曾有过族群裂痕，现在出现的是人口裂痕，从"高龄化社会"即将进入"高龄社会"、可能迈向"超高龄社会"的统计数据佐证了台湾的处境。这冲击着我。我这一代从小熟背卫生所宣传口号"一个不算少，两个恰恰好"，从来没想过有一天会短少婴儿，而且仿佛被下了蛊，昔年那个蒸腾着梦想与青春、挥舞着汗味吹着稻风的岛，似乎进入花果飘零。一夕间，人全老了。

梦预言了书写方向。黑色砾石指社会环境也是迈向死亡的老年之路，那个偷窥的小孩或侏儒应该是我；梦点出，我自觉像个孩子或是内在力量像个侏儒，不足以处理"老"这么沉重且庞大的主题。

但是，我并未走开，仍然偷窥着，埋伏在那里，睁着我的散文眼睛。

3. 四个老师、十一位助教、六位学长

连助孕的指导疗法都有，连胎教的书都可以找到，更别说关于童年期、青春期的教养。生命落地，人生开始，指导手册一路排开；成年以后，以主题区分，教你如何小额创业，如何买下第一间房，如何克服恐惧战胜忧郁，如何挽救婚姻经营家庭。接着法定退休年龄到了，六十五岁开始，可以游山玩水过自己的日子，另一排闹轰轰的书教你如何养生，如何消灭癌症，如何活到一百二十岁不生病。

没有人教你，如何准备"老病死"？没有人敢挑明：你会老你会病你会死。相反地，那论调是：你不会老，你不会病，你不会死。在酥爽麻醉、通体舒畅的气氛下，怎可能自我反问：若人人如此，那死的都是谁？

在生的现实里，我们是否应该谦虚地想一想，灵魂可能是永远轮转的，但身躯是借来的，用坏了才归还且不须赔偿，已是莫大的福利了！

我无意写一本指导手册，但迫切觉得"老年学"（或老年产业）是一门有待各方齐力砌建的学问。作家关心的仍是世间现场里人的特殊困局与突围，生命之无奈与高贵。在酝酿的数年间，我常常浮出疑问：这世间真的甘甜如蜜吗？既然苦楚多过喜乐，为何又恋恋不能舍？街道上行走的多是苍老者，肢体抖颤、步履艰难，却又展现无比的坚强。老的过

程非常缓慢，像黏蝇纸上一只苍蝇慢慢地抖动小脚，抖不出下文。等我们老的时候才能体会，老人嘴里含了一颗沾着蜂蜜的石子，硬得会崩牙，可是咂巴咂巴之后，分泌了甜，又吮了一口生命的蜜。

然而，预言写作方向的梦，同时也质疑自己的能力。我必须感谢不可思议的众缘汇聚，齐力提拔了我。

二〇一〇至二〇一二两年间，我的亲人走了四个；熟识朋友家中有长辈辞世的，共十一人；二〇〇八至二〇一二，有六位熟朋友罹患重病，最年长的才六十一岁。四年之间，参加告别式带回来的纱袋毛巾有一大叠。不管是基督教追思礼拜唱"奇异恩典"、佛教诵"阿弥陀经"，我都同样流了告别的眼泪。四位至亲中，有一位我侍立在侧、笔记变化陪着走完全部病程，有两位我在现场送他们启程。这四位都是以肉身做讲坛的至亲至爱的老师，详详细细教我修习"生死学分"；十一位助教，提供各式各样"人生终程"考古题，供我深思、解纠缠的谜；六位学长，化疗、电疗、插管、加护病房，从鬼门关爬回来，好似做了"疾病笔记"，替我划出勇气、意志等必考题。

不可思议啊，众缘汇聚！我的书写生涯里从未出现像这书一般的铁人三项式的磨炼，我再不成才，有此不择手段改造我的造化，种种人生角色都完足地历练、多少滋味都尝过之后，依随死神踏查的轨迹，我自诩已有能力下笔。

4. 用文字搓一条绳索，渡河

我们的一生花很长的时间与心力处理"生"的问题，却只有很短的时间处理"老病死"，甚至，也有人抵死不愿意面对这无人能免的终极课题。然而，不管愿不愿意，无论如何挣扎、号叫，"老病死"联合账单终会找上门——先找上我们的父母，再找我们。大约从四五十岁开始，我们得先承接父母的账单，一把鼻涕一把眼泪和着肝肠寸断甚至满腹怒火付完了账单，接着，轮到自己的了。

"老病死"不仅是社会也是家庭、个人的总体检，不仅只是肉身衰变，亦同步涉及家庭伦理、经济、法律、宗教信仰、哲学素养……这些仓储，若等到事到临头再盘算，往往太迟。一个人老了，不只是一个人的事，是一个家的事，整个社会的事。生老病死是自然律，但走这条路的人怎可毫无准备、顺其自然？一个毫不准备的人是不负责任的，他把问题丢给家人及社会。

文学脱离不了人生，这本书也可以说是直接从人生现场拓印下来的，视作导览亦无不可，邀请读者在风和日丽的时候预先纸上神游。由于是现场，不乏也有 Live 段落，刻意保留该有的硝烟与疲惫，正在体验的人或许心有戚戚焉、掬了一把泪，尚未经历的或许嫌它带了刺。我的用意不在刺，在于人。

然而，要把"老病死"学分修好，关键还是在于有没有把"生"这门课读好。是以，这本书需要复合式的书写策略。正文五辑从肉身如舟、人生版权谈起，往下才能谈"老""病""死"。全书二十六万字，各辑比例不一，又有"书中书"的安排；辑三"老人岛"九万多字形同本书的"书中书"，而我私心所爱的"阿嬷的老版本"三万多字又似辑三的"书中书"。正文五辑之外，附挂五篇"幻想"，是我的自我对话。虽然天光还算灿灿，但转眼变天的故事听多了，我也得想一遍自己的凋零结局。用文字搓一条绳索，有一天，牵病榻上的自己渡河。

侍病送终、日常劳役、伏案书写期间，宛如生死矿坑里的矿工，日日忙得伸手不见五指。感谢老友黄姐每隔一段时间叫"小黄"运来她的拿手佳肴，减少我挥铲的辛劳，解我倒悬之累。

5.致读者

有时，我想起你们。今生，用文字与你们做了心灵交流的朋友，无比荣幸。我也许不能记得脸庞、名字，但记得那些卡片、字条、信件、礼物，无一不是纯然且诚恳的关怀，我衷心感谢。

熟悉我作品的你们恐怕也跟着我渐老了，设想你们也开始要修习父母的或是自己的"老病死"课程。你们伴着我走过浪漫、空灵、典丽、朴实，跟着我读了"初生之书"《红婴仔》、看了"身世之书"《天涯海角》，现在也到了该翻一翻"死荫之书"的时候了。昔时的青春悲愁如此纯洁，都是真的，今日于沼泽丛林搏斗这般认份[1]诚恳，也都是真的。"完整的人生应该五味杂陈，且不排除遍体鳞伤。"这是我的感悟。

但愿你们阖上书的时候，心生喜悦，如我写完这本书的心情：相逢在人间，无比赞叹，一切感恩。

写于二〇一三年一月，台北

原稿及十八支写光了墨水的笔

1　闽南语，认命、接受现状的意思。（编者注）

目录

老人岛

病，
最后一项修炼

肉身是浪荡的独木舟

完整的人生应该五味杂陈，且不排除遍体鳞伤。

——作者

在 街 头，
邂 逅 一 位 盛 装 的 女 员 外

我应该如何叙述，才能说清楚那天早晨对我的启发？

从人物开始说起还是先交代自己的行踪？自季节下笔或者描述街头地砖在积雨之后的喷泥状况？我确实不想用闪亮的文字来锁住一个稀松平常的早晨——上班时刻，呼啸的车潮不值得描述；站牌下一张张长期睡不饱或睡不着的僵脸不值得描述；新鲜或隔夜的狗屎，虽然可以推算狗儿的肠胃状况但不值得描述；周年庆破盘价的红布招不值得描述；一排乱停的摩托车挡了路，虽然我真希望那是活跳虾干脆一只只送入嘴里嚼碎算了，但还是不值得扩大描述。

秋光，唯一值得赞美的是秋光。终于摆脱溽暑那具发烫的身躯，秋日之晨像一个刚从湖滨过夜归来的情人，以沁凉的手臂搂抱我。昨日雨水还挂在树梢，凝成露滴，淡淡的桂花香自成一缕风。我出门时看见远处有棵栾树兴高采烈地以金色的花语招呼，油然生出赞美之心。这最令我愉悦的秋日，既是我抵达世间的季节亦情愿将来死时也在它的怀里。

一路上回味这秋光粼粼之美，心情愉悦，但撑不了多久，踏上大街，尘嚣如一群狂嗥的野狼扑身而来，立即咬死刚才唤出的季节小绵羊。这足以说明为何我对那排乱停的摩托车生气，甚至不惜以生吞活虾这种野蛮的想象来疏解情绪，我跌入马路上弱肉强食的生存律则里，面目忽然可憎，幸好立刻警觉继而删除这个念头，举步之间，唤回那秋晨的清新之感，我想继续做一个有救的人。当我这么鼓励自己时，脚步停在斑马线前。

灯号倒数着，所以可以浪费一小撮时间观看几个行人，从衣着表情猜测他们的行程或脾气的火爆程度。但最近，我有了新的游戏：数算一个信号灯时间内，马路上出现多少个老人。

之所以有这个坏习惯，说不定是受了"焦虑养生派"所宣扬的善用零碎时间做微型运动以增进健康再用大片时间糟蹋健康的教义影响（糟蹋云云纯属我个人不甚高尚的评议，可去之）。譬如：看电视时做拍打功，拍得惊天动地好让邻居误以为家暴打电话报警；等计算机打印时可以拉筋——没有脑筋的话就拉脚筋；地铁上做晃功晃到有人害怕而让座给你；在医院候诊时做眼球运动，但必须明察秋毫不可瞪到黑道大哥（瞪到也无所谓，等他从手术室借刀回来，你已经溜了）。我一向轻视这些健康小撇步，总觉得这么做会灭了一个人吞吐山河的气概；文天祥做拍打功能看吗？林觉民会珍惜两丸眼球吗？但说不定我其实非常脆弱且贪生怕死，以致一面揶揄一面受到潜移默化。刚开始，必然是为了在信号灯秒数内做一点眼球运动，企盼能延缓文字工作者的职业伤害——瞎眼的威胁（何况，我阿嬷晚年全盲，她一向最宠我，必然赠我甚多瞎眼基因），接着演变成数人头，就像小学生翻课本看谁翻到的人头较多谁就赢，接着，我必然察觉到那些人头白发多黑发少、老人多小婴少，所以升级变成给老人数数。很快，我得出结论：闲晃的大多是老人，街，变成老街。老人此二字稍嫌乏味，我昵称为"员外"，正员以外，适用于自职场情场操场卖场种种场所退休、每年收到重阳礼金的那一群。

现在，等信号灯的我，又玩起"数员外"游戏。正因如此，我可能是唯一看到马路对面巷口弯出一条人影的人。如果那是时尚女郎，我不会注意，若是哭闹的小女童，我只会瞄一下，假设是短小精悍的买菜妇，我会直接忽略，但她牢牢吸住我的目光，不独因为她是短短二十秒内第八个出现的员外，更因为她比前面七个以及随后出现的第九个都要老，她是今天的冠军。

过了马路，我停住，隔着十几米，不，仿佛隔着百年惊心岁月，不，是一趟来回的前世今生，我远远看着她。她的脚步缓慢，我不必担心她会察觉到有个陌生人正在远处窥看——这当然是很无礼的事。她走到邮局前，邮局旁边是面包店，再来是药房、超商、屈臣氏、银行，然后是我。我无法猜测她的目的地，要过马路或是到超商前的公交车站牌或是直行的某个机构某家商店？此时有个声音提醒我，数算游戏应该停止了，今早得办几件麻烦的事，没太多余暇驻足。我这年纪的人都有数，我们不应该再发展户口簿以外的马路关系，光簿子里的那几个名字就够我们累趴了，再者体力上也很难因萍水相逢而兴起冲动，我们离骁勇善战的"青铜器时期"远了，心锈得连收废铁的都直接丢掉。

但事情有了变化。当我抽好号码牌坐在椅上等候，我竟然缺乏兴致做"银行版眼球运动"——数算有几只监视器，顺便给观看监视器的保全一点"可疑的趣味"，而是看着牌告汇率呆呆地想着我数过的那些员外；他们留在我脑海里的个别印象与美元、欧元、日元字样做了诡异的联结，而币旁的数字则标示他们各自的困难指数是涨或跌。譬如：美元阿嬷的驼背度比昨天严重了零点零三，欧元阿公的颤抖情况可能贬值零点零一，日元奶奶大幅升值意味着不必再推轮椅……灯号显示，还有十三个人在我前面。这时间，不少人掏出手机神游，我继续盯着牌告，猜测他们现在在做什么，喝粥、如厕、复健、走路、卧病或是躺着在运送途中？

我遇到美元阿嬷那天下着大雨，某家医院地铁站，我正要刷卡进站，看到站务员对已出闸门的她指着遥远的另一端出口说明医院方向。八十多岁，阿嬷挂着一把伞当手杖，喃喃地说："喔，这边喔，那边喔，不是这边喔？"她驼背得厉害，几近九十度，微跛，再怎么抬头挺胸也看不到天花板高的指示牌。我停住脚步，对她说："我带你去。"便扶着她朝医院那漫长的甬道走去。外头下着滂沱大雨，如果没人为她撑伞，一个老员外怎么过这么长、杀气腾腾只给二十五秒逃命的马路呢？我送她到大门，交给义工，像个快递员。现在，我忽然想着那天没想到的事，我怎么没问她："看完医生，有人来接你吗？"不，我应该问："你身上有钱坐出租车回去吗？"

在水果摊前，起先我没注意到欧元阿公。选水果的人不少，有几只惹人厌的胖手正以鉴赏钻石的手法挑莲雾，我速速取几个入袋，那天忘了带修养出门，所以在心中暗批："有这么苛刻吗？"付了账，正要离开，这才看见老板娘替欧元阿公挑好莲雾，挂在他的П形助行器上，报了数目，等他付款。我用眼角余光瞥见他的手抖得可以均匀地撒籽入土、撒盐腌菜，就是不能顺利地从上衣口袋掏钱。老板娘等得不耐，帮他从口袋掏出铜板若干，不够，还差若干，欧元阿公嘟囔一声，抖着手往裤袋去。我问老板娘到底多少钱，遂以流畅的手法自钱包掏出那数目给她，她把阿公的铜板放回口袋，对他说："小姐请你的，不用钱。"阿公似乎又嘟囔了一声。我有点不好意思，最怕人家谢我，速速离去，但心想，我若是老板娘请他吃几个水果多愉快！锱铢必较，乃彼之所以富而我之所以窘的关键了。此时，我忽然想到为何他只买莲雾，也许只爱这味，也许相较于木瓜、凤梨、西瓜、哈密瓜这些需要拿刀伺候的水果，莲雾，这害羞且善良的小果，天生就是为了手抖的老员外而生的。不知怎的，想到莲雾象征造物者亦有仁慈之处，竟感动起来。想必，监视器都记下了。

遇到日元奶奶那天也是个秋日。我故意绕一大段路，探访久未经过的静街小巷，看看花树，那是我的欢乐来源；新认识一棵蓊蓊郁郁的树，比偶遇一位故友更令我高声欢呼。我沿着一所小学的四周砖道走着，一排栾树，花绽得如痴如醉，阳光中落着金色的毛毛雨，我仰头欣赏，猜测昨夜必有秋神在此结巢。

正当此时，看见前方有一跑步妇人与一位推着轮椅的老奶奶似乎在谈话，几句对答之后，妇人高声对她说："你想太多了！"说完迈步跑了过来，经过我身旁，或许察觉到我脸上的疑惑，也或许她想把刚刚老奶奶扔给她的小包袱扔出去，所以对我这个陌生人说："老人家想太多了！"一出口便是家常话，使我不得不用熟识口吻问："怎么了？"她答："她说她要走了，唉（手一挥），吃饱没事想太多了！"跑步妇人为了健康迈步跑开。看来，她随便抓了我倒几句话，那老奶奶也是随便抓到她，倒了几句很重要的话，在这美好的晚秋时节。

九十靠边，枯瘦的她佝偻着，身穿不适合秋老虎的厚外套、铺棉黑长裤，齐耳的白发零乱、油腻，有几撮像河岸上的折茎芒花招摇。应有数日未洗浴，身上散着膻腥的毛毯味——混着毛料、潮气、油垢、溲汁，若她倒卧，那真像一张人形踏毯，今早阳光蒸腾，确实适合晒一晒旧地毯。

她推着轮椅，缓慢地移步，这台小车变成她的助行器，只是椅上空空的很是怪异，应该被推的她却推着轮椅，应该坐人的位置却坐了阳光与空气。看来，她还不符合巴氏量表规定，也可能无力负担外佣薪水，只能独自推着空轮椅，在四处布着狗屎的砖道上踽踽而行，阳寿还没用完，只能活着。

我猜测，今早，她沐浴于暖阳中，心思转动："太阳出来了，秋风吹了，我要走了！"因那自然与季节的力量令人舒畅，遂无有惊怖，仿佛有人应允她，咕隆隆的轮转声在第一千转之后会转入那不净不垢的空冥之境，化去朽躯，溶了肮脏的衣物。她感觉这一生即将跨过门槛飘逸而去，故忍不住对陌生人告别。我猜测。

银行里的事情办妥，我得去下一站。不知何故，原应向左走的我竟往右边探去，也竟然如我猜测，第八号员外尚未消失；她站在超商前面，朝着大路，不是要过马路亦非等待公交车，不像等人，更不是观赏远山之枫红雪白（没这风景），那必然只有一个目的：招出租车。

如果身旁有个帮我提公文包的小伙子或仆役，我定然叫他去看看、伸个援手。惜乎，本人辖下唯一的贴身老奴就是自己，遂直步走去。且慢，开口招呼之前，我暗中惊呼，这位女员外是否刚从上世纪二三十年代十里洋场上海掉出来——夜宴舞池里，衣香鬓影，弦醉酒醺，满室笑语涟涟。她喝多了几盅，酒色胜过胭脂爬上了脸，扶了扶微乱的发丝，说：我去歪就来。遂跌入沙发，随手取了青瓷小枕靠着，似一阵凉风吹上发烫的脸庞，竟睡着了。她不知那就是《枕中记》里的魔枕，一觉醒来，竟在陌生的老旧公寓，六七十年惊涛骇浪全然不知，流年偷换，花容月貌变成风中芦苇。

绣衣朱履，一身亮丽长旗袍裹着瘦躯，显得雕梁画栋却人去楼空，头戴遮阳织帽，配太阳眼镜，颈挂数串璎珞，一手提绣花小包一手拄杖。这风风光光一身盛装，说什么都不该出现在街头、在约莫九十多高龄独自外出的老人家身上。

我问："您要叫出租车是不是？"

她说："对。"

"去哪里？"

"××医院。"她答。

"有带车钱吗？"我问。

"有。"她答，清楚明白。

我一口吞下几辆乱停的摩托车（盛怒中的想象），扶她到路边，目测自前方驶来的小黄们，要招一部较有爱心的出租车（这得靠强盛的第六感）。听说，有运将嫌弃老人家行动缓慢，"快一点"，这三字够让一个自尊心顽强的老员外闷很久。在尚未有专营老者需求、到府协助接送的出租车出现之前，一个老人要在马路上讨生活得靠菩萨保佑。还好，招下的应该是个好人，恳请运将帮忙送她到医院，关上车门，黄车如一道黄光驶去，我却迟迟收不回视线，似大队接力赛，交棒者不自觉目送接棒者，愿一路平安，别让棒子掉了。

“为什么穿得像赴宴？没别的衣服吗？”我纳闷。

一位经过的妇人告诉我，老员外就住在后面巷子，独居。我问：“你认识她吗？”她摇头。“那么，帮帮忙，麻烦你告诉里长。”我说。

这口气太像子女请托，连自己都不好意思起来；我忽地欠缺足够的智识分析这种马路边突发的心理波动，我怜悯她吗？不全然，或许怜悯的是一整代老得太够却准备得不够的员外们；他们基于传统观念所储备的“老本”——不论是财力或人力——无法应付这个发酒疯的时代，而本应承担责任的我这一代，显然尚未做好准备或是根本无力打造一个友善社会让他们怡然老去。好比，夕阳下，一辆辆游览车已驶进村庄前大路，孩童喊：“来了！来了！”狗儿叫猫儿跳，旅途疲惫的游客想象热腾腾晚餐、温泉浴、按摩与软床，迫不及待从车窗探出头还挥挥手；而我们，做主人的我们杵在那儿，捂眼的捂眼，发抖的发抖，因为，我们尚未把猪圈改建成民宿。

哪一户没有老人？又有几户做得到二十四分之一孝？“不孝”帽子订单暴增，干脆叫邮差塞信箱算了。我们是“悬空的一代"，抬头有老要养，低头有人等着啃我们的老——如果年轻人总是毕不了业也继续失业的话。

我想着从未认真想过的问题，一时如沙洲中的孤鸟，独对落日。虽然，踩过半百红线不算入了老门，看看周遭五六十岁者热衷回春之术欲抓住青春尾巴的最末一撮毛，可知天边尚存一抹彩霞可供自欺欺人。然我一向懒于同流，故能静心养殖白发，阅读不可逆的自然律寄来的第一张入伍征召令。彩霞，总会被星夜没收的。

我会在哪一条街道养老？会驼得看不见夕照与星空吗？会像骡子推磨般推着轮椅，苦恼那花不完的阳寿祖产，看着至亲挚友一个个离去而每年被迫当"人瑞"展示吗？我是否应该追随古墓派英雄豪杰大口吃肉大碗喝酒，仔细养一两条阻塞的心血管以备不时之需，莫再听信激进养生派所追求的"长而不老，老而不死，死而不僵，僵而不化，化而不散，散而不灭"之不朽理论？（以上纯属个人虚构，切切不可认真。）我会盛装打扮，穿金戴玉，踩着蜗步，出现在街上吗？

"为什么穿得像赴宴？"

忽然，我明白那一身衣着可能是独居老人为了提防不可测的变故，预先穿好的寿服；无论何时何地倒下，被何人发现，赴最后一场宴会的时候，一身漂漂亮亮。

这么想时，我知道，我正式老了。

手 工 刑 法

人，来到这世上，无不欠打。

不服气是吗？听我说个道理来：想想我们出娘胎那天吧，先不论降生的时辰八字是吉是凶，也不管等在产房外的爸爸是贫是富；无一幸免地，当我们铆足全力挣脱而出时，在隧道出口处迎接我们的不是喧天的锣鼓、欢腾的人潮，恰好相反，是一个蒙面陌生人。这名"职业打手"以降龙伏凤十八掌把我们打一顿，不打哭不罢休——那些被这排场弄怒、弄怕或是属于前朝皇帝来投胎转世根本打不得的人当场弃权，驾返天堂。我们这些无所逃遁的人只得乖乖挨打，哭得死去活来。那种哭法依"声韵学"辨之，单单只有一个意思："好痛啊！"

我们一哭，周围的人全笑了。这就是我对人生的第一层体会：不打不下凡，无痛非人间。引申言之，折磨与痛苦乃是我们入世之前即已领得、必须随身携带的两张悠游卡，一打一哭之举，只不过是刷卡有效、允许进入人世的警示声而已。

　　然而，这"打法"应有高明与拙劣之别。高明者，出手轻重有致，打得那初生婴儿一扫蜗居子宫内四体压缩之感，顿时浑身舒畅，不出几日便能咯咯而笑，从此性情开朗，终生不得抑郁症。拙劣者，那日必定手眼不协调；一手捉着沾满胎便的活泥鳅，另一手如急湍中扁舟之翻覆，就这么不偏不倚打中小婴背后的"宿怨穴"（想当然耳应有此穴），遂触动其前世所积未及褪净的种种哀怨、悲愁、碎心、伤怀记忆；这些记忆如四只蜘蛛复活了，一起在这名无辜婴儿背部结网，蛛丝隐入肌理、脉络，从此性格阴郁，两个太阳也晒不出一朵微笑。

　　我完全相信我就是被一位手法拙劣的产婆给打坏的，致使二三十年之久郁郁寡欢，险险寻短。时至今日，我母亲若得了话头总要复诵一遍，当年我是如何日日哭啼、如何"歹摇饲"（行为乖谬）折磨她，其神情悲愤，虽未咬牙也近乎切齿了。其实，母亲有所不知，我之所以难养，乃是被产婆误打误中宿怨穴，使得爱憎痴恨影影幢幢纠缠一身，令我痛不欲生之故也。然而，退一步想，亦不忍苛责村中那位唯一金字招牌的产婆。我报到之日正值水患初退，大地残破，且又是秋深露重的凌晨时分。三更半夜，老人家被人从暖窝里挖起，速速骑脚踏车赶往数里外的我家。当年仅有油灯、蜡烛，照明不佳，老人家气喘吁吁、两眼昏花，一把捉住我这条头胎泥鳅，想必又闪神想起台风使屋瓦破损、鸡鸭短少的烦恼事，下手也就不知轻重，甚至在专业允许的范围内又多打了四五下。我非伟人，哭声无法划破夜幕，但一定痛入心扉，留下阴影。影响所及，自幼即痛恨打小孩的人，再者，亦十分不喜别人触摸我的身体。最后，附带地对套头毛衣也有意见，没事儿要人家复习出娘胎感觉做什么呢？真是不怀好意，抵制它！

如此冗长的叙述只是暖身操，为了凝聚宿命论共识，以使我辈"伏案族"取得自怜自艾权力，放胆呻吟。接着，才能谈背痛。

背痛，似病非病，说痛不痛、说不痛又很痛。其发痛之境界有三：初阶者，顿觉被掏空脂膏只剩一副没人要的蟹壳。中阶的痛法让人觉得自己是块砧板，有个笨家伙拿钝刀在上面杀鱼剁蒜切橙子。高阶者须早晚练习勘破生死，因为活生生地像背了一口檀木棺材。

不拘何种境界，其患者可名列"呻吟歌剧"第一女高音或首席男中音，词曰："哎哟喂呀！好痛喔！会死人哩！"下文依各人母语不同或接汉语三字经或持诵闽南话四字咒，薄有资产者于终咒之后吟唱："谁来帮我按摩，我送他一颗钻！"

长期背痛的人自然而然会对玄秘之学或考古学产生兴趣。兵分二路，一路从星相、命理着手，斤斤计较处女座比天蝎座容易背痛，或破军坐命者比天同坐命的人更易有筋骨伤害。另一路走学术路线，提问："为什么人类会背痛？猴子会吗？黑猩猩会吗？"遂化身为鉴识专家，自考古书籍找解答。我的好友J是个资深背痛者，某次于姐妹淘聚餐上发表"背痛考古学"即兴式学术演讲：

"一切痛苦都要从八百万年前开始讲起！"举座瞠目结舌，纷纷放下筷子。

"八百万年前的非洲遍布浓密的森林，原始猿人以树为家，四肢灵活并用。没想到地球气候改变，导致雨林逐渐消失，几百万年后形成树林、草原散布各地的景观，因此，猿人留在地上的时间增多了，于是演化成直立行走的非洲南猿。你们总该知道鼎鼎大名的露西吧？"J问。

"露西是谁？上柜上市电子公司的总裁吗？"有人问。

"裁你的头！"J说，"她就是三百五十万年前的非洲南猿，我们的远古始祖。"

"那我就放心了。"那人抢白。

"虽然露西还是全身毛茸茸的猿人，但她已经可以跟你我一样一面抱小孩一面追公交车了，如果她活在现代的话。"

"这跟背痛有什么关系？"有人笑着问，一面挟虾子往嘴里输送。

"怎没关系？就像虾子跟嘌呤含量的关系，嘌呤跟你的痛风有关，"J瞪她，"你还吃！"

"我有吃药!"虾子女人坚持着。

"如果南猿始祖们不直立行走,身体骨骼不演化,我们就不会腰酸背痛、颈肩僵硬、关节麻疼!"意犹未尽,继续卖弄:"根据专家的说法,直立行走比在树间晃荡省力,所以南猿们有较多时间与体力交配;而且,省力意味着母猿更容易在生产后恢复体力,也就有机会多生一两胎,这对族群存续具有关键性的影响!所以,注意喽,腰酸背痛的女人是伟大的,因为背痛是一种肉身记号,这记号代表族群存续、物种演化进入新的里程。"

"有必要扯这么远吗?"虾子女人说。

"我喜欢这种悲壮的感觉嘛!虽然不会让我的背舒服,至少心里好过一点。还有,二十三万至三万年前的尼安德塔人跟你一样,深受关节炎之苦。他们可没你好命哟,吃那么多海产!"J说。

语毕,众人一齐瞪她,不予置评。

(好吧,我承认,J就是我。)

背痛不会单独存在,必带着赠品而来。往上延至肩、颈、手肘,往下扩及膝、踝。自此,南回线、北回线接轨,环岛铁道完成。于是,每当严冬逼近寒流来袭,或是熬夜加班手不离桌臀不离座之时,就是"背痛现行犯"饱受凌迟的时候。属初阶痛法的那副蟹壳仿佛生出两只巨螯,没事儿就锁你一下。中阶的那块砧板不是变重是多附了一台食物调理机,轰然作响。至于高阶者，我们必须为他默哀，因为痛到仿佛背上的棺材里有个僵尸探出头来问他"现在几点？"

每个人的背就像一张摊开的羊皮纸，密密麻麻写着成长史。所以，露背装是专为没有背负历史的人设计的。那些布着血丝、瘀青、痣点、伤疤、疹块，必须涂药膏、贴药布如一部沧桑历史的背部，它们的主人绝对奉行"掩饰是一种美德"，除了穿内衣、外衣，还会加背心、外套。因为，历史有时是见不得人的。

我的背记录着一个生于二十世纪六十年代台湾农村排行老大（不只不会挑时辰，连顺序都挑错）女孩子的"虎背锻炼史"。首先，跃上我背的是妹妹，接着又来一个妹妹，最后是弟弟。唯一没让我背过、与我差两岁的大弟很快地成为我的挑水伙伴；一根扁担、一只吊桶，他在前我在后，从三百米外的水井抬水回家。但是，这家伙从小就显露斤斤计较的商人性格，质疑水桶吊绳从扁担中间顺势下滑使他吃重，每走几步便要求"校正"。我俩便在黄昏小路上演练物理学原理、争论公平正义原则。于是，两人估算身高差距，他改以双手抬高扁担头，使彼此负重相当。行走间，我也自小显露"以其人之道还治其人之身"的阴狠个性，即使看到吊桶下滑亦不出声。商人潜藏间谍心思，他故意把扁担抬得更高致吊桶往我处滑来，我见状亦抬高，如是数回，两人皆变成高举双手小跑步似士兵投降。回到家，一桶水洒了大半，讨得一顿臭骂。我"看破"手足之情，赌气地套好另一只水桶，自己挑水去，直到月牙挂上天空，才把灶脚的大水缸注满。

我听说，即使新兵入伍，刚剃度的比丘、比丘尼也不必受这种训练。

铁打的筋骨也禁不住长期操劳，挑水背弟妹的小西西弗斯总有奄奄一息的时候。我祖母是个精通十八般武艺的大地之母狠角色，见我没精神了，拿出扁梳、端一碗水，命我坐好，先屈指用力夹捏我的颈肩，如消防局小队长缉拿潜逃的保育类动物般为我"抓龙"，见我哀叫得火候差不多了，再命我趴着，用扁梳沾水为我刮痧，每每刮出两道红痕，首尾相连，果真一尾活龙被她逮到了。她啧啧称奇，赞叹自己的手艺，全然不顾我痛得涕泗纵横。相较之下，我母亲的刮痧手法温和许多。不过，若恰巧被祖母瞧见，她必定挑剔一番指示重刮，仿佛没煎熟的鱼得回锅再躺一躺。

在那支扁梳的威权统治下，我学会隐瞒伤势。凡是从屋顶摔落、骑车跌入河里这种伤及筋骨的事一律不报，忍一忍也就过了。怎知这一忍却积了暗伤。

高中时期，我的背部脱离"虎背熊腰"目标改走"脊椎侧弯"路线。最佳训练道具不是哑铃、铁饼而是书包。对一个具有勤学苦读精神的学生而言，书包就像战时统帅所在的军事碉堡与秘密弹药库，宁可过度齐备不可不足。每日，我把昨天的课本、参考书带着以便下课复习、遇疑难可立即找老师解惑。当日的课本、参考书当然必带。明日的课本最好也带上，下午清扫之后有空预习。中文字典、英文字典如心脏病患的药丸必须随身携带，便当必带，卫生纸手帕剪刀万金油雨衣酸梅必带。正在看的课外书高潮迭起不可不带，午睡时趴着看几页也好。我顶着露耳垂短发背着大书包度过六年青春期没有艳遇。若有敌机轰炸，我死前一定护着书包，看这姿势就知道七十年代联考的压力有多大。

我带着轻微侧弯的脊椎踏进大学校园。宿命地，因矢志走文学这条"抬不起头来的路"，从此，自头顶百会穴到臀部骶骨上的腰俞穴，保持一个问号形状。待进入文学杂志当小编辑，夜以继日伏案工作，右手中指指肉长茧、指节微弯只能算小点心，重头戏是背部膏肓穴隐隐作痛如插了一支毒箭。酸痛难耐时，央求妹妹帮忙"抓龙"，彼此间对话总是如此："到底是哪里？""这里！不对，上面一点，左边一点，再上面一点，不对不对，下面一点，对！就是这里！哎哟救命啊！杀人哦！"按不到两个喷嚏工夫，痛点溜了，又得宛如两个瞎子操控卫星导航般再次校正坐标。妹妹甚不耐烦，抓圆珠笔在我背上做记号标一二三，免除对位的麻烦。这时期的我过着清心寡欲的生活，一个背部写得跟黑板似的女人，能有什么情欲前途。

这给了我新的体悟。女性想要出头，有的选择靠长在"前面"的天生本钱，有的一身骨气，靠长在"背面"的脊椎撑起半边天。靠前面的不会是坦途，靠背面的通常是条苦路；挑灯夜读、伏案赶工，从书桌换成办公桌、会议桌，首先把臀部坐扁、眼睛看花、胸部压垂、腹脂堆厚，接着从指节、腕隧道关节、手肘、颈肩背如连珠炮一路发，终于修成正果取得总裁、总经理、总编辑"三总"头衔，从此背负天下重任。悲哀的是，当滚石上山的西西弗斯换女性做做看时，首当其冲的是"情欲"胃口。靠背部定胜负的女性总是趴着——面对男性时，她们不再热衷"探囊取物"这种发情母兽爱玩的游戏，只爱趴得像一只宜兰鸭赏，央求丈夫（或男友）帮忙指压、按摩，看能不能把鸭赏按成"春江水暖鸭先知"诗中那只活泼小鸭。"总字号女头目"总是为背部情欲区付出惨痛代价，她们的战场在外面，回到家，除了累趴就是睡死，卧室传来的不是甜言蜜语，是鼾声大作。

把背部玩废了的女性不在少数。某次，与一位事业有成的大姐大喝下午茶。只见她偏着头神情恍然，眉头深锁，右手在耳后、头肩之间游移。我一看就知她绝非对隔桌男士搔首弄姿，遂起了慈悲心，匆匆喝完咖啡，卷起两袖，脱表拔戒指，走到她背后，从后脑发际凹陷处的"风池穴"开始按摩，沿颈项扩及两肩"肩井""肩髃"二穴，稍作停留，如卸下四颗螺丝钉，再顺着第二、三、四、五、六胸椎棘突起附近的"附分""魄户""膏肓""神堂"这几处与颈僵、肩酸、背痛相关的穴位，以小旋涡指法使劲压揉，继之合掌以童子拜观音手势来回搏打，啵啵作响，打得她点头称是、咿喔吟诵。事后，我回座，一面擦手一面低声提醒她："香奈儿 No.5 香水不要跟正光金丝膏一起用，味道很怪。"若非亲眼所见，谁能相信名牌衣饰之下，一名未婚杰出女性背部所贴的止痛贴布竟比春联还大。我半开玩笑："你干脆聘几个专业按摩师帮你日夜按摩！"不久，为了答谢"马杀鸡"（按摩）之恩，她送我一台口袋型按摩机，状似遥控玩具。其实，我最需要的是向上帝借遥控器，将自己的头转至背后，两手亦反转，如此即可痛快地自行捶打背部，无须求人。

俗话说"可怜者必有可恨之处"，此理适用于背痛者。腰酸背痛并非无法可治，然凡是长期患者大多属"活该型"懒人。气功、太极导引、八段锦、瑜伽、甩手功，交了报名费，没上几堂即因加班应酬下雨不去了；水疗、泡汤、SPA 据说皆有疗效，但是时间、费用、卫生问题令人忧心，洁癖如我者不敢尝试。坊间亦有专业按摩师，然某种不明所以的阶级剥削感使我无法放松心情享受服务，甚至恐因过度紧张导致愈按愈僵硬。据说有家按摩院非常积极，为了招徕顾客，一律称客人："爸爸好！妈妈好！"唉，实在不好。

俗话又说："求人不如求己"，此理绝对适用于背痛者。当然，我的一位朋友例外，自从在电视上看到有只猫会跳上主人背踩踏帮人按摩之后，她就放弃存钱买 Osim（傲胜）按摩椅、乳胶床垫的念头，改寄希望于家中那只宠物。对于年过四十还能做白日梦的人，我一向既敬佩又同情。脚踏实地如我者，只能靠手工刑具，自行"马杀鸡"。

刑具者按摩器也。自从年轻时买了第一支刮痧板，取其造形刮"合谷""太阳"穴治头痛，按"攒竹""睛明""上光明"穴纾解眼睛疲倦颇有成效之后，自此收购不少器具，一字排开，状似催魂梳、挖眼刀、索命绳、神指板、夺心槌……不像闺中情趣用品，倒像心狠手辣妖妇的私房暗器。这些刑具散放家中各处，凡阅报、读书、写作、看电视、讲电话或烹调空档，随手取之，胡乱敲打，状似过气乩童。由此可证，文字工作乃是另一种纵欲，必须一生背负筋骨原罪。想必司马迁、李白、苏东坡、曹雪芹等大文豪皆有五十肩、腕隧道关节炎合并痛风（尤其是东坡肉发明者苏东坡）之苦，只是不知，是否筋骨愈痛文章愈神？当其歇笔，是否有书童一名、婢女两名划分责任区为其细细按摩、缓缓推拿如在仙乡？但丁《神曲》中，荷马、苏格拉底、柏拉图等诗人、哲学家死后均住于地狱第一层，可见我辈舞文弄墨者下地狱是免不了的。幸好那里环境幽静，绿草如茵且是个有光的所在。如果这一层住户成立管委会向主管机关提出申请，让住在地狱第二层的邪淫者、为爱牺牲性命的情痴们有个将功赎罪的机会，亦即是帮第一层诗人、哲人、文学家做按摩等手工服务，如果这提案通过，此生因文字债引起的种种苦楚皆可不计较，不仅如此，我还期待下地狱呢！

刮痧尖刀，木製。[1]

滚蛋型，
适合滚脖子。[2]

三指神功板，
軟膠，拍打五十肩
甚好。[3]

滾大面積處，背，腰，腹，大腿等。
若有二婢，一人拉一端，來回滾動腹部，
必能滴滿一桶脂肪。[4]

滾臉蛋用的，玉製。
需提防手勢，以免
顴骨愈滾愈高，
鼻孔愈滾愈大。[5]

1　刮痧尖刀，木制。（编者注，下同）

2　滚蛋型，适合滚脖子。

3　三指神功板，软胶，拍打五十肩甚好。

4　滚大面积处，背、腰、腹、大腿等。若有二婢，一人拉一端，来回滚动腹部，必能滴满一桶脂肪。

5　滚脸蛋用的，玉制。需提防手势，以免颧骨愈滚愈高，鼻孔愈滚愈大。

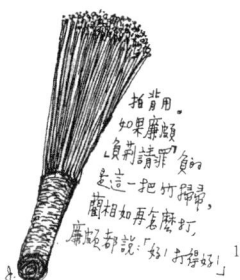

拍背用。
如果廉颇
「负荆请罪」负的
是这一把竹扫帚，
蔺相如再怎磨打，
廉颇都说：「好！打得好！」1

按摩小恩物。
宜随身携带。长保健康。
捷运族。「低头族」玩手机。
「抬头族」玩按摩器。
或是当开会过于冗长，
老闆太啰唆。亦可取出。自推
做无言的抗议。2

　　地狱尚远，肉眼所见的这一副零件老旧的肉身仍在。雪上加霜的是，为人母之后，还得为儿子那管过敏性鼻子赎罪。每当秋冬更替鼻病发作时，临睡前，为他抹上精油如腌唐僧肉，按摩鼻子与手上合谷穴、鼻痛点。这可苦了我的手腕。所幸被我喻为"长工阿福"（或阿贵）投胎转世来伺候我们母子的孩子爸爸一向任劳任怨，见我筋骨生锈也会提供几分钟的手工服务。于是，床榻上形成按摩生态，我揉儿子的鼻，儿子捏我手腕；他按我背，我搓他的膝头。关灯后，窗外树林间的路灯送来微光，三人窝在一起闲话家常又相互以手结成锁链，足以忘忧解劳。从此，我得了便宜，偶会仿《红楼梦》

1　拍背用。如果廉颇"负荆请罪"负的是这一把竹扫帚，蔺相如再怎么打，廉颇都说："好！打得好！"（编者注，下同）
2　按摩小恩物，宜随身携带，长保健康。捷运（地铁）内，"低头族"玩手机，"抬头族"玩按摩器。或是当开会过于冗长，老板太啰唆，亦可取出，自推做无言的抗议。

贾母派头，唤着："长工阿福，童工小福，还不快来帮我揉揉！"即使无人搭理，也能自得其乐一会儿。

按摩工具毕竟是冰冷之物，远不及有温度的手工推拿。然平民百姓，一生能享几次按摩乐？享不得，用想也行；凡我"无期徒刑背痛受刑人"都应练就满脑子绮思功夫，每当寒夜背痛、辗转难眠之时，受够了涂的、吞的、敲的、贴的种种折磨之后，不妨来一趟"想象疗法"。

想象自己刚从热气氤氲的花香浴池里出来，全身气血通畅、肌肤松软，趴在干净且软硬适度的卧榻上。接着，有两名好性情、手艺精湛的按摩师前来会诊你的背部。你从谈话中得知，他们同时也是人体考古学家，专长肌理筋骨鉴识，能一眼看穿整个背部板块形成史，洞察各种伤害的残骸。他们以精巧的工具测量肌肉面积、骨骼距离，计算旧创新伤堆栈模式以便找出破解之道。你听到他们以怜惜口吻指出第一道伤应是出生时被产婆打中"宿怨穴"所致，不禁鼻头一酸，接着提及重担下压肩胛导致背肌拉伤，等等，听了让你心头浮起暖意。最后，其中一位以指头轻轻划过你的左背停在膏肓穴处，说："这是一条情伤，所有哀愁都收纳在这儿，像芒草划过流水，不留痕迹，却留下记忆。"你听了眼眶微湿，感觉自己的背部像退潮后的河滩沙砾地，纠纠结结一览无遗。

鉴识毕，他们询问你喜欢何种精油？佛手柑安抚神经、薰衣草放松情绪、紫罗兰助眠、柠檬草祛除疲劳。你选择尤加利树当作香氛主旋律,再渐渐渗入玫瑰香味,你觉得背部裸露应该搭配晚春初夏的季节情绪,才能让自己顺着按摩的节奏回到半人马神话时代。他们同意,又为此选择森林里潺潺流水、幽幽鸟啼的音乐做呼应。开始了,一缕缕淳厚的树香在淡雅白玫瑰陪伴下流进你的鼻腔,如整个春季的自然能量赐给疲惫的心灵。四只柔软且强劲的手从头到脚在你身上舞蹈,流畅、优雅,结合力与美,时而如非洲草原一群野兽奔蹄上山,滚石滑落;时而像海洋深处一次强烈地震,崖与崖密合。有时像一轮初生太阳在你背上散步,有时是一群蝴蝶匆匆飞过。你轻声喟叹,跟自己的命运和解,重新领回被众神亲吻过、轻飘飘的身体。"多美好的时刻,请不要停啊!"你喃喃自语,打起呵欠,意识从现实渐渐滑入梦境。你觉得自己变成一个有翅膀的神人,一步步飞向最璀璨、极奢华的香眠国度,如躺在宙斯床上。

整整酣睡十六小时,次日醒来,你完完全全变成一个好人。

活 得 像 一 条 流 浪 狗

——关于失落感的七则猜想

当然，我见过流浪狗。在城市边缘，垂着尾巴与我错身而过，它不认识我，不会缠着我讨食物，只是自顾自地低头赶路，专心流浪，甚至没察觉我这个"路人"回头目送它好一会儿，祝福它一路平安，不要变成网络上虐杀猫狗照的下一个主角。

然而有一天，当我回头看一只淋过小雨的流浪狗时，发觉它也正在回头看我。那瞬间，那被指认却引不起快意的瞬间，我的脑海浮出未曾有过的念头："难道，在这位见过世面的动物小友眼中，我已经是个散发流浪霉味的灵长类？"

继续行走，脚步却慢起来。眼前仍是欠缺美感但早就习以为常的城市街道，迎面而来的多是老者，一个比一个高龄，天天都是重阳节的样子。我仿佛闯入银发族园游会现场，逛一摊老一岁，终于也要成为肢体抖颤需依赖鸡爪助行器的一员。虽然，我离那景况还有一段路，况且比我年长的同辈不时示范抵死抗拒姓"欧"（欧吉桑、欧巴桑[1]）的高难度技巧，但此时，我不在意成为"准欧盟成员"，也不嫌恶老者，反而从他们身上获得一丝认同的暖度——他们是退潮的人，我是浮游之民（至少那只小浪犬是这么看的），皆非当今主流战场上的骁将，街头相遇，同是沦落人。我心里纳闷的是，到底发生了什么事让我那原本朝气蓬发的内在渐渐产生变化，以致眼神涣散、表情严霜、背脊弯驼、脚步沉重，像一个裹着皮的骷髅而不自知，却让一条聪慧的流浪狗一眼看穿。

我猜想，必是跟崩坏、焚毁的事件有关：半生赖以寄托的价值体系崩了，挡风遮雨的道德屋檐焚了，染上"后中年期"失落感流行病毒，症状显著，不时发作。那只流浪狗能嗅出我身上有灰飞烟灭的气味，倒是个知音呢！

在尚未失落"失落感"之前，随手记下几件看来稀松平常却让我发愣的小事，以备有一天失落了"失落感"，整个人麻了瘫了聋了，自己看看（如果还没瞎的话），或许还能接回几条神经，唤起什么，进而恢复"刺痛"那种新鲜的知觉。

---

1 欧吉桑，中老年男性。欧巴桑，中老年女性。（编者注）

1.半张裸照

报纸社会版，约占三分之一版面登着一张照片：面对观者的是两个人，站在护栏边，一位微胖妇人伸出双手做出阻挡动作，一位是高瘦的大男孩，脸上表情被"马赛克"处理，看不出动作；背对观者的是新闻主角，一位站在遮雨棚上的女性，衬衫向后套着，没扣扣子，因而完整且清晰地让观者看到全裸之下那曲线毕露的背影。

文字描述了时间地点事件人物：抑郁症母亲全裸爬上遮雨棚欲寻死，友人与儿子隔着护栏阻挡，那件衬衫必是在温情呼喊之间扔过去让尚未完全失去理智的她披上的。在她之下，也必然有围观的群众及一台尽责的摄影机，喀嚓喀嚓，当晚有一名尽责的编辑决定放大照片，让裸背裸臀裸腿毕露，次日一大早给全体人民看（他们的习用语是，民众有知的权利），文字里提到为了照顾生病的母亲，就读高中的大男孩休学。

如果，如果我是那位尚未完全失去理智的抑郁母亲，次日打开报纸，我该如何看待这张报纸对我儿子的伤害呢？他有个以这种方式上了报的母亲，邻居以及他的老师、同学、朋友甚至心里喜欢的女孩，都看到了，想必也在餐桌上谈论了。我这个被绝望封锁的母亲还能不能挣出一丝力气，告诉儿子："认命吧，民众有知的权利。"

如果，如果我是大男孩，我该怎么处理妈妈的感受？甚至，漫长的这一生，我有没有能力处理这一块瘀伤？可以假装一切未曾发生吗？或是，永难抹灭那张报纸的烙印，梦里，从被张扬的屈辱感与恐惧中醒来。一辈子被一个噩梦绑架了。

如果，我是报社主管，我是不是应该亲自向记者与编辑嘉勉一番，在腥风血雨的媒体厮杀战场上，他们捕捉到数秒间的独家精彩镜头，更重要的是，懂得放大。

阅报的早餐时刻，草草看完之后，我愤怒地将这张没人味的报纸撕下，丢入回收箱。

每一款人生都有困境，有些人生的艰难程度非他人能想象；但，这不代表正在渊谷中奋战的人喜欢被张扬、被刺探、被围观、被民众当作佐茶的糕点。有时，越是深沉的痛苦，越希望旁人沉默地走开。而我们，完全帮不上忙、远在天边的人有什么权力大剌剌地观看他人的痛苦而后继续嚼食早餐等待股市开盘？一张被放大的半裸照，蚀去我们面对他人痛苦时那种最基本的"静默的尊重"，一种"不张扬的体贴"。我们放任自己处在被改造、被喂食重咸口味的危险中而不自觉。我们花钱买一份报纸，驯服地任他们把我们善良的心给玷污了。

我也明白，这半张遮遮掩掩的背影算什么，更露骨的图照、更能刺激官能反应的文字——仿佛每天邮件垃圾匣里成堆的秽字淫辞皆出自同一人之手（或是同一批被处理过的脑袋），早已处处可见、时时能闻。刚从沙漠逃出来的人，开口闭口称诵水呀河啊；关过黑牢的人，爱说阳光鸟鸣繁花。到底发生了什么事，使得一群选图照、下标题的编者，除了"性、奶、乳、暴、淫、侵、晃、弑、枪、血、杀"及其相关词串，已写不出其他字（他们必然高呼：读者只爱血与性）。被这几个字规格化的人，看到一根电线杆旁有条死蛇，脑海里也必然浮现斗大标题：惨死！电线杆性侵夜归蛇！

什么时候开始，媒体变成屠宰场，豢养数十条饿狼巨蟒，张着血盆大口，每日拖回猎物，玩弄、逗闹，待现出惊慌挣扎之状，再加以活剥现宰，必得见到一滩血淋淋，满足所谓"读者有知的权利"，方才罢手。然而从内容选择角度来看，这句话恰好证明社方认为：我们有权利让读者"无知"。

如果有一天，大多数媒体以舐痈吮痔、茹毛饮血为乐为瘾为赚头，我，一个渐老之人，应该强迫自己习惯这些吗？我，可以期待那一天永远不要来吗？

2.一张桌子

金融海啸席卷了原本就困难的家庭，那阵子中高龄失业、家中断炊的事件时有所闻。有家善心面包店于晚间将到期面包放在纸箱内供民众取用，对困顿之人而言，倒也不无小补。

画面上，几个弯腰、蹲着的阿婆正从纸箱里取面包。影像过眼即逝，却留下怅然之感，总觉得少了什么？

少了一张桌子。

把面包放在纸箱里，保持食物洁净，把纸箱放在桌子上，保全了他人的自尊。为他人保全尊严，是一种高难度的体贴吧！

3. 树，必须死

对某些人而言，砍树是一种瘾，有权力砍树极为过瘾。他们握有或大或小的权力，需搜集越多越好的选票；精算时间成本，绝不会选择种树，因为等不到绿树成荫的成绩，就被对手以"毫无建设"的罪名轰下去。所以，为了被看见，乡镇村里巷弄野丘河滨，所有的树都必须砍。清出空地，盖光秃秃的小公园"以增加使用率"，放不安全的儿童游乐器材给越来越少的儿童玩（君不见推婴儿车的人少了，牵宠物狗的人多了），种两个月必死的草花以持续性地消化预算。扣除雨季溽暑台风寒冬，到处都看得到的无树小公园到底成全了谁的成绩单谁的荷包？我们得到什么？一张张树的死亡证明，一匹匹生锈的摇摇马——没孩子可坐，宠物狗不爱坐，给老人坐又危险得有让他安乐死的嫌疑。

守得住树的地方，也有守不住的事。

经过某县份最有名的绿色隧道，两旁百年老树一起盘成绿荫长廊，仿佛土地守护神，联手护卫斯土斯民。我若是本乡游子，返乡看到老树依然等我护我，如儿时一般，怎能不潸然泪下？千千万万盆遇雨即毁、曝日即枯的草花，怎能取代一棵老树？能护住老树隧道，是掌权者的佳绩。

慢着，这树下怎么装了这么多灯箱？两大排，三步一具，行车经过，仰头而望是一匹绿幛，低头而看，吓！像特力屋灯区展示。

这个县天天闹鬼吗？需要这么密集的灯箱！据云斥资千万。

接着，（以下是我的猜想），因为节能省电之需，灯箱只能开一半。再来，维修耗材之预算有限，坏掉的灯就让它坏吧。接着，练臂力的县民丢过来的石头把灯箱弄破了，最后，剩下不知该怎么办的"箱"。

这县份有不少需协助、课辅的儿童，那千万资源若用于教育该有多好。然而，从秀出一张漂亮成绩单的角度来看，必然是：

一个吃饱了的贫童的笑容，不是成绩；一具灯箱，是。

一棵继续在四季风雨中歌吟的树，不是成绩；一座秋千，是。

也许，我们应该重新定义"建设"，选一个不随便建设的人，而不是大兴土木把土地剃成光头、把海湾盖成酒店的人。

我非常怀念老树，高大的树，藏着一万朵绿浪等着风来嬉闹的树，芬芳的树，收留鸟巢的树。我从不缅怀青春，从不追忆少女，却思念那一棵棵与我萍水相逢，曾经为我遮阴、安慰我漂流的心却永远离开了世间的树。我行过一坪六十万起跳号称水岸人文首席的新兴住宅区，想念的是二十多年前站在此地的两株百年桂花树；我记得花开得澎湃，薄雨午后，我痴迷地嗅闻花香迟迟不忍离去，景象如在眼前。是的，忧伤会突然袭来，会浮现不合乎阅历与年龄的问题：那些被砍死的丰美的树们，会投胎转世吗？会乘愿再来吗？会因我的思念而幻影再现，等在路上与我相逢吗？

树，比人可爱，树，比人有涵养。路途中，当我看见一棵大树，总会在心里感谢他这么美，触摸他等同握手，郑重地诉愿："可不可以请你永远活着，永远为我活着。"

然后，忧伤会突然袭来。

4. 假如我是一具尸体

假如我是一具置身户外的尸体，那必然是不幸事件：或因被莫名其妙的流弹波及，或是交通意外，或遇天灾，总之，我必是在无辜且极度惊怖的状态下被迫成为一具尸体。正因如此，以我对自己的了解，不可能露出安详满足的微笑，恐怕正好相反，死状凄惨。

不多久，必定有警车、救护车抵达现场，拉起封锁线展开忙碌的侦查工作。此时，必定也围拢了几个不赶时间的路人，非常关心现场状况，其实关心的是能否搜刮更多资料以获得随口转播的谈话兴致。

譬如，场景一：是个女的啦，五十开外，听说是地产大亨，从口袋洒出好多钻石，看到没有，警察都赤脚卷裤管，那个女的手上有一张清单写着共有几颗钻石，一颗都不能少！用膝盖想也知道，财杀啦财杀啦！

场景二：查某[1]的啦，生作矮矮的，头毛白速速，面全血，啧啧可怜哦……

换言之，乡亲们关心的是自身的闲话趣味。要不，他们既不负责救援、指挥、勘察、联络、拖吊，也不必安慰家属、清扫、买便当，不出力不出钱，杵在现场围观，抽烟嚼槟榔聊天，等着看"死相"听家属"号哭"，不是把满足好奇心的快乐建筑在他人的悲伤之上，是什么？

假如我是曝尸于野的尸体，若冥府发给惨死者六张优惠折价券稍作补偿，允许灵魂在事发现场做六件标记、行使奖惩的话，那么，第一张，我当然用来标记跟死因相关的事物，有助于破案或避免他人发生同样惨剧。第二张，标给救援的人，他们应得到祝福。第三张，送给路过却不围观，以同理心尊重遭逢意外的我，并且在心中祈祷逝者得安息生者得安

1　查某，读作 zo mo，闽南语，意为女人。〔编者注〕

慰的人（这也是我一贯的作为，若经过事故现场，便称诵观世音菩萨悲海缘声，为不幸的人默祷）。第四张，我得大大地使用，标记围观的"乡亲势大"，他们将得到我的怒气。第五张，我必然要送给用镜头蹂躏我的摄影记者，他们欺负我这个死人，肆无忌惮，拍摄且特写我那悲惨的模样，次日登在报上以"飨"读者，无一丝"尊重亡者"的同情心，更不顾念家属看到这种照片将何等心痛心碎，永远不能磨灭亲爱的家人惨死的样子（想想啊，如果躺在车轮下的是年轻的孩子，父母亲看到报上登这种照片，是什么感受？或是，躺在那儿的是报社老板的亲人，摄影者也敢这么卖力地拍足各种角度再把照片洗一套送给老板留念吗？）隐藏在各种冠冕堂皇的理论、理由下，这种照片得到呈现的合理性，然而我只看到掠夺与残忍。光凭这一点，我不仅要牢牢标记，更要用第六张优惠券向鬼差大哥借一下钢叉，朝那镜头狠狠地叉去——

我可不敢说，以死人的眼力，我会叉中镜头还是镜头后活人的眼球。

5. 电视新闻与阿兹海默病、名嘴与失眠的另类治疗

对不少退休族群而言，遥控器已成为不可或缺的手部辅具，那形似狗骨头或一条松阪肉、布着敏感小突起的器具，颇似巫师法器，老人家坐下来，朝电视一按，音量放大，开

始上班。

依臀部耐力，上班的部门可分为：戏剧处，计有韩剧组、日剧组、华语剧组、偶像剧组、电影组……新闻处：TVBS、中天、年代、东森、中视、华视……观众各取所需。名嘴处：每晚八点，各台名嘴们卖力巩固其基本盘，说"死忠支持者"爱听的话。另有财经处、卖药处、烹饪处、命理处、宗教处、购物处、体育处、卡通处、综艺处、三姑六婆磕牙瞎扯处等部门可供选择。粗略估算，从六十五岁退休到乘鹤西归或驾返瑶池，上二十多年电视班。此班无正常上下班时间，依各人睡眠作息而定，无给职，有爆肝之虞。

照理说，一百多台，如满汉全席应是视听之无上飨宴，实则不然！有一阵子，我用功看电视，抱着预习银发生活的态度，好好了解万一将来我这颗脑袋不管用了，可以看些什么节目，长一点知识。看了不久，原本平静无波的心竟升起一把野火，觉得再看下去，我这颗脑袋瓜可以丢入厨余桶。

就说新闻吧，那真是一人份的智力就可以完成的一日份连续剧。只要读几份早报，挑几个头版，配几则政治重点，补一些镜头或电话连线，叫主播念一念，这也能算重大、独家新闻！此外，再配合血与性相关社会事件，诸如车祸、吵架、追杀、寻仇、械斗、性侵、贩毒、偷拍、烧炭、跳楼、减肥、美容、医疗疏失，再大量灌入美食、小吃介绍，佐以政商绯闻、影视八卦，摘一些岛外趣闻点缀点缀，若嫌不够，网络是现成的资源回收站，随手搜刮几件也真的可以撑下去了。

画面上，主播与记者一唱一搭：

"……我们立刻跟本台特派记者连线，×××，请告诉我们现场的情形。"

"好的，主播，各位观众，记者现在所在的位置就是野猪出没的地点，从我右手边的地方可以看到有很多警察正在进行搜查的动作，他们从昨晚到现在都没有休息，可以说是非常的辛苦。从地上的脚印可知，不只一只野猪在这里活动，警方判断至少有一只大的两只小的，我们来看一下稍早的访问……以上是现场最新的状况，把镜头还给主播。"每隔一小时，重播再重播，像跳针的唱片。

重播，竟成为现今电视新闻频道的常态，这么看来，岂不是电视报纸化！

某日清早，一古迹失火，记者连线主管机关首长询问灾情。此首长声音稍哑，大约起床不久，诸如此类一番，说了一句："至于详细的灾情，要进一步了解之后才能知道。"此时刚刚事发，合理。到了晚炊时分，这则新闻又播了，"以下是本台记者的报道"，状似有进一步消息，秀出的画面仍是记者与首长的电话连线，播出的声音竟然是："至于详细的灾情，要进一步了解之后才能知道。"就是早上刚起床的那副哑嗓。从清早事发到傍晚，这则新闻动也不动，像报纸上的，这能叫有声有影的新闻吗？

我总想要一个解释，终于恍然大悟，摸出一点道理来了。上学上班的人没空看电视，挂在网络上的新世代蜘蛛们不习惯看电视，这么多台从早播到晚的新闻给谁看？我猜，给忠实观众，也就是退休多年的宅公宅婆看。

　　上了年纪的宅公宅婆，脑力退化，甚至有不少是记忆力逐渐丧失的初期阿兹海默病患者，不断重播新闻内容对他们而言确实是最有人情味的做法。反复练习，说不定能发挥疗效，延缓病变。啊，我误解他们了，原以为这样的新闻是一种堕落（我年轻时，新闻记者几乎就是社会精英分子的代名词），现在才知新闻工作者早就卸下无冕王改当老者良伴；如此说来，走综艺路线的变装新闻播报法，乃仿效老莱子娱亲，真是一件功德啊！

　　自此，看新闻如做记忆力测验，若抓到重播便沾沾自喜，证明自己尚未失智。管它爱播几次就播几次，一则采访连播几天快成酱瓜了也无所谓，我只要拿起遥控器送它一个黑暗就行了。

　　谈到政论性谈话节目，称得上是台湾电视史上的奇迹。我们年少时曾对"三厅电影"——男女主角在客厅、餐厅、咖啡厅爱得死去活来的爱情片感到不耐，没想到临老却完全接受比三厅更单调的"一桌"谈话节目。好歹，人家男女明星皆俊俏，穿着讲究，至少也是或站或坐，或拉扯或拥抱，或傻笑或哭啼；如今，明星换成名嘴，谈话节目里，名嘴们坐着不动，只动两手一嘴，上身穿戴看来整齐，但我强烈猜疑桌底下大约是一排短裤、几双布什鞋。

名嘴虽貌不惊人但口若悬河，所悬之河大大有别：立场与市场不同、生态各异，绝不相混。任何一事，除了阴谋与抹黑，有几个关键词常常出现：操作、诬蔑、斗争、欺瞒、侮辱、包庇、切割、止血、栽赃、打手、践踏、人格追杀、民脂民膏、人民的眼睛是雪亮的、社会自有公评……若你的遥控器游走于两大阵营御用节目之间，将错觉那是两个星球的战争。如我者，惶惶然不知自己身在何处，大约只能算是小小一条浪犬了。浪犬身上只有灰尘的颜色，不必为了一块赏肉弯曲骨架跳扭腰摆尾的舞，想来，很适合我这种"游民"。

名嘴已是意识形态代言人，一桌从学界、新闻界转战有成的嘴巴们，在镜头前莫不摆出"靠一张嘴救世"的悲愤气势：横眉怒眼、目含凶光，气冲脑门，颈部青筋浮现，脸上肌肉抽搐，嘴巴急速开阖，佐以挥手抱拳伸指，出示手板、报纸、资料或几句自写的、宛如扶乱而得的箴言，口沫横飞，骂人多说理少。其说理内容不必多做准备，"Google"一下便有一箩筐，加上活用关键词，懂得包装、引申、诠释、反对他人意见，再佐以政商交游深不可测之言说密技，诸如："我上礼拜才见过他，在一个工商大佬的家宴里，至于同桌的还有谁我不便说……""昨晚，我接到一通电话，是你们的大佬，我这样一说你应该知道是谁了……""光这一个月，我见过他三次，三次都在私人场合……"如此这般，说理骂人爆料吹捧四合一，够撑好几个节目，一日数万金入袋。

当我们离不开谈话节目，是否意味着离不开廉价、肤浅的生活。谈话节目包山包海无所不谈，名嘴上天下地无所不知，真真假假、虚虚实实，各取所需。说是臧否时政、月旦人物、为民喉舌、伸张正义，未免太沉重也太抬举了。换个角度看，某些政论性谈话节目是当年"愤青"如今是愤怒中老年人的政治夜店，是迫害幻想者的心灵团体马杀鸡，是被损害与被侮辱者幻想中的临时法庭，是孤老者饭后的儿孙团聚，失眠者的安眠药。

我终于找到独门的观看谈话节目方法，那是发生在研究此类型节目接近临界点的时刻。某日，一激动派名嘴手持资料，断章取义，信口"十大建设"（"信口开河"已不足以形容），批判对方某员，其疾言厉色之状令人觉得此员罪大恶极，乃历史罪人，斩立决！我听得目瞪口呆，呼吸忽然急促，一撮火苗窜入心扉，脑部仿佛有战斗机轰隆飞过，由于平日未养成持诵三字经习惯，情绪找不到出口，遂抓起遥控器正要朝电视掷去，紧急一瞬间，幸亏理智遥控了情绪，改拿遥控器按"电源"却不小心按到"静音"，顿时只见这位名嘴夸张地鼓动两片嘴唇，如一头激动的牛大口嚼着竹扫帚，却发不出声音。

我被这突梯的画面惹得哈哈大笑，遂以静音模式观看各台名嘴耍嘴皮子的嘴脸，察其发量多寡、皱纹深浅，齿列是否整齐、衣着是否得当，乐不可支。打电话跟好友分享这意外得来的乐子，还发想应该有人发明可以朝电视射飞镖的小镖子，既出气又可以练手臂，一阵哈哈，说完，自觉事态严重，正色问："我乐成这样，是不是该去看医生？"

6.从践踏别人中得到快乐

被称为"四年级、五年级前段班"的我这一代，仿佛是山里部落的住民，抬头有天，脚下有地，就这么信任着，但现在，泥石流来了，我们该逃还是死守到底？

回顾我们的成长，虽生于清贫年代却怀抱改变社会的理想，少年时期的我们背上都有一条自我鞭策的鞭子，奋斗，渴望，愿意吃苦，穿着不合脚的布鞋（我们的上一代穿草鞋，再上一代赤脚）离乡寻找拼搏的机会。我们吃过什么样的苦头，从来不让父母知道。

我们这一代可能也是保有家族观念的最后一代。处在大家族与小家庭的分隔岛位置，虽建立了自己的小家庭，却对父母与家族长辈怀抱着浓厚的亲情。所有上一代认真护守、交到我们手上的礼仪祭典、为人处世之道都储存在思维脉络里；我们对"奉养父母、尊敬长者"有感觉，对"人格修养"这四字有感觉，对"知书达礼"有感觉，对"温柔敦厚"也有无比向往的感觉。

这些，够了，已能解释为什么当我看到那两件事时，心会隐隐作痛。

电视上，一位女官员以傲慢态度、具羞辱性的言词质询一位学术机构的女副院长。这位饮誉学界、健康状态不佳的老前辈，如遭乱棍痛殴，站在台前，气极攻心却无力反击以致露出绝望的表情。女官员打得过瘾，咄咄逼人，如逼问一级战犯。

看到这一幕，我的脑海因浮出"践踏"二字而急遽结冰，打了寒战，看见冷酷地狱浮现于人间。

人，怎么可以这样对待人？

如果这是对的，那么我们心中积存的对仁厚的向往，算什么呢？

难道，这些向往早就被政商名流、权威人士弃如敝屣，早就是个笑话，只有我不知道还在念念不忘？

不多久，务求惊悚的新闻果然搜到一则惊异事件。

老人照护中心，几名小护士对一位重残卧床的老爷爷戏闹，逗他拿饼干，言语轻浮，满室嬉笑，更将这一段过程录下铺在网上"以飨好友"，说是留作纪念。

纪念什么？纪念一个人虽然老了残了，还有剩余价值，可供年轻人当作玩具取乐？还是标志在这个因利益之争而容易翻脸不认人的时代，人心可以邪恶到什么地步？

如果躺在床上的是院长的爸爸，小护士会这么闹吗？如果那是她自己的爸爸，她会这么做吗？如果躺着的是她自己，她还会觉得这是可供纪念的欢乐的片刻吗？如果，在职场权力的考量下，她不敢，在亲情考量下，她不准，在自身感受考量下，她不愿，何以对一个重残老人，她竟敢竟准竟愿了？层层剥开之后，看见的不是欺负弱者的邪恶力量是什么？

道德的泥石流轰然冲下，我这一代逃不快或不想逃的，注定被埋。

然而，如果"从践踏别人中获取快乐"是岛内政商、媒体的时尚游戏，是市井小民的家常小吃，则我情愿找一个小山洞自埋。浊世滔滔，隐在无人搭理的角落里，享有安静的黑暗，胜过与一群脑满肠肥的俗夫赤裸裸地泡在溷汁与唾沫相混的温泉里啊！

7. 沙滩标语与扫墓的老前辈

有些物品褪流行了，必须丢掉，才有空间容纳新产品；有些价值观落伍了，必须抛弃，才能合乎时潮；有些道德观过于迂腐，必须删除，方能与时俱进，跟上所谓时代的脚步。

是这样吗？

勤俭，算不算落伍？愿意尊重每一样物品或食品被制造、种植出来所费的时间与劳力，因此物尽其用、绝不浪费，是否已被扫入阿嬷级思维而遭到耻笑？一个人需要无止境地开发欲望，囤积五十双鞋子、七十个名牌包、丢弃"吃到饱"食物、每年追逐更智能的手机，活在乔布斯创立之苹果帝国的殖民里制造更多电子垃圾，才能证明自己活在世界的中心？在炫富潮浪中，选择简约低碳生活的人，难道不值得赞许？我们应该鼓励极尽个人享受的奢华价值观，或是扬弃物质魔咒，改而追求性灵成长，看看一个人站在自己那渺小的位置，是否依然能对世界发挥最大的善意。如同美丽的卖菜女士树菊阿姐，不知名的"荣民"老伯伯。他们显然没尝过、住过、用过当今最顶级豪奢的物质享受，但话说回来，哪一样物质能换得到他们已完成的人生境界？

诚实与诚恳，算不算落伍？难道没有人欣赏这桧木一般的德性？

我想起几年前在异国沙滩见到的一则标语。

那是美国西岸一处度假圣地，阳光、沙滩、游艇、赏鲸，游客如织，四处是欢愉的气氛。沙滩上，出现了奇特的景象：约有五六处"讨赏小站"（姑且如此称之），在沙滩上铺一条浴巾，四角用石头压住，中间置一盒子供游客投钱，也有的不设盒子，直接丢在浴巾上。旁边竖一张纸板牌告，说明"募款"目的。没看见募款主人，不知躲在何处。这么随兴的装备，游客都知道这是"讨赏"不是"募款"，路过的人看着五六个牌告，谁家的标语打动他，就赏那盒子几个零钱。

我停下脚步，读每张纸板。有的写："救救雨林吧！"有一张说："关怀北极熊"，盒子里都有赏钱。独独有一则这么写着：

　　"Need Beer Why Lie."

　　需要啤酒，为什么说谎。果然，浴巾上的赏钱最多。我莞尔一笑，也投去一块钱。我猜想投钱给他的路人一定也有相同的想法：别用虚假的理想来骗我的钱，说真话，我愿意请你喝啤酒。

　　感恩与感谢，算不算落伍？这一瓣心香，难道已不值得珍惜？

　　不只一次，我听到老人家以温暖的口吻追忆当年提拔他的那位处长。五十多年前，他仍年轻，部门里有个科长缺，处长力拒上头交派的人选，要升任奉公尽责、操守廉洁的他。小小一个科长位，竟成为各方势力明争暗斗的决战场。这位处长坚决地拔擢他，用人唯才，展现了担当。

　　他内心感谢，终生不忘。逢年过节必亲访，即使处长退休了、失智住进安养中心，他依然带着老妻转搭公交车去探望。而后处长辞世，他感念他一生未婚，无子嗣祭拜，每年清明节，必携带鲜花与老妻爬上军人公墓的阶梯去灵前鞠躬致敬。

　　老人家老了，背脊驼得厉害，子女婉言相劝不宜上山，但老人家依然履行清明祭拜之愿。

老人家上山鞠躬直到九十二岁，第二年清明节前一个月，他以九十三高龄辞世。认真算，在他活着的每一个清明节，都守着这份感谢，终生不渝。一个月后，是清明节了。他的儿子想起老父对这位处长的感恩之情，自觉该上山一趟。他不知处长的塔位在何处，于是站在大门口朝内鞠了三个躬，心中向这位未曾谋面的处长禀报："爸爸不能来，他离开我们了。也许，您俩已经在天上见面了……"

什么样的人有那副肩膀，挑起担当？什么样的人做得到那种纯粹，把一份感恩的心拭得无比晶亮，映照出神的身影。

这些，不值得一顾吗？

如果，我迈向老年的路途中，种种曾经被赞叹的德行、情操，都被扫入沟渠，这社会变成邪魔者的狂欢舞会，败德者的度假乐园，那么，我情愿当一条默默无闻的流浪狗。

当流浪狗也没什么不好，朝夕阳西沉的地方小跑步，跑过一个山头，说不定能遇到同类，一群老犬，述说着彼此能懂的纯朴往日，相约对着皎洁的月亮吠叫。吠着吠着，说不定天亮时，能把往日叫回来。

老 ， 是 贼

写在前面

本文列为限制级。全部内容涉及衰老议题，五十岁以上读者请自行斟酌阅读，切勿勉强，以免刺激过度，损及健康。闽南语俗谚："呷老有三坏：哈嘻（打呵欠）流目屎，放尿加尿苔，放屁兼渗屎。呷老有三好：顾厝，带囝仔，死好。"

有个字

有个字，没人喜欢，但它喜欢你。这字叫："老"。

老，不是见不得人的事，只是，人见不得自己老，因此，跟老结了仇；他去招惹谁都可以，就是不准靠近自己五百米以内，最好比照家暴法保护令之"远离令"规定：命加害人远离被害人住居所、学校、工作场所。免得稍有闪失，"老"

像个贼，窜入体内，致使五百米生活圈内之远亲近邻、同事朋友、西药房豆浆店老板在同一天对你皱眉，眼神飘闪打量你全身，张大嘴巴"哦"了半天"哦"不出半句话，你不自觉地扶了扶眼镜、用指头梳了梳头发、抿嘴吸鼻，再次确认自己的五官没被野风吹歪，霎时，你意会他们没"哦"出来的浑话应该是："几天不见，怎么老成这样！"

你想象着，浑身发汗。你发誓，这事绝对不准发生。

但世间事往往受潜定律支配。你越不想见到的怨憎之人越会在超商门口一进一出碰到，而且你怎么那么没用，竟本能地跟他说"嗨"；你越想发财每周买乐透，越是证明命中注定没偏财运只能看老板脸色吃饭。所以，你发誓不准发生的事，果然很快就发生了。

老，是怎么回事？你对着镜子翻找白头发时，起了一点做学问的兴趣。

甲骨文"老"，象形字，是一个驼背、长胡须、头上吹着几茎乱发、扶着手杖的老男人侧身站像（这图像让奉行鸵鸟哲学的女人放心，老的是男人不是女人）。不得不佩服造字的老祖宗是个毕加索，几笔线条，垂垂老矣的枯槁模样跃然纸上——老已经够倒霉了，还垂垂，刹那间令人一阵晕眩，险险乎要不支倒地了。

中文文字跟人一样，会长高变胖。演变到小篆，老字包含"人毛匕"三部分。"人毛"谓人之须发，"匕"为化字初文，即变化之意。人的须发由黑变白，意思也够清楚了。
如今，"老"这字横来竖去的笔顺已看不出有个颤巍巍的老
阿公对着远方呼喊那离弃他的娇妻（纯属作者想象），然而，
提笔写一遍，依然心生惊惧："土"之后，横刀一划，底下
明明藏着一把小匕首！老字带了刀，把你给杀了，当然也是
一种变化。

大抵而言，带匕首来见你的，皆是前世宿敌。其行踪飘忽，
出没难测，亦即如社会版凶杀案所云："死者身上无明显外
伤，家中门窗未遭破坏，显示凶手应为熟人。警方正积极清
查死者的交往关系。"交往？宿敌不必透过复杂的交往过程，
她（姑且当它是个女的）直接从前世追捕而来。情杀？财杀？
都不是，也都是。一把雕着春花秋月的小匕首，架在你脖子
上，逼你承认她拥有你的身体主权：你的头发归她管，你敢

1　甲骨文"老"，专家云："像一老人戴发佝偻扶杖形。"（编者注）

抵抗，她一根接一根拔掉叫你变成省电灯泡；你的牙齿归她管，你不从，让你吃香蕉崩牙；你的前列腺也捏在她手里，她来决定撒一泡尿是一刹那还是一盏茶工夫（闽南语有一谚，甚恶毒：少年放尿过溪岸，老岁放尿滴脚盘）。严格说，老，是个熟人，她熟你，你却一而再、再而三宣称跟她毫无关系，还偷偷摸摸雇用戴口罩的凶残杀手用秘方、针剂、手术刀及各式先进仪器对付她。最后证明，她不仅是熟人，简直是从前世奔来讨债的另一个妈，你得负起法律责任好好奉养她。

刚开始没那么糟

其实，刚开始没那么糟。老，像受过高等教育的知识分子，温文儒雅，神不知鬼不觉地飘到你身边，以情人的眼波打量你的身躯。

那是某个月夜，你拥有的这艘浪荡的独木舟静静地停泊在床上，呼吸均匀，鼾声微微，正做着不清不楚的春梦。老，一缕烟似的，自门缝飘入，坐在床边，深情地抚摸这艘行过野鸭悠游的水域、航过瀚海风暴的独木舟，手法温柔如一行情诗。她从你的发丝嗅出气候温差，从皮肤测得紫外线强度，从牙齿计算动植物品种，自脚板刮得地质变化。甚至，还伸手探入你的胸腔，掂一掂那颗心脏有没有什么冤屈要申诉？她当然也像拉内裤松紧带般试了试几条血管的弹性，眯眼观测血液流速，以舌头舔了舔，得知你家附近东坡肉、蛋糕的分布图（她忍不住又舔一口，果然也是甜食热爱者）。从胃部，她盘算你的业绩压力与夫妻亲子关系。又从尾端那朵垂着蝴蝶结的小雏菊，推断肠道内的宿便量大于你银行里黄金存折的公克数（她皱眉，最近金价大跌，而你的肠道黄金竟逆势大涨）。最后，她取出马表测一下小蝌蚪们的游泳能力。或是，如果你是女性，把温柔的小手伸入卵巢数算还剩几颗卵子能用，顺便勘察子宫是否变成养肿瘤的"蚊子馆"。

巡视完毕，她轻轻握着你的手（此时的你正呼出一波高过一波的美鼾），以无比怜惜的口吻说："时候到了。放心，我不会让你太痛。"

次日醒来，你以为夜里流一身汗是空气不流通，肩膀僵硬是落枕，牙龈红肿大概是火气大，莫名其妙腹泻可能是昨天吃了一坨蹄髈，小腿肚抽筋跟穿新鞋有关。至于心脏突然扑通扑通跳了几下就无法解释了，但有什么事难得倒高阶主管且又是个诠释派论者，你立刻联想昨晚看政论节目，气极败坏跟一个朋友争辩，必然因此惊动了这具小帮浦。你做出结论（像每次开会一样）：小腿，明天开始多运动，该让那辆六万元爱驹（单车）出来见世面。小嘴，你少碰肉多吃蔬菜，那台可以把皮鞋打成龟苓膏的食物调理机要拿出来用。还有，小鼻，呼吸练习要每天做，专家说吸气憋气吐气的时间比是1：4：2。大家都明白了吧。好，散会。

但是，小腿很为难地说："报告老大，有困难，明天跟大老板开业务会报耗一整天，跑不开。"小嘴也说："明晚黄总娶媳妇，后天陈董嫁女儿，这两摊不醉是不能归的，我忌不了口。"小鼻更是嗤之以鼻："接着去上海视察，行程满档，能呼吸就不错了，哪有空练习呼吸？"

你点开手机里的行事历，满满满。心想：也对，这么重要的健康议题应该审慎评估，做好周详计划再付诸行动才是。因此，补上一个附带："这样吧，找命理师批大限流年，看身体哪方面会出问题，再来设定目标锻炼。"最后，总结："这是个大的 project，等年底休假再研议研议！"

结案。归档。没事了。

这就是知识令人放心的地方。任何一个置身于信息瀚海，持续关注风云诡变、潮流翻滚、社会趋势，密切注意政经脉动、生态变迁、医药新知及粮食能源危机，搜读专业论著旁及网络杂志报纸且跨过四十五岁门槛、事业有成的现代人——一言以蔽之，就是"把地球夹在指缝间"的人，有什么事难得了他呢？当他只用一杯咖啡的时间解释了身体讯息，那些讯息等同垃圾信可以直接删除。万事万物已得到合理的解释。当我们能够提出解释，意味着行使主权、掌控局面。更了不起的是，还拟计划、定目标、排行程，以无比昂扬的姿态迈向未来。这位西装笔挺的总字辈老大的日子仍是发烫的，不仅把地球夹在指缝间，连太阳都在他的手掌心。

老，这个万年奇妖

但是，我们不得不承认，老，这个万年奇妖，是个文盲。千百万年前，她的业务量很少，那些兴奋过度的细菌与饥饿太久的大型野兽简直像吸尘器帮了她不少忙。最近三百年来，业务量以等比级数激增。即使如此，她依然以高度的自我要求把每一件工作做得尽善尽美。这位资深文盲，看不懂皇帝诏曰，也不懂抗老檄文，更别谈冻龄计划案。她才不管你们现代人、他们古代人怎么想。所以，漂亮的抗老计划书，等同于邀请函。

其实无须你邀请，她早就看上你了，别忘了她管辖的老字号员工人数岂是富士康这种公司能想象的，地球上有多少人就有多少老字号员工盯梢。至于动物，那是另一系统，亦有专人负责。除了战争与传染病算是难得的大福利，员工可休假外，老字号员工是二十四小时待命的；半夜主管来一个指示，就得帮宿主种三根白头发——一根在左耳边，一根前额，一根头顶。不能种错位置，因为这既是坐标以便来日繁殖有所导航，也是给宿主之善意提醒。三根种在一起，一次被拔光，戏剧张力不够；一次拔一根，翻找再拔一根，持两镜前后互照愤而再拔一根，增加了搜索的趣味。或是，正当春暖花开时节，上级要你做个小工程，你就得抄家伙去当矿工；把牙周破坏一番，或是帮眼睛搭蚊帐——白内障，或是把眼球挪一挪——老花，让这宿主拿报纸的手越挪越远，若要仿照《阅读的女人》画一幅侧身像，那本书恐怕需靠近肚脐。至于老人斑、鱼尾纹、卧蚕（严重者已卧如牛角面包）、皮肤松弛，这些是不须上级交代的；这算打卡，没空的话三天打一条，有空的话一天打三条。

老，从何时开始的？

流年如流水，老字号无限公司员工夙夜匪懈全年无休，宿主——也就是你我，无从察觉其酣畅的生产线是如何运作的。我们每日揽镜自照数回，昨日容颜与前日无不同，今日与昨日亦相同，往前往后以此类推皆如此。既然日日相同，何以一年前照片与今日照片相比，竟有明显差异，更甚者，其差异之大，令自己如遭五雷轰顶，心中惊呼：颇似失散多年的双胞胎如今重逢，一长于富裕之家一被贫户收养，故面容相似却神情相异。但这还不是最糟，再过一年，拿出第三张照片，可不是三胞胎的大姐现身了；不仅被贫户收养可能还遭到暴力对待，以致面容憔悴、神情萧索、脸色黯淡，仿佛刚从矿坑获救出来。

你从何时开始不爱照镜、讨厌照相，即标示了你从那时开始变老。青春气息是沛然莫之能御的，即使以炭涂面、衣衫褴褛，仍掩不住那蒸蒸腾腾的香氛。从未听闻一树枯叶埋得了一条奔跑的溪。所以，青春倾向张扬；爱揽镜自照，爱摄影留念，爱不择手段使那辉煌的美更美。反之，当肉身这条浪荡舟航过五湖四海，犁过悲欢岁月，所累积的脂肪与财力同等雄厚——年轻时的坐姿，像一把名师设计的雅致单人椅，中年后变成皮沙发，再几年，沙发上多了抱枕，接着，一阵不必细述的肉体泥石流之后，变成沙发床——因此也就自然而然倾向于闭锁；看镜子不顺眼，认为应该赏给高画素高解析摄影机一颗石头（秦始皇若在世，焚书之后必然焚所有智能型手机相机）。从未听闻一树新绿能让一条枯溪回春，所以，过了这条边界，独木舟喜欢躲在黄昏之际树荫之下。当年不择手段使美上加美，现在不择手段不让老丑外扬。

揭开老化之谜

为什么会老？老化领域专家史蒂芬·奥斯泰德写了一本书《揭开老化之谜》，一出手就丢过来这句话："老化这个题目什么都是，就是不会令人沮丧"（我摘下眼镜再看一遍，强烈怀疑"会"上面那个"不"字是草民误植）。接着，他又说："老化是生物上一个矛盾现象，只不过很少人懂得欣赏它，它是一个几乎全体物种都有的现象，而且其种类变化可以说是无止境的：一只蜉蝣只活二十四小时，一只苍蝇只活一礼拜，一只狗十年，一个人一世纪，而一棵树可以活一千年或两千年。鲑鱼活过几年，然后产完卵就筋疲力尽而死，而乌龟确是老当益壮，这里面有没有一个固定的规则或形态呢？我们是否可以改变它的形态？世界上是否真的有活到一百五十岁或一百六十岁的人瑞？男人真的比女人老得快吗？海豚和大猩猩也会罹患关节炎或老人痴呆症吗？还是仅有人类才这么'幸运'……"

这就是专家让我们有靠山之感的地方。如飞机陡然爬升至千英尺高空，以牢靠的知识引领我们脆弱的心智从高空俯瞰那囚禁过我们的牢房，此时它像火柴盒般不堪一击。既然所有物种都必然老化，人类也就没什么好抱怨的了；既然所有人类都会老化，那么如今身陷老化苦恼的我还能说什么？

顶多举个手发问：为什么大学同学珠珠看起来还那么年轻？同学会时穿了一件她女儿的粉红色 kitty T 恤，笑称年轻人真浪费喔，衣服还好好的就不穿，我看料子挺好的拣来穿，反正不怕老同学笑。说得唱歌似的，其实是来展示威仪的。那发色、那脸庞、那颈项、那胸线、那腰肢、那臀形（还敢系铆钉皮带、穿露股沟的牛仔裤），在在都是对同班女同学进行毫不留情的鞭笞。更甚者，看到那群没用的男同学，眼睛在"灾区"与"观光景点"之间闪烁游移，如同鞭子之外再送你一把火钳。

幸好，专家的研究给了这些打击一个平反的机会：放心，你等着看，珠珠会老的，也会如你现时一般拥有这灰白发色、这松垮脸庞、这火鸡母皱折脖子、这产业严重外移的胸线、这囤积战备油的腰肢、这过度发酵的臀部。待她老了，谁还记得你早两年她晚两年老化这种小事？这么一想，心情恢复平静，冻龄美魔女，冻得了一时，冻得了一世吗？

"我希望我能使读者想到老化时不会有恐惧或悲伤的感觉。"史蒂芬说。（本来不会，但想起粉红色珠珠，除了恐惧、悲伤，还有一股足以炖烂轮胎的妒火，这一点，心思单纯的学术型男性绝对不能体会。）

"我希望我能使读者把老化想成一个引人入胜的谜团，而不是不可避免的死亡。"他说，苦口婆心到快下跪了。

（我把书往地上一摔，啐一声：大胆！你居然敢说出这两个字！）

书耳上（当然，捡起书），穿桃红色上衣但容貌超过五十岁的比较动物学教授史蒂芬，弯腰站在一头鬃发飞扬的老狮子后面，阳光让他们同时眯起眼睛以致额头发皱。我忽然想起海明威《老人与海》，老头子圣地亚哥与巨无霸马林鱼搏斗之后遭到鲨鱼群攻击，大鱼被啃得只剩一副骨头。返航回到家，累得瘫睡在床的老人"梦到狮子"。史蒂芬与狮子的合照引起我的联想：虽然这家伙一再宣称老化是引人入胜的谜，但他明明就是一副刚跟鲨鱼搏斗、死里逃生的模样。

研究老化，使他老得更快。

如何测量老化

老化是从什么时候开始的？该如何测量老化？

史蒂芬说，用寿命来测量老化是不精准的，用身体的运动能力——譬如跑百米的速度——来测量也不精准。用生育力，同样有困难；妇女在四十五至五十岁左右停止生育，可是有的男人到九十五岁还有生育力（不怀好意的作者想：是喔，一百岁时可以陪五岁儿子溜直排轮喔）。用死亡率是个办法，推估老化开始于死亡率最低的那个年龄。他说："以美国妇女为例，在她们一岁时，死亡率是千分之一，但到十岁时，这个概率降到了四千分之一。然后生命又开始变危险了，死亡率在十二岁时开始增加，从这以后，加速度上升，到三十出头时，妇女的死亡率跟她们刚出生时一样。从此以后，持续不断一直增加。所以，假如说老化是开始于死亡率最低的时候应该是合理的。换句话说，老化是从死亡率开始一直增加的那一点算起。所以在美国，老化开始于十或十一岁。"

这就不能怪我从一开始就不喜欢史蒂芬大教授，他一面安抚我又一面刺激我。虽然书中他大篇幅讨论遗传、老化过程与延缓老化、延长生命，颇具有知识的趣味性，但已不能挽救我得知自己可能也是"从十一岁开始老化"后，加速老化的事实了。

当然，我也是矛盾的。我不确定自己想从知识里得到什么？知道"老"是一把铁锤，被锤扁了，难道不知道那叫铁锤，就不会被锤扁吗？

"最乖的童子军到了四五十岁时，还是会变成中年人，到了七十岁，还是会变成老年人。"史蒂芬说："截至目前，没有任何一种饮食疗法、维生素、矿物质或荷尔蒙，也没有一种生活态度、生活方式或生活行为能够提出证据说，它可以延缓老化。"不过，他也预留一丝希望："在我们了解了什么对生命的新陈代谢有害了之后，应该可以在不久的将来找出真正可以抗老化的方法。"

若真是如此，怎么解释珠珠与我之间的"老化"差异呢？除了遗传因素（史蒂芬认为不是那么重要，我却顽固地认为很重要），难道没有其他原因？

我推测，大学时期即以时尚潮女之姿在校园内小有名气的珠珠，这些年来过着优渥的"富太"生活。想必，除了普拉提、瑜伽、按摩，摄取保健营养品，精通各种排毒理论，恭请大师为她灌顶也聘用名医为她灌肠，定期做脸部发丝头皮之深层保养，更有熟识的美容整形医师提供专业协助，让她身上连一粒芝麻斑都没有。如果，珠珠过的生活是凌晨到中央果菜市场批货，一面开发财车一面吞饭团，自从老公腰部椎间盘突出之后，连搬货都得自己来。那么，她还有本事拉得起一件低腰的鬼洗烟管牛仔裤吗？那种"腹杯满溢"（非福杯满溢）仿佛盖着膨胀起司的海鲜浓汤的体态，比任何恶毒的语句更会让一个女人想死。情歌可以断肠，牛仔裤足以杀人。

珠珠投入庞大的财力心力以抵抗老化，而我一贯就是吃老本的败家态度，任由这副皮囊风吹雨打，如今出现这样的差异，也符合公平正义原则啊！

当然，如果她不穿得像十八岁，我会嘉许她懂得照顾同学的感受而给她按一个赞。至于我自己，也应该自我检讨：我不应该把注意力放在不当的地方，譬如学术会议上，那位大学者穿着二十年前的西装，以不老妖精的严肃表情宣读艰深的理论，我应该多听听他说什么，而不是死盯着他的脸，要明察秋毫这家伙到底有没有去拉皮？

我应该肚量大一点，要老就自己老，不要老想着拖别人一起老！

几岁才算老

几岁才算老？儒家经典《礼记》对老年人口做了分类与界定，举其要："三十曰壮，四十曰强，五十曰艾，六十曰耆，七十曰老，八十九十曰耄，百年曰期。"年满七十岁可以自称"老夫"。惜乎，没讲女性可以自称什么？以理类推，大概是"老娘"。

这份统计资料颇有趣，但不知老祖宗所据为何？由

"强""壮"而判，应是根据体能来筛选的。我合理推测，两千多年前，曾举办一场大规模的铁人三项比赛，项目包括：扛沙包路跑、耐饿力（饥饿三十始祖版）、耐冻力，以此"体能基测"成绩客观地界定三十岁以后的年龄称谓及影响后世深远的年龄阶级意识。

我的推测是有根据的，《王制》篇："五十异帐，六十宿肉，七十贰膳，八十常珍，九十饮食不离寝，膳饮从于游可也。……五十始衰，六十非肉不饱，七十非帛不煖，八十非人不煖，九十，虽得人不煖矣。"

换个角度看，这段话就是"体能基测中心"呈给天子的报告书：五十岁，可以吃精致的粮食。六十岁，家中要有供他独享的常备肉品（想必是肉松、干肉或炖肉）。七十岁，需有另一份膳食以补充营养（诸如"完膳"或雅培高单位小罐头）。八十岁，可以时常食用山珍海味。九十岁，要在他房里设小吧台，置冰箱、微波炉或小煤气炉（切记不可用炭，以免有弑亲之嫌）。以上内容是针对耐饿力，"五十始衰"以下则是关于耐冻力之整体评估；八十岁，要人抱着他才能暖。九十岁，即使叫胖乎乎的火旺嫂成天给他抱抱，也不能让一台冰箱变成烤箱。

东汉许慎《说文解字》承其分法，称七十岁为老。但往下各代的"老年线"出现分歧；晋朝以六十六岁为老，隋以六十岁，唐以五十五岁，宋以六十岁。

唐朝把五十五岁以上划成老人引起我的强烈好奇。我猜测，可能是整个帝国充斥着万马奔腾般躁动不安的雄性荷尔蒙，且六十岁以上的人都因某次 H1N1 大流行而被抬去"种"了，正巧，帝国要推行"敬老尊贤"运动以端正纵欲过度的民风，在欠缺老年人口的窘境下，不得不把老年线提早到五十五岁。或是，其实事情很简单，到了唐朝，铁人赛新增酒测与胡人舞蹈项目，无法笙歌达旦且十杯就躺平的人悉数被淘汰，一查，竟都过了五十五岁。我猜，喝酒比赛冠军应是李白先生，他不仅千杯不醉而且喝酒的气魄惊人，有诗为证："五花马，千金裘，呼儿将出换美酒，与尔同销万古愁。"被老板骂的鸟气，需两瓶威士忌才能消，消万古愁得喝多少啊？典当宝马与皮衣哪里够？怕不当得只剩一条内裤才怪！毫无异议，李白被授予"青春永驻"勋章，尊为"帝宝"（帝国之宝）。

中医的说法最让人不悦。《黄帝内经·灵枢》："五十岁，肝气始弱，肝叶始薄，胆汁始灭，目始不明。六十岁，心气始衰，善忧悲，血气懈惰，故好卧。七十岁，脾气虚，皮肤枯。八十岁，肺气衰，魄离，故言善误。九十岁，肾气焦，四藏经脉空虚。百岁，五藏皆虚，神气皆去。"

若照中医脏象学说，把五十岁划成老人，必会引起暴动。虽然，不乏有些肝气严重衰弱、只想在家坐摇椅领月退俸的五十岁之辈支持此法。但也不可忽视多数跨过五十门槛、因更年期荷尔蒙变化莫测以致产生强烈"年龄自尊心"的人，他们最恨别人在他面前说"老"——小护士敢说："杯杯，你哪里不舒服？"或卖菜姑娘："阿姨，要买什么？"必然招来横祸。即使是我，虽然觊觎"博爱座"甚久，却也不希望悠游卡发出哔哔哔三声敬老音。

然而，近年来，拜诈骗集团积极拓展业务之赐，有个不幸的现象充斥于金融界。我去邮局汇款到阿嬷户头，行员问我："你认识这个人吗？"我怔了一下，从来没人问我认不认识"简林阿葱"，以致我的反应颇符合初期痴呆。"认识。""他是谁？""我阿嬷。"她居然往下问："这钱做什么用？"我的心中起了星星小火苗，但很快自行吹熄，原本想答"还赌债啦"，算了，据实以告"生活费"。问完，还要我在一张单子上签名，表示自行负责。单上一行字："预防诈骗，善意提醒五十岁以上长者……"真想问设计这张单子的人，为什么是五十岁？但我毕竟是有风度的人，即刻签名，不想为难明明比我还老的行员。但心中有个幸灾乐祸的声音对自己说："你完蛋了，在他们眼中，你已经呆得很明显喽！"

还好，《老人福利法》第一章第二条："本法所称老人，指年满六十五岁以上之人。"

既如此，如何称呼五十至六十五岁的人，但凭各人的自我感觉了：青春民粹主义分子，概称之为"后中年期"（绝对不可出现"老"字），务实派细分为"后中年期""后后中年期"及"前老年期"。我一向不喜欢啰唆，统称为"渐老期"或昵称"生命中不可抗拒的野狗攻击期"。因为，不管你怎么自欺欺人，渐老这处境就像被三条野狗追咬。而且，第一条总是最凶猛的。

野狗理论

第一只野狗在什么时候窜入你的生命？我的老朋友韩愈（由于高中语文课本老是把《师说》和《夏之绝句》摆在一起，使我错觉自己跟韩大师颇熟）有一段名言："吾年未四十，而视茫茫，而发苍苍，而齿牙动摇。"这段话太吓人，以致大家都忘了《祭十二郎文》是千古流传的至情祭文，只记得他的健检报告。

韩愈家的基因不能算优，父母早逝，三个哥哥也早去，十二郎韩老成是他的侄儿，两人从小一起长大，既是叔侄又像手足，两代形单影只，感情倍浓。"念诸父与诸兄皆康强而早世"，可知家族中叔伯辈也不长寿，早衰的韩愈自忖："如吾之衰者，其能久乎？"没想到十二郎得了软脚病，竟走在他前面。韩愈身在京师，惊闻噩耗，衔哀写下祭文。

引我关注的是，韩愈老化得也太早了，"吾自今年来，苍苍者或化而为白矣，动摇者或脱而落矣，毛血日益衰，志气日益微，几何不从汝而死也！"白发如万箭齐发，牙周病严重，这一年的韩愈也不过三十五岁左右。略具医学常识者不难推测，韩愈因牙口不好连带有消化系统毛病，视力退化势必肝气不旺，必有愁思忧愤倾向，推测其睡眠质量不佳，恐怕早就在半夜学苏武牧羊了。

我年轻时读韩文，对这位苏东坡眼中"文起八代之衰，道济天下之溺。忠犯人主之怒，而勇夺三军之帅"的大文豪，谈不上喜爱。文章虽气势磅礴、吞吐山河，但少了一点人情味。直到偶读《祭鳄鱼文》又忆及高中所读《祭十二郎文》，才串出温情的一面。尤有甚者，等我跨过三十六岁门槛，同时饱受眼干、齿摇及白发如秋芒丛生之苦，才忽然明白，韩愈那一段体检描述简直是写给我看的。我欠缺他那种论述缜密、雄辩滔滔的才气，也不具备性格刚强、直言不忌的胆识谏宪宗迎佛骨，触怒皇上，被贬到广东潮州当刺史打击鳄鱼——但我与他的基因图谱可能相似度极高。这让我好过很多，在早衰的路上，我不是孤单的，韩愈在前面做了我的精神靠山。

遗传指令就像一只霸道的闹钟，滴答滴答，自顾自走着。

雄辩如韩愈，在《祭鳄鱼文》中，以移民局官员口吻喝斥鳄鱼这等"丑类"，命令它们在限期内自动出境（南徙于海）否则格杀勿论，期限是三日，不知何故又自动放宽："三日不能，至五日，五日不能，至七日。"好似鳄鱼家当甚伙，恐其整理不及。面对刺史大人的恐吓："操强弓毒矢……必尽杀乃止。其无悔！"那些冥顽不灵的鳄鱼根本没把大文豪的文章放在眼里，悠哉如故。这就不能怪我喜爱苏东坡胜过韩大师了，我猜测，若是东坡被贬到潮州，闻鳄鱼扰民，依他的个性，何需多费唇舌，必速速向朝廷请款，建水师、养蛙兵，从此潮州成为鳄鱼皮包皮鞋发源地，刺激当地产业，且除了"东坡肉"另有"鳄鱼丸"行世。

对鳄鱼都束手无策了，遑论对遗传指令。除了靠染剂，我从未听说靠雄辩能让白发在一夜间黑回来。

肉身叛变

我一直有个困惑，善骂者是否易患齿病？吾友某君，位高权重，平日喜训斥属下，给自己的五十岁礼物是一口烂牙。拜植牙之赐，终于摆脱无齿之徒称号，唯所费不赀，戏称一部 TOYOTA ALTIS（丰田卡罗拉汽车）塞在嘴里。韩愈辩才无碍，藩镇之乱，镇将王廷凑谋反，韩愈受命招抚，凛然以大义斥责王某，终于使其折服归顺。口才这么了得，何只悬河简直是海啸，果不其然，牙齿真是不好！中年即齿牙动摇的他，有《落齿》诗自况："去年落一牙，今年落一齿。俄然落六七，落势殊未已。余存皆动摇，尽落应始止。……"此诗宜贴于牙科诊所或糖果礼盒，以儆顽众。

我阿嬷也是口若悬河一族，平日最喜喝斥我们且爱啃甘蔗，两害相加，六十多岁即大牙小牙落玉盘，七十不到，众牙已叛变而去，只剩孤牙一颗固守山海关。某日，此牙犯疼，就医；医生亲切问诊："阿婆，您哪一齿在痛？"我阿嬷全无恶意只是以对孙儿的习用语答曰："你目睭青暝是哦？我总共嘛，剩一齿娘娘！"后来，此一孤臣孽子亦弃逃了，阿嬷进入无齿状态。但她毕竟不是省油的灯，靠牙床磨合也能吃鸡肉、虾子、火锅料与凤梨酥，好似安装一只复仇者联盟赠送给她的大铁锤。

滴答滴答，遗传闹钟走不停。发白、齿摇、眼干同时找上我的那一年，可标记为"三十六岁，命中注定的野狗元年"。

不怀好意的白发麇集在我前额，一阵风吹过，我从朋友眼中读到惊吓与同情——仿佛我是个弃妇。他们不约而同暗示后来明示可信赖的美容院与安全的染剂品牌。每次上美容院剪发，美容师必然追问："要不要染一下，看起来比较年轻。"我始终不为所动。我的想法很简单：一、如果这是遗传给我的模样，我应该欣然接受。二、我对兴风作浪之情欲一日游毫无兴趣，上公交车只求"博爱座"不求艳遇，此不黑不白的头颅正符合需求。三、染发如吸烟，有一必有二、有二就有三，我要染到哪一年才罢手？有个四十多岁即发白的长辈信誓旦旦说："等退休了，就不染。"退休了，说："等两个女儿出嫁，当过主婚人，就停。"女儿嫁了，改称："当嬷就不染。"做阿嬷了，她说："唉呀，都染三十多年了没差啦，看到一个头白得快被鬼抓去，很不甘心！"

黑是什么？是一座发亮的黑森林，群树芳草散发香气，仲夏夜恋人们追逐嬉戏的舞台。黑，是轻盈的，藏着梦的色素。是丝绸，诱捕恋人说出誓言的网——白衣上留着一根伊人的黑发，好比长长的悬念，轻柔地取下，忆及缱绻，夹入书页，浮出微笑。

白是什么？是战争之后哀鸿遍野的荒村，枯树恶草，散出地狱腥风，是流氓与刺客窝藏的暗窟。白是沉重的，藏着死的符箓，是不锈的钢栅，囚禁罪犯使之认罪该判"老刑"的大牢黑衣上一丝自己的白发，像是绞刑架垂下的粗绳，厌恶地拂去，忆及老之将至——不，已侵门踏户至此，心情坠入谷底，喂鳄鱼去。

然而，野狗理论之妙用在此，当你抱怨被小狼犬攻击时，请看一看遭熊抱的惨状——套一句诗人拜伦的名言："我一直埋怨自己没有一双好鞋，直到看见有人没有脚。"吟诵白发哀歌的人应该住口，当看见没有头发的人时。

接受自己的头发变白与接受秃头绝对是不同等级的折磨（廷杖二十与拔指甲二十差可比拟），见将军白发，有何不能忍？见壮盛之年而发际线节节败退，只剩北太平洋东岸几束水草，抛过整个北大西洋，覆盖了欧亚大陆，最后抵达孟加拉湾，你还好意思抱怨染过月余、新冒出来的白发如鬼差的獠牙吗？

壮士断腕，容易，断几束水草，难。见将军白头，不忍；

见将军秃头，更不忍。

野狗理论另一妙用是：当第一条狗咬你的袖子，你怒而驱之。第二条咬你的手时，你觉得咬袖子实在不算什么。当第三条咬你的颈动脉，你立刻觉得第一只小乖乖是闹着玩的，第二只小坏坏只是跟你撒娇而已！

失眠。是的，年过五十岁的人看到这两字会发抖——根据吸血鬼电影示范，一个人颈子被咬时，会瞪大眼珠继而惨叫，这模样就是失眠者的暗夜形象。

"年龄是我的闹钟，"海明威笔下，捕鱼老人说："为什么老年人都醒得那么早？难道要让一天变得长些吗？"

睡意，是个巫觋，藏身于七英尺之下软泥之中的古瓮。每晚，沿着你所属的那一株花树的根须往上逸出，飘入卧室，于枕席、暖被之间设坛作法，持咒而诵，梦境入口于焉浮现。当此时，你被一股磁力吸引，频频呵欠，说："我要睡了。"即使影片正当精彩，家人谈兴正浓，书报未阅，都挡不住你的脚步。进卧房，打一个鳄鱼嘴巴大的呵欠，头一沾枕眼一闭，还来不及想明日行程，已被等在梦境入口、一群花枝招展的梦国接待员簇拥着滑入梦乡了。

巫觋返回古瓮。你再度睁眼，已是八小时后闹钟响起时。这夜间，家人晚归洗浴、楼上邻居冲马桶、救护车咿呜而过、对面夫妻吵架惊动警察来巡、后面公寓小儿夜哭、年轻人狂飙摩托车、枕边人鼾声如雷、暴雨来袭敲响浪板，你全没听到。

套一句诺贝尔奖等级睡眠皇家学院之赞辞："缔造无比辉煌的睡眠成就，超越所有生物，其完美程度媲美死亡。"

不知何故，自从跨过五十界限，巫觋先是姗姗来迟，接着竟不来了。每晚躺在床上的你，了无睡意。你进入科学与不科学互生共荣的生命态度：床组颜色换成你的星座幸运色，馒头枕换成可保护颈部的波形枕，床垫软硬适中符合人体工学且是欧美名款、薰衣草温水浴、温牛奶、轻音乐、香氛、隔音窗、窗帘、眼罩、消磁宝石，连床位都请命理师"乔"过了。每晚，你依旧听到楼上冲马桶三次，摩托车飞啸六次，七百米外救护车鸣笛一次，蚊子来袭一次——你起了杀意，开灯，持捕蚊拍与之周旋二十分钟，击毙。关灯躺下。又起床，开灯，直觉还有一只逆贼。果然如你所料，举拍击之，此役耗费三十二分钟。

该睡了，你平躺如一尾新鲜的白鲳，没睡意；侧睡如弓，没消息；趴睡如死蛙，没动静；翻身仰成大字，又两手交叉胸前如埃及法老王，没作用。"难道要我倒吊吗？"你想，真的把双脚高举贴墙，没效。你翻身取闹钟按下夜光，两点四十五分，算来已磨蹭四小时了。"我非睡着不可！"你换个方向睡，企图改运。脑中忽然一阵杂念涌生，泥石流来袭：儿子晚归，不知有没有锁门（为此，你去确认了，有锁）。昨日见堂妹一脸憔悴且暴瘦该不是有癌吧！要是她死了财产落入好吃懒做的丈夫手中怕不败光了，那两个孩子怎么办？

（为此，你起身写了便利贴，提醒自己明天打电话给堂妹，叫她去找妇科陈医师）。听说明天开会，小刘要当大家的面辞职，给老板难堪。嗳，没想到珍珍的心机这么深，全然不顾我们三十年的交情，她儿子结婚，我看我就装作不知道。儿子新交的这个女朋友耳朵上打一个还是两个耳洞？装不知道不好，从小看着他长大，我应该贺一贺。珍珍这种个性，当她的媳妇可有得受哦！小刘也有错的，不知道有没有找好退路，现在景气这么坏？欧债危机怎么办？投资都赔了。闹钟是不是坏了？现在才三点二十分。唉呀，那家伙有没有把剩菜收进冰箱？为此，你干脆去厨房确认。吓！竟看到一只小强，对着排水孔吐露衷曲。你兴奋起来，持拖鞋悄然移近，啪！据说破膛蟑螂带菌，你花十分钟为它规划告别式，裹了两张卫生纸才放进马桶举行隆重的水葬。你又擦拭案发地点、刷洗鞋底。此役毕，躺下，"真的该睡了！"你迷迷糊糊仿佛被人蒙眼，飞车环游北海岸一周，不久，窗外传来老人家晨间运动的拍手声。五点五分，你踅至浴室，镜中的你眼皮浮肿，眼袋下垂，像掉到柜底数日才被扫出来爬着蚂蚁的菠萝面包。

次夜，你对巫觋死了心，直接吞一颗安眠药叫大脑关机。

诺贝尔奖等级失眠皇家学院，也给你一篇赞辞："近年来致力研究夜间床上战场，亲身测试人类体能与精神极限，屡获佳绩；独力捕获无数害虫，对环境卫生做出重大贡献。

促进安眠药市场繁荣，增进人类福祉，功不可没。"

巫觋藏身的古瓮已毁，一缕睡意香魂消散于野，软泥凝固，你的元神花树萎谢，只有不知情的风呼呼吹着一树枯条。偶有路过的鸟儿在枝头间栖息引吭，那辗转反侧的人才能因这春天的碎片而获得几个小时的睡眠赏赐。老，是贼，偷了明眸、皓齿、乌丝，也窃了你那黑桑椹般溢着果蜜与酒香、飘着情歌与甜梦的夜，好一匹上等料子的月夜，一去不回，回赠给你一丛干牧草，让你笨牛也似的，嚼到天蒙蒙亮。

然而，这还不是最糟的

然而，这还不是最糟的。比方说吧，老贼从你的衣橱偷了黑丝晚礼服，还需要珍珠项链来巩固她的华丽。是的，她要偷——噫，她要偷什么……话到嘴边怎么出不来，就是那个那个……，我要说什么？怎么一下子记不起来？不是珍珠项链，这是个比方，那东西像珍珠但不是珍珠，就是那个很熟悉，每天都会用到的，筷子？不是筷子；钥匙？不是，好像有点接近，啊！想起来了，要偷你的记忆力。

记忆力，绝无仅有的一串银闪闪的天然珍珠项链遭窃，警方不受理。你的珠宝盒空了，窃贼回赠几颗塑胶钮扣给你，以嘲讽的手法。鎏金镶珠的珠宝盒是你仅有的，你时时抚摸至少证明自己还存在着（闽南语有一谚，亦甚毒："躺下睡不去，卡讲嘛讲过去"）。几颗塑胶钮扣，不知从旧衣回收箱哪件衣服扯下的？那是他人的记忆结晶，浓缩符号，无法归类的单独事件，突然掉落的不明物体的零组件，此起彼落干扰着你的日常生活：你明明只要买凤梨却买了莲雾忘了凤梨，丢掉的是黑伞却记成花伞，小钱包误放入冰箱却咬定送快递的小弟有嫌疑，右边牙齿松动却叫医生把左边拔掉算了，叫服务生炒面不要放味精却说成不要放妖精。要命的是，你通通不承认自己说错，反而指责他人栽赃抹黑："什么妖精，我说味精，你耳聋了！"平白送来一碟馊小菜，识相者吞下，不识相者反驳："你明明说妖精，不信问服务生。"一顿饭变成杂技团之翻桌表演，还得赔碗盘钱。

什么是值得记忆的？什么是不值得记的？记得的都是值得记的吗？你想过吗？

然而，记忆力衰退也不是最糟的。比野狗更凶的，猛虎。闽南语有云："拆吃落腹"（以强势对待他人），请记住这四字。

"肉体的败北是多么可耻啊！"托马斯·曼《威尼斯之死》，已见衰态的中年作家阿森巴赫说。

故事开始于五月，连续湿冷形成郁闷，盛夏气息包覆着正在酝酿的暴风雨，阿森巴赫渴望从近乎崩溃的案头工作抽身，旅行的欲望在他体内骚动，濒临油尽灯枯的他踏上前往威尼斯的旅途。

从一种"濒死"逃离，渴望在风光明媚的水都获得洗涤，重生。殊不知，水影如两面镜，一面让他看见绝美少年达秋——这十四岁宛如希腊雕像般无瑕的少年何尝不是凝结在他内心深处的自己的青春影像，另一面，无所逃遁地，看见在时间战场上如俘虏一般颓败的现在的自己。

威尼斯的水影如梦似幻，亦如无数尖刀落在浊骨凡胎身上。当梦幻时刻降临，阿森巴赫陷入痴迷狂恋。海滨戏水，少年的青春身躯刺激他的眼睛："他那蜂蜜色头发蜷曲在太阳穴和颈子上，肩上的毫毛在阳光中闪耀着，肋骨的线条，均匀的胸部，显出胴体优美的曲线。他的腋窝平滑得有如雕像，腿弯是光洁的，可看到青筋。感到这个身躯像是透明的物质造出来一样。"阿森巴赫片刻不能离开达秋，甘愿为他而死。

当尖刀掷下，他厌弃自己如此衰老，亦恨不得一死。"当着令他倾心而又迷恋的少年面前，就情不自禁地恨自己衰老的身躯，那灰白的头发，削瘦的脸，都使他觉得羞耻和绝望。因此促使他格外地想取回肉体的活泼，弥补逝去的青春。"

老作家进了美容院，染发修脸、化妆涂胭脂，他要轰轰烈烈地再年轻一次，死也甘愿。修整后，镜中那张脸变成充满喜悦的活泼青年，青春果然重返。他戴上系着彩色带子的草帽，打上鲜红领带。是的，死神伸出了濡湿的腥红长舌，无须一阵逆风，那长舌一卷，将他卷入死亡黑谷。因逐美而染疾的阿森巴赫，死于波光潋滟的威尼斯。

不要与时间为敌

若说达秋象征理想中的绝美境界，创作者需以生命相许，这"美与死"便是可歌可泣的。然而，我跨过五十岁界限之后重看名作，可能受到肉身这艘老旧独木舟的影响，眼底有了苔痕，脚盘也有刀疤，一眼看到好一锅沸沸扬扬的人生汤，锅边围着野狗土狼饿虎，等着把那哭过恨绝、酸甜苦辣都入味的众生"拆吃落腹"。每一道伟大主题的背面，往往印着不可抗拒的命运的嘲弄。追求绝美不见得必须死，但以衰颓之躯，愤然对时间下战帖，欲唤回青春，重燃爱恋，很难不死。威尼斯，好一个梦幻泡影的大讲堂。美少年那青春的蹄，应到天边捉云彩，沙滩上踏浪；白发人的脚是刺人的暗礁，应该埋在后院给羊齿植物造景，也适合埋死狗（当你接受老，那三条野狗便死了），礁岩为碑，系上鲜红带子，铸上："永别了，吾爱。"

肉体的败北并不可耻。早衰，是我的老年资优先修班，训练我不要与时间为敌，勿贪恋那一生仅有一回、无法复制不可取代的青春。我送走青春，也送走青春时才有的悲伤苦闷、爱恨情仇。老，不是我的敌人，是注定要相偕共游的知己啊！

自何时开始老？这问题，一笑置之。既不能倒提江水，叫一条河重新流过，那么不妨把脚浸入水中，认了眼前风景。

天地悠悠化育，四时潺潺嬗递，人，该老。

所以，当你赫然发现，这个老贼于暗夜潜入你的卧房，温柔地抚遍你的肉身，做了可爱且可笑的记号，次日起，喽喽们以黑道地下钱庄的讨债手法，为你换白发、摇牙齿、蒙眼睛，甚至破坏几条血管、扯裂几丝神经，当此时，你在惨叫之余，应该展现一点做人的风度与修养。幽默感是珍贵的，不奢望你有这笔祖产，但你不妨学一学，与正在捆绑你的喽喽们闲话家常：

"工作很辛苦，有没有加班费？会不会觉得自己是血汗员工？"

"……"

"我应该是最合作的吧，都没有抗拒，有没有奖赏？"

"……"

"你们要带我去哪里？"

"……"

就在最新的那条绳子绑痛了你的大肠，你不得不接受医生建议做大肠镜检查时，躺在诊疗床上的你，见到一个小喽喽悄然飘临，亲昵地对你说："大哥大哥，你最合作了，老得好快唷，我好喜欢在你这里工作。"

"在哪里工作？"

"这里呀，"他指了指你的大肠，"新进人员要先在粪便部门待一年。"

"老实说，小兄弟，我不想这样。"

"为什么？你不喜欢我们吗？"

"吃屎啦，有人喜欢你们吗？"你板起脸，"我接受你们，但不想老得这么快好不好！"

"喔喔，我懂，"小喽喽取出一本厚手册，翻出一页，念着，"大哥，那你必须戒烟酒茶咖啡槟榔培根香肠蹄髈。每天运动一小时，流汗，多吃蔬菜水果，十一时以前睡觉。手册说，这种人有很强的抗拒力，我们工作时要小心职业伤害。"

"如果我做不到呢？"你想到每天一瓶酒一包烟，是苦闷人生里的欢愉！

"那我就不知道了，手册上没写。"

"你们要带我去哪里？"这位跟你有了交情的小喽喽，显然是刚入行的新鲜人，以无比兴奋与略带优越感的口吻，低声说："嘘，偷偷告诉你，我们老大说，要带你去一个叫'病'的地方。听说到了那里，我们的工作就轻松了，我好期待喔！"

"去那里做什么？"你瞪大眼睛问。

小喽喽转头侦察一阵，确定无人偷听，嘻嘻地说："去找死！"

次日起，你关掉手机，卖力运动。

焦虑派养生恐怖分子

一支小布旗

寻常的一条街道。牙科诊所前，两条长木椅，提供给路过的人歇歇脚。每天早上，四五个阿婆聚在这里，七十岁以上，聊着永远好不了的慢性病痛，聊着传说中的秘方与健康食品的神效。九点整，铁卷门升起，没睡饱的小护士拿扫把出来扫地，无视于吱吱喳喳一群老麻雀的养生话题，如同麻雀们亦不受那支无精打采的扫帚干扰。我站在不远处，旁观着，有个声音在心中响起："这样的活法有什么意思？"但另一个入世甚深的声音立刻赶到，饶富趣味地看小护士有没有把地扫干净，觉得阿婆们辛苦了一辈子，如今还能每日挂伞走出家门，与老邻居相聚聊一聊小毛病，未尝不是一种小山丘、小池塘的幸福。想继续过人生与不想继续过人生、欣赏凡俗与厌倦凡俗的我同时存在，如同年轻与年老两个世界同时存在，各自发出轧轧的齿轮声，错身而过，却毫不影响彼此的方向一般。

过不久，老人家有了新的聚会地点。也是一条寻常街道，一间久未出租的店面忽然重新启用，无招牌无门面装潢，只竖了一面迎风而煽动的布旗，上书"健康食品"，也有可能是"不健康食品"要看风的脸色才能判定，路人很难弄明白葫芦里装了什么。或许，业者也不希望路人弄明白，他只要老人们口耳相传，一个邀两个，两个邀四个，钻进葫芦来。

靠着赠品打通关节，每日在堤岸、公园、操场集结的公嬷老族相约赴会，听重要的健康演讲。时间一到，族人鱼贯而入，大门接着紧闭，仿佛里面正在进行某巫教之歃血仪式，誓师讨伐那捉弄人的魔鬼。投影片、讲者带权威感的声音、轻音乐、销售小姐亲切的笑容，营造出祛病回春的神秘氛围。重要是，每天感受到有人这么热切地关心他们的健康："阿姨，你气色好好喔，你骗人你不可能八十岁啦！"一句赞美的话，划开沉重的老病生活，心中一霎时长出小绿苗。这种话，子女从来不开口，在付出四五十年辛劳的那一片屋檐下，没有人懂得"你越来越年轻"是女性永远期盼的鲜艳玫瑰花。一枝红玫瑰，健康、美丽、爱与崇拜，这是人类永远甩不掉的梦。而原来，一切是这么简单，只要按时吞服高人们炼出的丹药，被窃取的健康很快就会找回来。健康一回来，什么都跟着回来了。

那些失窃的健康包括：灵活的关节，一颗强而有力的心脏，粉嫩平滑的肝，勤快的肾，灌满氧气的肺，晶亮的眼睛……原来，纸盒内那瓶药丸就是打击罪犯的游击手，用温开水造一阵小浪送他们进入体内丛林，直达魔鬼盘踞的器官营区，携带精锐武器的杀手就会以幻影般的速度将魔鬼一网打尽，受伤的细胞一夜间修复、重组、运作。那关节不再疼痛，双脚灵活，可以跃起做一个芭蕾舞旋转；那冠状动脉恢复通畅，如同高官车队通过时的任何一条马路。

昂贵的价钱算什么？"人在天堂，钱在银行，老婆在教堂。钱是身外物，没有健康，要钱做什么？什么都是假的，只有健康是真的。"老族们相互耳语，鼓励，巩固生活中不可忽略的微型信仰。

"老婆在教堂做什么？办追思哦？"一个老族问。"什么办追思？再婚啦！"另一个答。

即使是强烈冷气团来袭的早晨，骑楼下，十多位穿得臃肿的老族坐在商家贴心准备的塑胶椅上，依序排队，等候铁卷门升起。更有几位坐轮椅的，由外籍看护推来共襄盛举。每一位的表情似乎说着同一句话："还我健康！还我健康！"如果不是老族们温和的语声，真会令人错觉，这是被倒会的阿婆们到会首家撒冥纸的抗议行动。

几个月后，想必是已达到此区老族的消费上限，布旗收了，铁卷门又拉下。牙科诊所的长椅上，又恢复旧日聚谈的情景。但少了一张面孔，一位九十岁以上的慈祥老婆婆，每日拄杖慢步而来，左手戴一串透亮的黄琥珀念珠，总是安安静静地听她们高声聊天。才过一个冬，这张慈祥的面孔不见了。小护士依然每日扫地，老麻雀依然吱吱喳喳。有人的日子往前走，有人的往后走。

不久，相隔几个街口，又有一支新布旗出现。老族们聚合的情景再现，只不过这次是另一批长者。像这般小规模的朝圣行动，通常都以就近的住宅区为诉求，在老族的脚力范围内设点，凡是需子女陪同、车载的，都需避免；一则省去接送麻烦，再者也不宜让年轻人干扰老族的消费决定。

八点不到，门口聚集十多位老族，同样也有三四部轮椅长者参与其中，推椅的年轻外佣与老族成为强烈对比。老族吱吱喳喳，外佣咕咕哝哝，两个世界，共享一个太阳，共吹一波寒流。这时间，正是学生夹着书包拼命跑向教室心里喊着："不要迟到，不要迟到"，正是上班族冲进地铁心里喊着："我要加薪，我要加薪"，而等待铁卷门升起的老族，脸上的神情传达出心中的呐喊："我不想死，我不想死！"

谁想死呢？想死的，撑不到七八十岁。

研究死亡率的专家说，在现代化国家里，男性的死亡率自青春期开始出现显著的尖峰现象，十二岁至二十三岁，其死亡率增加了十倍，然后才慢慢下降。这段高死亡率时期，被称为"男性荷尔蒙失智症"，是行为上而非生理上的现象，三分之二的死因是意外和自杀。我们固然不宜笼统地以"荷尔蒙失智症"解释所有在这段年岁离去的年轻男女，但这个统计提示了另一个思考：除了不可预测的意外事故与疾病，不想留在人间的人，是不会让自己变老的。也就是说，不管压在肩上的是一担什么样的"烂人生"（请恕我用辞过当），能撑到七八十岁的，基本上都是不想死的——打一个比方，"活着的意志"换算成存款概念是一千万，"归去来兮的意志"（闽南语谐音：归气来死）等于是负债一百万，则此人"生命资产"尚厚，偶尔在子女面前唱绕舌歌："阎罗王你是我兄弟，怎不让我死死卡归气。"不必当真。

但是，另一份报告又让人紧张起来：在台湾，六十五岁以上老人的自杀率，高过其他年龄层二至三倍。换言之，跨过青春岁月那一段足以致命的暗礁之后，四五十年间，认份地扛起命运派给他们的人生重担，等到跨过老年线，竟又踏入另一段足以致命的暗礁地带。青春时期的暗礁，较容易获得支援，银发暗礁，较不易获得援助：年少时，大家急着保护你，因为还有很长的生命可过；年老了，生命只剩一小段，鲜少人能认知，老人也需要被捧在手掌心。

银发暗礁的威胁主要来自疾病折磨，如果幸运地熬过这一关，应该可以平稳且缓慢地获得带病延年之"福"。那么，这就不难理解了，为什么等在寒风中热切地追逐健康丹药的竟是七八十岁的老族们？他们是了不起的生命斗士，一生中，与一波波的夺命暗潮相搏，如今，即使坐上轮椅，仍展现倔强的斗志，积极地想要求得延年之道。七八十这个数字是不够的，他们要求更高的待遇，要继续攻顶，成为百岳勇士。

一箱电子养生邮件

"要活就要动，有养才有生。"这句话几乎已成为总计七百一十一万、五十岁以上人口的基本口号了。

其实，认真推敲起来，六十三万、八十岁以上的老族们，生长于战争乱世、穷乡僻壤，一生就是一部媲美杰森·斯坦森之惊悚格斗的"动作片"——炸弹丢来时急速跑动，为生存而长期劳动。时下所称每周三次每次半小时之流汗运动，简直令他们嗤之以鼻；流汗算什么，血都流过了喽！他们那千疮百孔亦是千锤百炼的身体，已自动进化成高性能的人形跑步机。至于"养生之道"，我阿嬷那辈都吃萝卜干、豆腐乳、酱瓜、酸菜，也嚼了不少猪才会吃的地瓜及地瓜叶、发霉的粿、微馊的糕。对阿嬷而言，食物没有"坏掉"这回事，只是味道改变而已，只要洗一洗、蒸一蒸，还是能吃的。他们从未以老母鸡煲汤、燕窝、灵芝、人参加以滋补，怪哉，个个带着兴旺的食欲轻轻松松飙上九十，甚至上看一百，真要气死那些砸银子买不到健康的富豪。这一辈人不太在意养生，能活下来，已经够感谢的了。

五十至七十九岁共约六百四十七万人中，又可粗分为两派：渐老族（五十至六十四岁），逾四百五十八万人；老族（六十五至七十九岁），逾一百八十九万人。这两大区块的养生观念与技巧是不同的，会听信偏方、揪团买电台介绍的药品、追逐一支布旗所宣扬的仙丸的人，多数落在老族这一区。他们之中，不少人热爱医学，具有不被认证的医生潜力，会把心脏科、泌尿科开给他的慢性病药，与购自中药店或小布旗店、地下电台的补体药丸，自行依朋友强力见证或个人情绪感受而斟酌服用。有时，也出现神农氏附身，炖煮不明草药加以补强，直接促进洗肾产业之蓬勃。这群老族的子女，不少人因与父母大声争吵、拍桌摔椅、丢弃药品等激烈手段而被扣上不孝的大帽子。凡是走到这一步的，皆是养生养出了恨的。洗得了肾，却洗不去沾粘在亲情里的怨怼。

1　青春禁止无法回转。（编者注）

较年轻的渐老族，具有正确的养生知识与医疗常识。但是，不代表他们都是理性的信徒。狂热是一种很难自我发现的情绪病菌，易滋生，不易消灭。

这批战后婴儿潮大多受过良好教育，参与台湾"经济奇迹"，识见胜过上一代。他们不会用"血浊"来描述健康状况，也不认为跟随妈祖绕境就能让心脏年轻。数据，才是生活中的重点；他们知道，总胆固醇不能大于两百，甘油三酯必须小于一百五十。族人聚谈，话题从欧债、美国经济衰退、两岸关系，接着跳到股市房地产、子女结婚否或抱孙未？最后一定落入健康大笼子：某亲人罹癌、某友猝逝、哪位医生高明、近期服用何药、血压血脂多少？"我胆固醇高了一点。""多高？""破三百。"举座惊呼连连，如听闻你在大安区买了三百坪豪宅，心中有个声音响起："唔，天堂近了！"

拜网络之赐，此族精通搜寻技巧。网上门诊、网上药典、健康食品门市、生技公司产品皆已加入"我的最爱"，兼以电邮转载转载再转载，与同伴互通有无，以一指而遨游太虚养生幻境，乐此不疲。族人每日花在阅读讯息的时间多过与家人谈心，一看到抗老防癌延寿秘技、如何活到百岁不痴呆、不生病的生活、十大长寿食物，便中了蛊，非得立刻翻读不可。

譬如，来一封电邮"主旨：香蕉皮治老人斑"，内容浅显易懂，叙述生动诱人："没想到才搽几天，脸上一块瓜子大的斑居然淡到看不清楚了！"惹得你真的跑到"全联"买香蕉，当下吃一根，以内皮抹手背，静置三分钟，受不了黏，洗去为妙，除斑失败。又来一条"主旨：老花、近视护眼秘方"，内容明白晓畅，具煽动力：中医师祖传秘方……枸杞红枣带核桂圆……近视一千度变两百……这还得了，赶紧奔向中药店，救眼要紧。炖了几次，无人捧场，自行仰头灌下以免糟蹋，亦宣告破功。再来一条"主旨：肝硬化居然有救"，又有一条"百岁七大秘诀"，亦有"防癌其实很简单"，还有"上帝的药房"……

一箱电子邮件，泰半是养生保健，尤有甚者，三个彼此不相识却同时担心你会早死的族人寄来"百岁秘诀"。不久，另一个恐慌派族人传来惊悚数据"每十二分二十一秒，一人死于癌症"。隔了一年，有个讯息较落后大概住在"深山林内"的族人转寄"香蕉皮治老人斑"给你。狂热守则第一条：自己热，也要让族人热。只有进入渐老期的人才能感受，族人每日升起熊熊的养生篝火，载歌载舞，互相拿火把烤焦对方的那股兴奋与热情。

经济基础雄厚、阅历丰富的渐老族是养生保健市场的主力消费群，月掷数千至万，不皱眉头。人与小丸的关系颇有趣，小时候，那丸叫糖，老了，那丸叫药，只有渐老未老一族，那丸叫梦幻。

所以，打开渐老族家中的养生保健专柜，不难发现其豢养的梦幻队伍。西方补品如：花旗参、亚麻仁籽、蓝藻、蜂胶、叶黄素、银杏、鱼油、维骨力、银宝善存……本土派有：蚬精、蒜精、花粉、卵磷脂……东南亚日系韩系较不多见，但不时也有晚辈进贡燕窝、高丽人参。中系以药材为主，凡从大陆旅游归来必有冬虫夏草相随。专柜里亦设主题区，如更年期区，应有大豆异黄酮踪影，性福专区，或可见到鲨鱼精。有个不夸张的说法，若你从美国回来，想给亲友买礼物，买善存、银宝善存、叶黄素、维骨力、钙片就对了。

对渐老族而言，吃药这种事没啥大不了，有病治病，没病强身。还记得邓丽君《何日君再来》吗？她那千回百转的温柔嗓音劝着："来来来，喝完了这杯再说吧！"唉，吃药亦是，吞下去再说吧！

梦幻小丸子

爱吃补药的，岂只现代人，古人也吞得凶。

《红楼梦》里的大药罐非林黛玉莫属，先天有不足之症，气血虚弱，所以弱不禁风。自小，会吃饮食便吃药，一日不断。初来贾府，与众姐妹呜咽搂抱相见了，贾母问："常服何药？"黛玉答："如今还是吃人参养荣丸。"贾母道："正巧，我这里正配丸药呢，叫他们多配一料就是了。"

黛玉的年纪，正是现代孩子拼初中基测的关键时刻，生于富贵之家，吃好睡饱不用补习，有丫环伺候，竟然身体差到需要吃人参，怎不令人捶心肝？除了这味，书中尚出现治妇女气血亏损的八珍益母丸，滋阴补肝肾、治疗虚劳咳嗽的麦味地黄丸，显见这群女孩个个苍白。

黛玉每年春分秋分之后必犯嗽疾，宝钗看她咳得辛苦，提了食疗之方，很简单，"每日早起拿上等燕窝一两，冰糖五钱，用银铫子（小锅）熬出粥来，若吃惯了，比药还强，最是滋阴补气的"。这还不够，宝玉也为她开了方子，要有"头胎紫河车，人形带叶参，龟大何首乌，千年松根茯苓胆及珍珠"。药材珍贵，看来没配成。

端午，元妃赏赐家人礼物，给邢夫人、王夫人的清单上有锭子药，即是把药制成坚硬的小块，猜测其作用应该类似"善存"。

黛玉是先天气血虚弱，宝钗相反，先天从胎里带来一股热毒，发病时会喘嗽。寻常药是不行的，要吃一个秃头和尚开的方子。

周瑞家的问："不知是什么海上方儿？姑娘说了，我们也记着，说与人知道，倘遇见这样病，也是行好的事。"

宝钗见问，乃笑道："不用这方儿还好，若用了这方儿，真真把人琐碎死。东西药料一概都有限，只难得可巧二字：要春天开的白牡丹花蕊十二两，夏天开的白荷花蕊十二两，秋天的白芙蓉蕊十二两，冬天的白梅花蕊十二两。将这四样花蕊，于次年春分这日晒干，和在药末子一处，一起研好，又要雨水这日的雨水十二钱……"

要是雨水这日不下雨，就得次年再等。再加上白露这日的露水十二钱，霜降这日的霜十二钱，小雪这日的雪十二钱，将这四种水和了药，再加十二钱蜂蜜，十二钱白糖，丸成龙眼大的丸子，盛在磁坛内，埋在花根底下。若发病，吃一丸，用十二分黄柏煎汤送下。这丸有个名，叫"冷香丸"。

基本上，这一段文字显示曹雪芹当时的精神状态有虚耗现象，案头疲惫，写几段戏文给自己"爽快"一下。

渐老族年轻时看《红楼梦》女儿们，觉其弱不禁风、掩袖喘嗽、扶儿移步之病态，有一股幽兰之美。当时恨自己怎么这么粗勇，百毒不侵，无缘做出"左右扶起娇无力"之惹人爱怜状！成为渐老族之后，深知健康是一切财富的基础，对病态美有了不同的看法。

以下剧情纯属虚构，但也可能跟某些人家有所雷同。

大儿子带了一个林黛玉回来，气质幽雅，一看就是书香子弟。可是，一顿饭间，不时需要儿子为她拍背缓咳、递水润喉，还替她把菜里的葱姜蒜挑出，说是太刺激了（做妈的你冷眼旁观，心想：过年前老娘感冒，咳得半死，也没见你倒一杯水来看我死了没有！）黛玉一口气稍缓，自云这病是不能累的，洗碗多站一会儿就喘起来。儿子听得一脸疼惜，问：

"燕窝开始吃了没？"你接口："什么燕窝？"黛玉抿了抿嘴，说："诗社有个学姐学过中医，建议我每天早晨吃一碗燕窝。"你听这话，紧张得头皮发麻，暗想，是否叫二儿子侧面劝一劝这个痴情哥，交女朋友不能光看漂亮，要多想想一些长远的事才行。

才想着呢，第二天，老二带一个薛宝钗回来，应对得体令人欢喜。忽然，闻到厨房飘来的煎鱼味，竟喘咳不已，说不出话来。儿子奔来叫你："妈，别煎了别煎了！"又立刻从她的背包取出药丸，倒出保温瓶内的黄柏汤让她服下，涨红的脸才渐渐平复。儿子看你一脸惊慌，说："妈，你不用担心，有一家中药店专门帮她配冷香丸，她从小吃。"你的脸忽冷忽热，问："从小吃，这贵不贵？"儿子说："不贵不贵，一颗才两百五十。"做妈的你，暗暗咬牙加重"才"这个音，说："那……那就好，多久吃一颗啊？"宝钗答："不一定，厉害的话，一天三颗，不喘就不必吃。我这病就是不能闻油烟。"说完，挥手扇烟，又补了一声咳。

"一天三颗，七百五，一个月二万二千五百，大学毕业生的月薪是二万五千元……不喘就不必吃，问题是闻油烟就会喘……"你想着，心情大坏，接着也哮喘起来。但儿子与宝钗在房里打电玩，没人理你。

这就是渐老族的矛盾，自己满柜药品，却希望儿子交的女朋友个个像阿里山的少年，壮如山。

自云"吾上可陪玉皇大帝，下可陪卑田院（收容乞丐的地方）乞儿，眼前见天下无一个不好人"的苏东坡，性格旷放潇洒，才气慑人，其作品如日月并明，即使是随手戏作，也像一夜星空。大才子虽然胸中万卷，落笔如风雨，但高贵的灵魂、不世出的天才都藏放在一具跟你我一样会衰老的肉身里，不保养，朽坏得更快。是以，东坡大师也深谙养生之道。某次，见弟弟子由红光满面，得知他练瑜伽，也跟着练。此外，更钻研道家修炼之法，吃朱砂、炼丹药。

东坡可能是古今文豪中最是鬼才多端，也最具有化学实验兴趣的——当然，能力是另一回事。他爱酿酒，自夸蜜柑酒如何醇美，但据说喝了他的"密酒"的朋友都腹泻。一生仕途多舛，六十多岁了，还被贬到海南岛，但不改其任性逍遥、随缘放旷的性情。岛上找不到好墨，令大书家十分苦恼，竟自己做实验制墨，差点把房子给烧了，事后从残迹中寻得十几条手指粗、狗屎般的墨条，自己大笑一场。沉迷于养生术的他，更是热头热脸栽进去，辟室置丹炉，自己提炼梦幻小丸。写过两则炼丹笔记，一叫"阳丹"，自尿液炼出白色粉末尿素，加枣肉做成小丸，空腹时配酒服用。一叫"阴丹"，由头胎生子的妇人奶水提炼，做成药丸。但不知阴阳两丸是分开吃一日阴一日阳，还是同时吃两丸？药疗加上食补，东坡常吃胡麻与茯苓，称之为仙人的食物。照这说法，我们现

093

代人真是享福，黑芝麻一罐一罐地吃，一面过神仙生活一面抱怨自己歹命。

既然说到"尿"，不妨补充一下阳丹的爱好者。大凡皇帝都怕死，明嘉靖皇帝晚年也喜好长生之术。右政通顾某（他的名字不值得我们记），勤勤快快地取童男童女尿液（想必那几个孩子被逼灌水，丫环老嬷们齐力捉来取尿的情形，说不定已到了轻度虐童的程度），炼制长生尿丸，呈给老糊涂皇帝。昏聩之龙心大悦，封顾某为礼部尚书。满朝文武都讨厌他，私下给他一个封号叫"炼尿尚书"。重点是，吃了这么多尿丸的皇帝，最后还是尿不出来——死了。

炼丹大师苏东坡的投资报酬率不尽理想，比他长十七岁的司马光活到六十八，东坡输他，只活六十六。司马光写过有名的家训《训俭示康》，训勉儿子司马康以俭朴为美德，由此猜测，司马老爷忙着主编《资治通鉴》忙了十九年，应无空闲也无兴趣炼什么梦幻小药丸。要是儿子敢辟室置丹炉，给老爹知道了，以幼时"司马光砸缸救童"的脾气与力气，不把那炉给砸了才怪。但是，老夫人是否私下请道士炼了，偷偷捏成芝麻汤圆，煮酒酿给老爷补一补，那就不知了。女人为了帮助丈夫完成千秋万世之伟业，会做出什么事来，写历史的男人永远不会知道。

万岁，万岁，万万岁

据统计，男性平均寿命七十六，女性八十二点七。活几岁才够呢？七十的，觉得八十是最起码的。八十的，觉得九十差不多。九十的，觉得一百岁不是不可能。

一百了，还不想一了，一〇一、一〇二、一〇三、一〇四、一〇五……你要活几岁才够？与其狂热地追逐养生潮流，变成一个怕死的恐怖分子，还不如参考苏东坡后来所悟的养生法来提醒我们走上正确的路。有人问他长生秘方，他说：

> 无事以当贵，
> 早寝以当富。
> 安步以当车，
> 晚食以当肉。

总言之，简朴的生活、规律的作息、适度的运动、清淡的饮食。千百年来，这套养生哲学是最佳途径。不过，我忍不住想加一句：自在以当寿。人生如登山健步，不停地数算自己走了几里路，有何意义？登山不是为了算里程，是为了游兴；一个人入世，不是为了活几岁，是为了验收自己成为什么样的人。

一个老者最后活几岁，对别人而言毫无意义也不会有人在意，但是，他活着的时候是一个什么样的人，却有人在乎，甚至，让人永难忘怀。是以，养生，不应是为了把自己养到理想的岁数，而是，重新养出对生命的态度：不管活到几岁，这一生都够了。

山 海 经 大 药 局

　　有上古时代小型百科全书之称的《山海经》，内容丰富，涵盖地理、地质、水利、动植物、矿产、神话传说……年轻时，只当它是旁证的材料，用来查神话来源、诗文引用之原出处而已。成为渐老族后，特爱回头摸一摸经典作品、古籍老书，重读《山海经》，读出年轻时想都没想过的滋味。

　　成书于战国初年至汉初的这部奇书，包藏一个诡谲炫美的异世界。找不到第二本书像《山海经》，带来视觉震撼与想象力爆破之阅读享受。高能量的文字，读之宛如从高崖翻落，继而低空掠飞，时而于平野行走。虚实相间，玄想与现况，诸神与凡人，神话与世俗，糅杂而共荣。荒诞中藏着真实密码，错乱里透露了独特的秩序。不禁令人幻想，两千多年前（或更早），不知从哪儿来的，刻字的龟壳、牛骨，散绳的竹简片，拢成一堆没人要的小坟堆。可能是来自某座宫殿，不同书籍、记载、文献之断简残篇。吹了几阵风雨之后，有几个识字的人用牛车把它拉回家，弄了个编辑部，埋头数年，经了几手，把小坟堆理出头尾，旁添血肉，成书。

重看《山海经》，特别注意到"药用"的描写，越读越有兴味，赫然发现，里面藏了一个大药局。

原始社会人们，也是肉身住世，既是肉身，岂有不病？既病，不管内疾外伤，都得治。找谁治？舍己其谁？难不成去不庭山上三身国，姚姓，找每人都是一首三身的怪胎来帮你治吗？（顺便请教他对"分身有术"的看法，及为人应该"一日三省吾身"还是"吾一日省三身"？）药材何处寻？放眼望去就是药库，难不成要跋涉千里到云雨山找那棵栾树？据传大禹治水经过这山，发现红色崖石上长着这棵红干黄枝绿叶的奇树，天帝们就是采这树的花果炼成仙药——可知，群帝也得吃药，既吃药，就不是长生不死。

莽莽苍苍四野，等同于医院门诊、开架式药房，看对科抓对药，一条命保住；弄错了，就到昆仑山找一身九个脑袋，每张都是人脸的"开明兽"，讨论面对生命无常，何种态度才叫开明。

阅读上古药房，鸟、鱼、兽、草、木皆备，药效不同，或食用或佩戴，令人恍然如置身其中，比逛百货公司药妆店还有趣。

举例如下。

祝余草：其状如韭而青华，食之不饥。

样子像韭菜，开蓝花，吃了可以不饿。想来，这草一定长得满山遍野，花海宛如蓝丝巾，旅人饿了，摘来吃，作用等同今之 7-11 便利店御饭团。

迷穀（gǔ）树：其状如穀而黑理，其华四照，佩之不迷。

长得像构树，有黑色纹理，花开闪闪发亮，佩戴在身上可以不迷惑。但我别有所解，可能是用来照明，作用如同手电筒，使人不迷路。试想，一个扛猎物要回家的年轻人，走到半路，忽然吹来一阵妖风，乌云蔽日，天地齐黑，伸手不见五指，此时摘一大把迷穀花，照路，才不会把猎物宅配到别人家去。

鹿蜀：其状如马而白首，其文如虎而赤尾，佩之宜子孙。

性福专区来也！这兽真漂亮，白头马身虎纹还拖了一条红尾巴，白黄红三色很是喜气，难怪戴在身上有助于性能力。但不知如何戴法？该不是把整只兽扛在肩上走来走去吧，这多蠢啊！猜测，大概只要戴那条红尾巴就行了，系在腰上，走起路来摇之晃之，颇有"助长（此处亦可念 cháng）"之趣。

另外，崇吾山上有一种圆叶子、开红花的树，吃了也有助于生育。但没说是壮阳还是补阴，这就是欠缺实证的地方，因为威而钢与排卵药是不能吃错的。

值得一提，《中山经》有座青要山，"是山也，宜女子"，适合女人居住。这里是天帝的秘密花园（"帝之密都"），有很多鸟，蜗牛、螺蛳到处都是，想必美味的田螺料理、中式蜗肉皆起源于此。最吸引人的是，主管这里的神叫"武罗"，他有人的面孔、豹的花纹，小腰身，牙齿洁白。想来，这位男神颇斯文秀气，耳朵上还挂着金环，更添几分美男子模样，跟《海经》各篇写的各国人种，诸如：鸡胸、一身三首、人面鸟嘴翅膀、一只眼睛……相比，人模人样、牙齿洁白绝对是个美男指标。这山有种鸟叫鹪（yāo），长得很漂亮，红眼睛、红尾巴、蓝羽毛，吃了有利于生育。下文会提到的荀草，也长在这里。读《山海经》，只有这一段最令女性向往，我合理揣测，应该是编辑老爷的妻子趁人不注意添上去的。

菁（gū）蓉草：其叶如蕙，其本如桔梗，黑华而不实，食之使人无子。

开黑色花、不结果的菁蓉草可真厉害，要不是做避孕药用，就是可以堕胎。凡是活在以生育力作为宫廷中同分比序项目的女人，都要睁大眼睛认识这草，以免众美争宠战争中，那已被收买的小蹄子，端来仙草茶要给你消消暑，一喝，卵巢也消了。

鲑（lù）：其状如牛，蛇尾有翼，其羽在鮏（qū）下，其音如留牛，食之无肿疾。

这种怪鱼的羽翼长在腋下，长得像牛，拖了一条蛇尾，叫声很大，像犁牛。吃了，不会得毒疮。

皮肤疾病显然是远古社会的热门大科（与今之台湾似），书中记载治瘤、疥疮、癣、脚气的动植物很多。

三只眼睛的㹠（dài）鸟，食之可以治疗脚气。鹐（qí）鸟，五彩的羽毛有红色纹路，雌雄同体，吃了不长毒疮。赤鱬（rú）鱼，吃了不长疥疮。脩辟（xiū pì）鱼及豪鱼，治白癣。滑鱼、鰷（zǎo）鱼、鸲鹆（qū jū）鸟，可去除皮肤上的疣。有一种鸟，黑身红脚，长得跟山鸡一样，叫蜪渠（tóng qú），可以治皮肤皲裂。

除了治病，追求美丽，更是皮肤科的流行课题。没想到，古人也不例外。《西山经》里的䑏（qián）羊兽，其油脂可以治疗皮肤皱纹，乃美容圣品也。天婴草，治粉刺（连粉刺都受到重视，推测当时的美容意识甚高）。苟草，"服之美人色"，吃了皮肤变得粉嫩白皙，像美人一样，可列入SK-II保养系列。鮆（cǐ）鱼，食之不骚，应是治疗狐臭。蓇（yáo）草，更厉害，"服之媚于人"，不必细说，升级至狐狸精阶段了。

心痛，不可忽视，此心痛应指心脏内科，非痛心之意。

䔖荔（bì lì）草，长得像黑韭菜，可以治疗心痛。《中山经》高前山上的水，冰寒清澈，这种矿泉水喝了可以不心痛，真是羡煞所有心脏科的老病号！

另一大科是肠胃直肠，管腹泻、呕吐、痔疮。饮食不洁吃坏肚子，可以理解，不解的是，古人怎有痔疮困扰？难不成，多肉食欠纤维不运动，才跟现代人一样，少年得"痔"大不幸。

旋龟，治肛肠疾病。鱼身蛇尾的虎蛟鱼、黑纹红颈的栎鸟都可以治痔，让向日葵恢复成小雏菊。鸼（xiāo）鸟，长得一只眼睛四个翅膀一条狗尾巴，叫声像鹊鸟，可以治腹痛、止泻。飞鱼，消痔止泻。

旋龜

「其狀如龜而鳥首虺尾，其名曰旋龜，其音如判木，佩之不聾，可以為底。」[1]

有泻就有吐。《北山经》阳山上，有一条河叫留水，河里的鮯（xiàn）父鱼，可以止吐。假如，你住在同属北山经山系的太行山，有一天得了急性肠胃炎，狂吐不已，除非西王母座前那三只青鸟愿意飞到留水叼鱼回来，否则你的家人得走九百七十里路才到得了阳山；很幸运，三五条鮯父鱼自动跳入鱼篓，再跑九百七十里路返家，煮好鱼汤，不知此时你已一命呜呼还是自动痊愈了？

---

[1]　旋龟："其状如龟而鸟首虺尾，其名曰旋龟，其音如判木，佩之不聋，可以为底。"（编者注）

其他小症如爱打嗝，吃牛伤草。有吞咽问题，会噎着的，吃天楄（piān）草，这草的茎是方形的，长小刺。

有一种茈（zǐ）鱼非常特别，一首十身（真好，一条等于十条，想必貌似香蕉），具香气，气味像蘼芜野菜，"食之不糟（bì）"，吃了就不会放臭屁。没想到在那么空旷的年代，没有电梯、车厢、教室、会议室等密闭空间，放臭屁竟然也是一种人际困扰。

耳鼻喉科也有药。白䳑（yè）鸟，治咽喉痛。文茎树，可以治耳聋。

我最需要的眼科来了。箨（tuò）草，像葵的茎、像杏的叶、开黄花、结荚果，"食之已瞢"，可以明目。鸪鹮（xí）鸟，"其状如乌而白文"，长得像乌鸦但有白斑纹，可以治老眼昏花。我得好好记下这鸟的特征，若不巧误踏时空裂缝而坠入山海经时代的北山经山系，才能天天炖一只鸪鹮鸟养眼。

相较于眼科只有两味，脑神经内科用药算是多的。或许当时社会雏型已具，政经活动日渐频繁，国与国往来密切，天神之间争战不休，带给凡间的灾祸也多了起来。以致"不愚、不惑、不忘、无痴疾"的需求大增。

茴（gāng）草，叶状如葵，红茎白花，果实像山葡萄，吃了不会变笨（贤明的妈妈们不要问我哪里可以买到，我也在找，我们家都需要吃）。其他如枥（lì）树，服之不忘，乃补脑增强记忆力。蒙树，服之不惑。人鱼，食之无痴疾，不得老年痴呆症。

另外，免疫风湿科也开张了。鵁（jiāo）鸟，羽毛像雌雉，群居朋飞，吃了可以治风湿性关节炎。

奇怪的是，精神科竟是热闹的大科。若把"魇、妒、忧、劳、狂、畏、痴、怒"相当于今之失眠、情绪障碍、忧郁、恐慌、焦虑、精神分裂、妄想、暴怒，皆划入精神科业务范围的话，那真叫人大吃一惊，远古社会的人怎有这么复杂的身心杂症？上古社会常是不满当政的骚人墨客寄托之所在，却忽略那个榛狉未启的洪荒世界处处布着致命的危险。即使未命绝，时时受到惊吓也不利身心健康。

不说别的，书中记载鮨（bèi）鱼有剧毒，即是江豚，误食必丧命，像我这般眼睛散光又爱吃鱼的人，死亡率一定很高。

又有一种动物叫窫窳（yà yǔ），其状如牛，赤身人脸马足，音如婴儿，爱吃人（注意，不是"人爱吃"，是"爱吃人"），若我到山上采果，忽闻婴儿哇哇之声，寻声而去，见树干之间露出一张人脸，以我这么善良的人一定上前关怀，曰："需要帮忙吗？"那兽若是略通人语，一定叫我把衣服脱下。我羞答答地问："做什么？"怪兽答曰："免得我一口吞下，还需把你的衣服吐出来。"

四野皆山，书中警告，猭翼之山"多怪兽，水多怪鱼，多蝮虫（毒蛇）、多怪蛇、多怪木"，这能叫理想世界吗？

洞庭之山，帝之二女所居之处。既是帝女寝宫，想必是繁花盛放、百鸟悠啭的花园吧，不，她们出入必带来狂风暴雨，两位公主长得"状如人而载蛇，左右手操蛇"，这不是蛇妖就是养蛇个体户！

西王母，这号人物广受后世崇拜，其貌，一点儿也不慈祥，"其状如人，豹尾虎齿而善啸"。若我不意路过玉山（西王母所居之处），巧遇其出巡，闻空中传来疯婆子般高声长啸的声音，忽见一张狰狞的脸，朝我张开血盆大口，露出一排尖牙，还甩来一条豹尾把我打趴在地，我没吓死的话，也必须去抓鲑（yì）鱼或文鳐（yáo）鱼炖蓍草（与狐媚药效的那一种蓍草不同）来吃，才能治发狂与梦魇。

精神科用药如下：

儵（shū）鱼：其状如鸡而赤毛，三尾六足四首，食之可以已忧。白鵺（yè）鸟：可以治疗喉咙痛及痴病。蓍草：服之不做恶梦。领胡兽：食之已狂，不会发狂，乃镇静剂也。帝休树：服之不怒，应该在老板办公室种一棵，天天泡茶给他喝。鲑（yì）鱼：鱼身而犬首，其音如婴儿，食之已狂。黄鸟、楠（yǒu）树：食之不妒，适合研发制成小丸，发给同事。文鳐鱼：状如鲤鱼，鱼身而鸟翼，苍文而白首，赤喙，夜飞，其音如鸾鸡，其味酸甘，食之已狂。

阖上《山海经》，不免有叹。生于数千年后蕞尔小岛上的我们何等幸运。所有可怕的怪兽都已驯养于动物园内，且变得十分可爱。蛇，只在电视上看到，即使遇到，也有消防队大哥帮你捕捉。若需健脑护眼助眠，巷口药局提供贴心的服务。若误食沙门氏杆菌，不必让家人奔波两千里去抓鱼，电召小黄载去医院急诊即可。我们这条命，比数千年来恒河沙数恒河的人，活得容易。

肉身宝贵，令人眷恋，是以养之护之，祈求延年益寿，长生不老。但我们忘了，因为生在这时代、这社会，领受多少人的功绩与布施，我们才有机会看自己变老，才让养生变成一件可追求、愿意追求的事。为此，难道不应该感到庆幸、富足，而放下焦虑地追求长命百岁的欲望？

追求健康的同时，莫忘啊，生命已让我们健康太久了。

〔幻 想 之 一〕向 肉 身 道 谢

　　这肉身，父精母卵所造，五十年前，赐我手脚完好、五官俱备、脏器精良的人世之舟，于今我心感谢。

　　必然有累世的祝福，预先涂敷于舟身；想象那是与我有血缘联系的祖辈，在卸下人世任务返回当返之处途中，路经驿站，那是注销肉身与砌造新舟的所在。他们获准最后一次行使感知，游览片刻，再各奔前路。遂依血脉谱系所示，查到自己的子裔，一条条未来之身的雏型悬挂其间，他们以仅剩的人世余温温柔地抚着舟身，说着祝福的话语，犹如在自家屋檐。天祖摸着来孙的头说："要乖，健康长大。"高祖对玄孙说："要认份。"庄稼人曾祖说："做人要厚道。"年轻即猝逝的祖父，刚刚注销二十多岁的肉身，抑郁而行，以惊愕的眼神看着他的第一个孙儿的舟身，标示着将在二十多年后入世。他定然被一股眷恋的情感鼓动起来，宛如万念俱灰忽逢一线明光，原先猝离人世的憾恨因得知子孙将绵延而转为慰借，搂抱着尚未有人入住的小身躯，仿佛怀抱爱孙，流尽一个年轻男人所能蓄藏的眼泪，临别，依依不舍对小舟说："阿公会保庇你。"

必然如此，累世先祖的祝福既丰且厚，是以，我获赠一条好舟。

"父兮生我，母兮鞠我。"清贫年代，物资匮乏，然而父母未曾稍减对我养育之深呵护之勤。"拊我畜我，长我育我，顾我复我，出入腹我。欲报之德，昊天罔极。"

虽然，未曾有过珍馐，但餐桌上不曾少过一顿热饭——即使记忆里飘着散不去的地瓜签[1]稀饭味道，然而，采自菜园的鲜美蔬菜，筛自河中的蚬粒，阿嬷的萝卜干、豆腐乳，滋味深入腑脏。宽厚的土地拓展我的筋骨，多情的川流滋润我的血脉。这肉身不及一棵小树高，但无损于自视之高度，自信之笃定。从未坠入逐美浪潮，受制于其浮沉，因服膺世俗标举的肉体尺寸而厌弃父母赐我的这张脸、这身躯。我真心欢喜舟中的一切配备，即使众美环伺夺去目光，我仍相信自己是一株奇特的香木，必然有祖泽护身，所以，小病不断而大难不犯；自屋顶坠下、背部着地而无伤，犹能自行爬起拍去草屑，继续与同伴嬉戏。骑车坠河而不溺，掌中着火而未残。既是世间，岂无噬人的情涛恨浪，既是肉身，怎可能不痛不伤？然而啊，我这承载

---

[1] 地瓜切丝或刨丝，再经过晾晒制作而成，可以单独吃，也可以放进汤或者粥里。（编者注）

108

累世祝福的小舟，一程程地赶，一关关地闯，星夜时的疲惫与伤悲，都随着日出而终结。

亲眼见过壮丽的景色，也目睹腐朽的人身；嗅闻田园间清新的香气，仿佛一切追寻都可以找到珍惜你的人、拥抱你的地方。也闻过挥之不去的腐败尸味，提醒另一个终点等着收割人生。尝过多汁的果实、酸馊的剩菜、血腥的铁锈味。涉过潺潺地为我的双脚欢唱的溪流，走过长长的只有一人独行的泥泞。聆赏过山林间悠扬的鸟语，微风吹穿树叶的沙沙之歌，听过梵唱，耳闻哀哭。验证过欲望之欢愉、刀刃划出伤口、生产之裂身痛楚。曾感受蝴蝶吻着手臂，带来一个宇宙藏在其中的触觉，领受暴雨鞭打全身视你为天庭逃犯的痛感。啊，完整的人生应该五味杂陈，且不排除遍体鳞伤。

一路以来，饭疏食饮水，这小舟依然支撑我冒险、拼搏。从未以顽固的疾患牵绊我，从未因女身，在每月潮汐间以任何一丝痛干扰我。至今五十年，我何德何能，竟得到一艘好舟。

我见我身，是变幻光影中一条闪亮且坚定的小舟。人生行路，悲多欢少，能活着，皆是万福。我身，这刻了旧痕的独木舟，悠悠荡荡，仍在茫茫人海。往前，必然是丛林险路，疾病将如猛兽扑来。我应当虚心接受。回首前尘，如此知足。"父兮生我，母兮鞠我。"衷心叩谢，那藏在肉身血脉里，由我独享的累世福禄。

你属于你今生的包袱

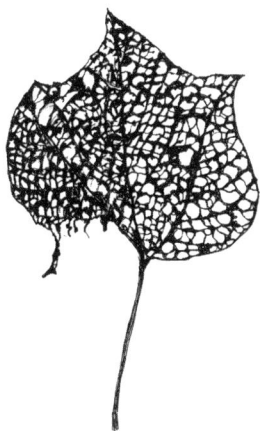

"每天早晨，你的包袱叫你起床。"

——作者

版 权 所 有 的 人 生

为什么给我这种人生?

时序入夏,据报将有一场梅雨锋面来袭。白昼已热得如在沸水蒸笼里,行走在外,炽阳烫痛手臂。日落,高温稍降,热浪依旧,仿佛地底是一座愤怒火山,脚步踩过,即喷出热烟。风,都被野兽吞光似的,树叶不动,路边招摇的草丛也静止了,像被点了穴。抬头看,云层厚重,遮蔽了星月,但毫无落雨的意思。那云层,倒像锅盖,把热气都封住了。

黏人的热,宛如用糯糊把身体涂一遍,可以把迷路的瓢虫、丢失的金项链都黏出来。室内室外,无所逃遁。若此时,有人自入冬的南半球捎来问候,你告以溽暑令人窒息,他能感同身受吗?若你抱怨、咒骂、呼喊,他将以何种心态看待呢?他的窗外吹着摄氏十二度的寒风,身上裹着毛毯,脚上套着毛袜,正舒适地啜饮热茶,他能进入你的现场,体会海岛型盆地才有的三十二摄氏度永远不散、自行回转的这种闷湿黏热吗？他终究会编一个理由结束电话，因为，没人愿意耗费自己的舒适时间，只为了听另一个人抱怨不可改变的天气。

是的，不可改变的天气。如果，这不是天气，是人生实况，同样地闷湿黏热，亦是不可改变，他人能感同身受吗？即使他人捎来关怀的心意、鼓舞的语句，稍稍让你振作，但溽热仍在，你必须驯顺地钻回自己的蒸笼。

蒸笼内的你，咬牙忍耐那一波波嘲讽般的沸水声，默默体验那熟透即将崩坍的自我感觉。时间如蜗行，仿佛永远走不到秋凉，等不到慈悲的风。你的内心翻腾着一个人所能产生的各种情绪，刀光剑影，彼此抵消又相互揭竿而起，最终，你含恨问了一个问题："我进驻的这个人生，不会有人想要，为什么给我这种人生？"

为什么给我这种人生？这问题，该请谁回答呢？

暂时搁置这问题，换个方式设想吧。如果，你从未经历酷寒与溽暑，不知火烧水涝，打从入世起，生活在四季如春的气候里，百花争艳、群树高歌；奔跑时扬起的风恰好只够吹开一朵蓓蕾，降下的雨水足以润泽万物不会阻碍人的脚踝。年年月月，你活在不曾改变的清新里，习以为常，那么，你闻着每日必有的玫瑰与百合同时绽放的香息，会眼眶含泪地说"感谢让我拥有这种人生"吗？不，可能不会。任何事物

114

一旦惯常，宝变为石，有夏秋冬做比较，春才显出不同。无季节更替，只有春天，即变得单调乏味。如果，每日空气中尽是花香，人怎会感谢玫瑰？那么，生活在他人眼中宛如天堂的你，若不可能由衷地兴起感谢，是否可能，会被一成不变的繁花茂树给激怒了，设想自己活在花圈摆饰的囚牢里无所逃遁，遂愤怒地问："为什么给我这种人生？"

当我们耳闻有人的人生贴着天堂版贴纸，对照自己的寒微版，遂起了厌恶心，发出不平之吼。如果，我们知道拥有天堂版的人也厌恶他们的，同样发出不平之吼，那么，是不是该把"为什么给我这种人生"的问题收回，因为这问题不仅无人能回答且变得可笑了。即使，仍有不驯的情绪想要继续争辩，心想：换一个天堂版再稍作修改，庶几乎臻于完美。即使情绪缘故有此想法，也最好打消：其一，与其修改一个陌生版本，不如修改手上最熟悉的这个；其二，自己拥有的这个糟得不能再糟的版本可能即将进入苦尽甘来的阶段，而被修改的天堂版的下一页可能是酷暑或大寒，岂有人愿意做这种交换？

"为什么给我这种人生？"不久之后，你再次含恨地问。即使是回收站，都可能找到一两样可爱可用之物，你那沉重的包袱里，难道连一样宝物都没有？

"你愿意换吗？"有人问你。

"愿意。"你说。

设想，你把那可恨的包袱带来了，下定决心要换。在你眼前排着几个颜色形状材质大小不同的包袱，红的最大、黄的最小、黑的看起来最轻、蓝的沉甸甸……怎么选？你问管理员："总该给我一点说明书吧，我大老远来这一趟，暗梭梭叫我怎么选？"

服务态度不太好的管理员最恨有人换货，冷冷地说："随你便啊，爱哪个选哪个啊！我只有这张纸。"

你接来一看，像是小学生记下某人口述的产品内容，不清不楚写着：

1号包袱：六岁，父亲死，没钱读书，结婚后丈夫病死。生七个孩子，一子出生一周夭折，一女出生半年死，一子七岁死，最后一个儿子在她六十岁时病死。幼年丧父中年丧夫晚年丧子，可活一百岁。

2号：掌上明珠，幼年很幸福。婚后，丈夫外遇不断，皮包里装钱去女方家谈判，之后离婚，三子女疏远不亲。再婚，丈夫中风十九年，继子女不事生产，需索无度。晚年独居，猝死五天才被发现。可活九十九岁。

3号：孤儿，年轻创业，事业成功，投资失利，入狱，精神失常。寿，八十八。

4号：男，父母疼爱，有才华有抱负。二十四岁发病，一生与病榻为伍，不必背房贷赶上班、不欠婚姻债、不必养儿育女，衣食无虞，有专人伺候，晚年有褥疮之扰，居家至终老。寿，七十六岁。

5号：女身男命，长女，幼年丧父，离乡背井。无祖荫无祖产，白手起家，感情多风波，中年后婚姻平顺，小康。需先后服侍四位长辈，侍病、养老、送终。晚年罹患失智，孤老以终。

6号：女，家庭小康，从小受父母兄姐疼爱，继承祖产一栋房一块地。丈夫修养够脾气好收入高，生二子，皆名校毕业工作高薪、娶贤妻各生一男一女。最大遗憾，儿子未依其心愿成为医生，媳妇的英文不够好。父母公婆皆健康自理、先后心脏病发猝逝无须侍奉汤药。身体健康，教职退休后，积蓄丰退休金厚，与丈夫环游世界。享寿九十八。

......

你对管理员说："就这个，我要6号。"

管理员指了指后面："去抽号码牌。"

你一抽，109876号。

"什么意思？"

管理员说："排在你前面有109875个人要6号，他们都弃权了才轮到你，简单讲，候补啦。"

你傻眼了，气得把纸朝管理员脸上一扔，破口大骂："其他的都是瑕疵品，你骗人嘛！"

"不是瑕疵品，人家会拿来换吗？不满意，去消基会告我呀！"

"那为什么有6号？"

"你没抽过福袋吗？香皂、酱油之外，也要有一部汽车啊。"

"6号这么好，她为什么要换？"

"我可没说她要换，这个是样品，摆在这里让单子好看一点。不过，如果她抱怨自己的包袱，就会启动更换的机制，你们才有机会。"

"骗人！都是烂包袱！"你跺脚大喊。

"告诉你，这几个烂包袱现在都有人背着呢，找到新主，他们才能脱身。凶什么凶，你的不是最烂的！"

你气炸了，捡起一颗石头要丢他，他竟说："你最好不要，那是回力石头，我得保护自己你说是吧！"

这下子，你不只傻眼更要呆住了，得知有人的包袱这么凄惨，立时惭愧起来，背起自己的包袱回家去，你的眼眶有泪水打转，不是为自己，是为了包袱比你沉重的人，那是个什么样的人生？就在你掉下眼泪的同时，你咬咬牙，捡起石头，朝管理员的后脑勺用力扔去，虽然这石头果然回到你的前额，但你觉得总算替大家报了鼻屎大的仇，图一个爽快！

118

"你愿意换吗？"如果有人问你。

看一看装着悲欢离合的包袱，你会怎么回答？

帕里斯的选择

古希腊罗马神话里有一个著名的选择。

特洛伊德王国的都城即是特洛伊。王后怀了胎，竟梦到自己生出一团火焰，将特洛伊城烧成灰烬。占梦家视为不祥，预言王后腹中的这儿子将带来毁灭。在娘胎即被定罪的胎儿，一出生即被赐死——国王命令一名奴隶将婴儿弃于荒山，让野兽做最后处理。这奴隶显然对亡国梦兆一无所知也毫不关心，眼中看到的只是一个无辜且可爱的小男婴，对他露出无邪的笑容，令他忍不住偷偷亲吻小脸颊。奴隶被油然而生的爱鼓动了，虽服从命令将男婴弃于山中，却又即刻将他抱回家偷养——不，光明正大地养着。国王赐下死令，名义上这男婴已不存在了，但对奴隶来说，这孩子是全新的给予。他为孩子取名帕里斯，当作儿子，光明正大地养在牧人之家。

帕里斯给的第一道启示：国王有权力赐死，奴隶有能力赐生。

青年帕里斯是个俊美且强壮的牧人，他对羊群的知识胜过对皇室历史或治国之术的理解。因其壮硕，常率领村人抵挡强盗侵扰，博得众人喜爱。

有一天，在山间放牧，羊群啮草。他偶然来到长满高耸松树与繁盛橡树的峡谷，从群山之间远眺特洛伊城及遥远的大海，被莫名的情绪拨动，仿佛血脉里的皇家血液冲激心脏引起辽阔的想象而他不明所以，一时竟惆怅起来。正当此时，大地震动，远方天际滚来一团黄沙，遮蔽山林，待睁眼，眼前站着三位昂扬丰美的女神，身上的甲胄、宝饰灿亮，像千百支银箭在空中飞绕。其中一位手上拿着一颗金苹果，刻一行字"送给最美丽的女神"。三位女神都认为自己最有资格拥有金苹果，僵持不决，连宙斯都无法裁定，建议她们找凡人做裁判。

拿着金苹果的是尊贵且威严的天后赫拉，她说："帕里斯，你该知道我是宙斯的妻子，如果你评断，金苹果非我莫属，我应允，你将统治大地上最强盛的王国。"

第二位是主掌胜利与智慧的雅典娜，孕育于父亲宙斯的头颅，令宙斯头痛欲裂，命火神取斧头帮他劈开，穿甲胄、持金矛的雅典娜自宙斯颅中蹦出来。这位诞生自宙斯的思想根源之地的女神，眼中射出令人不敢逼视的灵动光芒，她也开出条件："如果你选我，我让你成为以智慧闻名、享誉永恒的伟大智者。"

第三位是绝美的爱神阿佛洛狄忒，她一开口，彩蝶翩然飞舞，空气都变香了。她站在帕里斯面前，这青年顿觉全身松软无力，即将融化一般。竟目不转睛迷入她的眸子深处，爱神朝他的眼睛吹一口香气，说："亲爱的帕里斯，如果你选择我，我答应让你娶世间最美的女子为妻，享受幸福。"

如果你是帕里斯，该如何抉择？

一个成天与羊群为伍的牧人，不久之前远眺繁华都城、想象瀚海的壮硕男子，摆在面前的是权力、智慧、爱情，只能三择一。统治王国岂是易事，征战平乱、领导统御，无时不以黎民百姓之福祉为念，不得稍息。帕里斯不想扛重任。成为智者岂是易事，皓首穷经，撰述评析，摒弃一切享乐，唯有案头生涯。帕里斯坐不住，不爱读书。他选择爱神，坠入温柔的怀抱，把握世间幸福，容易多了。

帕里斯的选择埋下伏笔，日后他与世间最美丽的女人斯巴达王后海伦一见钟情，两人私奔，引发毁灭性的特洛伊战争。爱神只答应他娶世间最美丽的女人为妻，但她没说，那是他不该爱也是爱不起的女子。帕里斯若事先知道将引发兵燹为国家带来灭亡，他还会把金苹果交给爱神吗？

如果，帕里斯选择国王版或是智者版，故事会变成什么样？可以确定的是，神不会给人完美版本，国王版的帕里斯可能连年征战最后死于刺杀，而越是不朽的智者越有可能家有悍妇，苏格拉底是个范例，他拥有超凡入圣的智慧以及最差的择偶能力。

帕里斯的选择给了第二个启示：对于神给予的赏赐要保持戒心，因为，他只给一半，另外那一半决定这赏赐是好是坏的关键，在人身上。因此，人必须比神聪明。

身世，每个人的必修课

我们的人生也是自己选的吗？

不，我们被分派。父母不是我们选的，时空环境不是我们选的，屋檐下共同生活的人，非我们能决定。我们被分派到一户人家，睁开眼，第一件事是被赐名，斩钉截铁宣告，这是必修课，没得选。

即使冠上必修课铁律，何以课程内容有天渊之别？

有人的课室位在鸟语花香的庭园，时蔬珍馐不缺。有人蜗居于暗无天日的陋室，三餐不继。有人早晨被父母吻醒，临睡前有床边故事与摇篮曲。有人必须躲避母亲的鞭子、父亲的魔爪。有人手足皆亲密友爱，兄姐保护、弟妹协助。有人遇豺狼虎豹，一生脱离不了。有人享有二十年风平浪静，放步成长。有人刚学会走路，一场意外，父亡母残。

人生版本繁杂，谁决定哪些人取得如意版，哪些人注定要念厚厚的诘屈聱牙的另一本？

若用前世积德或造孽以致今世得果报论之，过于虚无缥缈且冷酷残忍。除非有人证明，大地震时被窗绳绕颈变成植物人的小男孩也是前世犯了重罪，罪有应得；除非神亲自现身为他订的律法辩论（真如此，我必然朝他丢掷不止一颗石头），否则，绝不接受戴罪入世之说。悲哀就是无止境的悲哀，不幸就是找不到理由的不幸，无辜的人拿到辛酸版本、心碎人生，他们无罪。

一切都是偶然，随机分派，被生下，报了户籍，隶属一个屋檐。人生从这屋檐开始，屋檐下的一切，由不得一个婴儿情愿或不情愿。成长路上，是被珍爱的，还是被糟蹋的，是浸着恩泽的，还是烙下暗伤的，与其问渺渺的神为什么，不如靠自己，一概承当。

唯有承当，才能走到未来的时间刻度，找到转运交叉路，主宰自己的第二度诞生。

人生是什么？

如果人生是一趟旅行，这条路该怎么走？我能看见旅途中微小的美好，还是一路抱怨天气、诅咒泥泞直到终点？如果人生是一门艰深的功课，这门课该怎么修？我是埋头苦干的解题者，还是自私自利制造难题给家人的人？如果人生是一场派对，谁来准备？谁享受？谁善后？若我总是负责收拾残局，我甘愿吗？如果人生是一次完整的锻炼，没有苦尽甘来的时候，该怎么做才撑得住？如果人生是一条矿脉，该如何开采？应当换取眼前财富，还是留给后世纪念？

如果人生是一回轰轰烈烈的燃烧，该在闹街施放节庆的烟火博得欢声，还是去寒村布施温暖，一生无名？如果人生是一宿之梦，该枯坐着等待天明，还是自梦幻里寻找真实，再从真实之中体悟泡影？如果人生是一份作业，用良心与责任为线，为他人织一匹布。我审视自己织成的布匹，线缕紧致、图案瑰丽，足以裁制华服。而他人织给我的，竟是破洞百出连做抹布都不能的线团，我能接受吗？该怎么追讨？该如何释怀？

版权所有的人生

一开始，我们手上的人生版本只有第一章。犹如一部小说，首章已被设定，时空背景人物情节，不得更改，以下却是空白，我们得续写。翻开每一页白纸，希望看到提示，一首诗、一张图或是蛛丝马迹。然而，天机不可泄露，我们没有贾宝玉的运气。

宝玉梦中神游，到了离恨天上、灌愁海中、放春山里的遣香洞，洞内有个太虚幻境，遇见掌管人间风情月债、痴男怨女的警幻仙姑。这仙姑比帕里斯遇见的爱神正派，她像是情感生活辅导组的总教官，不像希腊爱神只管金苹果不管人间死活。总之，境内有殿，藏放各式账册，是一座不开放的情债图书馆。仙姑的辅系大概是图书馆系，所以账册管理得当，分类为"痴情司""结怨司""朝啼司""夜怨司""春感司""秋悲司"，还有"薄命司"。各有几十只大橱，用封条封着，内贮普天下女子过去未来的簿册。宝玉翻查家乡的《金陵十二金钗正册》、副册、又副册，上头以诗画隐喻人物、判定命运，譬如："可叹停机德，堪怜咏絮才。玉带林中挂，金钗雪里埋。"判定了黛玉、宝钗悲局。余者判词，若非红颜薄命、遁入空门，即是晚景凄凉。一场稀世才子佳人共谱的金玉盟，到头来"好一似食尽鸟投林，落了片白茫茫大地真干净"。

即使宝玉过目不忘，尽览姐妹们的运途，又有何益？大观园的日子仍然得过下去。即使第五回已决定"挂玉埋薛"，满纸荒唐语、一把辛酸泪，曹雪芹还是得提笔沾墨，一字字写下去。

人生之难，不在于不知结局，在于知道最终逃不过"白茫茫大地真干净"，还是得春花夏叶秋实冬枝地过下去。然而，难道季节更替之中毫无可慰之事、可爱之人？或许人生之奥妙即在此，字生字、句生句之中，书写的乐趣沛然涌生以至于忘忧。日升月落，勤奋的笔不曾停歇，写着写着，赫然发现人物增多、情节错综，离命定的第一章已经很远了。人生之美，在于过程的繁复诡奇，在于书写的这版本虽有作不了主的架构，却也有做得了主的段落。

终究，我们得问自己一个问题："第一章的难题，都处理妥当了吗？"

那命定屋檐下的难题，设在原生家庭内的暗桩险局，无法脱逃；最脆弱的童稚阶段、多愁善感的少年岁月，屋檐下既是养育我们的庇护所，可能也是赐下人生第一道重伤的伤心地。有些伤痕源自于命运的残酷捉弄非父母之过，但有些伤害来自心智与修为双重欠缺的不成熟父母（可能终其一生都不会成熟），恣意对家人施行精神与肉体的伤害，而且在他们的字典里没有"犯错"与"抱歉"这两则词条。

第一章第一段若是伤痕与眼泪剧情，别期待下一段马上出现疗愈与灿笑，给予伤害的地方不可能给予解药。永远不要期待在第一章读到忏悔的眼泪、拥抱与宽恕，心狠手辣的一流小说家，绝不会让他的人物在第一章出现和解。

人生亦如是。首章，无法删除，也就不必缠缠缚缚织成爬满蠹鱼的厚内衣终生穿着，不如把力气用来惕励自己，壮大魄力，屯垦智慧，予以整顿、修复、收纳于适当的位置。天空中，多的是带伤飞行的鸟，我们总会走到够强壮的年纪，回身把记忆中那个啼哭的小孩解救出来。

于是，我们得问自己另一个严肃的问题："我的第二章，是否复制了第一章？"

是否，昔年暗夜的恐惧化成今日的暴戾语句，丢掷给我的子女，看到他们畏惧而发抖，我才获得纾压？是否，恐惧借我之手遗传，痛苦经我而复制，伤害因我而轮回？是否，原应用来记载辉煌重生的第二章，抄袭了第一章，仅是换了名字？我始终活在第一章的庞大阴影里且辛勤地复制这阴影给子女，昔日颤抖的小童长成扭曲形变的人物，变成第一章的奴隶，邪恶与愚昧的追随者，在日升月落之际，浇灌一畦畦茂盛的嗔恨、怨怼、憎厌、愤懑。是否，当看到我最亲爱的家人受伤，我的童年瘀痕才获得疗治？

远方天际送来晚霞，五十门槛已架升起来了，这版权所有的人生必须进入第三章。剩下的稿纸不多了，审视半生手稿，那不能修改的文字，写的是"浓在悲外、淡在喜中"的性灵故事，还是浓云浊雾的复仇大纲？"我要把等不到抱歉的第一章，悔恨交加的第二章，继续写入五十岁以后的人生吗？"

若是，这必是可以作为教学模板的烂小说了。行年过五十，昔日烙下憾恨的人恐怕已作古了，人，怎可能向一座坟墓要到道歉？若真有鬼灵使者半夜捧来森森凉凉的一纸歉书，有何意义呢？难道要用来装饰自己的骨灰坛吗？而屋瓦覆盖之下，每个家族难免出一个"标靶人物"——若有标靶药物治他，全家可得安宁。别为了抵抗讨厌之人，却惩罚了所爱之人。牵一发而动全身，若拔了那根毛发会引发连锁反应，甚至掀了屋顶，扩大战场，那么，伸出去的手就缩回来吧！那一茎发，无法无天的发，不能以暴易暴，就在精神绑架与协商沟通之间寻一处可接受可管控的小道场，当作今生来督促你修行的逆增上缘；修了三分怒，换修三分恕，剩下的修四分"随它去吧"，诚恳地，与他修一个"来世不相逢"。

"未经检验的人生，不值得一活。"亚里士多德如是说。抬头望天，该流的泪水已蒸发成浮云，积雨云在草原落下甘霖，草根吸吮雨水，欣然成长，开一片野花回报你的泪。这就够了。生有限，恨归零，爱无尽。

你喜欢你的人生吗？

人生第三章，切莫把首章的梦魇、魅影带进来；更何况，屋檐下岂是全无恩泽？我们固守自己的悲情、冤屈，也应拿出天秤，称一称恩惠的重量。也不宜让第二章的憾恨渗透进来，我们亲手建造的屋檐若是稳固的堡垒，理应合掌感谢，若是遭逢天灾人祸而残破，除了重建或迁村又能如何？有些事，人的律法可以行使判决，但情感的创伤、背叛的怒火与挫败之抑郁，只能自疗。回想婴孩时，情愿或不情愿，无法更改原生架构，如今已非手无寸铁的婴儿，拥有修改的能力。废墟上的砖瓦不会提供解答，但足以激励我们去建造一幢固若金汤的心灵小屋。战士，岂会趴在沙场上哀悼那只失去的左脚？他会到伤兵站止血，保全性命。把沙漠哭成绿洲，那截左脚也回不来，又何必痛哭流涕失去了尊严。

浮云悠悠，人生不保证苦尽甘来，人生不尽然公平，唯有释怀。

终究，我们必须自问："夜幕即将低垂，第三章该怎么下笔？"

可以写成伤痕报告文学，借一辆牛车，上头放几块墓碑，供自已在渐老的路上轮流数落显考妣、亲兄弟；放一叠卷宗，时不时批判老板同事客户；放离婚协议书、出生证明或验伤单，诵唱恶妻（夫）孽子之"大杯咒"——诵唱过久口干舌燥，咒完需喝一大杯水之故。到头来，孑然一身，拖着牛车步向暗夜，走上恶病丛生的老年之路。

也可以，把水落石出的第三章写成祈祷文，或是风吹着雪一幅寒花晚节的水墨画，或是抒情诗，向徐志摩借一点潇洒，"挥一挥衣袖，不带走一片云彩"，但求身轻如燕。"你喜欢你的人生吗？"

静极了，夜半灯下，第一章那个垂泪的小童，等着你的回答。

下辈子，你还要不要做人？

"如果有下辈子，你还要不要做人？"我问二姑。

"不要不要！"她斩钉截铁地答。

"你要做什么？"

"到时候，再看看！"她说。

"你呢？下辈子要做人吗？"我问厝姑。

"不要！"也是斩钉截铁。

"你要做什么？"

"一只小鸟。"她说。

物 ， 你 的 看 守 所

有个事实没人反对，我们来到这世上时，什么都没带，连衣服都没穿。

有，有一个人反对，他叫贾宝玉；宝少爷出生时，小嘴里衔了一块雀卵大的五彩玉，晶莹剔透，叫通灵宝玉，上头还有字迹："莫失莫忘，仙寿恒昌"。还有第二个人反对，此人面目难辨不知姓名，据左邻右舍说，他含金汤匙出生。

他们是奇人。至于我们这些浊骨凡胎，出生时天气正常，毫无异象之兆，一条光溜溜的泥鳅就这么滚出来，啥都没带，打算来骗吃骗喝骗貌。硬要拗，也是有带的，就是一屁股胎便。

一出生，我们被穿上衣服、戴帽、着袜，接着，圈上金锁片、金手链，专属的奶瓶与小床棉被也有了。物，实用的、装饰的、娱乐的，一件件蜂拥而至。一旦学会"所有权"概念，小泥鳅变成大鳄鱼。对于别人有而我没有之物特别敏感，即使有了还要升级追求新款、敌方款以供参酌比较。好似山寨大王，坐拥宝物而不餍足。所有权概念很容易跟饥渴、物质恐慌症揉合并发，像三头獒犬，不惜斥资以搜刮、收购、囤积，反复发作，获得病态般的短暂快乐，至此，看守所建造完成。

年过五十，鲜有不抱怨被压得腰酸背痛的。若有此症，宜择吉日良辰，灯下自理，打开包袱彻底清算——清明节需剪除杂草、慎终追远，对待大包袱，也应该每年自我扫墓一次。审视包袱里有哪些人可以抛了——再纠缠下去，他不可能变好而你可能变糟，这是我的忠告也是田野调查结论；哪些物件可以丢弃——五年没穿的衣服，别设想临死前还会拿出来穿。

我们亲手打造的物质看守所，曾经带来微薄的欢愉，证明我们确实存在于这个世界，为我们宣示了主权。但当它变成高塔，则原本可爱可喜之物，反而变成手铐脚镣，耻笑着人的贪念。

拜衣教狂徒

女性对衣服的狂热近乎宗教——拜衣教，教徒具或轻或重的裸身妄想症，此症患者总觉得自己没穿衣服，所以，夜市、小铺、卖场、百货公司、精品旗舰店之衣衫裙裤背心外套围巾，犹如护身天使，穿上它才能获救，才觉得自己可以见人。逢周年庆打折，必漏夜排队，惊恐自己落败，发狂似的见衣即抢，刷爆信用卡亦不足惜。

一年四季轮流当令，本地、异地裁制不同，内外有别，场合各异，身材变化，年龄增长，一具小小的锤型或筒状或瓮型的身躯，竟需囤积上千件衣服。存放衣物的箱、屉、橱、柜据地为霸，家中其他空间可以小，衣橱必须大。付房贷付得气喘如牛，养衣橱竟养得不亦乐乎。若把所有衣服以天女散花的手势洒于床上，必是一座衣冠冢。这时，宜于自问："我这具即将步向老途的臭皮囊，穿得了这么多衣服吗？"此时，必然有悔意，逛街买衣的时间若用于研读，可修得一个博士学位附带两个学士，所挥霍的资财，足以环游世界八十八个月或买下一块山坡、种桂竹笋、抚养一群帝雉。

衣服形似另一具身体，女人对衣服藏着盲目的爱恋。每一件衣服被挑中的当刻，近似一夜情；迫不及待试穿、杀价、购买、洗濯或整烫（猴急的连洗都不洗）、穿上，与肉身密合一日，完成一次情欲。正当爱欲充沛时，这衣是最爱的一件，衣橱里的其他衣服都可以丢弃，待情欲退潮，晚上回家脱下，丢入待洗的衣篮，跟昨天前天的脏衣毫无不同，只是千分之一而已。次日，女人狩猎的天性又发作了，橱窗里的新衣吸引目光，再次艳遇，煽情兴欲，故事重演，衣橱又多了一个过气情人。

看着自己缔造的衣冠小丘，大部分衣服已数年未穿，常穿只有几件。哪些是"后宫佳丽三千人"乃欲望陈迹，哪些是舒适的家常伙伴，自己最明白。但是，女人不愿意整理，不舍得丢弃，因为，即使是二十年前的华服如今已失去实穿之用，看着它，至少看得见袅娜的体态、青春的火焰，若丢了，什么都没有，仿佛一生叱咤情场，到头来抓不到一只臂膀，靠不了半个胸膛，那挫败的感觉不如饮鸩。衣服还在衣橱里，看得见青春遗迹、恋情幻影，摸得到美丽、健康、珍爱、欢乐，啊，活得漂漂亮亮的感觉真好！女人，用衣服写自己的爱欲历史。

然而，每一件衣服也可能如鳞片，在神秘的暗夜自行组合成一尾巨蟒，反过来啮咬不肯放手的女人。这一座小丘，理应自己亲手整理，管控欲望，练习割舍、放手，想象另一具青春之躯穿上它的情景，从赠与之中得到安息。若不肯如此，总有一天，会有个人撑开黑色大塑料袋，打开你的衣橱，把衣服一股脑儿全部塞入，将鼓胀的十几只大袋丢入旧衣回收箱，或请葬仪社烧给你。这人还会站在衣橱前啧啧称奇，肆无忌惮地给你一句评语："你有毛病啊，这么多衣服，累死我喽！"他不可能明白，你一生确实活在情感极度匮乏转而养衣作乐的看守所里。

有一天，衣橱全部清空。

鞋的灵骨塔

左脚跨出去的黎明，焉能不被右脚跨出的黄昏追上？双脚如梭，织出一袍岁月，然而，在时空的经纬之中，我们更懂得走路了，还是不断地迷途？

一双脚能同时穿几双鞋？包头、露趾，高跟、平底，牛皮、羊皮、塑胶、布面，夹脚、气垫、马靴、慢跑、健行、登山、滑雪，室内还分冬天铺毛及夏季蔺草的，豪雨时节恐淹水，青蛙装连着一双耐磨的雨鞋。

穿草鞋那时代的人比我们懂得路面，深谙如何从泥淖中拔腿而出。他们的一双脚用来跋涉，所以需要鞋，我们的脚几乎不用走路，所以需要豢养一盒盒名家设计款、明星纪念款及一整柜鞋底没有污泥的鞋子来装饰两只不长茧的脚板。

一双脚需备几双鞋？曾经有个不识趣的婆婆，上儿子家小住，无意间看到储藏室堆了许多鞋盒，趁年轻人上班，窥探究竟，都是女鞋。不识字但会数数儿的阿婆，下定决心盘整货架，数到七十二，她放弃了，心里有数，这媳妇迟早会跑掉。

毒蜈蚣化身，节足动物中的多足类，念念不忘失去的脚，看到鞋，有一股心痛，缅怀自己的脚，故以鞋举哀；长方形纸盒，鞋的塔位，堆垛自成一栋众鞋的灵骨塔。

那镶水钻的三英寸细高跟，曾在舞池旋转过；拉链拉到膝盖的亮皮马靴，曾在圣诞节狂欢亮相过；抓地力特强的健行鞋，曾踩过某一座山的腰围。这些，都将成为过往。老，这条路，据说会让人跌得鼻青脸肿，所以，只需一双易于穿脱、四季合宜、舒适止滑的便鞋。渐渐地，一双室内拖鞋就够了。渐渐地，成天躺在床上，鞋可以收起来，穿双毛袜就够了。

有一天，所有的鞋同时向你告别。

饥饿的皮包

犹如饥渴的嘴，每一只包包喊饿。你是具有母性的女人，牵它回家，如拯救一个挨饿的孩童。不多时，你变成"世界展望"会长，专门展望难童。你解救 LV 家族，又收养PRADA 兄弟姐妹。衣橱旁不得不设包包专区。每夜，那喋喋不休、永难满足的嘴巴呐喊着深沉的欲火——想要占有世上最贵最美最稀少的一切，因此，每一只包包都帮你背过卡债，标示了账单的高度。有一天，众嘴一起离你而去，各自亲吻另一个女人的手臂。你最疼爱的 LV，连一句再见都没说。只有躲在内袋里那一包忠心耿耿的干燥剂，对新主人的小钱包，透露关于你的发霉故事。

整顿了衣、鞋、包，平凡者如你我，等于拆了半座看守所。拎个随身小包包，渐老之路宜乎一肩明月，两袖清风。

若说我们的看守所像木头做的，那么豪富们的大约是铜墙铁壁了。不管愿不愿意，舍不舍得，渐老是一条铺着薄霜的窄径，容不下万本藏书、数百只紫砂壶或青铜古董、一窖稀品红酒、几十幅名画、七公斤珠宝名表、六栋房子、五笔土地、四部车、三个儿女、两个太太、一家公司。都知道是身外之物，但住惯了自己打造的豪华看守所，舍弃岂是容易的？我们一生只练习拥有，从来没说也没人提醒我们应该训练舍弃。

有一天，一个人所囤积的东西会反过来攻击自己。所谓智者，即是趁气力尚足的时候，一砖一瓦地拆，将看守所改建成花园。愚者，固守物质，看守所变成争产的战场。亲情，成了他的陪葬。

快乐王子

王尔德笔下的《快乐王子》是一座雕像，身上缀满金亮片，两眼镶着蓝宝石，腰间佩剑的剑柄嵌了一颗红宝石，站在一根高大的圆柱上，看着城里的一切苦难。

一只落单的小燕子栖在他身上过夜，次日将飞往埃及寻找同伴。夜半，一滴眼泪打醒了小燕子，它抬头问，王子告诉它，远方小巷有一户贫家，穷困的母亲没钱医治孩子的病，他对小燕子说："帮我把剑柄上的红宝石挖出来，送给那位可怜的母亲吧！"燕子当信差，给送去了。不久，王子看到远处阁楼里有一位年轻人埋首写作剧本，饥寒交迫，恐怕剧本还没写完就要饿死了，他央求小燕子啄下一只蓝宝石眼睛，送给年轻作家。待第二颗蓝宝石送给卖火柴的小女孩之后，快乐王子瞎了。燕子不忍离去，留下来陪伴他，讲述旅游见闻，王子有所感，说："亲爱的小燕子啊，你告诉我许多令人叹为观止的景象，然而，这世间最令人叹为观止的事，却是世人的苦难，这世界最深奥的事莫过于悲苦。小燕子，你沿着这城市飞一圈，把你看到的景象告诉我！"这回，小燕子没看见繁华看到了悲苦。王子命它将身上的金亮片一一分送出去，快乐王子只剩下一身泥色。

酷寒来袭，王子的泥身裂开，露出铅制的心，接着，小燕子冻死在雕像的脚边。

上帝吩咐天使："帮我把城里最珍贵的两样东西找来吧。"

天使绕了一圈，把废弃场里王子那破裂的铅心与冻僵的小燕子带回来，呈给上帝。

但愿，迈向老年的路上，快乐王子像个老友，时刻提醒我们：

放手吧，最后一定要把自己走成一无所有。

心 灵 小 屋

造一间小屋，在皑皑的高山巅或是阳光普照的海滨。想象着，这屋没有住址，不需要门牌与路径图。小屋孤独地站着，有时在桧木、松林围绕着的崖边，时而在翠茵如波的平野，也曾站在湖心，看风吹涟漪，月泳江河。不对任何人开放也无法开放，这屋是心灵巢穴。

人世的包袱太重了，被罚滚石上山的西西弗斯，也有疲困的时候，何况是凡人。包袱里，只要有一人一事是难关、困境、乱源，注定要背包袱的人焉能不成为西西弗斯——必须在冥界将一块极重的大理石推至山顶，每当快要到达山顶，大石即自动滚落。西西弗斯必须承受永无止境的劳动，不得休息。

注定背包袱的你，总是让自己站在最显著的位置，以致众人不约而同认为那包袱理应挂在你的肩上，从此，共同认证那包袱应该绣上你的名字，归你所有。你欠缺自私的能力，不熟悉远离的技巧，学不会眼不见耳不闻，你的一颗心无法锤炼成硬钢冷铁，于是，第一个赶到现场的人总是你，一肩挑起，不出怨言，也无暇口出怨言。

然而，再怎么坚毅的人也有疲惫的时候。你一向擅长替疲惫的人分担重任，所以，无人发觉你也会疲惫也需要有人替你卸担。你惯常鼓舞脆弱者，遂无人察觉你也会脆弱也需要强而有力的鼓舞。

这就是你造小屋的缘故。人总会走到寂寥的角落，仿佛置身滂沱雨夜，孤独地站在墙角避雨，抬头只见无边的墨黑及被路灯幽光照亮了的雨阵，密如急箭，一片杀伐之声。没有人知道墙边站着一个脆弱且疲倦的人，此时此刻，没有人安慰得了你。你的难题在于，最应该协助你的人竟成为你的负担，而越来越重的担子几乎耗去仅有的气力。你察觉自己到了临界点，往前一步，你不确定能不能管控自己的怒火，会不会一触即发，制造更多乱局。你不愿如此，也无法立即寻得最佳的解决之道，更不愿徒然地将难理的线团丢给不相干的人，仅仅只是为了获得言语的安慰而于事无补。你发觉你需要一间小屋，需要更高的力量、更强的心智能力来协助你渡过难关。

你为自己造一间小屋，摆在内心深处那座乞力马扎罗山（Kilimanjaro）——可敬的海明威写着，经年白雪覆盖的非洲最高山，西边峰顶被称为上帝之屋。靠近那儿，有一头冻僵的美洲豹尸体。没有人知道，这头豹到这么高的地方寻找什么？你为自己造一间离神最近的小屋，猜测那头孤独的豹子，到雪山峰顶，也只是想死在离神最近的地方吧！

你秘密往返，在散步中、劳动的空隙或晨起之时，回到小屋。瞬间即成，自在兴灭。

寻常的世间屋檐下，怎么可能是一群智者交会着智慧光芒，万事万物各有其适宜的位置，无不安好。通常是，一支杂牌佣兵恰巧躲在同一本户口簿内，刀光剑影，遂演变成械斗的一级战区。敌人可以分胜负、有伤亡，阵亡的敌兵不会再起来作战，家人不分胜负、无伤亡，所以昨日战败的敌兵，经过休养生息，今日又能扩大战场，作殊死战。家，是纠缠的洞穴。

而你，其实没有太多选择，或者说，毫无选择。人生，无法像进一家旅店，不满意其设备、服务，甚至只是窗外的风景与广告不符，即可以据理力争，退费退房。如果人生也这么简单，每个转角、每张桌上都放着合约中止书、意向选择表，供我们随时勾选，决定继续留在屋檐下与同一群演员完成同一出戏，或是抽离，坐在最后一排最后一个位置离出口最近，除非摸彩有奖品才往前靠近，否则只做一名观众，不过问剧情。如果人生如此，何来挣扎、岂有痛苦？难就难在，进了大门，半壁江山已定，即使你拥有孙悟空腾云驾雾的功夫，仍翻不过如来佛的手掌心。何况，屋檐下有你不能舍弃的人，有你怜惜的人，明知他在剧中得攀崖去摘树上的果实，你怎可能不基于疼惜而参与剧情，挺身而出，为他攀崖为他坠海。家，也是行侠仗义的江湖。你做不到站在远远的地方，看心爱的人毁去。

肩头重担，逃，从来不是最佳选项——有人天赋异禀，做得到。凡做不到的人，无须斥责善逃者，你既然做不到，就不必浪费唇舌、时时日日月月年年评论他们的作为，计算他们的成绩，仿佛是依附在他们身上才能获得生活目标的寄生虫。不如禁语，持诵"解冤菩萨"，求它戴上老花眼镜，把冤绳都解开，好让你转念寻求自己的独门途径。你的最佳选择可能是，将荒废的半壁江山治理成步向丰饶的国度。屋檐下，对与错同时存在，每一件"对"的事情背后看得见牺牲，每一件"错"的事情可能夹藏了苦衷。人生之路有个浅显的道理，如果你已经过河了，不要回头斥责那原先答应要为你搭桥的人何以食言，如果你已经脱离饥饿，也不必费力向众人数落那上山采果的人一去不回。人生不应该用来数算多少芝麻粒可以换多少绿豆粒，应该开垦一种格局，一层境界。国土上，乱臣贼子皆已设定在可允许的破坏范围而不致影响国运昌隆，风暴已分级管理，不致毁损国土。你必须勇毅，必须是半人半神，人的部分的疲惫，自行以神性修复。

你的小屋不在古老的奥林匹斯山，没有圣树之叶发出声音给你预言及启示；不在光芒四射、如火焰般气象恢宏的昆仑山，没有开明兽为你镇守四方。你只有自己，依随意念，造一间小小的、可以邀路过的众神进来闲坐的小屋。

想象你回到小屋，卸下世间的甲胄武器，恢复轻盈之身。屋内有另一个你，年长的你，以最熟悉的温情软语与你对话，真实的心声得以吐露，原初的感受无须伪饰。他问你："你仍然愿意成为理想中的自己吗？人生荒漠中，一个勇士。"你被这个问题引到不同的高度，刹那间，看清了局面。你回答愿意，是以所有的负面情绪、草莽语句都丢入沟渠，化为烟散。你们讨论理性的重要，校正我执的刻度，确认方向，拟定对策，修补甲胄，铸造新武器。这半神的长者问你："你能在暗夜行善，没有人嘉许你的善举而不觉得怏怏吗？你能埋首工作，不计算光环与名利的报酬吗？当你付出，却没有人看出你的付出，也得不到回报，你能释怀吗？你愿意练习清除残存的悲苦意识，终于获得毫无亏欠的自由之心吗？"

你愿意。

这长者为你重新着装，将智慧之泉灌进你的头颅，把勇气注入胸膛。你步出小屋时，滂沱夜雨已停歇，墙边躲雨的人恢复成堤岸散步的人，重返现实。微风吹来，错肩而过的路人、划过天边残霞的飞鸟，天地依旧，无人察觉你刚刚做了一趟心灵之旅。

有时，你回到茅茨土屋，不是为了疗愈，单纯地，只是想要赞美、感恩与默祷。你赞美这生生不息的世界珍藏着无数美好事物让你欢喜，你感谢那最高存有让你能欣赏美好、赞叹崇高、礼敬神圣。你默祷，纯真、善良与美永远不要消逝。

你畅饮生命杯中波涛汹涌的各种滋味，从甘甜到苦涩，拥有完整的体验。你终于明白，这是多么稀有的给予，一个完整的人生；握权柄的帝王与服役的小卒都是你，光明的坦途与黑暗甬道你都走过，珍爱与背叛你都经历，真诚的心与狡猾的嘴脸你都遇过，贫困与富裕的滋味你都品尝，年轻时因绝望而欲绝、为生而求生你同时拥有，生之大喜与死之长恸你也亲自体会了。作为一个人，驻扎世间短短数十寒暑，你获得的机运何等宝贵，一副完整而且留得住美好记忆的人生，得来不易，你怎能不感恩？

所以，你到小屋来，只想告诉年轻的自己——那身影仍藏匿在松林间兀自低语，你喊他的名，像一个父亲或母亲的口吻；你踩断了松针，敞开衣襟收藏了风，以长者的沧桑眼眸流露温柔的目光，你只想告诉他："出来吧，我心里没有恨了！"

如果，年长的自己消弭了恨，那么，躲藏在内心深处年轻的自己，不必再固守怨恨岗位，以为自己应该捍卫一生的尊严，声讨应得的公道；年轻的身影获得释放，恢复其原有的青春记忆，喜悦时光、靓美事物一一浮出。则是，再度降临，青春再度降临于年长的自己心中，迟来的、温馨的，感受自己的生命被慈悲的神慷慨地祝贺了。

等不到的道歉，交给风吧！那从前是悲哀的，现在变成宁静了。欠着的一个吻，永远没有机会补偿了。流失的一份爱，切莫回头追讨也不必兑现，无须设问："如果时光倒流，你会变得勇敢吗？"更不必留待来生，此生应该相忘。分歧的两条路，不要强求合于一道，趁土壤尚未干裂，各自种植风景吧！是鸟，放它回去空中，是鱼，任它返回大海。各看各的旭日东升，各赏各的彩霞满天。生命之杯满溢，你独自品尝，内心平静。你在小屋悠游着，以半人半神的形象。你知道自己仍是脆弱的凡人，人世的难关尚未过完，储存的勇气总是不够，提炼的智慧常常浮现杂质，但你知道这小屋是你的归宿。你必然要时常往返，自我鞭策、鼓舞、祈求、安慰，获得宁静。

每年，你总是跟小屋里多个年轻的自己约定："生命告终之前，一定会回到这里，最后一次回家的时候，你们要告诉我，我是否完成人生任务？是否变成你们理想中值得尊敬的人？"天色未暗，且欢歌畅饮吧，生命之杯已为你满溢。

〔幻 想 之 二〕 一 趟 悲 欢

——给阿嬷阿母：无愿，不成一家

想象着。

彼时天光未透，幽冥无边，你是一缕未散尽的魂，眠息于荒凉一隅，不寻找，亦不被寻找。

寂静如流水，载着你漾漾。你仅剩的魂如丝缕，被不可指名的流动带着，时而蜷缩，时而舒展，有时被扯去半寸有时又添来一分。忽然，一阵莫名的颠簸触动了你，微光，唤醒你，你收拢仅剩的魂丝，欲辨认自己身在何处——这一念，竟触动了天机；你被不知名的流动卷入暗潮，汹涌之后，静止了，你被缩小，小到如一枚蚕茧，不，是一只眼，你有了初步的小小的自我。如眼眸开阖，光，蒙蒙之中布着闪亮，那闪亮的光点在你四周流窜。你感受到声音，窃窃私语，然而幽暗仍然笼着你，你渐次挣脱黝暗，自深沉处往浅滩上岸。你感知到光，又亮了些，于是你觉知自己是一名自由的野灵，正处在幽域与人世边界，那流窜的光点是入世的旅魂，你退回幽冥泽畔，不寻找亦不被寻找。

于是，你恣意游荡，独来独往。你栖在隐密处探看、聆听，众魂携着密令各有前程，独你悠然逍遥。你数度尾随旅魂进入边界尽处，窥看所谓世间。你觉知好一波花的芬芳，潺潺的水唱，古荫林泉引你愉悦，你甚至沿着树身而上，将自己的魂张成枝条，摇动着叶，洒落了露，自得其乐。无意间，你听得古荫下数名不愿销案的游魂闲话人间事，竟起了兴味，但你依然不寻找亦不愿被寻找。

某日，你又隐在一旁观看众魂启程。一名旅魂行路踽踽，一面翻阅密令一面黯然神伤，你趋至其旁阅其密令，知其神伤之故，起了未曾有过的怜悯，你目送其消失于边界，入世为人。你游至幽域另一处，众旅魂启程之前许愿处，你寻到那名游魂留愿的地方，知其去处，已有数朵幽幽蓝光留在其愿四周，表示有魂允诺欲与之人间相会。你拨弄每一朵蓝光为戏，那纯净的光线缠绕着你，邀请着你，你已久不寻找亦不愿被寻找，但此时却起了送暖的意愿。你摘下一丝魂，搓揉成一朵心花，亦点出蓝光，轻轻放入其中，愿人间一趟，共历悲欢。

你启动了每一趟入世皆须携带的书写任务，自行填写密令：乘愿而来。

老人岛

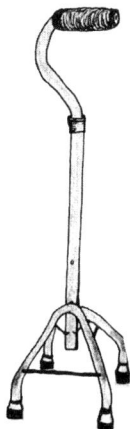

　　我们刚投胎于世就进入了竞技场，到死方才走出来。人已到赛场的终点，再去学习更精准地驾驭双轮马车还有何用呢？那时，需要考虑的，就只是该如何从中解脱了。老年人该做的研究，仅仅是学习该怎么死。人，到了我这种年纪，却恰好很少做这种研究，常人把什么都想过了，就是想不到这一点。大凡老人比孩子更依恋生命，比年轻人更不情愿离开人世。因为，他们的全部劳动原是为了生存，而到了生命的终点，他们却发现自己的全部心血都白费了。

——卢梭

老　人　之　乱

一觉醒来

生命中寻常的一日，你一早醒来，惊觉最后一小包"青春魔粉"怎不见了？你戴上老花眼镜，四处翻找，最后在地板上发现；被恶童撕开，洒于地上。一只拖鞋沾了魔粉，发出炫目的色彩，仿佛再多洒一撮，它就能化成彩虹鱼用力扇动鱼尾游出去了。好无情的一场青春大革命，暗夜里，幽灵侵门踏户搞破坏你竟然不知！你仿佛听到微血管哗剥哗剥地破了，腿上浮现蜘丝小径宛如潜行者的匿迹路线，脸上的老人斑（你十分不解为何不叫智慧斑或寿斑）又多了几处，像奔过泥地的小狗一跃踏上你的脸拓下可爱的小印子。"这是我吗？"你问镜子。镜子起了雾斑，像旧照片被岁月腐蚀。你越看越觉得惊悚，镜中的你像被放大的遗照。

此时，已过六十五岁。天地俱在，只是沸沸扬扬地老着。你被迫踏上老人列车，火车快飞火车快飞，朝着老人岛奔驰，两旁猿声懒得为你啼叫。唯一安慰的是，你不是车上最老的那一个。

一岛皆老

二十一世纪是老人世纪，地球被数不尽的老人占据了。不知怎地，脑中顿时浮现恐龙活跃的侏罗纪面貌，数目庞大、行动缓慢的老人族群，仿佛是时光机器指错了刻度以致侏罗纪动物还魂窜入人类躯壳，一只只人形小恐龙或在树影下散步、或是安静地食草、或晒一小截太阳、或与同伴仰天互啸取乐。时间拉长了，长到恐龙们转一个身需花去半个股票交易日也不嫌浪费。放眼望去，三大洋五大洲之发达国家，那高耸的大楼、通衢大道、购物商场、医疗院所，处处可见恐龙身影，侏罗纪的风吹开了二十一世纪潮浪，预言着一场跟老相关的国际级战乱正在酝酿。

（请不要误会，侏罗纪恐龙之喻只是惊吓过度的作者的瞬间想象，毫无歧视之意，更请我身边的老人不要想太多，战乱是国际课题，不是指你们带给我的难题。）

不说别处，就说我们自己吧。

一九九三年，也就是具有历史意义的"汪辜会谈"那一年，台湾六十五岁以上老年人口占总人口比率7%，正式进入"高龄化社会"。自此，这岛仿佛被一名不怀好意的水电工安装了一具"老化引擎"，日夜轰隆运转。十八年后到了二〇一一年，六十五岁以上有二百五十二万人，占总人口比率10.9%。老化速度惊人，预估到了二〇三三年，有机会成为老人岛。

老人越来越多，什么理由都可以抓来凑一脚评议一番，人口问题，超越党派，比植树造林还复杂。可恨我们的社会习于把任何问题都归咎于政党，喷洒口水嚷一嚷，对于"动摇根本"之事全然漠视。水电工又加装了几具"老化引擎"，他贼贼地等着看，未来的台湾变成一群老人拄杖互呛、推轮椅追打的场面——名副其实成了车轮战。

如果老化趋势不变，专家预估，二〇一五年，将有二百九十四万老人，占总人口比率12.6%。二〇一七年，也就是眼睛看得到的五年之后，老人人口将飙升至14%，台湾必须放一串鞭炮，庆贺成为"高龄社会"。不，不应该放鞭炮，高龄社会不值得高兴，但尴尬的是，应该怎么做呢？难道设祭坛除魅，把14%的老人当妖怪吗？

到了二〇二五年，台湾有20%是老人，成为"超高龄社会"。想象那情景：公园里挤满了老人，麦当劳一楼规划成老人区，儿童餐之外加卖老人餐，公交车加开博爱专车因为光几个博爱座已不够用了，老人医院也开张了，当年跳到医美领域的医生回流到老人医学，因为爱整型美容的人也都一个比一个老喽！

往下的预估愈见惊悚，二○五六年，40％是老人。二○六○年，台湾人口不到二千万，但有一半超过六十岁，将有七百八十多万老人。

二○六○年，我虚岁一百，我夫理应已在天堂耕读，我儿六十五，推着轮椅上裹着毛毯，戴着毛帽，挂着鼻胃管像一条人形肉干的我到餐桌前，双层蛋糕上插着数字一百彩色蜡烛，三朵小火苗跳动着，一屋子人，大约文化事务主管部门也派了个小妞来送礼，好歹我年轻时还算是个老老实实的作家，大家高唱生日快乐歌还有人祝我"呷到百二岁，拿拐仔做工亏"（活到一百二十岁，拄杖做工作）。

我要发抖地跪求上天，外加磕三个响头，千万不要让这么悲惨的事发生。长寿，绝对是一种惩罚。

若将一个社会从"高龄化社会"进展到"高龄社会"所花的年数代表其老化速度的话，昔年缔造经济奇迹的亚洲猛龙，数十年来没别的成就，老化速度却拿了第一。

老年战纪

出生于一九四六年的战后第一批婴儿潮，如今已抵达六十五岁跨进老人门槛，想象在他们之后逐批出生的婴儿潮亦即是大家昵称的三年级生、四年级生扩及五年级前段班，正排队依随人潮向老人岛大门前进。

如果想象力更丰富一些，几乎可以看见黑压压媲美"红衫军"、跨年演唱会的人潮，被两旁吹哨、挥指挥棒、佩枪的保全人员严控着，不疾不徐缓步前行。人群中不时有人弹跳着想要知道前面的情况，前面的人却频频回头搜寻后面有没有认识的面孔。耳语像流感病毒散布着，据说一跨进大门就回不了头，据说进门时会挨一记闷棍，打在哪个部位随他高兴。有人心生恐惧低声咒骂，有人趁警卫不注意向后脱逃，忽然响起一阵急哨，几名警卫齐力制伏逃跑者，如大虎圈住小兔。接着，你看到脱逃者被孔武有力的警卫一把拎起，以掷铁饼的标准姿势朝老人岛围墙掷去，一道抛物线吸住人潮目光，你看到那人在空中叫救命，降落时半截身子化成恐龙，把一棵树给打歪了。

人潮安静下来，认清这是一条不可逆的路，谁也救不了谁的命。没人敢问大门后是什么光景？是囚室，每人穿一套病服？是宠物园，每人认养一头孤独兽？是四季如春的天堂分驻所，帮上帝擦宴客用的银器？

婴儿潮变成老人潮，老化恶浪扑打西太平洋边上的这片绿叶——昔时生机盎然的翠绿之叶如今已转成枯黄，自有历史以来，从未有过二百五十万老人同时在岛上呼吸，如今成真，写下纪录。

人要老，不能阻挡，人老了，有病要人照顾，无法选择。但是，年轻人不婚不育，却是选择下的结果。台湾地区人口密度全球第二，总生育率却是最低，不足以完整地世代交替。二〇一〇年，新生儿才十六万多，所幸在当局呼吁与育儿福利之下，二〇一一年止跌回升，达十九万多，今年（二〇一二）拜百年结婚潮与龙年生育热的双重刺激，可望达二十三万。然而少子化仍是非常严重的威胁，能否每年保住十八万新生儿，要看注生娘娘疼不疼爱台湾。

家庭价值观改变、社会开放多元、自我意识觉醒、生活质量提升这四项指标，决定了年轻世代的婚姻观与生育观。

战后婴儿潮世代的父母，经历抗战或日本侵占时期，于困厄环境中孕育子女。婴儿潮世代虽未亲历战争，但是生于颠沛之际、长于废墟之中，直接继承了上一代的战乱记忆与困苦求生的垦拓精神，他们是最同情父母的一代，家庭价值观根深蒂固，保有为家庭而牺牲自我的特质。

婴儿潮世代的子女却正好相反，社会走到大转捩处，一个休养生息之后的社会提供他们优渥地成长，完整的教育以及鼓励追求自我的风潮使他们的人生价值观不再是"家庭成就"而是"自我实现"，更不再认为婚姻与生育是人生必修课——他们从父母身上看到婚姻与生育里充斥着自我牺牲，而这一代对牺牲这两个字是反感的，视作愚蠢的同义词。

所以，不是育儿环境过于恶劣，再恶劣也比不上奶奶那一代背着孩子逃难、阿嬷在产后第三天下田干活，是自我意识抬头且内化成一个不想长大的孩子，不愿为"另一个生命"

而降低生活质量——自由、独享、免责。微薄的薪水，与其用来养孩子，不如环游世界，尽情享受。当一对适婚适育的年轻人说，他们只要同居不想被婚姻、工作、房贷、孩子这种无趣的生活绑住，只想当地球村的游牧民族，追求精彩的一生。站在他们面前拿着鼓励结婚生育宣传手册的官员如何说服他们"努力做人，保证兴替"？

不育潮与老化潮双重恶浪席卷全台，愈到乡下愈明显；最老的三个县份是嘉义县、云林县、澎湖县，老人人口超过14%，全台湾有二十三个乡镇是超高龄社区，老人人口超过20%。一个人老了，问题不大；一个家庭有两个老人，问题也不大，至多拆去半边屋瓦；一个县老了，问题变大，地荒了，野草比河流丰沛；一个地区老了，岂非死路一条？老机器若不想解体，得靠年轻人力挽狂澜；"扶老比"指的是十五至六十四岁生产人口对六十五岁以上老人的比值，二〇一一年，台湾的扶老比是7∶1，七个生产人口养一个老人。到二〇二二年，变成4∶1，最恐怖是二〇三九年（也就是我七十八岁那年），扶老比变成2∶1。这个数据使我发慌，自动将寿命期望值降到七十八岁以下。

一个老化的社会等同慢性自杀，财政恶化、竞争力与生产力骤降，如同戴上手铐脚镣。如果我们的年轻人坚苦卓绝地扛起一个高龄社会，在险恶的环境中卖力工作，负担起所有老迈婴儿潮的安养责任、福利津贴，说真的，我们这些老人难道不会因心疼而惭愧吗？如果新一代的年轻人，从小就被我们宠成不接受压力、拒绝考验、抗拒吃苦，以致无感于大厦将倾，反责骂老人是搞垮社会的米虫！那么，像乞丐一般活着的我们，还活得下去吗？

逐渐老去的婴儿潮世代，卖力打拼、服膺人定胜天的奋斗岁月已然落幕了，孤臣无力可回天。他们是怜悯父母的一代。所以侍亲尽孝、养老送终，却也是老来无着落的一代。他们的子女几乎不可能依循旧版本陪伴他们走完人生的路，甚至有可能因全球经济大萧条而回家投靠父母。他们必须重新学习如何在一个不友善时代、充满难关的社会安顿老年，其一生奋发坚毅的垦拓精神也将贯彻始终，他们的老年期跟青年期一样，势必充满奋斗。

老，真的来了。严苛的考验落在现今五十至六十五岁这一批人身上，他们的肩上有三副重担，一副是侍奉老病父母，一副是协助甫成家立业或不成家也不立业的子女，最后一副是准备面对自己的老年。

老人岛的大门已开启了，天边哀鸿遍野，空中嘎叫的昏鸦与不远处的战火硝烟，一起逼向眼前。

附记：写作此文时，正巧一个十六岁少年晃悠而过，我念了台湾从高龄化到高龄、超高龄的老人人口数据，问他有何感想。他立刻皱眉，严肃地说："唉呀，真的要鼓励生育了！"

我又念了我一百岁时被六十五岁儿子推出来切蛋糕那一段，问他有何感想。

他的第一个反应："是谁祝你活一百二十岁？"

鎏 银 岁 月

　　"老年是我们人生的一个阶段，就像其他阶段一样，老年有其自己的容颜，自己的氛围与温度，自己的哀与乐。就像较我们年轻的其他人类手足一样，我们这些白发老翁也有责任把意义带给自己的人生。"

　　德国小说家黑塞写下对老年的期许，历五十多年于今读来仍然中肯。他认为当一个老人就像当年轻人一样，都是一件"漂亮且神圣的工作"，而学会如何面对死亡，其价值不亚于学会其他任何技能，这种学习，更是尊敬人生意义与其神圣性的表现。

　　老，固然有年龄指标、体能状态之分，但更关键的是自我感觉。六十五岁至一百岁都叫老，细分却有霜红之叶与枯木的差别；即使处于同一年龄层，一个充满活力视退休为第二个人生的开始，遂积极规划、学习、筹备，展现出探险队员一般的远征乐趣，与一个自觉日渐衰老、钻入蜗牛老壳自怨自艾的人相比，其差异之大宛如星际。

黑塞所言不假，老，是一门高深奥妙的学问，必须学习。我们将三岁幼童送到幼儿园、七岁进小学、十三岁上初中接受不同阶段的教育，但是，我们从不认为满六十五岁的人也应该到"老年学校"报名，学习如何面对紧接而来的"老病死联合课程"，且每年应该通过一次老年基测。我们有充裕的时间学习"生"之课题，但用来学习"老病死"的时间被压缩得极为紧迫，常常是采放牛吃草的方式步入老年，任由时间摧残，终将成为屋檐下苦涩的负担。

根据卫生部门二〇一〇年资料，台湾男性平均寿命76.2岁，女性是82.7岁。专家研究，台湾于一九〇五年日本侵占时期首次有平均寿命推算，当时男性的平均寿命是28岁，女性为31岁。百年之间，台湾人寿命增长了五十岁。这真是值得感谢的天堂般的赏赐，跨过二十一世纪的我们有机会吹六十五岁、七十五岁、八十五岁蜡烛，拥有健全的社会、开放的知识、平等且完善的医疗、丰沛的资源以规划自己的鎏银岁月。是以，若不能怀藏恩典般的喜悦享受醇醪人生，镇日地混吃赖活喊病等死，实在对不起曾祖辈，他们正值青壮、跃过溪涧如野鹿，常常毁于渴饮涧水而得到急性肠胃炎。

回溯历史，放眼从古早到现今这岛屿的演进，即使是小小一条命，也因社会腴厚而腴厚起来。比上或许不足，比下却绰绰有余，这岛从未有过这么多老人，也从未有过如此优渥的条件让人放心地老着（当然，还可以更好）。思及此，跨过六十五岁门槛的人，应该先合掌称颂一声"感恩哪"！

鎏银第一阶段

六十五岁至七十五岁，或可粗称为第一阶段的鎏银岁月。对保养得宜、规划得当的银发人士而言，是晶钻级日子；身心尚健、资财有余，足以重拾志趣、调整生活，画出自己特有的银色生活地图。摆脱了职场上的业绩压力、卸下人生各种角色扮演的责任（父母故去、儿女飞去），正是创办"一人公司"或成立"个人工作室"的时候，其最重要的业务就是实践意义与创造愉悦。

法国大哲学家卢梭有言："青年期是增长才智的时期，老年期则是运用才智的时期。"然而，我得多添一点意见；青年期所增长的才智、习得的技能，恐不足以应付当今瞬息万变、犹如跳竹竿舞般眼花缭乱、脚步踉跄的社会，所以，老年期第一阶段，仍应保持学习的热忱。人，失去学习的热劲，犹如失水植物，终将枯萎，而完全停顿了学习的银龄者，有如心智瘫痪，最终只能钻入微小而狭仄的事件一再复诵一再怨愤，极奢侈地以十年或更久的时间只聒述屋檐下某几件家务事，或是全神贯注地钻研肉身之小病小痛小忧小惧，不得解脱。这样的活法，不仅不能作为后辈模板，反而像熬了一池塘馊粥，自己慢慢吃到咽了气。

感受服务的召唤，化为行动，即使只是做一名默默维护公园花木的志工，不间断地付出，也能让自己觉得仍是有用之身——对社会有用，而非抱持我劳苦功高，社会理应养我到老死。

此外，萃取生命哲学、冶炼人生经历，去芜而存菁，使内在清芬敦厚，境界崇高，无处不显出睿智与修养，更是银龄者的闭门功课。文人，最怕穷酸，老人，最忌满腹牢骚。修养比透早运动更重要，亦是鎏银岁月里的快乐之泉。运动可延寿，修心足以喜乐，乐比寿珍贵多了。苏东坡《哨遍》："……君看今古悠悠，浮幻人间世。这些百岁，光阴几日？三万六千而已。醉乡路稳不妨行，但人生，要适情耳。"拭亮意义却不患得失，品味人生但不贪求，行藏于悲喜之间已能释然，随缘布施无须回报，记取或遗忘不足以挂怀，能行则行、当止则止，随顺自然。霞彩幻化依然美不胜收，但已无刺眼的光芒。"江

万得已
我当它是「古道
西风瘦马」，一匹
正好陪着你这个
断肠人，迎向
夕阳天涯。[1]

1　不得已，就当它是"古道西风瘦马"，一匹瘦马正好陪着你这个断肠人，迎向夕阳天涯。（编者注）

水风月本无常主，闲者便是主人。"山川尚如此，此一小小肉身又怎能永远为我所有呢？人生适情耳！

　　俭朴的生活将带来舒适，卢梭描述了晚年的自我反省，除了保持兴趣盎然地寻求精神上的安宁，对物质也做了整理："我丢开了上流社会和它的浮华，我把所有的装饰品都丢开了，不带佩剑，不揣怀表，不着白袜，不佩镀金饰品，不戴帽子，只有一副极为普通的假发，一套合身得宜的粗布衣服。更重要的是，我从心底摒弃了利欲与贪婪，这就使得我所抛开的一切都变得无关紧要了。我放弃了当时所占有的、于我根本不合适的职位，开始按页计酬抄写乐谱，对这项工作，我始终兴趣不减。"

　　大思想家愿意抄写乐谱，我老时江郎才尽，回宜兰三星洗葱，按把计酬，孰曰不宜。

鎏银第二阶段

　　七十五岁左右进入鎏银岁月第二阶段，大多数人在此时迎接命中注定的流星雨——病，一一来袭，严峻的极限考验自此开始。

　　绚烂的霞彩渐被野风吹散，银龄者的体能下滑方式不是以阶计，是骤降一层楼。银龄老舟摇到七十五号码头边上，野风怒号，恶浪喧腾，舟中人岂能不湿？

当然有例外，且是令人瞪大眼睛现出惊吓表情的例外。

瑞士有一位六十六岁女士（在我们这儿，这岁数的叫法是奶奶或阿嬷，书面文字称为：老妇、老妪或是我最讨厌的老媪，我强烈建议改称为老夫人），竟然不畏年事已高，顺利产下一对双胞胎，成为瑞士历史上第一高龄产妇。但是，瑞士嬷输给印度嬷，世界上最高龄产妇是印度老妇人，七十岁时产下双胞胎。不过，报道上没说这两对双胞胎健康否？若六七十岁工厂出品的小宝宝跟二三十岁工厂出产的一样活蹦乱跳，那么天下女性都应自捶肚子以表敬意。若孩子的健康堪忧，要这纪录做什么？

另一个银龄涛浪里的冲浪高手是一百一十六岁的马来西亚老……老（该怎称呼？）……"老祖妈"，绝大多数女性的一百一十六岁指的是冥诞，而且当"显妣"很多年了，门前小树苗已长成两人合抱。更别提那动作快的，已轮回两次又刚出生了。这位好厉害的老祖妈正等待第七春缘分到来，她有过六次婚姻，育有四名子女、十九名孙子及四十七名曾孙。想必那六个前夫都墓木已拱。

人必须为自己负起完全的责任，亦即是预先规划人生最后一段旅程，面对老病死课题。我们年幼时不得不依靠父母成长，但老来，不宜抱持依靠儿女的心态。今之社会，他们已无法像旧时代重土安迁、父母在不远游，恰好相反，像一颗种子被野鸟带到天涯海角落地生根。旧时子女多，总有一两个在身边，于今多的是单根独苗，跑到地球另一端成家立业。是以，老病岁月仅能靠自己打点。婴儿潮世代是最同情父母的一代，也是最不想麻烦子女的一代。新旧社会结构活生生地在他们这一代身上拆解、重组，老来，也得靠自己搭起帐篷，在尚未准备好迎接老者的社会露营。

理想的第二阶段老年生活要有"四有"："有钱""有空间""有人""有事"。

每月有一笔十万元退休金可以领到老死，定存二千万，股票珠宝不计。住在自己的房子，生活机能健全，离大型教学医院只有两百米的无障碍电梯大厦，中庭花园草木扶疏，管理员亲切和善，离地铁、公园、河堤甚近。身边有个二十四小时本地阿嫂伺候起居，出门有车有司机，还有个不必上班、可信赖的年轻人听候差遣。老伴走了，但有个红粉知己（或银粉知己）像画眉鸟绕在身边，陪着一起出境旅游。儿女事业有成，孙辈头角峥嵘。老朋友正好一桌十个，酒品人品牌品俱佳。小狗汪汪一只，靠在脚边，小猫喵喵也一只，抱在怀里。每周上太极拳一次，看表演听戏一次，与女友近郊小游一次，与老友牌聚兼祭五脏庙一次，与儿女餐聚一次，做礼拜（或诵佛经）一次。知名的江浙小馆是干女儿开的，每月持慢性病连续处方笺领药一次，儿子、媳妇都是医生。

每天既充实又快乐，且奉劝每个人都要像他一样快乐。

他忽略了一点，有时候，快乐好比是娇滴滴的名贵兰花，不是每户人家的屋檐下都长得出来的。

不理想的第二阶段银龄生活只有四个字：贫病交迫。有了这四字，等着领"晚景凄凉"证书了。每月仅敬老金三千元，儿女远在天边（或膝下空虚），独居在五十年老公寓五楼，下楼买便当犹如出境一般工程浩大，罹患重病无人陪同就医，最后由相关单位安排至安养院。

在理想与不理想之间，存在着老年陆块，每个人领到哪个住址、安居何处，端看壮年期以降是否做好规划使仓廪富足。老年，是人生中最不浪漫的一个阶段，且是最孤军奋斗的一段路。壮硕健康的身体可以为一切难关寻得出路，但老病的肉体本身就是没有出路的难关，旁人能提供的协助极为有限，即使子女也不可能全天候褓抱提携，替父母担下衰老、病苦。若壮年时以一句"没打算活那么久"或抱持"时到时担当，没米煮番薯汤"逃避了储备老本——经济老本与精神老本——的责任，一旦迁入老人岛，在穷山恶水处落籍，成为家庭与社会的负担，又能怨谁？从何怨起？

生活日志

相较而言，"金钱老本"易于储存，"精神老本"的观念则被忽略甚至毫无察觉。人之愉悦，源自内在富足，非豪宅珍馐所赐。银龄者的物质欲望降低，单车环岛、高空跳伞、

165

浮潜、攻顶等冒险之乐早已是陈年往事，连数小时铁道之旅都不堪负荷了，活动所及，住家方圆数百米范围而已。活动少，睡眠少，唯有时间变多——像故障的吃角子老虎机器，哗啦哗啦掉出小山丘铜板，所有你抱怨过、推辞过"没时间"的话语，如今回来跟你结账了，连本带利还你好漫长好难熬的时间感。若一个人一生重心仅是工作与家庭，从未建构自我主体，从未学会独处（这一点要用红笔圈起来划上三个星号，乃老年学测、指考必考题），当这两根大柱移开，老年生活犹如汪洋孤舟，不知何去何从？虽说老年的终点是坟墓，但坟墓也不是那么容易就进得去的。飘摇的老舟，所言全是昔年之职场公司同事工作，儿女媳婿孙辈，或是报告一身病历，日复日，月复月，焉能不让人木然以对？老而精神无所寄托，其窘困之状不下于阮囊羞涩。

以下，恐是大多数老者不陌生的生活起居注。

（周一）

凌晨4：30独居的八十岁有心脏病老妈妈醒来了。

4：30—5：00做室内甩手运动五百下。

5：00—5：30梳洗，听收音机，做踏步运动五百下。

5：30—6：30量血压，做记录。公园散步，与邻居聊天，买早餐或水果。

6：30—7：30早餐，吃药，刷牙，大号。

早上的重要事情在七点半都做完了。发呆一会儿，抹一抹桌上的灰尘，其实灰尘昨天就抹完了。开电视，看一看气象，关掉。如此花去半小时。

8：00—8：30抄一段经文。

8：30—9：00小眯一会儿。打电话给女儿珍珍，此时的珍珍刚进办公室不久，坐定等老妈电话。谈话内容为：我这里下雨，你那里有没有下雨？早餐吃过了没？吃过了，你呢？吃过了。吃什么？谈话时间约三分钟。

9：00—9：30空白。室内走动。到后阳台看衣服干了没？

9：30—10：00看电视，胡乱转台。看股票台。

10：00—11：00空白。室内走动。自言自语。打电话给朋友。通话五十分钟。

11：00—11：30去前阳台晒一晒鞋子。

11：30—12：30打电话给女儿珍珍，问她中午吃什么，珍珍说，不知道耶，看同事要吃什么请她们一块儿买吧。她说了自己的午餐内容，冰箱冷冻库还有三只珍珍上次买的虾子，放半个月了，打算中午吃一只虾。珍珍说，你干脆全煮掉算了，她说不行不行，胆固醇太高了不行，今天的血压有点高真是糟糕。珍珍问，高多少？她答，一百三十八，九十一。珍珍说，还好啦。挂断电话。午餐，吃药。

12：30—14：00 午睡，断续。

14：00—15：00 空白。走动。自言自语。

15：00—16：00 看电视剧。

16：00—16：30 空白。打电话给朋友，没人接。

16：30—18：00 公园散步，聊天。看学生打球。

18：00—19：00 晚餐，吃药。

19：00—20：00 洗澡。

20：00—21：00 看电视。打电话给珍珍。此时珍珍已拎三个便当回家与丈夫小孩吃过，老妈报告公园听到的街坊事，有个老太太在家里晕倒，她儿子下班回家发现她走了。珍珍说，喔。

21：00—21：30 固定看谈话节目。甩手三百下。

22：00 就寝。

24：00 如厕。

（周二）

3：00 如厕。

4：00 醒来，又躺了一会儿。

4：30—5：00 做室内甩手运动五百下。

5：00—5：30 梳洗，听收音机，做踏步运动五百下。

5：30—6：30 量血压，做记录。公园散步，聊天，买早餐或水果。

6：30—7：30 早餐，吃药，刷牙，大号稍少。

早上的重要事情在七点半都做完了。开电视，看一看气象，关掉。看全联寄来的特价目录。

8：00—8：30 抄一段经文。

8：30—9：00 小眯一会儿。打电话给珍珍，问她昨晚几点睡，报告自己昨晚看谈话节目迷迷糊糊在椅子上睡着了一阵子，上节目的有谁谁谁，谈的是大概什么事。昨晚睡不好，十二点多起来小便，又睡着了一会儿，三点又起来小便。睡到四点就怎么也不能睡了，唉，怎么这样呢？今早血压还好，高的一百二十五，低的八十，大便少了一点。珍珍一面吞早餐一面听电话，嗯、嗯、嗯，一面把今天要办的档案拿出来，一面操作鼠标浏览邮件。老妈问，你现在才吃早餐喔？珍珍说，早上晚起，来不及在家吃。老妈报告自己早上吃了半片土司，一杯高钙低脂零胆固醇牛奶，半条香蕉。又说，土司没有了，今天陈太太会帮她买来。好啦，不讲了不讲了。

9：00—10：00 空白。看电视。把要陈太太洗的衣物拿出来。

11：00—12：00 一周来两次、每次两小时的钟点居家看护员陈太太来，采买、洗衣、清扫、做餐。与陈太太相谈甚乐。此人做事的细腻度稍嫌不足，但性情开朗，笑声洪亮。专攻街坊八卦、邻里小道消息。老妈与之相谈甚欢。共享午餐，收拾毕，陈太太离去。

12：00—14：00 午睡。

14：00 打电话给珍珍，报告陈太太买了半条土司来，上次买的全麦不好，这次要她买葡萄干的，全麦五十五元，葡萄干的也是五十五元。听楼下郑妈妈讲，桥头新开一家面包店，正在打折，一条白土司才三十五元。今天叫陈太太下次到桥头买。珍珍肩夹电话，一面看资料，嗯嗯发声。又提及今晨大便不顺，较少，不知怎么回事？珍珍答："正常的啊，有时多有时少。"老妈说，陈太太也这么说，但她觉得不是，前天、昨天吃的东西一样多，为什么一天多一天少？此时，珍珍的主管走来，珍珍说："我要挂了，再打给你。"老妈挂好电话，如厕，微有大号。回坐椅上，等电话，等了半小时，回拨，珍珍一说"喂"，老妈口气稍急："你说要打来怎没打？"珍珍答："忙忘了"，此时珍珍正检阅相关法规、合约，一活动甫结束，与厂商有付款纷争，对方欲提告违约，珍珍被指派去"擦屁股"。老妈继续报告刚刚上厕所不知怎地肚子一阵咕噜，大号就出来了，稀了一点，是否陈太太买的鱼不新鲜，中午吃了鳕鱼，语气忧虑。珍珍稍不耐烦："再观察看看嘛，要不然你吃表飞鸣，家里还有吧！"有是有，大概快过期了。珍珍说："我星期六再买一瓶新的给你。妈，不讲了，我要去开会。"珍珍挂完电话，心浮气躁，不慎扫倒水杯，自骂一句粗话。心里觉得仿佛在骂自己的妈，愧疚不已，思及老妈一辈子为家牺牲，鼻头为之一酸，卷起资料冲进电梯，不知怎地，情绪忽然下降。她想周六去做咨商，想到恐怕得加班，想到要记得买一瓶表飞鸣，想到儿子沉迷电玩功课鸦鸦乌[1]觉得所有的辛劳都是白费的，又想到老妈关心自己的大便多过关心外孙的功课，一时情绪飙升，继而想到老妈这么认真照顾身体就是在帮她的忙，自己刚刚的念头很可耻。老妈并不知道，女儿做心理咨商已经半年了。

15：00—16：00空白。走动。自言自语。看电视剧。

16：00—16：30空白。打电话给朋友，没人接。拿起电话想打给珍珍，放下。

16：30—18：00公园散步，聊天。看学生打球。

18：00—19：00晚餐，吃药。

19：00—20：00洗澡。

20：00—21：00空白。走动。自言自语。

21：00固定看谈话节目。甩手三百下。打瞌睡。珍珍打来，正在地铁上，加班到现在，明天要去南部出差。

22：00就寝。

……

---

1 意为乱七八糟。（编者注）

空虚与寂寞，慢慢地对一名老人销骨蚀肉，终于坠入毫无生活质量与品味的老年黑渊。站在黑渊里，更眷恋生命，更计较点点滴滴的生命滋味，在脚边游来游去的黑鳗鱼随手可抓取，每一条都叫长寿。

如果有一所老人学校

报载芬兰老人，只有临终前两个星期躺在床上。政府有一套预防老化的措施，宁将经费用在老人运动上，活跃老化，提供运动处方服务，大学体育系成为最好的咨询窗口，使老者乐在运动，七八十岁还能拉吊环、翻筋斗。

我曾在美国一小城看见七八十岁老者独自在国家公园风景区写生，在市区书店一角戴着呼吸器安静地作画，或是自组读书会，几个老友每月以知识相濡以沫。文学与艺术自然

1　慢

礼让老人

年轻人：我走得比较慢，请保持耐心，如果能再加一点爱心，我会更感激。假如你活得跟我一样长，你会知道被自己的脚背叛，比被情人甩了要痛苦九千九百倍，不信你试试看。（编者注）

而然地浸润着他们的鎏银岁月，散发出自信、愉悦的风采。仿佛宣示着，病有病的密道，我有我的阳光小径，它走它的，我过我的。

这是多么不同的心态，把生命最后阶段的每一天拿来探访美、享受美，与战战兢兢地把每一天拿来争取长寿，哪一种生命观较值得追求呢？

我们的社会对老化课题的认识起步较晚，除了少数睿智者有所准备、获取高质量的晚景之外，放眼观察，大多数采的是"自然工法"——自生自灭地老去，逐渐拖倒一屋子的生活质量。

我不禁幻想有一天，每个社区都有一所媲美小学规模的"老学校"，专收六十五岁以上学生；依五岁龄分为：一年级（六十五—六十九岁），二年级（七十一—七十四岁），三年级（七十五—七十九岁），四年级（八十一—八十四岁），五年级（八十五—九十岁），六年级（九十岁以上）。

每个学生视其所需，带药上学，有专业护士巡堂检查。餐点亦依其身体、病况烹调。

每天早上七点，校车到府接学生，下午四点送回。若家中无人，需供晚餐安亲到六点也可以，若子女出差，需补习到九点再送回安寝或托住几日也是可以的。

这学校为银龄者量身规划各年级课程：智（知识）、体（运动）、美（艺文）、圣（信仰）、养生保健、财务规划、家政美劳、公共服务、疾病医疗、生死学……课程多元。即使不识字或教育水平较低者，其一生必有其他专长，身怀包粽做粿种菜之密技，校方派专人为之留下纪录，列为传承。

只要银龄者放下年龄优越感——年纪这么大去上学会被耻笑。只要还没有被病痛掠倒，学习应是快乐的事。

每当我行过公园、河堤，看见众多无所事事的老者呆滞地吹着凉风、看着马路上的车辆与行人以打发时间，脑中便会浮现这所"老人学校"，仿佛看到老学生们嘻嘻哈哈地进教室：一年级正在排队上车要去各个公益单位做志工，他们每周有一天公共服务日；二年级上口述历史写作课，这学期作业是写出自己一生的故事；三年级上故宫国宝鉴赏；四年级上体育及复健课；五年级上生死学正在小组讨论；六年级的集体逃课，正在树荫下聊天。

他们一生的经历岂无宝矿，无所事事的老法，使宝矿化为煤渣，索然无味。如果有个学校可去，白天看见同学，晚上看到家人，带病延年的日子，应该会多几筐笑声吧！

诗人艾略特说："人生燃烧于每一瞬间"，鎏银岁月也不应该留白啊！

祖 字 辈 任 务

　　乡下老厝早已荒废，只剩苔痕墙壁与锁不住的黑暗。举家迁徙北上之后，三十年悠悠荡荡的时光结成湿冷的幻影，飘浮在浓密的竹丛、狂放的野草之间。每次回到童堤旧地，面对生我育我的老厝都有一种魔幻感触，老厝变小了，仿佛被洒了缩骨雨，一次比一次矮小，错觉再缩下去，可以拿来当钥匙吊环，把老厝随身携带。

　　然而，留在记忆中的老厝依然屋高庭宽，显示虽然已过半百，储存的记忆还是孩童时期的那一份，毫无修改，也不想修改。天地自成一格，蔚蓝天空与绿浪稻田都还在，永远不老。

　　晒谷场上总是热闹的，母鸡带小鸡四处啄食，孩子们拍球、跳绳、高声喧闹。也总是在不久之后，窜出中气十足的喊声："阿芬也，还不去灶脚顾火，拍球就会饱是莫？阿丽，衫不收收要等露水出来？俊林呢？死去哪里，去港边把鸭仔赶回来，二十六只，减一只，把你剥皮袋粗糠。"

那是阿嬷。

新式教育说，对孩子要以鼓励代替责骂，不可打小孩，当孩子沉浸在游戏的快乐时，应让他自由发展，不可贸然打断，因为游戏是建立自我主体性的重要途径。阿嬷的教育观完全相反，她以责骂作为强而有力的沟通术，擅长威胁与恐吓，采用禅师说法密技，常用"当头棒喝"这一招。生于民国二年的她，与字两不相识，坚信游戏是吃饱太闲、没路用的行为，离"做鲈鳗"（做流氓）、捡牛屎、牵盲人阿和走路这三种工作最近。

她的话语简直就是半部闽南语辱骂辞典加上一卷醒世箴言，我们从小在她的口沫下听讲，别的收获不说，单说对语言之微妙意涵的掌握、运用与翻新，一定比同龄者强。我们都有本事用最流利、最道地的闽南语进行一场"难听度"极高的相骂比赛，当然，切切不可破戒，否则一定挨告。

口头禅之一："嚎菇"，还不紧去嚎菇！指吃饭，视我们为中元节抢菇活动的普渡对象：饿鬼。

"欲衰了"，要倒霉了。以反语赞美小孩，例句："欲衰了，你个知影落雨要收衫！"

"用脚头屋想嘛知"，用膝盖想也知道。这句话具有强烈的智能歧视意涵，而且很长一段时间误导我们，以为人是用膝盖思考的。与此同义者有，"倒颏""戆到不会抓痒""读册读去脚接壁（背部）"。

176

"目周糊蚬肉"，眼睛被蚬肉糊住了，升级版用法是：目周脱窗。例句："阿东，去放谷那边间拿柴刀来。"七八岁小童跑入杂乱的谷仓，东看看西瞧瞧，没看见。"阿嬷，没啦！""有啦，风鼓边地上找看。""阿嬷，没啦！"于是，一条人影狂风般扫进来，直接从地上拿起柴刀，并且示范了成语的正确用法："你目周糊蚬肉，这大支你没看到，笨到不会抓痒，只知影吃！"

只知道吃，这句话确实点出当年的物质环境及孩童对营养的需求，道破孩子心中永远的痛！因此，当阿嬷忘情地以"只知影吃"批评我们那神圣的欲望时，武昌起义第一枪响了，最小的那个孙子不畏权势，勇敢地回嘴："我们若是连吃都不会，你就知死喽！"

阿嬷遭到辣呛，哑口无言，不禁笑出来。

阿嬷的教育方式并未严重伤害我们，小伤痕大概是难免的，大扭曲谈不上（好吧，可能有一段时期有人的伤情较重，但从未发展到不讲话的地步，她那咄咄逼人的气势加上悲情诉求，让人无法修禁语功）。原因是，其一，乡下孩子较蛮皮，打骂由你，贪玩在我，自有一套生存之道。其二，当年崇尚打骂教育，民风如此剽悍，也就习惯成自然。其三，我们内心明白，阿嬷是爱我们的。虽然她的爱包含了爱打与爱骂，但夜里同睡一榻的孙儿们不可能感受不到阿嬷的爱。

农业社会的稻埕上，一定有阿公阿嬷牵着孙儿的身影。

小孩一岁多断奶后，年轻的阿母继续投入生产大业，孩子大多跟着阿嬷睡。同个屋檐下，带孙是天经地义的事。不愿带孙的，除非是罹病，否则就是去苏州卖鸭蛋了。

阿嬷四十八岁时首度晋升嬷级，第五个孙子出生时她也才五十七岁，体能尚健，活力犹然充沛。我家没阿公，阿嬷是育婴的唯一支柱。时间一到，孙儿一个个抛到她身边来。

阿嬷的房间是开放式长条形，前后有门框但不设木门，只用门帘遮着，大概怕木门很快就毁于乱臣贼子之手干脆虚设。钉了两间木板床，中间隔一道拉门——果然很快就毁于"死鸡仔爪"，足够睡七八个人。说不上原因，我们四个较大的孙儿就爱跟阿嬷挤在同一间，共盖一条足以铺天盖地的大棉被。拉门另一侧的木板床，变成堆放杂物的地方。

阿嬷习惯睡在最右边，她的睡功很好，像乌龟，一动也不动；小孩的睡法像转陀螺，半夜，各自鼾转之后，不免一只手、两只脚搁到她的肚子上，她或是嘟囔一句："睡没睡相"，若是情节严重如一只飞毛腿踢痛她的脸，她也会爬起来打一下"凶脚"的屁股，加以管教，再调整其睡姿，以免再犯。记忆中，她从未赶任何人到别间睡，也许她也享受孙儿们跟她挤在一起的亲情吧！

父亲猝逝后，母代父职在外谋生，嬷代母职变成第二个母亲。单亲加上隔代教养的双重难题压在她的肩上，脾气变得更暴躁。还好，她擅长的负面语言提供情绪疏通的出口，也激发了求生意志。她强悍，我们也学会强悍。

我们那村的阿嬷，没有一个不带孙的。孙儿像个小跟班，跟着阿嬷上镇采买、庙里求签、田中干活、菜园抓虫、雨日串门、做粿包粽、腌瓜渍菜以及最重要的看顾牲礼——每月初二、十六需于晒谷场"做牙"拜拜，牲礼放在长条板凳上，需提防鸡只、野猫突击。但监守自盗之事屡次发生，牲礼短少都跟野猫无关。跟在阿嬷身边学习，等于念了幼儿园。

昔日乡村多是家族自成聚落，三四代数房的亲人同居共灶或是同一稻埕而分爨，自成一完整的生态，家庭是生活重心，形似一个小社会。固然兄弟阋墙、妯娌纷争时有所闻，但侍老、育婴之事也因被众多亲人分担了而显得轻易。试想，两个老人、四个大人、三个大孩子轮流看顾一个婴儿，是不是比一个新手妈妈独力育婴更容易些。若是同一稻埕有七个大人、四个大孩子照顾一个生病的老人，也比一对夫妻照顾病者容易多了。

婴儿潮世代大多长于旧式数代同堂的家庭结构，但他们的子女却在都会化的核心家庭成长。眼下的难题是，他们得用旧传统侍奉父母，心里却有数，子女会用新潮流对待他们的老年。可是，单就育婴这件事，子女却希望他们能承续阿嬷带孙的旧传统予以协助。"你妈能不能帮你带？""你婆婆可以帮忙带吧！"这两句话必然会出现在孕妇的对话里，也很少听到年轻人有这样的宣示："我妈我婆虽然体力还不错，可是我觉得她们应该去享受晚年生活，自己生的小孩要自己带，不应该麻烦上一代。"——事实上，这是我当年的宣言，也确实做到。

当然，也有可能是做父母的心里觉得应该予以协助，但又渴望悠闲的生活，遂形成心理压力，两代之间滋生微妙的感受，怨言与不悦就在这些细故的缝隙中迎风摇摆。

现代老者，鎏银岁月第一阶段、新登祖字辈榜单的年轻老人，应不应该、愿不愿意带孙？是第一层问题。如果不愿意，也要有心理准备，将来要求他们帮忙时，人家可能态度不是那么甘愿，言谈也不够亲切。亲情虽然无价，但人们常常忘了大恩却捡了小恨。第二层问题，如何带？照妈版还是嬷版？第三层问题，带到何时？

除了渴孙一族、看到婴儿就垂涎的大地之母型人物之外，甫退休欲享受彩霞晚景的嬷级女性，是否愿意被一个婴儿绑住三四年，体力能否负担，经济需求如何，皆需两代恳谈而求得最佳方案。而婆媳（或母女）因带孙而旁生枝节、影响感情者亦多有所闻。

情节之一：做嬷的其实已经过劳了而年轻人不察，她心内宝爱子女、疼惜孙儿自觉应该继续效劳，但又觉得心力吃不消却不好开口，陷入两难。做儿子的认为每月给妈两万元又让她享受饴弄孙之乐，这种孝行令自己都感动起来。有一天，说："妈，娟娟上班上得太累了，正好有休假，我们要去欧洲十天，强强放你这儿。记得带他打预防针喔。还有，娟娟说不要给强强吃虾子，他过敏。"

于是，黄昏时分，阿嬷带孙到公园骑小脚踏车，追得气喘吁吁、大呼小叫，便有摇扇女道人提问："这你孙喔？"做嬷的仿佛遇到心理医师推来躺椅，立刻躺下，知无不言、言无不尽，"少年的拢嘛顾自己痛乐就好，敢有想到我嘛老了，也要喘气一下。叫我莫给他吃虾，想到就凝，我一手带大的，不知他过敏！"结论必然走哀怨路线，值得不懂事的儿子注意一下，否则有母子危机。化解之道，那段话修改如下："妈，你帮我们带强强好辛苦，我跟娟娟正好有休假，我们一起去大陆玩几天。"

情节之二：孩子的爸或妈——也就是嬷辈的女婿或媳妇，尤以媳妇为主，甚不识大体，把人情世故当作信箱里的宣传单，随手可抛。其为人也五谷不分、四体不勤，其装扮也卷翘睫毛、彩绘指甲。除了上班，持家无方；三餐便当，衣物送洗，假日补眠。且十分护卫自己的生活质量，常与朋友吃个小馆、喝个小酒、唱个小歌、跳个小舞、不反对在婚姻内划个租界谈个无伤的小恋爱。日久，似乎忘记自己已经当妈了，仿佛孩子是他阿嬷生的。凡有以上情事，这媳妇必然荣登每日公园名嘴评论的热门人物。此事值得不懂事的媳妇注意一下，否则有婚姻危机。

由于经济不景气，为了节省保姆费，西班牙年轻人将孩子交给父母带。百分之五十的祖父母需带孙，每天八九个小时，甚至全日托到周五晚间才得以喘一口气，周日晚上孙儿又被送来了。带一个，已算吃力，有的需带二三个阿孙，心力交瘁，严重影响老年生活质量，竟出现祖父母联合大罢工行动。

在台湾，尚未听说祖字辈公开怒吼。或许是中国式社会重视家庭延续，所以，即使是勇于追求自我生活的年轻嬷，也愿意拨空帮着拉拔阿孙长大。谚云："爱花连盆，惜子连孙。"正是最好的诠释。在老辈祖父母的观念里，长孙犹似幼子，分配财产时，享有一份特权，由此可见在家族传承上的重要地位。当然，由此引发的重男轻女观念则是一大弊。既然，视孙为命脉之所系，带孙有了坚实的文化做基础，所谓祖父母联合大罢工，应该不可能在台湾出现。虽说如此，他山之石可以攻错，年轻子女应随时检查带孙所带来的个人改变与家庭情势；再能干的妈妈也会疲累，一旦累积，即成怨言。

换个角度想，对年轻的银龄者而言，育小婴与照顾病老哪一件较辛苦？哪一件笑声最多？哪一件藏着快乐？哪一件令人重温生命的喜悦、再次见识神奇的力量？哪一件带来深刻的富足？哪一件引动了日思夜想、恋爱般的感情？是咯咯而笑的小婴还是辗转病榻的老父母？

一个小孙对祖字辈人生的改变是"完全占领"。一只小胖手替爷爷奶奶（或阿公阿嬷）掀开了厚重人生之书的一张夹页。那是一页神奇，即使服膺一代带一代、信誓旦旦绝不带孙的准嬷，一旦孙儿出世，看那张小脸似曾相识，也会被策动；所有的铁石之心在婴儿面前自动粉碎，繁花盛开，弦乐飘飘，"来，奶奶抱抱！"命运落槌，又一个阿嬷带孙"成交"。

如是我闻，一位甫退休的准爷，缴费上保姆课，为了迎接即将诞生的孙儿，他积极进行新生训练——不，是新爷训练，以便亲自带孙。一位昔年热爱与朋友瞎混的爷级人物，近来"反形"不爱出门，一出门必早回，朋友嗔怪，一问才知家中有孙儿进驻，甫登基称帝，改年号为"金孙元年"，得意扬扬，自此视朋友如粪土，出门如带电子脚镣，不召即回。

加入带孙行列的祖字辈越来越多，重视祖父母的育孙贡献也成为共识，遂有"祖父母日"之订定。每年八月最后一个周日"祖父母日"，餐厅大都是三代聚餐，换祖父母当主角。

四季必须嬗递，世代必须交替。不管能不能、愿不愿带孙，能见识新生命带来的清新希望，不啻是鎏银岁月的另一种恩赐。孩子的心纯洁无瑕，谁带他，他就认了谁。生根的爱是一棵纯金之树，在云雾世间只为你一人辉煌。

如今，一百岁我的阿嬷，仍活在孙与曾孙群中，被照顾着，被保护着，安享天年。

自 己 的 老 屋

"一个女人假如想要写小说，她一定得有点钱，还有属于她自己的房间。"这是八十多年前，英国小说家维吉尼亚·伍尔芙（Virginia Woolf）给有志从事文学的后代女性最务实的忠告。

这话更适合老者，改写如下："一个老人假如想要拥有舒适的晚年，他一定得有点钱，还有属于自己的房子。"房间不够的，伍尔芙祖奶奶，我要房子。

一旦进入鎏银阶段，不分男女，都叫老人。管你年轻时是一头男性沙猪还是女性主义行动者都无法宰制衰颓的肉体，管你是帝王将相还是贩夫走卒，腿要抖，无法叫它乖乖站好。五级阶梯，害死一个英雄，一道门槛，叫豪杰跪地求饶。可知，老这回事，是一种残酷的侵略，把你服膺的人生准则悉数摧枯拉朽，恣行否定铁律。

乡下四合院或一条龙住宅，是最适合养老的地方；前有晒谷场后有庭院，进出无大碍。场边有老树浓荫，与老邻吹风聊天，闲睡片刻，看小孙嬉玩，一日顺顺当当溜过。后院可莳花种菜，每日抓虫浇水，呵鸡骂雀，有家禽野鸟作陪。老体养着不大不小的病，"擦擦伊去死"（管它去死，阿嬷语），一笑泯恩仇。每日醒来，能离床越来越远，至晚间才归巢，即使像一只蜗牛再远也过不了门前小河，又有啥关系？天宽地阔，让病感消退，移步之间暂忘病痛。

在我的童年记忆里，很少看到老人家滔滔不绝地发表自己的疾病史，若有邻人问病情，一句"总是按呢（总是这样）！"轻轻带过不再多说。常看见他们拄着竹杖慢慢地在晒谷场、小路头闲步，或是坐在木凳上，在前庭菜圃里抓菜虫。他们岂无病痛？但具有一股默然承受的神态，不像现今老者，花太多时间巨细靡遗地叙述自己的病痛仿佛是全世界最受折磨的人。乡下老者能如此从容，恐怕是拜空间宽阔之赐，使病痛的感觉变轻吧！

阿嬷与楼梯

现今都会型住宅，不管是公寓还是大厦，对老者而言，都有可改善的空间；前者终将变成攀岩练习场，后者高高低低到处是小阶梯，也像是一种暗算。

公寓房子的难题在于楼梯，多少老者的晚年生活毁在那几层巉岩似的楼梯上。他们一居数十年，在此养儿育女，生根茁壮，习于周遭生活圈与老邻居，不轻易他迁。体力尚健时，绝对不相信自己会"无能"到连两层楼都爬不了，此时若有晚辈奉劝他们售屋另觅吉第，以图谋老年计，必遭其斥责，搬出当年打日本、躲轰炸之狡兔身手加以驳斥。他们万万想不到这就是年轻与年老的分界，年轻时可以后空翻，老来，你翻一个看看！

三十年前我家北迁，购新建之公寓三楼，欢喜入住。当年一屋皆壮，阿嬷也只有七十，体力矫健，元气饱足，犹能日日到今之内湖科学园区昔为小山老树古厝的地方去运动，或一时兴起，独自搭火车回罗东买鸡鸭鱼肉（她觉得台北的肉不好）。我们没人想到有一天阿嬷会老，也就一再错失换购电梯大楼的机会。仿佛"老"与"病"是火星上的土产，奇怪，如今百思不得其解，为何我们陷入集体愚蠢的状态，深信此二字与我们无关。

有一天，阿嬷老了、盲了且出乎她自己意料地长寿了（当年，她哭我阿爸，口口声声哀歌：若将孙儿饲大，老母就欲来去找我的心肝子），下楼、就医变成大工程。此时欲就近换购电梯大楼，"手骨没哈泥大只，钱不是蚬壳"（阿嬷语），我们自我怨叹，果然如幼时她的预言："嘴齿敲敲一米箩，没三小路用啦。"挣钱的能力甚差。所幸家中有壮汉，当年被她电到"金捽捽"的那个孙儿，背她上下楼，不必求人。

后来另迁透天厝，障碍虽然变小，仍然需背、抱，幸好人丁甚多，孙与曾孙围绕，而且她似乎为了因应地形地貌让自己的身体处于稳定且缓慢的衰颓状态，家人只需代领慢性病药，无须她常常就医。但因室内室外有阶，形成障碍，她已多年未能好好晒一场太阳了。

楼梯有多可怕，没试过的人不能体会。虽说家中有壮汉，但壮汉也会变胖变喘，阿嬷只有四十多公斤，但已肢体变得僵硬，无法配合抱她的人的使力动作。抱一个一动也不动的人，除非受过举重训练乃是夺牌选手，否则承受不住那百斤般的沉重感，稍一不慎，连自己也会扭伤。尤其，楼梯空间窄，横抱需提防阿嬷撞到头，于是需有一人在后面护嬷头、抬嬷脚，提醒主抱者小心这里、小心那里，那胖丁（已非壮丁）才走几阶，已面红耳赤宛如宫保鸡丁，发出喘声，喊着："稍等稍等，我乔一下。"好不容易爬完楼梯，第三人赶快将轮椅推来，让阿嬷坐好，三人左右协力抬轮椅过门槛，至院落，出铁门前还有三阶阶梯，再抬过这三阶才到大马路，此时第四人已开车停靠妥当，那汗流浃背的胖丁再将阿嬷自椅中抱进车内，有一人已先进车内接应，将阿嬷的姿势调好，绑好安全带。负责陪医的人背起包包坐前座，好，开车带阿嬷去医院。至医院，一人去停车，一人推轮椅，一人办事。看病回来，倒带一遍。办巴氏量表，再来一遍。看精神科，再来一遍。肺炎急诊，再来一遍。每经历一次，我们总会扼腕："为什么当年都没想到阿嬷会有走不动的一天？"

虽然劳师动众，我们对阿嬷的心念纯正，只有疼惜，绝对无人出怨言发粗语。至于别人家的老人，那可不见得。若有个火爆儿子，才背一下，即取出家庭账本，开始清算斗争："你以前不是说不必靠儿子吗？你自己起来走啊干么叫我背！"老人家衰的是身体，不是脑袋，吃这顿排头，岂能不恨自己搁浅在这暗无天日的牢房不如去死，偏偏连求死的力气也没有了，只能看人脸色。活到这种地步，真不如一只吉娃娃宠物狗！

如是我闻，罹患帕金森症逾十年、肢体日渐僵硬且体型偏胖的老奶奶，住在公寓三楼，虽有外佣照顾，每日早晨出门复健，黄昏至公园会友，那楼梯像割人的刀山。有朝一日，连移步都难的时候，一有病痛，只能央救护车接送。如果，她的病需就诊、回诊、急诊，一周内数度进出，该怎么个安排法？（说不定，不久的将来会出现"搬人"粗工，按件计酬，称重索费，以拯救无数被困在公寓楼上的老人家。）

如是我闻，某位老爷爷与太太住在公寓五楼（天啊，真的是五楼），原本硬朗，忽然摔倒换髋关节，旁加病症，自此流连医院。每回进出，只能叫救护车，所费不赀，欲另租无障碍电梯大楼，无人愿意租给老病者。

金窝银窝比不上自己的狗窝，偏偏这狗窝位在山崖边、树顶尖。

早年的电梯大楼，虽然上下有电梯，但不知何故，电梯前必有三五阶阶梯，仿佛无阶不成楼，有阶才暗合步步高升之中国风水理论。盖房子的人，不是盖给自己住，更不是盖给老人住，故室内格局室外空间，处处有碍。近年推案的新大楼都有无障碍观念，是一大进步，可惜屋价比仰望星辰还要浩瀚无边，岂是耄耋之年那颤抖的手能摸上边的？

另类老窝

老与病，是考验一个社会文明与否、最具鉴别度的题目；病，盖一家医院，不致引起居民反弹，一则对自己方便，再者也有助于房价。但是，要设一间疾病收治或收容之家，必然引起强烈反弹，理由不外乎：影响生活质量、小孩害怕、影响房价、传染之虞。都说要敬老，个别地礼敬长者不成问题，但当地方政府要盖银发住宅时，居民反对的声浪四起，理由不外乎：影响生活质量，小孩害怕，打击房价，充斥外佣与救护车。老与病，是两根探针，一针见血地刺开我们心中根深蒂固的歧视意识形态。

是以，不管是旧公寓还是差强人意的电梯大楼，有自己的窝，毕竟是幸运的，社会上多的是没有落脚处的老人。

报载，日本老人罪犯，回笼率达七成。这些老罪犯有的包尿布，有的连走路都不稳。监狱里有吃有住，生病有人安排就医，等于是全民买单奉养一个多出来的爸爸，还有比这更好的去处吗？有个八十三岁老人偷香油钱，想必是笑眯眯地等着警察来带他走，因为，监狱是唯一不能拒绝人的地方。

养老的空间难题

我目睹"阿嬷与楼梯"的搏斗过程可媲美圣地亚哥与那条大旗鱼，心中引以为鉴，从此不相信体力、只相信脑力可以带来优质晚景。数年前，我开始盘算该如何把老人家从四楼公寓"解救"出来？

他们崇尚简朴生活，一箪食一瓢饮皆自得其乐。身体硬朗，虽逾八十五，仍能上下楼梯，丝毫不以为苦，反而流露一份自豪之乐。

我岂能放肆地宣扬我的"仇梯意识"与"空间换算法"？况且老人家对下一阶段"老窝"心意未决，他们探访几处养老机构、山庄，似乎有意循老友的脚步进住。

当时，我们只知多数的机构收住犹能自理的长者，若缠绵病榻不能自理，另有照护的处所。但是，我们完全没想到，人的老化是复杂的身体与心理的变化过程，在自理与不能自理之间，有一段人人殊异且可能十分漫长的半自理时期，那是养老机构不负责的。是以，即使进住养老机构，每月花费数万不等的食宿费用，待长者进入半自理或局部自理阶段，身边需二十四小时有人照料时，问题回到原点，必须由家人接手，负起就医、聘用外佣的责任。既然养老机构尚做不到三段式、量身订制的伴老完整行程，再好的服务人员恐怕也不能取代子女的地位，加上长者也有可能厌腻了人群，想在生命末段与家人相处，因此，若一厢情愿地以为养老机构可以担起全部照顾，不啻是简化了问题。

试想状况一，住养老山庄五年之后，老妈妈吵着要回家，你怎么办？你能说："妈，住不下耶，太挤了啦，娟娟今年要考基测，瑄瑄明年考学测，你搬回来的话，影响她们的前途耶！"你说得出这种混账话吗？

状况二，老父住养老机构七年之后摔断双腿需雇二十四小时本地看护，一个月多出六万。你的手臂够粗壮吗？

状况三，养老机构允许你另雇外籍看护小姐，怎料老爸与她言语不通，一天到晚哭哭啼啼抱怨她很坏，还怀疑人家要毒死他，你三天两头得去排解，老爸一见你，抓着你的衣服不让你走，你松开他的手，好言劝："别这样爸爸，我改天再来！"一进车里，想起老爸年轻时做工养家没欠过你们一张床一顿饭，猛然一阵心酸，滴下男儿泪。你想接他出来，住哪里？邀兄弟姐妹共议，大家的难处都出来了：一个在美国，一个离了婚住高雄，一个说我是嫁出去的女儿有公婆要顾，一个肝不好正在治疗。你老婆呛声了："儿子又不是只有你一个，为什么全部丢给你？分财产的时候怎么就不分住得远住得近、儿子还是女儿，大家一样多！你要当烂好人，可以，离婚！"

以上就是我的"空间换算法"，换来换去，就是需要一间屋。

老人家虽未明讲（他们是如此替子女设想，不愿开口让儿子为难），但做儿子的知道他们最欢喜的是待在儿子身边养老。我们盘算了"四楼公寓原处养老""机构养老""同住养老"三种可能性，算出三个方程式的唯一正解是：在我们附近另购一电梯中古屋，让他们养老。

购屋牵涉庞大资金，想必这也是大多数人家踢到的同一块铁板。老人家一向财务独立无须子女奉养，但仓廪如何？岂是子女可以开门见山去问的？他们以安居旧寓为乐，从未提及换屋，若贸然提议，将陷他们于苦恼中（需知，做父母的也需要财务隐私权，他们自有盘算），亦陷自己于挖墙夺财的嫌疑里（这是我万万不能忍受的）。若邀手足合购，各家有各家的规划亦恐将来旁生新问题，坏了亲情。若放手不管，等问题来了，再邀明知远水救不了近火的手足相互推拖摆烂，岂是念过一点圣贤书的人应有的作为？是以，我们甫换屋两年多、正背着庞大房贷背得不亦苦乎之际，咬牙另购一屋，想起阿嬷箴言："头都洗了，哪差身躯？"思及两个读书人竟敢欠下天文数字的债务，起初微有小失眠，年复一年，也就酣然习惯了。

两老欢喜迁屋，就近可以照顾，各拥独立空间，两代均安。如今想来，这是我们所做的最正确的决定，一劳永逸地免除四层楼梯的梦魇，免除奔波至养老院探视、解决问题的辛劳，免除同住一屋因生活习惯不同而引起神经紧张、爆发具有伤害性的冲突，免除房东不愿租屋给老者所带来的屈辱感，保全了尊严与亲情。

自己的老屋

　　我的仇梯意识加上独立自主的生活癖性，使我认为最理想的"养老"与"侍老"方式是两代就近各住，既能相互照顾又各有天地。拥有一间电梯无障碍"自己的老屋"是何等自在的事，能在自己的巢穴老去，岂不是天赐的幸福！然而，这些都必须及早绸缪，待老病才来面对，往往已是太迟。

　　我但愿能在自己的老屋安度老年，保全着一生不喜在人群中集体行动的怪癖，享受宁静的星夜。

　　我期许自己牢牢记住受困的阿嬷带来的启示，当我进入鎏银阶段，一定不可犯下大部分老人会犯的错误；犹豫不决，留恋一个澡盆如传家至宝、死守一具橱柜如四行仓库，害自己及照顾他的人处处费力、吃尽苦头。

　　我要拿出大破大立的气魄，把室内格局打得宽阔流畅，让浴厕厨房阳台的动线一气呵成，毫不留恋身外之物。若有需要，立即购买医疗级电动床、电动轮椅，省去自己与家人的麻烦。我绝不想看到家人或看护像练举重一般服侍我，绝不想花一丁点时间悲情地向来访的晚辈哭诉每天上床、起床如何艰困如何痛苦，哭到兴头处，还要捶一下胸口！

能够尽量不求人，即是快乐老年。我想象着，届时，远在异地的我儿来电，问老爸老妈所为何事？我语调轻快地说："你爸骑着小土驴（电动轮椅）去买水果，我在阳台抓菜虫顺便晒太阳。圣诞节，你有空就回来，没空不用回来，要记得每天吃蔬菜水果喔！"

我儿答曰："知道知道，你们要乖喔！"

哀 歌 的 屋 檐

——阿嬷的老版本之一

太阳现身，柔和的光线穿透老竹，宛如一团绿云般的竹叶周边被金黄的光染亮了，浓密中筛出无数道亮光，像远方有人射来密密麻麻的箭，消融于清新的空气中，原本流淌着清凉露水与蔷薇淡香的空气，渐渐升温，糅上光的味道。远近鸡啼，声音的接力，太阳升起。

稻田平野，散布着农舍，如撒珠一般，各以蜿蜒的小路相连。离河不远，老竹围出一独立的幽筶，内有三间厝，中间是我家，左右两户，一是同宗房亲，一是虽无亲戚关系但相处融洽的邻人。

幽筶内自成一处平凡的世界，嫁娶、婴儿诞生，一代接续一代；离家挣钱的、返家过节的，可是挣得的财富却也因水患而毁去所有收成。岁月沿着竹丛顶端荡她的小脚尖，于风中吹奏神秘的哨音；那飘散的音符纷然夹入黎明的鸡啼中，混入静夜的狗吠，时而接续于儿童的一阵嬉笑之后，或是随着一只消瘦的蟾蜍跃入门前泥塘，发出扑通一声。无人能从喧哗的众声之中挑出岁月所吟诵的歌曲，听出如行云如流水的田园古谣，隐喻着哀歌。

阿嬷是顺安村那边的人，离每年做大水的冬山河有一段距离。她是家中老大，弟妹多人，耕种之家，父早逝。她天生具有疾如风火的劳动天赋与效率，粗重如庄稼，细腻如绣花，不粗不重如腌菜做粿包粽、饲鸡养鸭兼及祭祀礼拜、召魂收惊等民俗百科，无一不通。那年代，具有这些本领的农村女性才能活，她天生好问好学又勤劳刻苦，所以练就一身活功夫。

唯一遗憾是不识字。她说小时候，"学校的先生来厝内问有囝仔要读书否？我跑很远，躲起来不敢回去。"她听说学校老师打学生打到真凄惨，"惊到欲死死"。

她说的是日据时期，即使进学校，女孩子念了一年半载，也会被叫回家背小孩、煮饭，以辍学收场。但她不知从何习得加减乘除的心算之法，做小营生的时候，也能斤两无误地算出正确的数字。

我们嬷孙曾闲聊，她说过，做"查某仔（少女）的时候救过两个人，一个是住附近的阿婆，要喝农药正好被我看见，一个在港边欲自杀，我问她要做什么？不知是不是因为这样，所以我一世人这么歹命。"言下之意，死神正在执行勤务却被她阻挡了，因此降祸使她命运多舛。我说："照你这么说，做医生的要被千刀万剐喽！再说，人若注死，谁挡得住？你挡得了一次，挡不了第二次，那受命要带人赴死的神技术不好，不自己检讨哪里没做好，怎能怪你？"她觉得我的说辞有些似歪不歪的道理。

那年代的风吹遍四野，那年代媒婆的脚也是遍行无阻的。有人向她的姨啊——当时惯称母亲为姨啊，称父为阿叔——提到武渊那边有个姓简的，有几甲田地，人老实可靠。虽有一个童养媳，但他不喜，另嫁了，眼前正是适婚年纪。某日，她在田里作息，有人叫她看，"就是那个人"，她远远看见一个戴斗笠的男子骑脚踏车经过，想必只看见风中蓬起的衣衫及一只上下踩动的脚，却瞬间完成惊心动魄的恋情，就此踏进简家门。

二十多岁，她成了寡妇。我阿公不到三十岁，在同伴作弄下误踩一具甫被捞起用草席盖着的浮尸，自此受惊而神魂恍惚，发烧、吐泻不止，求神问卜，不及一个月而亡。我猜测是急性肠胃炎，但阿嬷认为是冲犯煞气，被恶灵纠缠。她一生不能释怀，恶作剧的人为何这么坏，骗她的丈夫草席下是一尾生眼睛没见过的大鲨鱼。

恶灵继续纠缠她。阿公死时，阿嬷已怀胎八月，不多久，产下一子——我的叔叔。这出生在悲伤的眠床上的小婴儿，并未好好认取他的母亲的脸，一周后，随着他的亲生父而夭亡。

夫死子逝，那年夏天是她生命中的第一个寒冬。帮忙丧葬的人将小婴儿埋在何处不复记忆，也就无遗骨可捡。阿嬷为他取名"阿禄"，以衣冠入骨灰坛，进金自家墓园，与他的父亲作伴。虽然只有七日生命，却是她一世的怀胎记忆，即使只有七小时，做母亲的也不会忘记有这一个儿子。

另一个字，也同"禄"一样，从此被家族剔除，这字叫"庆"——阿庆，我的另一个叔叔。

六岁的阿庆长得可爱，机灵乖巧，正是跑跑跳跳的年纪。某日黄昏，一个顽皮的十二岁男孩赤裸全身，自脸至脚涂抹田泥，看阿庆走来，躲入竹丛，忽地窜跳而出吓他，阿庆惊哭而连连梦魇，不多久，喊肚子痛，伏在他姐姐的背上已失去神采，垂目而亡。

阿嬷失去第二个儿子，她不提这事，不曾描述六岁孩子的模样，我猜，那绝对是扯裂心肝的悲伤。

家族墓园里躺着三个男的，一个青年，一个婴儿，一个儿童。

近六十年之后，我告诉阿嬷我要来去嫁了，她问那未来的孙婿叫什么名字？我说他的名字有个庆字，你就叫他"阿庆"好了。那时，她八十二岁，全盲，忽然表情下沉，抿嘴不语，我问她："叫阿庆不好啊？"她有了愠意："不好，那是你阿叔的名字。"我辩说："人家他老爸老母给他取的，跟阿叔同名有什么关系？"她欲言又止，说："不好就是不

198

好！"她坚持以较难发音的他的姓来指称他，一嬷一母皆以姓氏叫孙婿、女婿，完全违背礼俗与家常用法。我理解阿嬷的心理，除了不祥的考量之外，"庆"这个字只能属于她的六岁儿子，只能用来标记她的悲伤。

还有一个女儿，落土即夭。阿嬷也很少提她，取了小名曰阿婴，依俗不能入住家族墓园，阿嬷以红纸圈着一个凤梨罐头，做香炉，宛如是小闺女的红瓦小阁楼，安放在餐桌旁的墙壁凹槽，保留同桌共餐的情感想象，不让她成为无处可去、无人祭拜的孤魂。逢年过节，她叫我点三炷香，"去拜你阿姑"，所以我昵称之为"罐头姑姑"。阿姑长大了，吵着要嫁，这是阿嬷感应到的，经人媒合，办了冥婚[1]，从此阿姑有人拜了，红瓦小阁楼恢复成空罐头，自此撤除。

阿嬷身边只剩一个长子，三个女儿。

她把嗜吃白饭的二女儿送给同村的殷实地主做童养媳，盼望她在那里有大碗大碗的白饭可吃。岂知，那养母视她如奴，骂她殴她虐她，她逃回家，哭求："姨啊，我不要回去！"阿嬷认为做人要守诺，牵她的小手送回养家。养母继续骂她殴她虐她。于今，这老养女是我那上知天文下知地理的亲二姑，回想往日苦处仍会老泪纵横，想一遍，哭一遍。在当时，我们眼中所谓纯朴的农村，虐待养女乃是表面上贤淑知礼的

1　古早习俗婚礼，为民间封建迷信形式，现已逐渐消亡。（编者注）

妇人关起门来理所当然的管教行为。那被打耳光、捏脸颊、拍脑袋、用竹扫帚枝条狂抽全身的养女，不准号叫，打完，命她在蒸腾夏日穿长袖衣裤，以遮掩血迹斑斑的杖痕。

几缕粗麻揉入丝绸礼服里，仍是丝绸礼服。偶尔的残忍作为编入知礼数、懂人情的女规里，仍是有德之妇。人性是看不起比自己低下的阶层的，一个被贫困的原生家庭放牧出来的女孩，她就是个奴，既是奴，就要用对奴的方式对她，骂她殴她虐她，理所当然。这是当时大部分养母的共识。而这些养母，后来都在童养媳事母至孝的侍奉下安享晚年。从来不需要说抱歉。

我曾问她："阿姑逃回来，你怎么那么条直，还把她送回去给她养母修理到金捽捽？"她怒道："我哪知伊这么夭寿，心肝这么狠，打团打到那款形？"以下是一串不甚悦耳的言辞。

两个女儿在台北学艺挣钱，独子当完兵回家学做生意、娶妻生子，阿嬷的艰苦岁月应该告终了。

确实，当时看起来是如此。

我母来自滨海小村，贤惠多艺，学裁缝、善料理，文武全能。我是第一个降落在这户屋檐的孩子，正是这个家转为欣荣之时——这也注定，我的家庭角色是协助它再度欣荣。阿嬷是四十八岁的年轻嬷，对我极其疼爱，采买、巡田出入必背，炫耀于天地山川之前。直到五十七岁，她辖下共有五个内孙，二男三女，一屋八人，孩童追鸡赶鸭，婴儿索奶啼哭，轰轰闹闹，十分快活。

我阿嬷喜欢热闹，一屋子人声鼎沸让她有安全感，好像她创办的亲情公司顾客盈门、生意兴隆。想必，她十分享受随时有孙儿来投诉、密报、告状之乐，"阿嬷，你紧来看，你俊林拿这么大颗的石头丢鸭子！""阿嬷，伊抢我的金柑糖！""阿嬷，给我五角买枝仔冰！""我也要！我也要！"她用来呵孙的用语甚多，似乎没有"别吵"二字。也许，两叔一姑早夭的经验，让她对活蹦乱跳的童音别有一种放心的感受，耳朵张得像小雷达一般，自喧闹中辨识每一个孙儿的动静。所以，你朝四野喊："阿嬷"，远处河岸，三五个妇人蹲着洗衣洗菜，迅速站起来对你回应的必是她，她于风中依然认得金孙的声音。

六十一岁那年，生命中的酷寒来临。

她的三十九岁独子因车祸被抬回家等待断气，她一见木板上独子的惨状，昏厥倒地，几位邻妇将她弄醒，她大叫儿子的名字，崩溃，又昏厥过去，又被抓颈筋、刮痧弄醒，她放声呼救，数度以头撞壁，被人紧紧抱住。

从来，我无数次重回十三岁眼睛所保留的那一夜现场，只从自己的角度感受到孤儿的无助，直到有了家庭，才有足够的心智经验从三十五岁母亲的角度感受丧偶的悲痛，现在，我超过阿嬷首次当嬷的年纪且看到自己的儿子长得高头大马，可以从她的角度进入一个守寡多年的妇人在晚年被夺去独子的绝望。一次死亡，若只从自己的角度体会，只是一次，若从家中每代的角度体会，那就不只一次。那夜屋檐下，是幼雏丧父，中年丧夫，老年丧子。

送进家族墓园的第四个骨灰坛，竟然也是男的。

这样的遭遇，若说有什么旨意，无非就是要她死。不，她还不能死，她必须带十三岁、十一岁、八岁、六岁、四岁五个孙及耕种四分薄田。

我母必须出外营生挣钱，返家不定。那段期间，屋檐下是纯然的黑暗。我父灵桌设于客厅，桌上烛光荧荧，炉内香烟袅袅，桌前有柱，左右各置纸人偶，柱上莲花朵朵，曰：西方极乐世界。桌中央，嵌一幅放大的黑白照片，出入必见我父无悲无喜的脸，静静看着我们。

每晚，餐后梳洗毕，正是大大小小围着饭桌做功课的时候。阿嬷完成一日份该做的劳役，也积了一日的苦闷，拿着她的毛巾，神情黯然，步履沉重，呼吸急促，走到客厅，在我父灵前蹲下来，喊他的名字："阿漳啊——我的心肝子啊！"继而，放声哀歌："我心肝子啊心肝的子啊，你是按怎，放你的老母啊，做你去！"哭声哀哀欲绝，泣诉："我歹命哦，我死昶，恩望要靠我的子，是按怎，让我无子可偎靠！我的心肝子啊，你放弃你的大子细子，让他们日时暗瞑，找无老爸！"

隔着一墙，我们写作业的手停了下来，连六岁陪四岁戏耍的两个也知道静默。接着，泪珠滴在练习簿、课本上，咄咄有声。我们只是孩子，没有能力解释那沉重的黑暗，只感觉胸口被灌了铅块，黑暗不是在眼睛之外，黑暗在体内。

有时是我，有时叫弟或妹，去客厅拉阿嬷的衣服，摇她的肩，说："阿嬷莫哭了，阿嬷你莫哭了！"我们嘴拙，只会像跳针的唱盘怯懦地说："阿嬷莫哭了，阿嬷莫哭了！"直到她哭够了，收声，叹息，回神，站起来，走到门口，一把拧干毛巾上的泪水，水声哗然。

次晚如此，再次晚亦如此，哀歌成为她的晚课，少有停歇。有时，在家哭不够，叫一个孙陪她步行一个多小时到坟场，寻到我父的坟头，烈日下嬷孙两人痛痛快快哭一场。较大的几个，都陪她去过。我们陪阿嬷共尝命运掷来的悲哀，而她，她忍住不死，留在世间陪孤雏长大；我们是她的牵绊，绑住她的脚，以致延长了她的悲哀。

仁慈的安慰也是有的，我们叫他"阿仁伯"，时常骑脚踏车到我家，与孤儿寡嬷闲话家常。他的脚踏车煞车声，成为暗夜唯一温暖的"人籁"——是的，我们是被天地抛弃的一家，叫天天不应、喊地地不灵。

比悲哀更能刺痛麻痹的心的是屈辱。隔邻房亲，视我们如仇。这三十岁的壮汉，在我父猝逝不满三个月，出手揪我母的头发撞墙壁，自此埋下施暴的火线。他的理由是，我母好大胆，私自修砍他家后院的竹枝竹叶，若强台来袭将毁损其屋厝。我母说明，竹丛高大，尾部若不酌以修剪，台风一来将扫过水田，秧苗遭殃，而且竹荫范围过大，半块田照不到太阳亦不利育稻，已多次请你们砍修不理，故自行砍修。他不听解释，莽起来便对寡嫂动手，全不顾他与我父源出同一个祖父。

换我母哭我父，捶桌曰："你一身做你去，放一担这么大担给我挑，放我一个女人任人欺侮！"

当夜，婆媳二人，又同哭一场。

我回想，是否我嬷我父我母为人失败，才遭到如此对待？但我百思不解，他们三人都是宽厚善良的人，在村中皆有赞誉，何以如此？阿嬷虽爱骂我们，对待他人无一句粗话。何况，我记得有一年淹大水，他们家中无人，我父将两老背来我家，一起躲在屋梁上。其妻生双胞女婴，一婴染病，家中无人在，其母一脚微跛不利步行，我嬷抱那婴步行、换车至镇上求医，如是数回。我记忆深刻，最后一次，他们央阿嬷抱那重病的女婴再去求医，阿嬷才出门不久，折回，直接进她家。我在门口听到阿嬷说："唉，走到半路，没了。"这小婴死在一个为她奔波的隔壁阿嬷怀里。他们怎都不记得？

我们是罪人吗？罪在何处？

次年，插秧前，由于新铺路面，颇有一些落石掉到田里，我母将田里大小石头一一掏出，有些置放在他家地界，我弟在远处锄补田埂，皆是寻常作息，连麻雀都不惊。

他的妻子看见我母劳作，认为掏石之举将崩坏他家路基，至杂货店打电话，要他火速赶回。他骑车而返，不由分说，出口以最辱级粗话骂："干你老母"，我母怒而回嘴："我老母的脚桶水你也免想要喝！"他以一个壮汉的身手，一把抓住我母的头发，将她拖至路上，我母既痛且跟跄无力反抗，他出拳捶打她的头胸背，他的妻子趁势围过来死拧我母的大腿，我母哀喊，四野回荡，在远处锄地的我弟看见了，噼啪噼啪两脚飞奔于水田上欲赶来救母。此时，有一路过的男人，出手将我母与壮汉分开。那路人甚壮，强力挟持我母，硬是将她带回厝内，我母哭喊要返回原处，因她看见她的儿子自远处奔来，恐会遭到毒手。我母挣脱那路人，不顾痛楚跑回原处，目睹那壮汉将她的十二岁瘦小儿子压坐在地上，重拳痛殴。

阿嬷闻讯跑来，见此情状，大斥："你这好大胆，你敢出手打人！"壮汉忤逆长上，偏头如劈刀，嘲笑："我把你看出出（看透了），你子死了！"

我嬷说："我子死了，我以后要靠孙，你这样欺负人！"

他笑曰："你的爱孙也快要没了！"

就在此时，就在此时，阿嬷嘴唇颤抖，但语气坚定，字句清楚，指着他，说："我要目周金金（睁大眼睛），看你躺三年四个月给我看！"

我母我弟遍体鳞伤，验伤后原要提告，但族亲大老出面调解，意思是发生这种事乃是误解所致，各人都有错，就各退一步以和为贵。阿嬷念在他家中老母身体不佳，叫我母一切要忍耐，算了，不要提告。婆媳两人都是寡妇，寡妇的路上常有人丢来羞辱的石头。那些受辱的日子，阿嬷身边只有我母，阿母身边也只有阿嬷。

但此事未了。殴打孤儿寡妇之事传开，壮汉之母为了替儿子卸责，四处散布流言，语意听来仿佛是关切、怜惜、无奈，说我母死了丈夫之后，行径大变，脾气如何暴躁，性情如何乖戾，一天到晚找人吵架。

我母闻言，深感包藏在听起来是关切其实是暗算的语句里的心何等可畏！是非曲直怎可任人诬蔑，话不明讲，不是好汉。遂亲自进她家门，恭称一句长辈，说："我平日待你如何？你生病，我端饭给你，帮你洗衣十日，你欠油欠盐，我无第二句话倒给你，害我被我姨啊骂用这么凶重。你子打我母子，你无半句话也罢了，还到处对人说我死丈夫脾气坏！"

这长辈恼羞成怒，反责怪我母："你讲这些啰嗦话，你不存好生，也要存好死！"

我母八岁丧父，三十五岁做了寡妇，好生好死这种被祝福、被怜惜、被保护的人生离她很远很远，她只求尽一个母亲、一个媳妇的责任，不让没了阿爸的孩子又没了阿母、没

206

了儿子的婆婆又没了媳妇，她没去死不代表她不想死，是不忍把一老五小留在世上不管，她眼睛看得到，已经是这款日子，若她眼睛一闭，那下场怎能想象？既然，这好生好死的大道理是经由一个歪曲事实的长辈之口来教导她，她也就不客气地回答："好，借你的话还你，你不存好生也要存好死，你在眠床上倒十年给我看！"

那黑暗岁月除了少数房亲关照，全靠三个自身难保的姑姑出钱出力帮着苦撑。童养媳二姑自己有一大担要挑，替公公送了终，需侍奉那打她打得半死的癌婆——老来才知这养女待她真好，也就不去麻烦其他媳妇了。二姑是铁牛，以她那天生的善良与神人般的劳役技术，回身协助了她的生母及五个侄。我十五岁北上求学求生，全靠大姑与庶姑担待。人，想活下去，天，怎能挡得住？

于今回顾，那些无情的歧视乃是源自人性里对死亡的恐惧，遂以残忍的语言与手段释放其惊恐；孤儿，仿佛罹患瘟疫，在学校、村落、同侪之间受到孤立与排挤。我小弟生平第一场像男子汉一样的打架行为发生在小学一年级，有个大男生在背后嘲笑他："没老爸！"他为了证明没老爸的小孩也能捍卫尊严也就不自量力地扑过去了，同时，却也坐实师长眼中无老爸管教的孩子较顽劣的印象。

这款身世歧视直到交往年龄仍然令对方家长走避不及，劝曰："这种家庭出身，我们家又不是孤儿院、养老院！"

幸亏已受过殴打的震撼教育，否则乍闻此语岂不是该自卑得去烧炭！而寡妇加上双寡老妇，在一般人眼中，必是邪灵附躯、恶魔缠身以及前世作恶多端今生遭到报应，所以活该是畸零人、弱势者、贱民，人人得以朝他们吐口水、发粗语、揍拳头。而在施行这些语言、行为时，他们仿佛为自己进行了一场驱魔除魅仪式，获得净身，远离一切邪魔，消灭了死亡。他们从中获得替天行道一般难以言喻的快感，不觉有错。

对死亡恐惧，对遭受死亡打击的人家生出嫌恶之感，扭曲了人性，他们认为丧家是邪魔，却以行为证明自己才是邪魔的代言人。

我此生目睹最壮观的风景是人性，有旷放潇洒的人，也有贪婪不知餍足的人，有善良且热情的人，也有邪恶置他人于绝境以获得快乐的人。他人的同情非常珍贵，而别人对你的毁损，必须视之如日升月落乃一日之寻常，反击之后，随水而流。世间，可能不存在我们想象中的那种正义与公平。肇事的人毁了一个家，稍事赔偿之后，不会有人堵在他家门口羞辱这一家人，不会有歧视跟随他的子女好长一段路。但是，那被毁的家庭，却必须遭受羞辱与歧视，仿佛活该如此。世间，不存在我们想要的那种正义与公平。当我们这么想，等于放自己一条生路，也帮神解了套。

其实，他们都误解了一件事；我们没有罪，是遭逢不幸，但并未被剥夺天赋，我们被打入悲怆，但并未失去奋斗的能

208

力，我们在很小的时候当了孤儿，但不代表我们不会长大。以睥睨的眼神看着我们的人更弄错了一件事，他们以为我们注定要困在黑暗里，殊不知，有我嬷我母这样牺牲自己给予全部的爱的最高领导，我们没打算在黑暗里待太久。

我父故去第十年，我们北迁觅地扎根，离开那哀歌的屋檐。

如果时光可以倒流，但愿有慈悲的神出手阻止那一场车祸，为我阿嬷保住孝顺的独子，不让她以泪养老，活活把眼睛哭瞎。如果，时光无法重返到憾事发生的当时，我嬷注定要失去心肝子，至少，我情愿一墙之隔的房亲不引爆那场殴打，这样，我嬷我母不会说出那番话，而一切的一切，会不会因此有所不同？

"存好生存好死"的长辈一向身体欠安，晚年深受病苦，缠绵病榻十三年而逝。

壮汉在五十多岁那年遭逢车祸，卧床多年后搁浅在轮椅上，前后十一年而逝。

"我要目周金金，看你躺三年四个月给我看！"

来自一个愤怒寡母我的阿嬷的咒语，在无尽悲伤的土地上，遗憾地应验了。

世 界 降 下 她 的 黑 幕

——阿嬷的老版本之二

我大学毕业那年发生了两件事，一件是车祸，另一件也是车祸。

暮春，两辆机车对撞，我弟重伤差点不治；初秋，出租车与卡车对撞，我母重伤差点不治。那一年，毕业的喜悦就像糖果纸上不足以一舔的糖渍，我处在觅职谋生与写作欲望双重夹击之中，最常流连的地方不是书店、酒馆或谈文论艺的咖啡厅，而是医院、警察局及洽谈理赔的处所。这一年，也是我在广告公司被当成耐磨耐操的菜鸟而累得抬不起头看月亮的一年。到了初冬，我处在一种极度疲惫揉着厌倦的精神状态，竟兴起一股不知与谁为敌（命运？）的战斗决心，我要把我家连根拔起。

表面上看起来似乎是盛怒之下的决定，其实，自有一番理智的推演：其一，我们逐渐长大，就学就业皆往北部发展，嬷、母渐老渐衰，迟早会衍生问题，与其将来面对不如现在决定。其二，两起车祸，严重地唤起她们内心的恐惧，尤其阿嬷，漫漫白日，她一人在厝内，日夜不见孙儿身影不知音讯，是大折磨。其三，基于现实考量，大家住在一起可以节省用度，有人煮饭洗衣，岂不美哉（第三点显然是最重要的）！

我的厝姑正好在内湖购屋，若能就近落脚，一来彼此有所照应，二来，十四岁即离家打拼的她，数十年后有机会与她的姨啊重叙亲伦，也是美事。这真是顺风便车，我在厝姑家附近看屋，为了节省开支，租在高速公路边，从窗口就可以数算高速公路上的车流量，不仅十分吵闹，夜间室内不必开灯，夜行车灯如秘密警察的手电筒划过床榻上熟睡的囚犯的脸庞，由于条件极差，屋主露出愧疚的表情，收取低廉的房租，只吩咐我不要把纱窗弄破即可（但我们还是把它弄破了）。

嬷、母抗拒北迁，老邻与房亲意见分歧，迁与不迁各有基本盘，我"有嘴讲到无涎"，撂下一句："我阿爸在的话，也会赞成。"这话起了作用，她们卜筊请示神明祖先指点，连得三圣筊，情势向北。我说："你们不妨先搬来试住半年，不习惯的话随时可回，平日两边来去亦可，又没人绑住你们的脚。"

决定搬了，房子租下了。我嬷我母连续半月不能睡，两人一面打包一面抹眼泪擤鼻涕；厝前厝后，无处不留恋，家

211

禽野雀，无时不喁啾挽留，即使是风吹过摇曳的竹枝、脚踏入的田泥，都像不可计数的手拉住她们的衣服、圈住她们的脚。记忆太沉重也太鲜活了，一厝九间房，如何能连根拔起？

我一面上班一面打点租处，无暇回乡帮忙整理，只叮咛她们要趁机汰旧换新。乔迁吉日，她们虔诚地拜别神明祖先，说明此去暂时租赁，不便请诸神随行，待买屋，有自己的新厝，必定隆重恭迎。卡车于清晨出发，近午抵达台北，停靠在租处门口，嬷、母不知如何操作门铃，扯喉大喊我的名字，我从二楼窗户探头出去，差点晕倒，满载的家当中露出耕作器具、做粿的竹篾盘、我母那台老古董嫁妆缝纫机及一捆晒衣竹竿，所有我殷殷叮嘱应该弃置的家用杂物全部出现在我面前，她俩还联手辩称已丢掉多少顶斗笠、多少双拖鞋真正"讨债"（浪费）云云。多说无益，缺角碗盘、长短筷、崩柄锅子，各依所司归位。其中，那只老旧的小泥炉也来了，我忽然忆起阿爸在的时候，每年除夕围炉之前，他亲自烧炭，放入小泥炉，扇出红炭小火，置于饭桌下，全家一面吃年夜饭一面伸长脚丫偎着暖洋洋的火光。此情此景忽然在北迁之日闪现，引我伤感而鼻头微酸。但转念一想，或许这是阿爸自远方捎来的一则讯息，一个团圆的征兆吧！

一布袋白米、红汤圆、牲礼，婆媳二人礼拜天公、地基主，等于向天庭的户政机关迁户口。幸亏她们把旧物都搬来，化解了拔根之感，当夜，没有出现认床不眠的困扰，或许是太累了，祖孙三代都发出比高速公路的车行还流畅的鼾声。

七十岁的阿嬷展现了惊人的生命力，她是一个不愿花时间抱怨过去、挑剔现在的人。她的劳动惯性使她很快融入都市生活，牢记街头、市场、公交车及住家的相关位置，背诵电话号码，学习操作各种家电。她的空间能力超强，足以弥补不识字的缺憾，不多久，已能单独坐车过大桥去大市场买菜，初一十五坐火车回旧厝供奉青果、礼拜神明。幼时，她训斥我们："目周眽一下，就要知影"，意思是，看一眼就要能够掌握情况，不要事事项项都靠别人点破、明说，那就是蠢材。果然，她以身作则，眼睛才眨几下，一张社区地图已内建脑中。

阿嬷喜欢活在我们之中，孙儿们就业就学，穿制服的要勤洗制服，带便当的要记得哪个用哪个，她很忙，日子推着她团团转，忘记了旧伤。

次年，她从庀姑家出来，抬头看见隔壁栋三楼有一户贴了红纸，她不识字，叫我去看，是个"售"字，居然离庀姑家这么近，我们欢喜看屋，小杀价格，成交。阿嬷很得意她"看中"这么好的边间屋，不敢相信我们的眼睛拢总被蚬肉糊住居然没看见。

这是她视力变化之前，看得最清楚的一次。

那十年间，应该是她最快乐的时期，孙儿们婚嫁，第四代出生，她做阿祖了，还能背着"矸仔孙"（曾孙）操持一点家务。厾姑数度带她出游，她从飞机窗口看到直溜溜的机翼，问厾姑："那敢是铁支路（铁道）？"家中时常餐聚，一屋近二十人，我母阔手大料理，澎湃如满汉全席，菜肴丰盛到开大人桌与小人桌。

过年的时候，她最开怀。年夜饭后是红包时间，我家惯例是无分大小皆有一包，一阵喧闹，每人发出十几包也收得同数红包，连小童也以铜板充数，输人不输阵。阿嬷大丰收，需密宣一孙充当临时会计，关起房门理账，唱名清点才知红包大小。

红包之后是娱乐，大饭桌清空，海碗、骰子现身，各人赌资充足正是兵强马壮可以一战的时候，恭请阿嬷阿母就位，好一场兄弟火拼、姐妹厮杀即将展开。此时有人叫嚣曰："你打算输多少？"被问的人放下一叠百元钞，答曰："有本事来拿！"那挑战者睥睨之，掏出千元钞以展示威风，众人见大户相争，十分兴奋，莫不加以刺激、鼓噪、取笑，逼得保守者踊跃用兵，掏出皮包，把所有千元钞都取出。

有人问阿嬷："你要输多少？"只见她早已把红包收妥，手握几张百元，输完就作罢，谨慎守财。记忆中，阿嬷从未开口向我们要钱，她与我母都是向孩子拿钱会害羞不自在的那款人。她的物质欲望等于零，三餐温饱已是大满足，从不在意衣着宝饰，几件家常衣服大多是我母踩缝衣机帮她做的或是厾姑买的。家常用度又极节省，即使我们给她的年节红包或小零用，她也会体恤我们甫成家立业赚钱辛苦而退还大半。平日买东西给她，必遭"讨债"之议，以"赚钱是徒，存钱是师"勉励我们薪水多不算什么，存得下钱才是师父。劝勉之语讲多了，听者藐藐，每次购物给她，她必问多少钱，我们都会自动打折，"五十元"是较常用的数字。过年的红包，是她认可愿意收的，因此，我们趁这机会倾囊以授，而牌桌上，更是最佳时机。

骰子大战开打，阿嬷的赌性被挑起，亦跟我们一样吆喝有声："十——八啦！""扁——精啦！"我们玩真的，跟她，玩假的；她每次押一百，一掷，立即有人报数："阿嬷十点，有了有了！赚一百！"东家立即赔她，其实碗内的骰子还在转且最后的数字很难看。她颇得意自己的手气不错，旁边的孙儿再甜言蜜语灌一点迷汤、演一点即兴戏，她一辈子都没发现孙儿们以极佳的默契像一群赌徒联合起来对她诈赌一二十年。有狡黠者怂恿她："嬷，押卡多一下，五百啦！"她犹豫，恐怕输了可惜，狡黠者说："免惊啦，给它押落去就对了！"那做庄的暗恨在心，自牙缝蹦出一句："你给我记住！"我母已看得哈哈大笑，出言欲拆穿真相，孔武有力之人捂住她的嘴以免坏了大局。看阿嬷喃喃自语且志忑之状，我们皆暗笑，终于，她数出五张下押，一掷，庄家自动送上五百放她面前，敬业的演员们齐声配乐："有了！有了！"

我们合演一出年度大戏，博阿嬷欢心。一场豪赌，进账颇丰，常让她高兴大半年。阿母常说："你阿嬷有价值（值得），查某子友孝，你们这些孙仔也友孝！"其实，最孝顺的是她，阿嬷若没有这个与她同食共眠、情同母女的媳妇，其晚年或许是另一种境况。

阿嬷是一个极自尊也自立自强的人，她与我母都是支柱，既是支柱，意味着我们长期依靠她们胜过她们依赖我们，因此也就容易忽略其身心变化。阿嬷一向健康，从不服药，连一罐保健食品也没让我们花钱买过，她又是极端忍耐的人，从不对人喊这痛那痛，若有小恙，"困一下就好"，果然也就好了。如今回想，我们对她的身体老化过程是疏忽的，在欠缺侍老经验与医疗常识的情况下，忽略了她是一个这么坚强、独立的人，靠自己默默消化身体衰老所带来的不适，不愿占据我们的时间带她寻医，等到她出声说："目周奈也雾雾看拢无？"一检查，角膜溃烂，已是不可挽回。

那几年，全靠我母我姑我妹带她四处求医问神，天南地北都去了，束手无策。

八十岁左右，视力流逝殆尽。她说："唉，我这目周是哭你老爸哭过头，才会青瞑（瞎）！"仿佛，大部分的她留在世间陪我们，两只眼睛提早退役去找她的心肝子。

即使如此，她也不太抱怨。靠着光影轮廓，摸索着洗米煮饭，收、折衣服，绝不让自己变成一个闲在那儿抱怨、要人服侍的老人。她看不见钟面，丽妹买了咕咕报时钟，让她知道时间。我们将电话设定成快速拨号，做记号，让她可以通联。点眼药水变成一日大事，一张面纸折过来叠过去就是不肯浪费。后来，我买了一只小布袋，装药膏药水面纸，挂在她胸前，状似幼儿园孩童的打扮。

阿嬷一生的习惯是，吃完饭，碗筷自行拿到厨房洗毕，她如此教我们，自己也以身作则。如今眼弱，饭粒菜屑掉在桌上地上，吃饱起身，还要摸索着拿到厨房，常踩得油腻腻黏答答，我们要她放着就好，她改不过来，维持多年直到全盲了才停止。这些生活细节，不是大事，但每日发生，形成考验。幸好，阿嬷跟我们生活在一起，自来都是打打闹闹的说话方式，不必因老病而听到不悦耳的评语。有时候，只有血缘至亲才能包容长辈在老化过程中必然会出现的、不宜启齿的身体变化。从小，阿嬷为我们把屎把尿从未嫌恶，现在，换我母与我们回报她。

因着敏锐的自尊感受与形象考量，阿嬷不再与我们同桌吃饭。既然劝不动，也就顺她的意让她自在。她一人坐在沙发上，静静看着她看不清楚的前方，听着我们在餐桌上喧哗笑闹。偶尔，她会一一点名曾孙，问："有没有去吃饭？"我们总是为她现场转播，让她能对照声音而想象画面。等我们吃罢，她才愿意坐上老位置，还要一一点名问："有吃饱莫？"好像要确定我们都吃饱了，她才能放心吃。有时，嫌她一问再问，干脆撩起衣服，牵她的手来摸肚："你看，吃

217

到饱歪歪!"她也觉得好笑,果然不再问。我母帮她备一大碗,布满饭菜,她端碗慢慢划食,食欲甚佳。尚未下桌,喝着小酒的人为她描述菜色,剥虾夹鱼放入她的碗中,邀她:"嬷,欲饮酒莫?"她必然回绝道:"唉呀,啧啧,我不敢!"却爱问有没有配酒的菜,汤是否冷丝丝?我母总会再快炒一菜,重新热汤,阿嬷喜欢喝汤,咻咻有声,仿佛从中获得举杯共饮的快乐。

阿嬷渐渐失去自行散步的乐趣,出门必须有人陪。所幸尾姑就在隔壁,牵她到那儿闲话家常,颇能解闷。远程则与我母回乡,住二姑家,与老邻、房亲相聚。充电几日,回台北总有讲不完的剧情。阿嬷从不听广播不看电视,回乡见闻变成材料,在她脑中上演乡土大戏,供自己解闷。

随着视力衰退,我们察觉必须从她的角度来与她相处,而不是从自己的习惯。家中摆设、物件位置,不可随便更动,以免靠空间记忆及触觉摸索的她在自己家中迷路。扶她走路,必须比卫星导航还详尽,要不,她会因害怕而不敢举步,譬如:"嬷,直直走,无车无人,你大步走没关系。稍等,前面有花盆,闪左边一点,好,继续走,五步以后有两个阶,好,现在路都是平的,快到了!"

有一天,下雨的早晨,我牵阿嬷下楼,一面撑伞一面口述路况,走向停在大门斜对面的车。对一般人而言仅有十几步的距离,对她来说却是一段缓慢的路程。就在我小心翼翼地扶她前行的时候，一辆不耐等待的车对我们按了三次喇叭。我极度愤怒，察觉自己有一只脚已跨过理智界限，想冲过去拍打车窗用我阿嬷从前的土话骂他："你目周青瞑没看到老大人是莫？稍等一下会死喔？"但我理智地（或是怯懦地）克制自己的情绪，因为不可以把阿嬷丢在路中央淋雨。待我们坐进车内，愤怒的情绪不知怎地联结到内心深处的伤痛，我被一股从未有过的感慨淹没了：我阿嬷一生都被看不起，我阿母一生都被看不起，而我从未保护过她们！

她们的公道在哪里？在平安长大的我们身上，还是在我尚不忍破土的文字里？

阿嬷自立自强的个性也表现在凡事自理的坚持之中。她靠着在微光中摸索，用自己的方式画出生活地图；漱洗、洗澡、洗头、洗贴身衣裤、穿衣、半夜如厕，像蜗牛一样，靠自己慢慢完成。她从未抱怨孙儿们没帮她的忙，她从来不认为别人应该伺候她、以她为重心、听她使唤，她默默实践了一种静肃且孤独的老者之美，自然而然。原先，我以为所有老人家都是如此，后来多所听闻，才知道像她这样坚毅刻苦将一生奉献给孙儿们，老来宛如一只害羞的小鸟，不呼喊病苦、不要求物质、不干扰孙儿们忙碌的生活而以镇静的姿态坐在她的单人沙发上宛如坐在巢穴，关心的仍是孙儿、曾孙而非自己，像她这样可敬可爱的老人并不多！直到我自己的眼睛出了问题，我才能完整地体会，阿嬷用沉默的方式忍受那么多年的眼疾，是因为对我们的爱与呵护早已胜过自己的身体。

　　大约是她八十八岁那年，我们回到武渊，住二姑家。晚餐后，我看外面凉风舒爽，早月升空，问阿嬷："我带你走回旧厝好不好？"她立刻说好，我追问："你走得颠动吗？若走到半路走不颠动，我就当场把你放杀（遗弃）在那里喔！"她故意嗔怒而笑曰："你给我放杀，我不晓大声咻（叫）？"

　　我扶着她慢步而行，一路为她描述谁家翻新的楼房，停放几部车，路边种植何种作物，丝瓜棚架结实如何，番石榴果小必涩，狗吠来自何处，花香的名号。她脑中存放的是旧地图，而此时是道路重划后的新方位，我必须更精密地描述竹围、屋厝与小河的相关位置，她才能终于说出那户人家的姓名而判断离我们的旧厝还有多远。我离乡太早，记得的也是旧图，但早已忘记大半，经她提点，才能让自己的那张褪色地图清晰起来。我做她的眼，标记河川、稻田、房屋、电线杆及天上的星月，她描述故事，标记人物、情节、时间，为我导盲。

　　走了一半路程，旧厝出现。新月挂在已无人居住的竹篁上方，黑融入黑之中。从我的眼睛望去，或浓或淡的暗色轮廓，像旧图鉴脱落的一页，像心碎变成宁静的记忆，像隔着雨蒙蒙看过去的对岸前世，像最适合一个叫阿漳的壮汉、叫阿添的青年、叫阿庆的孩童、叫阿禄的婴儿继续生活的家园。

　　"嬷，看到旧厝了，在头前（前面）。"

她停下脚步，微喘，想坐下，无处可坐，可恨我个头太小背不动她，我捏一捏她的脚，问："嬷，回头好不？"她说好，自叹："没路用，走不去喽！"

她再也走不回旧厝，世界在她面前降下了黑幕。

宛 如 流 沙

——阿嬷的老版本之三

有一道银光拱门架在耄龄者的路上，通过后，季节更替，地壳滑动，群树形变，屋宇改道，人物流窜。表面上肉眼所见的坐标不变，但被这束银光扫过，坐标上的景致瞬间变化，仿佛梦中有梦，画中藏着另一幅画。在他人眼中，只是寻常的街道一景，于耄龄者心眼所视，却是当年生离死别的码头。难以察觉的光影，削铁如泥，无声息地掏空地基，摇晃城墙，使他们信以为真的记忆产生质变，从钢骨结构变成海滩沙堡，但依然信以为真。

大约过了八十岁以后，随着视力与体力双重衰退，阿嬷渐渐改变了。五六十岁时那个骁勇善战的大地之母卸下甲胄，退役了，变成一个逐渐脱离现实的老妇。好像，某个我们都酣睡的星夜，夜半她独自起身，竟通过那道银光拱门，受光影牵引，发现另一个现实，从此往返于两套时空之中。

她的老化首先表现在对家人的依赖上。每一日都太漫长了，以致对晚间有一种热切的期待；孙儿下班，晚餐，喝茶，聊天，有人陪伴。逢年节，她早在几天前就一一询问居住在外的孙儿孙女是否回家吃饭？那段时期，正是二三十岁的我们为工作拼斗的时候，踩着风火轮一般，无法与阿嬷的缓慢节奏合拍；常常是一阵狂风乱扫的家聚之后，各人背起包包，提着我母做的粿，做出滚蛋状，她问："这么快要走了？不多坐一下？住一暝，明天再回去？"听来令人心酸。

老年的寂寞是真的寂寞，一种胶着状态，宛如数万只蜜蜂黏着养蜂人，黏出人形坟堆。像阿嬷这样把一生献给家庭、全无自我也欠缺机会建立自我的人，到了老年，常呈现空茫。她不吵不闹，盲着眼坐在沙发上，让人不忍。与她相处，必须从看似不变实则缓慢变化的境况中找到因应之道，从实体与虚拟交互出现的间隙追踪她的心灵藏在何处，好比捉一条泥鳅，抓一朵云影。这一点，对我们这些很难被规格化的孙儿而言，不算太难。

对话

"现在几点？"她常问，半小时一报的咕咕钟不够用。告诉她之后，也无下文，脸上没表情，不知她的脑海里到底是船舶靠了岸还是海鸥飞走？问她："嬷，你问几点要做啥？

要洗米煮饭喔？""没啊，我现在哪会洗米煮饭！"继续逼问："没做啥，那你问几点做啥？"她露出一笑，嗔曰："没做啥，不能问喔！""你不知喔，官家规定没做啥不能问几点！"她老虽老，尚未倒颓到尽碰（尽头），咧着嘴笑曰："我听你在打手枪（胡说八道）！"老化的第一特征是重复，同一件事对同一人讲过多遍，每一遍都像第一次讲那般新鲜。最适合送作堆当聊天同伴的，应是脑部退化程度相当的人，两人每天重复讲同一件事毫不生厌，该叹则叹，该怒则怒，该笑之处也像昨日一样拍手哈哈大笑。是以，对脑袋里装着灾情不断的泥石流世间的中年人而言，依随一只原地打转的蜗牛一起散步，实是苦差。难就难在，这只蜗牛什么都不需要，就是需要有人陪他聊天。

阿嬷也不例外，昔日能言善道的她，一旦重复起来也会让人沉不住气，答曰："嬷，你讲过了！"有一次我回去，陪她闲聊。电视弄成静音，播着新闻，我打开笔记本电脑做一点小手工，她坐在沙发上，问我："你中午呷饱未？"

我说："呷饱了，你呷未？"我当然知道她吃过了。

"呷饱。"她说，停一会儿问："你呷啥？"

我说："水饺。"

她问："呷水饺会饱？"

我说："会，呷九粒就饱了。"

她问："包啥？"

我说："我自己包的，猪肉、韭菜、卷心菜。"

她啧啧有声，意为不赞成，说："呷水饺会饱？"

我说："会。"

话题中止，一小段沉默。没多久，她问："你呷饱未？"

我已不惊怪，时而瞄电视，时而打几个字，回答："呷饱了。"

"呷啥？"她问。

"水饺。"我说。

"呷水饺会饱？"她问。

"会喔，呷九粒就饱歪歪喽！"我说。

她问："包啥？"

我看看电视，看看笔记本电脑，看看她的脸，在她后面的窗口远处站着一棵枫树，探头探脑仿佛在偷窥我们。我说："三粒包金仔块，三粒包钻石，三粒包珍珠，你欲呷莫（你要吃吗）？"

她啧啧有声，说："不要。哎唷，呷水饺会饱？"

我说："会。"

我打了一通电话，泡了咖啡，吃了阿母切的水果，问嬷要不要吃，她说不，问她要不要来一杯茶？她说也好。沏了茶，调好温度，端茶让她喝一口，将茶杯放茶几上，告诉她，若要喝喊一声，我再端给她。以上诸事毕，我继续打字。

她问："你呷饱未？"

225

我说："中午呷饱、暗顿未呷。"

她问："呷啥？"

我低叹，合上笔记本电脑，啜饮咖啡，决定带她离开这个故障的世间，进入豪华的异想世界，善待这个失明的老阿嬷。

我说："中午，朋友请，在大饭店，呷得真澎湃，有鸡有腿库（蹄髈）有虾仔，还有一尾真大尾的鱼，十二样菜，盘子亲像脸盆那么大，还有人唱歌跳舞给我们看！"

先从眉头开始舒动，接着脸上的皱纹拉出笑意，她说："这呢好，贵参参？"

我拉长声音说："真——贵喔，莫要紧，我朋友真——有钱，伊的眠床下全是钱。"

她说："啧啧，这呢好！"

我问："我带你去那间大饭店吃饭好不好？"

她说："哦，不要！"

"为什么？"

她叹一口气说："我目周没看（眼睛看不见）！"

"谁讲目周没看不能去饭店呷饭？"

"不要，坏看（不好看），会给人笑！"

"谁敢笑你，我就抓来剥皮袋粗糠！"

她说："哦，不要，我自己想都不好。"

让想象力跳舞，像一头不服管束的野豹，带她跃过猎人

226

的陷阱，发烫的火烧山，湍急的河流。当她落入陷阱，于黑洞中团团打转，当她行过火焰，脚底起泡而原地跳上跳下，当她被恶水冲落而卡在漂流木的间隙，她仅能用重复的言语呼救："救命啊！救命啊！救命啊！"陪侍的人必须警觉她身处险境，出手搭救。若以"你怎么这样烦，一直问一直问一直问！"回应，这样的语句，恰好就像朝着火的人身上泼油，而且让自己也落入故障的状态。

世间，我怎能相信肉眼所见的世间是唯一真实？我怎能信任记忆是永不摧毁的铜墙铁壁？老化，让阿嬷离地三尺，进入翻腾的时空之旅，我尾随她，见识到原以为固若金汤的记忆，是流沙砌筑的，流云聚合的，流萤麇集的，我见识到在这奇幻的风景中，阿嬷变成一个单独旅行的人。

某日，我母返乡归来，提及我家田边有人种一棵树，植树者是相邻的地主，其为人一向为邻人所不喜。

我母又转述老邻各家，谁病了谁要娶媳妇谁要嫁女儿，以资谈兴，谈罢，士农工商各自归营，按下不表。

次日一早，阿嬷发脾气，言谈高亢，我母平白挨她一刮。一问才知，她气那种树男人好大的恶胆，竟敢种三丛大树，欺我们人在台北，管辖不及，其意向明显，就是要侵占我们的土地。恶人啊！恶人啊！

昨日一棵风中抖擞的小树，才一夜，吸饱日精月华，长成郁郁苍苍可以直达天听的永生树，即使是放任想象力奔驰的魔幻文学也要有个底限，但阿嬷愤然之状，你焉能说一切是虚假？我母费一番唇舌解释，无效。恰好我回去，得知原委，向她说明登记制、土地所有权状上所有权人的名字、地政事务所丈量界定等相关地政法规，说得好像一个捐客要跟她做买卖。

"嬷，我这样讲你有了解莫？"我问。她的表情显示她像个筛子，有的听进去，有的听不进去。

我以为这事已了。没多久，她咬牙切齿骂曰："这呢夭寿，种三丛树占人的土地，你们都不知他的厉害，久，他就讲这是他的土地，这么切恶（罪大恶极）！"

我母与我相视苦笑，被打败了。四分薄田，小农格局，仅能让自家有"米母"可食，度日有个靠山。但对阿嬷而言，意义不仅如此。我曾祖原是大户，为了治病卖掉一些，分产给诸子各房，每房分到的已不能算多了。其中一房，懒于耕作，售光土地悠闲度日，相较之下，我嬷一个年轻寡妇不畏烈日寒风带着幼儿们耕作，挟紧祖产不放，虽有房亲建议她售地渡难关，免得常需向人借贷，她咬紧牙关硬撑，四分薄田毫无缺角传给孙儿，她视之为此生功勋，对得起祖上。

我即刻理解，她返回内心深处的恐惧洞穴，陷在曲折的暗道迷了路，她看见三棵大树盘根错节，伸出无数小脚践踏她的祖产、她的净土而求救无门。我想，必须来一点暴力。

我搂着她的肩，说："嬷，那三丛树，你的长孙亲身转去叫一群人锉（砍）到光光光，顺便将那个人修理到金闪闪，伊惊到不敢出来，你拢总免烦恼，锉掉了。"

"喔，锉掉了！"她喃喃自语。

"嗯，锉到光爹爹（光亮无比），"应再加强细节以巩固剧情："锉真久，树仔太大丛，一群人锉到天黑，免工钱，请他们呷饭就好。都锉掉了，树仔枝有人拖去做柴，大家都看见了。"

童话国度，恶龙作乱，游侠骑马而来，与之厮杀，解救苦难同胞。平原恢复秩序，森林里百兽率舞。

嬷确实活在另类的童话世界，我们用语言为她架设天罗地网，蛇虺魍魉都不入。过滤后的世间十分安宁，恒温，恒常静好，她在独享的温室里半走半飞缓慢地衰颓，连一只有情绪障碍的蜜蜂若未经允许也近不了她的身。有人婚变，她不知，二姑丈病逝，她不知，大姑猝逝，她也不知。我们一向羡慕的，只有平安喜乐没有死亡灾厄的日子，就是阿嬷现在的写照。

然而，或许是母女之间的感应，很少主动提及大姑的她，竟在那悲伤的时日忽然对庖姑问起她的大女儿近况，泪眼婆婆的庖姑强作镇定，逼自己用愉悦的声音说："她现在清闲了，去山上寺庙诵经拜佛，不能下来看你。"

"住庙里喔！"

"对，去陪佛祖。"

如同幼年，我们能精准地判断什么事可以让她知道什么事千万不能讲以免讨打，现在，基于同样的直观能力，我们极有默契地过滤掉世间的有毒物质，让劳顿一生的她平静无波地安享晚年。

在温室久了，她的记忆仿佛是收工的泥巴人在河里洗涤后恢复洁净，以致看不出耕作的痕迹，有时，也让人一惊。

闲聊时，有人提及打小孩的社会事件，她皱眉说："奈也（为什么）欲打团仔？用讲的就好打他做啥？"

闻言者正是当年被她用扁担追着跑、"用力最深"加以管教的那个顽童，张大眼睛，目露凶光，问："那你当年为什么打我们？"

阿嬷面有愠色，驳斥："我哪有打你们？我从来不打团仔。"

我们面面相觑，挤眉弄眼，更有人做出握拳自殴的癫狂状。怎么回事？好大一块记忆不见了！

处世之道，智者有言，屋檐下有些旧账是不能翻的，此乃"家和万事兴"之钥；那些或大或小的账目尾端都绑了一枚土制炸弹，大账如财产问题，小账如重男轻女——给哥的排骨肉较大给我的那么小，一提，常炸掉半个屋顶。但是，世间之所以吵闹混乱，就是偏偏有"砂锅一族"，酷爱打破，不闹一场好让大家血脉偾张，促进血液循环，好像对不起刚吃下去的三碗饭。

打骂账本掀开了，砂锅族人不服气，回嘴："不是你打的，鬼打的啊？"

在别人家视作重大事件的"重男轻女"清算戏码，对我们而言是小事。阿嬷与阿母皆服膺血脉相传、家族延续之传统观念，表现出重男轻女的倾向乃理所当然。再者，孙儿中又有乖巧与顽皮之别，嬷、母稍有偏心也是合乎情理。丽妹小时候即批评阿嬷："你惜碗头碗尾。"第一个碗与最后一个碗，意即疼老大与老幺；我是老大，小弟为幺，我们或许不觉，但手足的眼睛比反对派还雪亮，从该骂而不骂、该打而不打，判定受宠等级。所以，阿嬷棍棒下的重男轻女情节不算严重。至于食物，我们家没有排骨肉大小片的问题，因为从来没有排骨肉。倒是有肥瘦之争，红烧五花肉肥多瘦少，有人筷子功高强，拣瘦存肥，为兄弟姐妹所不"耻"（此处做"齿"亦可），在阿嬷面前参他一本，发配边疆挑水拉车服劳役，吃得好怎可做得少？

"我从来不打团仔！"

天啊，叫我们怎咽得下这口气？颇有血本无归之感。本来，与至亲回顾往昔调皮捣蛋、挨骂追打之状，也是家常一乐。现在，执法者全盘否认打骂教育，难不成要编造阳光下阿嬷带我们在草地上野餐、拿着排骨肉追逐我们这款爱的教育，好补上那一大块记忆空缺？

砂锅人还要找人证，证明阿嬷拿过棍子，被旁人制止："你

231

呷饱太闲欠呆（以拳头突击脑部）啊！"

我忽然有悟，阿嬷说的是实话——这是她理想中的面貌，如果不是命运作弄逼她活在高压之中不能按"理想我"过日子，她的本来面目应该是慈祥和蔼、惜孙如命的。跟自己的阿嬷，不适用"事实胜于雄辩"之理，也不可"土条直"（固执、不知变通）指控她说谎，我们必须重新观察老化过程中记忆的变形虫之舞，进而理解她一个人走在不知名的路上，看见了海市蜃楼。我们应该高兴，她看到的是美景。

不过，适度地以语言为钩，以免她泡在自己的记忆池塘太久，也是需要的。

"嬷，酒盖不好，对不对？"

"对啊，喝酒不好。"她说。

笑声窸窣。"看到烟、火就着，对不对？"

"就是讲啊，吃烟也不好。"她说。

笑声荡然。有个孙看不下去，搂着她解释，话说的是：酒，改，不好。看到烟，火（指打火机）就点着了。双关语之妙，醒世箴言立刻变成酒鬼烟徒的快乐宣言。

云妹最会没大没小地逗她："嬷，我们一起来去'讨客兄'好不？"嬷嗔笑曰："三八叮咚，要去你自己去！"

晚饭后，喝茶聊天看电视，我弟没头没脑问她："阿嬷，欲跟我同齐（一起）去莫？"

"去叨（哪里）？"

"去就知了。"

她想了想，说："不要，你自己去，我懒惰行。"

次晚，我弟再邀，她大约坐得乏了，心动说："也好，我去换一件衫。"说完起身去房间，穿衣而出。

"走喔，欲去叼？"

"便所。"我弟大笑。

"猴囝仔，骗我！"阿嬷亦灿笑。

隔周，我弟故技重施："嬷，欲跟我同齐去莫？"

她那静止的脸上忽然涌出表情，笑意盈盈，大声说："不要！"

"为啥不要？"

她得意地说："我奈也不知你要招我去便所！"

宝刀未老，看破脚手（诡计），我们把阿嬷从池塘里拉起来一会儿，晒了片刻的太阳。

食

阿嬷一生的饮食习惯完全符合现代养生焦虑派的理论。差别在，他们是享受过度身体出了问题才悔改，阿嬷活在贫困的日本侵占时期被迫养成粗食习惯。一旦饮食性格养成，对精致食物反而排斥了。

她吃鱼、去皮的鸡胸肉，因务农敬牛而不吃牛肉，不敢吃羊肉；不敢喝牛奶，所有奶制品全部去掉，但可以吃布丁。不爱甜食，所有高级糕点顶级甜品全部丢掉，晚年可以接受凤梨酥、老婆饼及最简单的海绵蛋糕。我家是特殊的不喜甜食的家庭，若有朋友从日本回来，声称排队一小时才买到一盒和菓子特地进贡给阿嬷吃，茶几上那盒和菓子就像一条盘睡的蛇，必惹得大家惊声尖叫。怎么解释就是有人不相信我们是怪胎，硬要送港式月饼、豆沙甜粽。阿嬷与阿母皆命苦故不爱甜，这是我的解释。

阿嬷吃米食，不爱面食，最爱空心菜、卷心菜、地瓜叶及其叶菜类一挂好兄弟，料理方式一律是川烫或清炒，所有繁复的料理过程如裹粉油炸、熬炖都被省油省煤气的她踢出厨房。爱吃粿，我母擅长做粿，她吃得津津有味。

最令我们费解的，她爱吃地瓜，一生为地瓜之忠实信徒，几乎天天吃，可推举为地瓜代言人。穷困年代，地瓜养大了几代人，但我们看到地瓜就皱眉，唯独她对那裹着泥土的小薯，爱永不渝。

或许，食物就是健康与否的标准答案，阿嬷从不吃中西方保健食品、补品、药品，没吃过一颗善存，没吞过维骨力，从来没有心血管及肝肾肺问题。大户人家的老爷老夫人喝燕窝炖人参，阿嬷只是对我母说："滚一条番薯来呷！"我不太热衷地中海饮食法，我觉得阿嬷的地瓜饮食法更具有说服力。

八十五岁以后，最适合阿嬷的点心是钮仔饼，状似一颗小钮扣，那是给小宝宝吃的。问她："嬷，欲吃钮仔饼莫？"

"好啊！"

她伸出手，倒一些在她的掌心，她一颗接一颗往嘴里送，无牙的嘴巴冒一下冒一下（蠕动），安安静静享受小钮扣在嘴里溶化的滋味，我们因此看到命运的铁锤尚未打造好、凉风吹翻稻浪那当时，阿嬷的婴儿时期。

衣

八十多岁以后，夏天闷热，家中一向不开冷气，阿嬷学我弟裸露上身，图个清凉。两只老奶脯垂来晃去，虽不甚雅观，但这是自己家，有何不可。不过，要是门铃忽响，应门的人要先注意一下阿嬷有无穿衣，若是裸着，叫她："嬷，紧去穿衫，有人来。"她起身去房间，嘴里嘟囔："炭屎莲（要命、要死啦），没代没志谁人来啦？"见来者是我姑，如释重负，继续清凉。

阿嬷虽不重衣着，但外出一定端正整齐，视之为有礼有体。九十岁以后鲜少外出，在家以舒适为主。忽然，有一天，她絮絮叨叨自己拢没衣服可穿，脾气起落，赌气不食，一问才知，她说的是"寿衣"，且必须是订做的。

我母向二姑求援，她精通民俗礼仪，是一部小百科。乡下旧例，寿衣连衣带裤需穿七件，等于把四季所需都穿上了。她二人到罗东买衣，阿嬷不喜，两人又去布行剪布，阿嬷嫌布太粗，语气不悦，躺在床上不起来吃饭。再剪一布，稍可，找不到裁缝店，我母问："姨啊，不要用做的，买便的好不？"她不要，情绪起伏，不语不食。我母只好说："我来做好了。"框着老花眼镜，为她量身裁布，许是压力过大竟大量掉发，出现鬼剃头，叫苦连连。

连逛几家服饰店，我要找一件"寿衣"。不看潮流样式，只摸那布料，终于找到绣花镶珠的细绒大外套、流水般的绢丝裤。牵嬷的手摸那衣，从衣领到袖口，描述其颜色与珠花形状，为她穿上，她两手抚摸冰清柔软的绒布，说："啊，真幼（细）！"面露悦色，仿佛见到自己的华服相。对她这一辈庄稼妇女而言，寿衣犹如嫁裳，丧礼之隆重哀荣不可输给五人大轿的婚典。

这事小闹一阵，发疹子般也就过了，依旧恢复粗穿衣裤。寒冬时，阿嬷连袜子都不肯穿，两只脚踩在地上，如同踩在田里。

住

像流行性感冒，每隔一段时间，阿嬷就念着要回乡下旧厝住，任凭我们描述旧厝屋顶被台风吹翻，归厝间（整间屋）

暗摸摸黑祟祟，说不定已变成蛇穴鼠窟、魔神仔的度假小屋，她不信就是不信，固守记忆中宽阔坚固、明亮舒爽的旧家样貌，骂我们："讲什么嚎啸话！"

说不定，她枯坐时就是在脑海重新整修旧厝、粉刷墙壁，以致无处不光亮，厅堂神案还绕了七彩小灯泡。禾苗欣荣，竹荫苍翠；鸡只啄粒，麻雀与燕子在电线上谱曲，她早晚巡视自己的领土，五谷丰登，六畜皆旺盛。

后来，她交代将来百岁年老（往生之意）要回旧厝设灵治丧，循古例，不冰不火，土葬。

我们听了，头痛不已。失明阿嬷活在她的文明古国，我们活在高速翻转的社会，又是一番车轮战辩论比赛，她如如不动，我方宣告失败。

有一天，她没头没脑又在朗诵旧厝、土葬之论，云妹回她："讲随你讲，到时准，我再把你BBQ！"

"啥是BBQ？"阿嬷疑惑。

"把你烘肉（烤肉），火化啦！"阿嬷气喷喷，说："你敢把我烘肉，我做鬼抓你！"

我们达成初步共识，将来依她的意思回乡采土葬，但丧礼在台北办理。有人问："她交代要回去旧厝办，这不就违背她的意了吗？"

某聪明人曰："到时用'卜筊'问她。"

"要是卜不出'圣筊'（一正一反）怎么办？"

"怎会卜不出，我们这么多人，轮流一直卜一直卜，总会卜到的！"

善哉善哉，"卜茭"之用大矣哉！

钱

失明阿嬷是个宅婆，三餐饱食，衣物有我母裁缝，庖姑每月帮她剪发，丽妹每周回家帮她夹眼睫毛——她有严重的睫毛倒插之扰，一冒芽就刺眼，必除之而后快，奈何所有人都夹不干净，只有丽妹手艺最优。总言之，她根本不需要钱。

八十五岁以后，想必她对死亡之事做了沙盘推演，默默在心中自我练习，是以言谈间颇不寻常。譬如，她忽然叹曰："给我目周青暝，卡惨过死，也不归去（干脆）死死较快活！"

我们听久了，当作是新诗朗诵，不予理会。有一日，她又旧调重弹，才说完，一阵冷风吹来，她问："玻璃门是没关喔？风吹得冷丝丝！"

"吹些风有啥关系？"

"会破病（生病）！"

"你一天到晚说要死，没破病是要怎么死？"

她被堵得无言，笑出声说："讲也是有理。"

基于同样的心理状态，她抱怨自己身上"没半仙"（没半毛钱）。乡下有"手尾钱"之例，长者辞世时身上有钱，一则吉荫子孙富贵，二来黄泉路上也有盘缠可支使。我们当然尊重她的想法，但白日花花在家起居却身怀款项，岂有这道理？我们解释 ATM 提款机到处可见，万一登仙列车驶来，在她上车前，一定放十万现钞在她的口袋，"这样好不好？"有嘴讲到无涎，不听。

"嬷，往生时若是身躯没带钱，到底会怎样？"云妹问。

她忧头结面（忧愁），说："去地府，会被割肉！"

"谁敢给你割肉？"

"若无所费（路费），会被小鬼仔拦下来，不给我过！"她说得好像"行前通知书"上提醒旅客必须带钱买门票否则过不了关口，听得人头皮发麻。

"他给你拦路，你不会把衣服掀起来展奶给他看，骂：你祖妈谁人你知否？他就逃到裂裤脚喽！"

阿嬷笑斥："三八叮咚！"

为了图耳根清净，给了她一叠百元钞，加上年节红包所得，她身上有不少钱。问题来了，每晚睡不着，三更半夜数钞票，窸窸窣窣的声音吵得我母睡不着。她又记性不佳，常问我们："你帮我算一下，总共多少钱？"我们就得放下手边的事，数那一叠百元、五百、千元钞，报了数目给她，她似乎不信，自己再算一遍，喊人来问："你帮我看，这张是一百的还是五百的？"

身上放这么多钱，添增烦恼；所有祖字辈老者不管是祖父母或是曾祖父母，十个有九个（另一个可能瘫痪在床）会塞钱给孙子或曾孙，且告诉小孙："阿嬷（或阿公、阿祖）给你零用钱，不要让你爸妈知道。"小孙食髓知味，从此知道"合作金库"在哪里，徒增教养上的困难。我们好话说尽，她终于同意身上只放一万，余者存入邮局。

八十九岁之后，已无法让她一人在家，即使是片刻都有危险，她需要二十四小时身边有人。我们请来外籍看护小姐，其间种种兵荒马乱之战况——因不适任、不适应而一再更换——只能叹气曰：一言难尽。有一次，阿嬷咳嗽就医，需照 X 光，看诊毕返家，衣袋里的八千元不见了。每人各有猜测，但都无法追查。平白惹出这种风波，我们不愿再领钱放她的口袋，又不能不补；虽说老小老小，侍老与育小乃天差地远，老人家发起脾气来，不管你有空没空、愿不愿意都得全部埋单，是以，无事就是好事。

我母灵机一动，去文具行买小学生用的假钞，以假乱真，反正阿嬷看不见。

怎知，她数真钞数久了，手有了记忆，狐疑曰："这票仔怎么这呢薄？"我母心虚，再去买钞，用胶水将两张黏成一张，变厚了，无事。岂知，她日日月月数，数得边角开花，又抱怨："唉，这钱怎么做得这呢粗！"

我们大笑，视作年度最佳笑话。

阿嬷不是唯一一个要求在身上放钱的，某乡亲婆婆亦如此，枕头下压着二十万元，以备登仙梯、游地府之所需。她们这一辈完全依循传统观念设想死亡旅程，难以改变。

阿嬷也坚持身上需戴一点金饰，耳环、项链、戒指，免得登仙时一无所有，呈现穷苦相。但她只戴媳妇、孙儿买给她的金饰，女儿、孙女送的都退还。她把我送的一两重金手镯还给我，亦是受男丁传香火、女儿属外姓的传统信仰影响。对她们这一代而言，若无男丁传承血胤、奉养以终，需靠嫁出的女儿过活，无疑是一生的挫败。她们的家族观念涵盖生前死后直至永恒，担心"死后无人拜"，点出子嗣相传与敬祖祭祀是家族信仰的核心。是以，所谓"祖产"包含田园与墓园，此二项毫无疑问都将交给男丁，若无，则以过继、收养、抽猪母税（择女儿之子从母姓以继承娘家产业）方法选定继承人。多少屋檐下嫁出的姐妹与兄弟争战财产分配，争的是田园、财产，但不争墓园管理，依照的是法律而非至亲的家族信仰与意愿。她们这一辈没受过两性平等的启发，固守传统不可撼动，留下多少导火线而不自知。

当阿嬷退还金镯给我，我的心内微有波浪，但很快地从她的信仰来理解这件事，接受在她的家族图谱上我的位置；即使我是她的第一个孙儿，但不是"长孙"，即使她一向疼爱我，将来在她的人生最后一次哀荣大典上，负责捧神主牌的也不会是我。我是嫁出去的孙女，我的名字将写在另一个姓氏的家谱上而不是简姓的，这意味着，在她的观念里，我不应该也无能为力继承简姓的田园与墓园。

当然，大部分本省家庭代代相传皆如此。但是，现代社会的家庭观念、婚姻经营、两性平等、就业模式都充满变局，若挑担的是女儿，若唯一的男丁是败家子且婚姻里有一匹大贪狼等着整串提去，则考验至亲的智慧——遗憾的是，事后证明，他们极度欠缺应变的智慧，遂留下一本烂账与一笔"蠢财"，让子孙大打出手进而断绝关系。

身怀首饰与现钞，旅行的意味浓厚，仿佛耄龄路上天光云影变幻莫测，随时可能从花丛间树荫下现出一辆登仙马车，两名持戟卫士左右搀扶旅客上车，来不及向家人告别。是以，要预先理好小钱包，一路才能顺风。

正因如此，我们又陷入惶惶不安的想象；万一阿嬷于睡梦中登仙，上了车要打赏小鬼，发现身上的钱被我们换成假的，会不会大怒而责备我们？

我母深知她婆婆的个性，越想越胆战，领十万现钞放在床边，以备不时之需。问题又来了，真假同在，明眼人看得清，就有旁生枝节的烦恼。我母又心生一计，将那叠真钞缠来绕去再用胶带捆成木板条，谁也休想偷抽一张。这板条，真是荒谬的存在，却如实地标示家有老人就有难以想象的战况。钱板另有妙用，脚上没拖鞋时，正好拿来拍一只路过的蟑螂。

次年，不适任的外籍看护在等待遣返的相关单位的收容宿舍偷跑了，这账竟然算在我们头上，被罚半年内不能申请新外佣，苦不堪言。两位姑姑愿意分担照顾几天，阿嬷到乡下二姑家小住之前，假钞已不堪使用，当时我母身体不佳，懒得再玩这游戏，又不便让她带钱板去，就用家中废纸剪了一叠"纸钞"（真的是纸钞），圈上橡皮筋，塞入阿嬷的口袋。

有一天，阿嬷坐在床头数钱，念小一的外曾孙女走过，问："阿祖，你在做什么？"

"算钱啦。"

小一，正是说实话的年纪，以见义勇为的语气说："阿祖，那是假的，那是簿仔纸！"

阿嬷闻言，气她的女儿一天一夜，骂曰："这呢好胆！这呢敢！偷拿我的钱！"

二姑怪我母："你要害死我啊！"

我母怪二姑："你怎么没交代好孙女咧？"

新来的外籍看护接手照顾阿嬷，解救了我们。但是，无情的光阴流转，九十五岁的阿嬷被推着进入另一段路程。渐渐，她不再数钱。钱，这支钥匙所能开启的那一座热闹滚滚的世间，在她面前尽情地裂解。

宛如流沙。

哀 歌 无 尽

——阿嬷的老版本之四

宛如流沙，阿嬷脑海里，她最挚爱也是伤她最深的那个世间，纷然崩塌；时空失去故事，故事失去人物，人物失去名字，名字失去亲密的联结。外表仍是我们的阿嬷，但我们清楚，有一股不可逆的强大力量在她的脑内航行，破坏了记忆与智能的仓储。

相忘于世间

大约是九十四岁以后，她已不能主动聊天，即使是简单的日常询问，也不太能招架，但有时又出现难得的灵光，对答正常。人的大脑是个谜样宇宙，老年之后，脑内细胞衰退的速度与区块，决定了人变成何种模样。阿嬷失去了很多能力，让我们较难调适的是，她忘记了我们的名字。

"嬷，我是 ××，我是谁你知道吗？"

对自己最亲的阿嬷，必须先报上名，再盘问她亲属关连，期待她说出正确答案，是一件让人怅惘的事，仿佛有个东西被剥夺了，永远要不回。她若答对，我们拍手欢呼："阿嬷，你真鳌（厉害）！"若答错，要她再想一下，提示，再提示，她好像钻入淹水后的资源回收站要找几年前某人寄来的贺卡一般艰困，放弃曰："不记得了。"这是诚实的时刻，有时，不知是蓄意还是脑内电路板"秀逗"，把我母说成孙女，把孙女说成女儿。

同样的困窘也出现在我外嬷（外婆）身上，她小我阿嬷三岁，不约而同都进入半遗忘状态。对我母而言，更是怅然；外嬷只生一儿一女，不是十个八个，把唯一女儿给忘了，做女儿的有何感受？有一次，我母打电话回去，报上名字，问她的亲生姨啊："我是谁你知影莫？"外嬷说："我不知。"我母提示："我是阿绒的查某仔（女儿）啦！"电话那头陷入沉默，接着，听到外嬷用疑惑的声音说："咦，阿绒叼我咧（阿绒就是我啊）！"我母转述这事时，是在医院的病床上，次日要做心脏手术，办好住院，先给她的阿母打电话，想听一听亲娘的声音，她的娘却忘了她是谁。像豢养的一池鱼，逐渐死去，池面上翻了密密麻麻的鱼肚白，有些大尾的鱼吃了死鱼，以致小鱼的记忆渗入大鱼的记忆里。我母转述时笑出眼泪，像小女孩，可那颗小泪滴里藏有无法言尽的失落。

人生何等残酷，我们从小同榻共眠的至亲不见了，跟自己的至亲，也会走到相对而坐却相忘于世间的地步啊！

灵性流失，肉身仍在。之前出现的记忆力衰退、话题重复、情绪暴起暴落，已属小节，阿嬷失去时间感，如同巴西亚马逊丛林里的"亚蒙达瓦"部落，没有时间概念，无法分辨过去与未来。她进入严重的日夜颠倒状态，夜间不眠而自言自语，时有吵闹，变成"夜行性动物"，仿佛体内另有一个丛林部落的持矛勇士，跳出来狩猎，让照顾她的看护苦不堪言。

老年人各项身体机能的衰败中，有两项对照顾者而言是极大的折磨：一是夜间不睡，致使照顾者亦不能睡；二是夜间频尿，唤人服侍，每次皆涓滴而已。照顾者建议包尿布，但长者不愿意（为了省钱或是不习惯），若有不及，尿液漫漶床榻，当夜需洗浴更衣换床套，次日从衣裤、床单、被套到棉被全套清洗晾晒。绥靖不到几日，又来一遍，安宁数天，又来一遍。

因这肉身崩坏，屋檐下渐成战场。即使雇有外籍看护，她也是肉体凡胎，也会疲惫，是以家中负责总管的那个人，变成总指挥及唯一的协力者（或称烂摊收拾者），其他家人进进出出探视而已从未侍夜，因此完全不能想象、不能理解、不能感受照顾者的辛劳。一个需二十四小时被照顾的老人（或病人），仰赖的不仅是儿女对他的亲情，更是儿女对照顾他的那个人的厚实情感、诚挚感谢与道义同盟。后者的重要性更胜前者，惜乎，很少人体悟到这一层而做出实践。

在现场的是我母，但她毕竟有了岁数，侍奉婆婆超过三十多年，身体也有了病况，此一阶段最是泥泞。次之，是我的小妹，幼时最受阿嬷责打，此时却由她挑大梁，总揽一切杂务，别人出嘴交办，她负责办妥。

在照顾阿嬷的分工单上，我最惭愧，只是扮演电话咨商与苦水收集站角色，挂完电话，回到自己的家庭生活，那泥石流灾情都是那边的事。

我常想，所谓"孝道"是什么？像我这种不在第一线现场的人，有什么资格大声谈"孝道"呢？

原有的看护不适任，又是一番巴氏量表衔接期的混战，新来的年轻看护才二十出头，第一次来台工作。不知是思乡过度还是夜间没睡饱，上任不及一个月，竟从楼梯上滑下来，伤及筋骨。中介带她就医照 X 光，无事，但筋骨有伤不能出力服侍阿嬷，整天卧床休养。于是，我母变成超级台佣，照顾两张床上各卧各的一大一少。到后来，我们都觉得这女孩再卧下去恐怕会出现精神问题，好言好语问她的意愿，她说很想家，在越洋电话中哭求她的母亲："你让我回去好不好？我会赚钱给你。"闻者莫不心酸。

女孩走后，继任人选未至，又是一阵混乱时期。某日，我回去协力，我母出门采买，由我看顾。单单只是扶阿嬷起床如厕——她不爱包尿布，会扯掉——已让我吃不消，瘦小的她怎变得像陨石般沉重？待事毕，扶起以便擦拭穿裤，差点跟跄而倒。我母回来，两人合力用便盆椅推她到浴室洗澡；阿嬷肢体僵硬，脱衣裤，需费一番手脚，免得折了骨，洗头发，又是一番工夫。浴室空间不大，我母说反正她的衣服湿了，叫我退后由她善后。我站在门边，看一个心脏病老媳妇卷起裤管，帮不记得她是谁的婆婆洗澡，九十多岁的身躯是枯干的树干，泡过水的草菇，等待腐去的稻草，是失去历史的废墟。莲蓬头流泻热水，哗啦哗啦，洗去废墟上的尘埃，热烟蒙蔽了镜面，也蒙去我眼底的感伤。我替我的阿嬷涌泪，她何等自尊自强，若有清醒的觉知，必不愿戴着长寿的后冠让人服侍至此；我替我的阿母抱屈，上天交给她厚厚的一本人生任务，每一页都是"牺牲"二字；我也替那位女孩感伤，不知之后她的处境如何？泪水的最后成分属于自己，我愧疚自己对娘家付出太少，却也同时意识到婆家二老往后的路程里，挑大梁的会是我，而我，做好准备了吗？

名叫长寿的那条路上，有一条绳子绑着一或二位女性，系在老者床边。无论是"家有一老，必有一吵"还是"家有一老，必有一倒"，都是屋檐下的现实，前路迢遥，长夜漫漫。有人说，这是一条幸福的路，子养亲在，得报生养大恩，完成孝道；有人说，这是吉兆之路，长辈高寿主福荫，泽及子孙。我说，幸福之路也好，吉兆之路也罢，必须由躺着的人及照顾的人说了才算数。长寿路不是康庄大道，路上的老病状况，也不是写一首诗、唱一首歌能解决的。

狂哭当歌

新来的看护阿蒂小姐是我们的救星，若用前世今生解释，她必定曾与我们当过家人，故能投缘若此。我不禁感叹，若少了这些姐妹站在床边服侍，走在长寿路上的老者该怎么办？我们这些家人，该怎么办？

九十五岁以后，阿嬷起了很大的变化。有一晚，她坐在沙发，忽然手指前面，说："你看你看，一滚（群）人行过去喽！"当时，陪在旁边的是我妹，问她："啥么人？"

"一滚人，你没看？呐呐，在那里，有人唱歌，有人跳舞！"

客厅里只有她们二人，我妹顿时头皮发麻，以为群鬼来家里开"轰趴"。

不久，躺在床上的她伤心而哭，自叹："我歹命！"家人好言劝慰，岔开话题才没事。但情绪变化、谵语的情形越来越明显。某晚，我与她通电话——她的听力不佳，我的声音必须大到像吵架，根本就是吼天，不是聊天，通话毕，往往必须含一粒喉糖。忽然，她声音颤抖，说："你莫出去，在抓人！"讲得嘴唇发抖、惊惶无比。我弟在她旁边喝茶看电视，斥之为无稽，特地出门去看，进门对她说："没有啊！"

但她依然惊惶。不知这段记忆从哪里蹦出来？我们毫无头绪，但她那颤抖的声音使我难忘。

接着，阿嬷进入最棘手的状况：哭！她一面哭，一只手敲床边矮柜，敲到淤血。

次日是周六，竟变本加厉，放声大哭一整天，说："三天后，有人会来带我走！"我母搂她肩，我弟拉她手，不管怎么劝，都不能让她停下来。

三日之说宛如预言，马尔克斯有小说《一桩事先张扬的凶杀案》，难道真有怪谈？此事非同小可，立刻通知亲族。嬷的亲小妹我们的姨婆，连同侄辈多人自宜兰老家赶来，我仅剩的两个姑姑亦飞奔而至，一群人围着哭泣的九十五岁老人，叫阿姐，叫姨啊，叫大姑，叫阿嬷，叫阿祖，亦纷然垂泪，气氛悲伤，场面哀凄。宛如人生走到尽头，与至亲泪眼作别。

二姑嘱我母，看这样子，衣服要准备了。

当晚，我弟在高人指点下，火速赶到某庙求来三道符，用胶带贴于阿嬷的床头墙壁及床上，另外拿了她的衣服盖保护印，帮她穿上。不久，她自行脱下衣服，说："这领衫脏！"周日一早，发现盲眼阿嬷竟然将那三道符扯掉了。

当日，昨天那群亲族忧心忡忡地再度来探，加上远道而来的其他子侄，一屋子沸腾。众人劝她莫哭了，伤身不好，她答曰："再让我哭两天！"

我回去，看到她坐在沙发上，面容忧凄，沉浸在哀哭之中，与一屋的现实完全脱节。我心头一懔，这个阿嬷我认得，她是我父猝逝后夜夜在灵前哀歌的那个母亲啊！

时光重返，记忆里刻骨铭心的悲伤时光竟在九十五岁时再现，依然唤出泪珠。我搂着她说："阿嬷，你莫哭！"当我说出这话，自己也几乎返回当年现场；因为，那时的我们口拙，不懂得安慰，只会重复说这句话。

难道，这么多年过去了，爬也努力爬出那黑暗了，走到她的人生尽头，祖孙相别，我还必须讲："阿嬷，你莫哭！"吗？

这让我气闷，岂有此理这人生，我绝不接受！遂肃然于瞬间粉碎那噬人的记忆，路要断梦也要断，回到此时此刻。她已哭得气力衰弱，头依偎在我肩上，梦魇般念着："我……的……孙子啊……"我找到她了，瘫在三十四年前那张灵桌下，我要把她从暗夜拉回来，我说："你的孙子都大汉（长大）喽，事业拢总真发展，大家都过得很好，你的矸仔孙也很上进，你一世人呷这么多苦，真有价值！"

坐在一旁的苦命二姑，听得眼眶泛红，好像我说的是天庭《功劳簿》的赞辞。

想起小时候，我们受到惊吓、恔恔而病，阿嬷必持我们的衣服包着一炷香，叫我们跟在身边，到野外招魂："三魂七魄回来了，在东在西，在南在北，回来喽！"如今，阿嬷的魂在哪里？被谁绑架了？

我又凛然地仿佛对着不知名的存有说："若要带伊去，

就欢欢喜喜，不要让她这么伤心，时间若是到了，让她装水水（装扮漂亮），欢欢喜喜启程，这样凌迟九十五岁老人，让她这么伤心，我们做孙子的不会原谅！"

若真有阴间使者、牛头马面现影，我也要骂一顿！下午，我母拜地基主，也祈求神明。晚上，让她吃一颗安眠药，一夜成眠，也让这几天兵马倥偬的家人好好一睡。

周一，忙碌的一天。卜卦派、问神派、秘方派各自出动，传来消息。或说：农历某月此人将大去。或说：某月有大劫，过了这关，这人就是你们的。或说：今天晚上是关键中的关键，需过了晚间十一点交了子时，才能放她去睡。

这日晨起，阿嬷安静，能少量进食，家人欢喜，愁眉稍展。下午，匜姑陪她，她说，有一个人敲她的头，她又痛又气，对他说："我要叫我的孙子、媳妇、很凶的女儿来打你！"那人答："来啊！"

我对匜姑说，原来你在她心目中是很凶的女儿。匜姑苦笑。

当晚，为了守住子时才能睡的神谕，我母我弟轮番陪她聊天，作战数小时，兵疲马困，到了山穷水尽、无话可说的地步。我弟电我："姐仔，换你哦！"我看时钟，刚刚十点，还有一小时战局，我怎可能撑那么久？跟老人讲电话有两种战况，一是他滔滔不绝自盘古开天讲到邻居开刀，一小时疲劳轰炸，你只能听不能挂掉，苦差也！一是听力不佳，言谈

252

能力衰退，你必须搜索枯肠找几粒话题，却往往一句话讲了三遍，他还是没听清楚，此亦苦差也！阿嬷属后者。电话中，她声音沙哑，不哭了，神智清醒。我从"呷饱没"起头，问饮食起居，她只能简答无法申述。很快地，我进入言说的初等阶级，问她喜欢什么水果？她答不出来，我必须用选择题供她选择（由此可证，我们教育里的选择题考卷是多么欠缺智力）。

"西瓜、香蕉还是拔拉（番石榴）？"

她说："香蕉。"

"为什么？"

"西瓜、拔拉太硬。"

我又问："为什么你喜欢吃香蕉？"

她答："我不知道啊？"

我说："香蕉比较软对不对？"

她说："对啊！"

我问："拔拉生做什么样子你知道吗？"

她说："我不知啊？"

我问："你是真的不知还是假的不知？"

她说："我不知啊？"

我说："生做圆圆的还是长长的？"

她说："不知。"

看看时钟，撑不到二十分钟，我跟弟说，本人弹药用尽，自行宣布阵亡，请另派天兵支援。接手的天兵是丽妹，拖延不久亦阵亡，我母接手再战，直至子时，才放她去睡，一屋人累瘫不在话下。

安歇数日，大家欢呼，感谢神迹佛力，祖宗保佑。没想到几天好光景，阿嬷又哀哭了，声音之凄厉洪亮，逼得我弟立刻关门闭户掩柴扉，恐邻人以为内有受家暴的老人而报警处理；那阵子电视时常报道，我弟又长得粗犷，有助于联想。白天，只有我母与看护在家，她极苦恼，电话中听得出，再下去，我母也要出问题了。

我想这事不宜纯以灵异角度视之，应该就医。但是，该看哪一科，我多方请教，决定挂精神科。

阿嬷就医是件大工程，四人大队开车前往。精神科候诊处的病友纷纷投来异样眼光，似乎狐疑年纪这么大了还需要看精神科？

灯号亮起，将阿嬷推入诊间。我说明原委，医生问诊，轮椅上的阿嬷一脸慈祥，毫无反应，医生犹如向虚空请益，我代答，禀明症状，他亲询病人，又是一阵沉默，坠入虚空中的虚空。正当不知如何是好的时候，慈祥的她忽然从茫茫渺渺的状态醒转，变脸哀哭："我……歹命……哦……"声音之大，诊间外的病友大约都听到了。感谢阿嬷开金口，我松了一口气，面露喜色说："就是这样！从早到晚，哭不停。"

诊断为失智并发老年抑郁症，领药，打道回府。当晚服下，次日好转，仙丹也！仙丹也！

从此以后，我代替阿嬷成为精神科长期病人。

连续处方笺

在医院，夜间门诊，等着看医生，帮阿嬷拿药。每三个月一次，与医生相谈，取得连续处方笺，共得三个月的药量许可，此次先拿一月份，另外两个月依单子上的日期到院直接领取，不必挂号看医生。

连续处方笺，"连续"两个字引起我的注意。候诊处灯火通明，亮得容不下一只蟑螂。这外景恰好可以用来隐喻内在；如果我们心中要求世间明亮洁净，容不下一只蟑螂，那么，迟早要到精神科报到。

我能接受蟑螂吗？越来越能接受了。我们必须尊重蟑螂及像蟑螂一般的人事物，自有其存在的必然性。世界不是我创的，说不定若交给我来创，在考量各种必要的效果后，也会放一两只蟑螂在每个人的人生小背包里，当作进阶练习题。

回到"连续"。差十分钟才开始看诊，预估二十分钟后会轮到八号的我。我喜欢挂十号以前，不喜挂到二十九、四十一、七十五号之类，就是偏爱十号以前，这可能是个病症，经过自我分析，猜测对号码的要求可能联结到了学校的考试名次。坐在这一区的病友们看来不像吃过晚饭的样子，我吃过了，早早把晚间作息弄毕，我喜欢从从容容、精神饱满地来精神科，候诊的时候可以看《国家地理》杂志，或是掏出随行小簿，写几段字。文字，是我的连续处方笺。

微雨的冷天，刚刚在站牌等车时，怪异地，"连续"两人向我问路，我长得像移动式 Google 吗？一个是中年微秃男人，横越马路而来，问我哪班车可到公馆？才答完，不知从哪里窜出一个长得俊挺穿黑色 polo 衫的年轻人问："我要去永和，是搭这边的绿二还是对面的？"我立刻凑近牌告，企图很快地从一根黑绳悬挂着密密麻麻、耳坠一般的地名中，判断这个赶路的年轻人应该去左岸还是右岸上车，仿佛他的幸福操在我手中，"应该……应该去对面才……"我还没讲完，黑衣罗密欧连个谢字也没有，横跨马路到对面去了，想必朱丽叶正在永和某餐厅等着他的求婚钻戒。看着他的黑背影，有个声音窜出："去吧，奔向朱丽叶的怀抱吧，你就别管我死活了！"这声音咯咯而笑，接着，心底另一个声音严肃地批评："都几岁了，头发白成那样了还这么幼稚，吃饱没事练习发福啊！"仿佛妈妈斥责女儿，不，是清末民初饱受压抑的老妪斥责二十一世纪初的纯情小女生，这数秒之间的自我勃豁，颇符合去精神科途中应有的内心风景。骂完自己之后，我想，作为求婚之处，永和这地名还不错，比石碇好，石碇被戏称为"死定"，真是糟蹋人家。糟了，我其实不确定去永和应该搭这边还是那边的绿二，就在我摘下眼镜（毕竟也有一点点不严重但会形成干扰的老花）想弄清楚绿二的路径时，我的车来了，同时来三部，我应该搭哪一部？快决定！我选择第二部，车子一发动，我立刻醒觉到两件事，一、罗密欧坐错车了，离永和越来越远，这是我这个浑蛋的错；二、我把六七一当成六一一，我也坐错车了，这是罗密欧的错，他害我分心。

所以，今晚，我对"连续"这两个字有点感冒。

候诊处的椅子都坐满了，有些病友很明显地是来回诊的；坐在我前面的两位女士，老的对年轻的说："我最近情绪很不稳定……"年轻的劝她："他（也可能是她）讲话不好听的时候，你就走开嘛！"我很想告诉她：介绍我外婆给你认识好不好，她一辈子修"咒语课"，屋檐下有个人常常咒她"死了没人哭"咒了将近五十年，外婆照常过日子没有情绪不稳不需要看精神科！

有些人可能跟我一样，是伪病人。是吗？是这样吗？我是伪病人或者其实就是病人？我是清楚明白的我自己，还是手中这张健保卡及重度残障手册的主人？说不定我向医生描述时，顺便掺入一些我的症状而不自知，药却由阿嬷在吃。想到这儿，不禁又派出清末民初那个老妪来骂骂自己，脱缰野马的思维习惯不太好，人要懂得收束、管理、抛弃一些念头及情感烙印，禅宗大师神秀之偈："身是菩提树，心如明镜台。时时勤拂拭，勿使惹尘埃。"看来值得当作内在大扫除标语，如果当年阿嬷勤拂拭那些悲伤经验，抛弃之，换得开朗心态，说不定不需要跟精神科打交道。于是，我又想，为什么人老了之后失智，变成暴躁、易怒、忧郁，而不是变成一尊笑呵呵的弥勒佛？为什么好的部分坏得那么快，坏的部分却扫不掉？若真是如此，证明上天给人的脑袋，都是有瑕疵的。

邱医师准时进入诊间。他是个温和亲切、说话声音像轻音乐的医生。长得有点像马英九，但四年下来，"邱英九"的发丝愈见稀疏，快要藏不住虱子（如果有的话）了。今晚，他驼着背进诊间。不过，他的袍子一向干净，值得嘉许，不像我母的心脏科医生，白袍有脏污且皱巴巴的，蓬首垢面（脸色较黑有雀斑故有此错觉），若不是单身就是老婆孩子在外地，他独守空闺当赚钱机器。我对阿母说："医生看起来病得比你还严重咧！"她听了大乐，笑得花枝乱颤。不知怎地，听到医生病得比自己还严重，做病人的会有一种轻松感！

回到邱医师，他看起来蛮累的。数一数墙上的挂号单，今晚有六十多个病人。具备何种特质的人适合当精神科医生？像他这样，似乎从不发脾气，凡事慢条斯理，有一股让周遭安静下来的力量，还是具有黑帮老大气派的人对病患的病情较有帮助？你要是眉头深锁、眼眶含泪倾诉自己的睡眠障碍、情绪澎湃，说过来讲过去痛苦哇痛苦哇！老大一面转笔一面虎视眈眈看着你，接着从桌底摸出一瓶威士忌（或是一支球棒）……

还是"邱英九"比较好。轮到我了。

"邱医师你好，我来帮阿嬷拿药。"

"婆婆现在怎样？"

秀出手机里阿嬷的照片给他看，简报饮食起居大概："服药以来，哀哭的情形大幅改善，但偶尔仍会自叹'歹命'，小'哦'（吟哦）一下，像唱民谣一样。安眠药的帮助不大，几乎没吃，家人已习惯她日夜颠倒，不吃也没关系。现在不能认人了，搞不清楚谁是谁，大部分时间卧床，包尿布的关系，臀部有一个小疮，有搽药，也买了插电式多管上下的那种气垫床给她睡，这次麻烦你开一条药膏。"

"邱英九"看着荧幕敲打键盘，解释几句，提醒我要注意老者的褥疮问题。我说我们之前没有经验，现在知道怎么做了，有请看护注意阿嬷的清洁与血液循环。

"还有，"我说，"这颗药比较大，阿嬷不好吞，又不能弄碎，可以换吗？"

"好，我换药效一样，一次只要吃半颗的，可不可以？"

"好，谢谢。还是连续处方笺。"

"好。"邱英九诊断完毕。

"谢谢邱医师，请你多保重，再见。"

出了诊间，下一个病人进去。一分钟不到，护士出来叫名，我立刻上前，她交给我药单及连续处方笺，不必交代，我自

259

去批价、领药顺便预约下个月及下下个月的处方笺领药，到时直接到预约柜台领药即可，不必再经过批价柜台小姐的纤纤玉手。每个病人及家属都应该摸清老主顾医院的"空啊缝"（空隙夹缝），才能存活。嗯，我有很严重的 Google 倾向。为什么这样？我自我分析，其实喜欢挂十号以前及注重学校的考试成绩，彰显的是同一件事：我发现要在体制里得到最多自由的最佳办法就是，跑在别人前面，那么，枯等数小时、考卷上错的题目写三遍这种鸟事就不会轮到我。我不想被绑在无意义的事情上，所以，必须懂得 Google。

领得一个月"精神科粮草"。突然想起幼年曾看过的乞者，一身褴褛，戴破笠穿草鞋，背着铺盖，腰间系着斑剥的搪瓷宽口杯，手拿坑坑凹凹的小铝盆，吟哦曰："好心的头家头家娘，分我一碗饭呷……"我嬷或我母会盛一碗剩粥配"咸带仔"（泛指酱菜、豆腐乳、菜脯）给他。我们自己也吃这些，没别的。

那时的阿嬷，身体强壮，心情愉快，像一头快乐劳动的牛。

如今，我代替阿嬷到这明亮的所在乞讨，领得二十八颗抗抑郁药，让她心情放轻松，浑然不知恩怨情仇；七颗备用的安眠药，众人皆睡我独醒，显然不是值得鼓励的人生境界；十四颗精神科用药，让她有定向感，不要独自返回二十世纪去找心爱的那四个男人，像卫星导航，引她回到无烦无恼的现在。

阿嬷是桶箍

九十八岁，因吸入性肺炎，阿嬷住院，受了抽痰、插鼻胃管的折磨，我们看了极为不舍。有一天，躺在病床上的她又在"喀喀喀"，喀了老半天就是咳不出痰。我母是个失栽培的"土医生"，叫她："姨啊，你嘴开开，我看！"阿嬷张开嘴，我母伸入两根指头，以旋风无影指从阿嬷喉咙"揪"出一坨浓痰，"一糊这么大糊，亲像麻糍！"阿母说。说也奇怪，从此好转。

住院十多天，阿嬷恢复得不错，出院，但带着一根鼻胃管，她的体重太轻，吞咽能力不佳，不得不如此。那根管子让她很不舒服。就在我联络好卫生所护士定期来家为阿嬷换鼻胃管诸般事宜之后，我母来电："你阿嬷自己把管子抽掉了！"我大惊，再插一次是很痛的："怎么办？叫护士来重插！"我母心软，说："先不要，看她能不能自己吞。要是能吞，不要再插了，看了真无甘（舍不得）。"

阿嬷展现坚毅的生命力，战胜那根管子，慢慢地吞咽高营养食物。旧历年时，丽妹问她会不会数数儿，她竟然慢慢地数到六十七。她不会言说，但我们懂得那强烈的情感，她要跟我们在一起，继续做这个家的桶箍，做我们的阿嬷。

阿嬷的一生被哀与爱紧紧缠绕。我相信，她刻骨铭心地爱着我们，唯有爱，才能叫一个绝望的人留在世间，唯有爱，悲哀找到出口。

如今九十九岁（虚岁一百），如同当年她张开手臂守护我们，我们守护着阿嬷。时间似乎从她身边逃跑了，她没烦没恼、无忧无愁地，栖息在伤她最深也是她最挚爱的世间。

世间相遇
——写给永远的阿嬷简林阿葱

我们何其有幸，与阿嬷这样的女性在世间相遇，做她的儿女、孙儿、曾孙，受她照顾，从她身上学习人生这一门艰深的课程。

年纪越大、阅历越深，我越能看穿世俗网罟所网住的所谓珍奇财宝，往往是不值一顾的。屋檐下，不需要金山银矿，但需要一位大地之母（或父）。何其有幸，我成长的茅庐里，住了两位不离不弃的母亲。她们是大地之母的化身，用人身挑起神才挑得动的世间重担，"有敢于入世的胆量，下界的苦要一概承担"。我从她们身上看到与众不同的魄力，像一个将军！

将军不能选择战场，战到最后一兵一卒，绝不投降，她们不能选择命运，同样也绝不投降。柔软的时候，是大地之母，刚强时，是世间将军。命运给她们破碎，她们埋头苦干，将它补成完整。我相信，她们的智慧、坚毅、善良、淳厚会随着血脉遗传给我们，她们对子女、孙辈的爱，已化成血脉故事、家族传奇，将炼成永世的胎记，在后代身上继续澎湃。

我与阿嬷的祖孙亲情很难说得清、诉得尽；我是她的第一个孙儿，自小承受她的疼爱最多。我从小留长头发，每天早上，她帮我梳头、抹茶籽油、绑两条辫子，让我光鲜亮丽地去上学，直到初中依规定剪成清汤挂面才停止。

阿爸过世后，在两个姑妈的帮助下，我到台北读高中，寒暑假才能返家。要回台北那天，阿嬷一定红烧一包鸡肉鸡胗、炒花生或萝卜干让我带到台北加菜，后来我在学校附近赁屋，她还要我多背一包米。每次，阿嬷都陪我走路、坐巴士到罗东火车站。我买票进站，说："阿嬷，你回去。"她总是站在检票员旁边，隔着木栅栏说："再等一下。"以前的车班常误点，我一再催她："嬷，你回去啦，我自己等就好。"她嘴里说好，穿着拖鞋的脚却一动也不动。隔着栅栏，想到就叮咛："到台北，物件要记得拿，过车仔路，要看有车莫，没车才可以过。"我都已经是高中生了，她还担心我不会过马路。听来平常，句句却是做阿嬷的对离乡孙女的关爱。

有一阵子，我为了节省开支，跟班上一位想要减肥的同学合吃一个便当，对一餐可吃两碗饭的我来说当然是不够的，但想到阿嬷与阿母撑一个家的艰难，我也不以为苦了。上大学后，无意间，我提到这件往事，阿嬷脸色大变，斥责我为什么要这样做，厝内怎会欠一顿粗饱，怎么可以饿肚子！谁都知道她卖扫帚常常饿肚子，允许自己饿肚子就是不准孙儿挨饿。这件事被她提了好几次，每次讲的时候，脸上的表情尽是懊恼、疼惜甚至是生气。

孙辈中我的年纪最大，有时，她会跟我说一些内心深处的故事。那些过往，交织着血泪与屈辱，一个没有父荫、夫靠的女人，走的坎坷路常有人丢来残忍的石头——这是人性里固有的成分，不足为奇。这些，她都咬牙挺住。她异乎常人的是，并未因为这些屈辱而变成一个扭曲、贪婪的人，她自始至终是一个善良、淳厚、热情的人，守护着菩萨心肠。

是的，菩萨心肠。有一次，云妹在砂港铁路旁那块地做农务，捡到一块停在某个时刻的表。阿嬷判断应该是不久前发生车祸被火车推到这块地的亡者之物，她多方打听找到家属，要阿母跑一趟送还给人家。当时，我阿爸才过世几年，她一定从那块遗落的表体会出其家人的伤痛，才不辞辛劳要送回一个安慰，这样细腻、善良、温厚的感情，是很多人做不到的。

阿嬷的名字是"葱"，葱也是"蓝色"的意思。蓝色，确实最能表达她与命运搏斗的过程，她的一生就是把抑郁悲苦的深蓝炼成暖日晴空的故事。

阿嬷与阿母都是文武齐备的人，我回溯自己的写作才能从何而来，发现她们都有艺文倾向，得此双份加持，我自然会乐此不疲。小时候，与阿嬷同睡，曾问她枕巾上的"鸳鸯戏水"图文是谁绣的？她以一副"你不知你正在跟师父讲话吗？"的口吻说："拢嘛我绣的！"搬来台北后，有一次我听到她自唱："韭菜开花直溜溜，芹菜开花结归球，少年唱歌交朋友，老岁唱歌解忧愁。"我一听大惊，叫她再唱一次让我记下来，她竟觉得不好意思起来。如果，她生在一个小康之家，拥有受教育的机会，以她的拼搏精神与才华，必定会有一番作为。是以，像阿嬷与阿母这样苦命的人不是不努力，是被夺去机会，而多少酣尝甜美的人生滋味的人，不见得是因为他们比别人努力，往往是，比别人拥有机运。

但一辈子啃读苦字经本的阿嬷在晚年得到了我们全部的爱，或许，这就是她的补偿。在阿嬷面前，我们永远是小孩，是怎么骂都骂不倦、怎么疼都疼不完、怎么爱都爱不尽的孙儿。即使霜发已斑白，与阿嬷相处仍与幼年无异。好似，她随时会抄起一支竹枝追打那个调皮的孙儿；好似她卖完扫帚过午走路回家，我们从路口竹丛边远眺她的身影出现，一面大喊阿嬷一面快跑去迎接她，而她总是从口袋掏出一小包金柑仔糖给我们，自己却舍不得吃任何东西。

每次回家，一定这么招呼："嬷，我敏媜呐。"她也习惯说："敏媜喔，你呷饱未？"即使回答吃饱了，她也再问：

"欲搁吃莫？欲饮烧汤莫？"常常在她的招呼之下，觉得确实没吃饱，拿起碗，再吃一些。

何其幸运，与阿嬷这样的女性在世间相遇，因为有她的爱陪伴，当年吃过的苦，如今都变成了甜。

银发服务有限公司

美好的一日，我看到善行。

公交车靠站，司机从驾驶座起身，先帮一位老婆婆把助行椅及杂物搬下去，再扶她下车，等着下车的乘客静立，无人催促，接着依序刷卡向司机说谢谢，下车。司机也回说谢谢，我下车时，也对他说："你真好，帮助老人家。"

天空微雨，我有点泪湿。心里自嘲："唉，真是没用的家伙。"眼角的泪意一时干不了，随它去吧，不如像觅食的雨中浪犬去街角超商要一杯热咖啡，热烟蒸一蒸，泪就不明显了。

想起一件小事，也在公交车上，乘客渐多，司机见有老者上来，扯着喉咙说："年轻人让给老人坐！"车内没什么动静，我猜，他的呼吁引起微妙的尴尬，坐着的人心想："我不年轻了好不好！"站着的也嘀咕："真是的，我不算老吧！"

在另一班公交车上，老夫妻上来，一位可爱的小姐让座给老先生，他直说："不用不用，你坐你坐！"站着不坐，车一开动，摇摇晃晃，那小姐不知如何是好，叫她怎么坐回去呢？干脆往后走，远离现场。旁人也说："你坐！"老先生还是不坐，看来较年轻的老太太开始数落他："你快坐下去嘛！为什么不坐呢？你这样很奇怪耶！"讨了一顿骂，才坐下。为什么男人从小到老都欠骂呢？

我不禁想，当我老时，膝盖像恶灵碉堡，每走一步就像被恶灵用刺刀戳一下，到时会有人对我行善吗？如果，老年生活之适意与否需建筑在他人的善行上，这绝对是堪忧的。善人住在每条大街上，恶人或冷漠的人也在每条巷弄走动。

相关部门有感于台湾即将于二〇一七年进入高龄社会，欲结合各县市政府推动"高龄友善城市"运动，拟定八大承诺："敬老、不老、康健、连通、安居、畅行、无碍、亲老"，方向正确、目标高远。但预算经费如何不得而知，恐怕无法等待其建置完善之后再来老！老，是大自然的排泄系统，我们这些进入大肠阶段的人被迫要往直肠的方向蠕动，什么承诺都挡不了。

不敢奢望友善城市立即到来，也不能寄望"临时孙子"随时出现在家门口陪你上医院到菜场，但是，难道没有人嗅出好大一块"老年产业"值得研发、开发吗？

其实，有的。

澳大利亚一家专门研发、制造医疗及居家照护产品的公司，推出全球第一件"电子内裤"，适用于年长者及尿失禁的病人；裤内有可拆式的尿液感应器，能将讯号透过无线网络传至中央计算机，医护人员即可处理。

好处在于，能让长期卧床且不能言语的病人保持干爽，免受褥疮、皮肤病变之苦。

坏处是，我猜测，这裤子若感应到尿液，应该会发出一些响音。问题来了，想象老人院里老爷爷、老奶奶都穿上了，他们尚未完全失去行动力，所以就到交谊厅活动活动，结果，时不时就听到嘀嘀嘟嘟的响音，分不清楚是手机在响还是来自臀部的呼唤？如果它像闹钟一样，不按"off"就每隔一分钟给你响一次，一次响三十秒，偏偏你又耳背不知道自己的屁股在响，会不会吵得那原本脾气就不好的院友受不了，拍桌叫你去换裤子，你没听清楚，他就用那支天生的隐藏式麦克风替你放送："笨蛋，你尿裤子了，快去换啊你！"你是个老人、病人，可你也是个自尊心很强的人，本能地，就拿起拐杖朝他打了下去，回呛曰："这下你也尿裤子了！你也尿裤子了！"

从此，老人院贴出公告：为了维护大家的安宁与安全（此二字用粗红笔写），进交谊厅前，请关闭电子内裤响音。

于是，就像手机一样，电子内裤也可以调成震动式的。问题又来了，它震动得太厉害了，害一个打瞌睡的老婆婆控制不住自己那震动的电臀，竟吓得跌下来。

还是传统的比较好。

据说某个学术单位有人发明"聪明药盒",可提醒病人吃药。这是不错的点子。一般而言,需用到药盒的,一定是慢性病患;这些老病号,大都吃药吃成精了,若是精神、神智都正常,无须他人提醒,每天按表操课,不会忘记。但若是开始进入心智起伏、记忆力衰退的状态,确实需要有人提醒他吃药。不过,这个药盒得放在身边才行,要不然,他可能不够聪明,找不到聪明药盒。

提醒二字,是银龄生活里最常用到的动词。某甲对太太说:"你提醒我明天包个红包贺一贺他。"太太答曰:"没问题,明天早上你先提醒我要提醒你包个红包贺一贺他。"最后,谁都不可靠,写在便利贴上,提醒自己。问题是,没人提醒你要看便利贴,你还是忘了。

《博士热爱的算式》,片中那位车祸受伤后仅能维持一天记忆力的博士,在衣服上贴了数张便利贴,自我提醒,虽然有夸大之嫌,却也点出记忆力衰退对生活造成的困扰是苦不堪言的。忘了钥匙,忘记煤气炉在烧水,忘了眼镜放哪里,有时还会忘记自己洗过澡没。

如果有个小机器,像凤梨酥大,可设定项目,别在身上,时间一到发出声音:"前方有测速照相,请依限速行驶。"对不起,设错了,是这个才对:"请注意煤气炉在烧东西。"

还要有贴纸型的小感应器,可以贴在眼镜、钥匙、手机上，一旦找不到，只要拿起遥控感应器扫描一下，就可以循声从报纸底下找到眼镜，在浴室找到手机，在厨房找到钥匙，在床上找到无线电话。据闻日本已研发预防失智者走失的"导航鞋"，这真是一大福音。

大部分老人家有个习惯，把生活中常用的东西GPS全摊在客厅桌上，大的如热水瓶、泡茶组、饼干桶，必用的如电话、放大镜、笔记簿、桌历、剪刀、收音机、血压计，小的像毛巾、面纸、牙签、棉花棒，重要的如钱包、钥匙、药袋，再加上当日报纸二份、昨日未看完的二份、近日剪报未收妥的数份，旁边还有信件、相簿可供随时缅怀。这些，统称为"生活娱乐平台"，再面对一台几乎不关的电视，架设成一个老人的家庭生活实景。这种开放式的生活习惯，确实符合他的体能与记忆力，却完全不适合与年轻人共同居住。屋檐下的空间使用法，标示了领土权，除非老人家拥有自己的领土权，否则很难不出现问题。比如说，负责家中环境规划、整理的是媳妇，若此人偏好极简风格且有洁癖倾向，两代很难不争吵。

如果有一张专为老者设计、可摇控调整高度、收纳取用方便的多宝格柜子，应该可以改善摆摊式的置物习惯。要剪报，一张隐藏桌子伸出，内嵌式台灯亮起，可以做一点小手工。要泡茶，附挂的电壶座可插电，抽屉里有茶叶与杯具组。要吃药，有一只大抽屉专放药品，还附一个档案夹层供你放各种单据及医疗记录簿，以及每日必用的血压计。若能如此收纳，家中应会安宁不少。

日本已研发会爬楼梯的轮椅，让老者战胜"坎坷的路面"，除此之外，老人家还需要一辆可调高低的家用轻巧型电动轮椅。如果，老妈妈行动不良，白日家中只有她一人，又还不到需要雇用外佣的地步，有这么一台小"不不"，老妈妈等于有了脚，可以下楼看看街坊邻居，还可以洗米煮饭做一点家事，才不觉得自己是废人。

等到我们这一代五年级生步入老年，需要的恐怕不只是一个多宝柜、一台多功能助行器，我们这一代的子女是基因改造的油麻菜籽，适合各种土壤，不可能在我们身边看着我们老去——我们也不愿独生子女为了看顾我们老去而荒废远方的人生，是以，我们需要一家"银发服务有限公司"，二十四小时等着服务像我这样希望在自家养老、喜爱独自安静的老怪癖。

首先，这家公司必须值得信任，具备铁的纪律、钢的管理。采会员制，随召随到，按件计酬，服务范围涵盖所有老年生活里的事项；举例而言，我扮演女儿、媳妇角色必须承接的各种状况，这家公司都能接手：

"简媜，厨房的灯坏了，你来看一下。"

"简媜，马桶盖裂了。"

"简媜，米跟油没有了。"

"简媜，你去银行帮我领一点钱。"

"简媜，聚餐的餐厅订了没？"

"简媜，老房子的浴室漏水了，是不是要找人修啊！"

"阿敏媜，你阿嬷的药没有了。"

"阿敏媜，我的耳朵吱吱叫，你带我去看一下医生。"

"阿敏媜，我是不是要验血了？"

当我老得不能趴趴走（虽然我很不愿意留到那时候，但登仙列车一时未到，只好等候），我既无女儿可供差遣，也不想（或不能）差遣别人的女儿，儿子显然也不太可靠，这时，有这么一家公司做我的生活帮手，我与同代人都要欢呼了。

想象一下，即使我不小心跌断腿需要短期的二十四小时居家看护，他们都能派遣。我眼力不佳，偏又特别留恋某一部作品，需要有个人来为我朗读，他们也能办到——杰哈·德巴狄厄主演的《与玛格丽特的午后》（*My Afternoons with Margueritte*）深获我心；低教育的中年男子在公园巧遇受过高等教育的九十五岁老太太，她引领他进入小说世界，待她视力渐失，换他为她朗读。Margueritteg 是雏菊之意，"以雏菊为名，她活在文字的世界，被形容词围绕，活在动词的绿色原野中，迫使你投降。"最后，这男子把无儿女的玛格利特从养老院接回家，说："别死，你还有时间，请等待。"

我希望我的老年仍然有文学的甘泉滋润着我，但不期待有陌生人把我接回家当成妈妈。

当然，大部分时候，生活是琐碎得不知道意义在何处但

273

是不解决又不行，如果有这么一家公司待命，我们变成老糊涂了也没关系。举例来说，专线电话响了，负责这位客户的小姐从计算机上完全能掌握状况：

"蔡背背您好，请问您需要什么服务？"

"哎哎，那个热水瓶坏了你给我弄一个新的来。"

"没有问题，我们的外务员三十分钟后拿型录过去给您选好不好？"

"好好，还有哇，那个那个卫生纸没有了真伤脑筋，我现在就是坐在马桶上给你打电话的啊！"

"蔡背背您不要动，我叫您的专属管家阿卿姐马上过去帮您擦屁股！"

老年财金生活体验营

　　我们每个人去坟墓的时候，手上只能拿着生前所
施赠出去的银两。

——卢梭

老本

　　虽然很不愿意，但是难以回避地，我们得打开皮包，谈
一谈"钱"。

　　钱有很多别称，孔方兄、阿堵物之类，到了老年，钱有
个专有名词叫"老本"。有意思的是，按照李白的财金理论"千
金散尽还复来"，年轻时散去的那些钱应该像回力棒一样在
你老时通通返回口袋变成"老本"才对，但二十一世纪的风
景没唐朝那么好，我们眼前说的"老本"，既不是回力棒，
也不是百货公司周年庆的来店礼，有来就有，而是指你随身

携带的盘缠，有就是有，没有就是没有。

关于"老本"，也有两种不同的论调，姑且称之：其一，享乐派。此派为人四海，纵欲享乐不落人后，声称，来到世上时两手空空什么也没带，还不是长大了；要老就老，哪需要存啥老本？船到桥头自然直。年轻时有钱不花，傻也！

或有胆小之辈，斗胆问之："那那，如果将来老病缠身怎么办？"

"交给公家办吧！"

瞧，多么潇洒，多么自在啊！

胆小保守之辈递上麦克风，怯怯地问："这位大哥，难道你不想留一些给子女吗？"

手一挥，大哥面露不耐，曰："去去去，别坏了我喝酒的兴致，只有你们这些傻蛋才要留给子女，告诉你，你爸爸我赚的钱我要花光光，一毛都不留！"

果然，大哥重然诺，不到六十五岁全败光了。

其二，积沙成塔派。此派信徒深信"好天要积雨天粮"，走的是最琐碎、最消磨英雄志气才女性情的一条算盘之路，闽南语"烂账归（整个）算盘"指的就是这景况；小户人家的薪水袋是死的，整个算盘都是家常小账，一笔笔加减乘除，好不容易才积出一小坨油脂，赶紧送进银行里的"加护病房"——定存，呵护一年，活了，生成一坨小肉，再连本带利做运用，半年一载又生出几块肉。有富爸爸的人，大手一挥，即令一头肥猪炖成红烧肉，大口吃肉大碗喝酒，好不快活；爸爸很穷的，只能靠自己带便当不外食，搭地铁不买车，抹凡士林不做脸，穿"撒切尔"（闽南语，菜市仔）不穿香奈儿、读公立不上私校，自己教不补习，夫妻俩同心协力积出一块块肉，拢一拢，有一天蹦出一头猪——一栋房子，十多年后，蹦出第二头猪，再十年，第三头猪也报到了。

两派人士都会老，忽地在鎏银路上碰到了，大哥的处境堪怜，但他的子女都不怜他，往下情节不必细诉，参社会版某老人告儿女弃养之类新闻即可。勤俭持家派也老了，辛苦一辈子换一本稳当牢靠的存折，养自己的老。哪一种人生较迷人？老实说，我们都希望过大哥版生活，但都不希望他是我爸爸。

年轻时，有位同事的一番话对我起了一点刺激。下班后一群人到小酒馆胡扯，慵懒的音乐，晕黄的灯色，不知怎地竟"盍各言尔志"起来了，这位年纪较长、未婚的同事叼着烟描述他的理想人生，他说："最倒霉的是，钱还没花完就挂了，最痛快的是，死的时候欠很多钱。"

大伙儿一阵嘻哈，欠一屁股债似乎很能刺激谈兴。那时，我离三十岁还有一排栏栅等着跨，身上长着奇奇怪怪的棱角，鄙视婚姻，厌恶体制，没打算活过五十岁。一份薪水加上外快，固然需养家，仍有余裕供自己在东区各个涌动潮骚、弄潮儿寻欢的地方挥霍。但不知怎地，他的宣言像指向月亮的手指，我本应循指看到月亮，却相反地看到那根指头流着脓血！我悚然一惊：死的时候欠一屁股债，太可怕了！苏格拉底临终最后一句话，交代徒儿："咱们应该向医药神祭献一只公鸡，去买一只，别疏忽。"我若连一只献祭的公鸡都买不起，那真是太伤尊严了！

"积蓄"是自小我嬷我母对我们必诵的二字咒，大约也被她们洗脑了，是以，顿然醒悟，以有限之资财逐无涯的时尚，供养商品帝国里的豪富们，自己只换得满柜衣服鞋子包包，实在是件蠢事。我心想与其化整为零当东区时尚火山群里的火坑孝子，被火化成灰还不值一阵风吹就散了，不如化零为整把薪水都送进顶级加护病房——银行；二十八岁那年，我买了生平第一栋房子，沉重的房贷几乎压垮肩膀，却也证明李白的投资理论不全然是错的，千金若散尽于具有保值、增值潜力的品项上，确实能"还复来"，而且带着孩子一起回来见爷爷奶奶。

管控物质欲望、妥善规划财务，是极不浪漫的事，甚至会被正值青壮、服膺志摩所言："感情是我的指南，冲动是我的风"的人讥为俗不可耐。确实如此。无奈，这个俗是乱民聚集的梁山泊，不严加管辖就反了；一锭银能逼死一个才子，话说回来，才子为了存一锭银把笔写滥了，也是可悯的。

想要走上平坦的鎏银之路，必须腰缠万贯——古时钱一千叫一贯，万贯约值千万。六十岁靠边的人，最流行的问话是："什么时候退休？""有没有退休金？"中老年人已经耗尽浪漫情怀，他们尊敬读万卷书的人，但清楚得很，安度晚年需万贯财。

老年财金生活体验营，有两种营队可供参考。

某甲六十五岁退休，每月有五万退休金，另有房租收入二万，投资理财报酬二万，共九万。有一间自住无房贷的房屋，银行里可动用的存款一千万，保险箱里珠宝黄金三百万，股票三百万。够了够了，就说这些吧，这样的人他怎能不热爱生命？怎能不斤斤计较血压高低、不提防胆固醇指数、不每年做健检、不追求长命百岁？

某乙，过了六十五岁，无退休金，看到子女为三餐糊口而奔波，自己身无分文可资助之，又疾病缠身，如此境况下，他有什么条件"热爱生命"？有什么能力希望子女陪侍在侧、承欢膝下？若他在不愿拖累子女的强烈意念下做了悲惨的决定，我们旁观的人岂能以一句"儿女未尽孝道"或"老人家做傻事"来评论这复杂且沉重的生命之轭？

是的，退休金首先划分了老年生活属经济舱还是商务舱。有退休金的，若是公教人员，那是直接可以升级到头等舱的。近年来由于经济不景气，社会大众对头等舱迭有批评，但无论谁当政，难以撼动这已成为社会安全阀的结构。头等舱的优渥待遇显然不宜对劳工朋友详说，以免引起动荡，不过，有几个数字可以协助我们理解。

公务员平均退休年龄为五十五岁，教育人员为五十三岁，军人是三十四岁，政务人员为五十五岁。据相关部门统计，至二〇一一年九月止，参加公务员退休抚恤基金的人数为六十三万二千，其中，公务员二十九万，占45.8％，教育人员十九万四千，占30.7％，军职十四万八千，占23.5％。每年新增加入退抚基金约一万人以上。以二〇一二年台湾人平均寿命八十岁计，公教育退休人员支领退休金达二十五至二十七年，军职更长达四十六年。若加计身故后泽及其眷属、遗族，无疑地，这份退休金给一个家镶了金。

有个不离谱的估算，按照"八五制"，依主计处公布公务员平均薪资六万三千元计，某先生二十五岁成为公务员工作满三十年，于五十五岁退休，假设退休时薪资六万，依所得替代率百分之八十计，此人每月可领四万八千元。由于他身体康健，生活无虞，也愿意协助子女育儿，所以间接替子女省下每月二万元、四年共九十六万保姆费，如果他理财有方，手上替子女备有头期款，这笔省下的保姆费够在新北市某些社区买下六百万房子而只需负担少量房贷。如果夫妻都是公教退休，每月领得十万以上，加乘的投资理财效力更加惊人；他们不仅五十五岁以后的老年生活获得山盟海誓般的保障，更有能力呵护第二代、拉拔第三代。假设他们平日注重养生保健，其寿命要超过八十岁并不难（只要到公园逛一圈，就知道八十岁不是困难的事），当作活到八十五吧，把计算机拿来敲一敲，三十年，一人领了一千七百多万退休金，两人共三千四百五十多万。工作三十年，公家包养三十年，甚至可能更久。在现代医疗照护的协助下，这人只要"一息尚存"，每个月的退休金不会少。每年一月，核发一到六月退休金，七月，发放七到十二月退休金，这两个月，不适合搭乘登仙列车。

这笔退休金，当然是免缴所得税的，而他们又可以让子女报"抚养人口"，在申报所得税时，列入免税额范围。

如果，不是公教退休人员，五十五岁的劳工父母还在职场工作，有薪水收入所以必须缴所得税。年轻子女大学毕业投入职场，薪水二万五千元（做个参考，二十八年前，我二十三岁，大学毕业一年后月薪二万八千元，当时内湖区一间三十多坪新成屋公寓，一百八十万），需还学贷，结婚生子后，由于父母无法协助，每月需花二万托婴，加上房租，这一家三代要买一栋房子难上加难。

一份退休金，影响三代。

同样工作三十年，五十五岁，一个单打独斗的文学家，著作二三十本（有些可能不再印行），每年版税收入可能不及五十万（这算不错的，但势必逐年减少）。没有年终奖金，没有退休金，没有医疗优惠，没有子女教育补助，没有市民旅游卡，没有优惠利率存款，没有丧葬补助，啥都没有，基本上是迂回地延续当年对挥笔如剑的知识分子的憎恨，以软性消灭法，让所谓的自由市场机制来慢慢捏死他们那爱呐喊、爱批判的粗壮脖子，逼他们放下笔为稻粱谋。这四十多万版税，需扣缴百分之二的健保补充保费，其余可扣除十八万免税，剩下二十多万需列为所得申报所得税。唯一令人感动的可能是，当这位作家晚年贫病交迫时，相关部门应会带一束花、一盒富士苹果及一个六万元红包，在媒体簇拥下，探望这位双手抖颤的老作家，深情款款地握她的手（假设这个老作家是我），说："简媜老师，我是看您的作品长大的，您的书永远抚摸，呃，是抚……抚慰一代又一代的年轻人，您太伟大了，我代表大家致上最高的敬意，请您赶快好起来喔，再写几本好书给我们看好不好？大家说好不好？"镁光灯喀嚓！喀嚓喀嚓！陪同的马屁精大声鼓掌说"好！"这时，我嗫嚅着，伸出手指，抖抖抖，指着嘴巴，有人看到了，说："嘘，安静安静，简媜老师有话要说！"大家支着耳，以为我要说什么谢主隆恩之类的场面话，我说了，说的是很实际的话："牙……牙齿不好，苹果咬不动，香蕉好！"

当年轻人挤破头要抢入录取率极低的公务员行列，点出我们的社会藏着巨大的隐忧，这个社会不再鼓励奋发冒险、踊跃创新了，它提供牢靠的呵护给公务员，鼓舞了公务员。

正在支领军公教退休金的人是不必担心老本的，只要当局无论财政多困难都守住对军公教的承诺，只要四大基金即使濒临破产也会照顾军公教，他们是可以放心的。

但是，但是，以下纯粹是个人的假设与感想：假如我是正在支领丰厚公家退休金的人，在我逐渐老去的路上，我要提醒自己时常回顾社会对我的眷顾与恩惠，我的所得，固然靠自己努力而获得，但我不能忽略，我可能是在相对不公平的社会阶层中站在获利的那个位置，享有其他阶层不能奢想的生存优势与社会红利，换言之，我不见得比他们努力，不见得比他们有功于社会，但我得到机运以致获取资源、分食料多味美的大饼。当我看到一整个世代的年轻人拼命工作领取低薪，还要承担被裁员的风险，一整个世代甚至不止一代要背起我们这些老人留下的负债，他们未来的光明在哪里？生命的甜味应该分给挑担的年轻人多一点还是全部让老人独享？当这些不是危言耸听而是已浮现眼前的课题时，一个领取一毛都不少的退休金的人，是不是应该思考公家财政困难的事实而觉知到手中这份退休金，可以经由我手做出有意义的分配，哪怕只是一块饼片，也是一番心意。在我老去的路上，看到自己的后代发荣滋长，固然是欣慰之事，看到整个社会的年轻世代蓬蓬勃勃，岂不是更大的快乐！

然而公家退休金也不见得宛如山盟海誓，爱永不渝。马尔克斯《没有人给他写信的上校》，哥伦比亚内战结束后，一位上校每星期五到邮局等他的"退役养老金"通知信。故事一开始，上校打开咖啡罐要煮咖啡，罐内只剩一小匙，"他把咖啡壶从火上移开，把水倒掉一半，再用小刀刮干净罐内的咖啡，连罐底带点铁锈也刮起来，一起倒进咖啡壶里去"。一下笔，先来一段山穷水尽的景儿，看得我这个有咖啡瘾的人极度难受。家中老妻害着哮喘症，成天卧床，上校端热咖啡给她，她问："你呢？""我喝过了。"上校撒谎。

上校除了等待以外，别无他事可干。儿子死了，"我们是儿子抛下来的孤儿"，但月复月年复年，没有人写信给上校。邮政局长对他说："唯一一定会来的事情就是死亡。"上校意识到自己的孤单无助，"所有我的同志都在等待邮件中死去了！"故事最后，老妻问："我们这段期间吃什么？"无法可想的上校说："狗屎。"

为何没有人写信给上校？财政破产，政治腐败，政策反复，失信于民。如果有一天这事发生在台湾，一月及七月的退休金发放月，没有人寄来"××月退休金发放单"，那是何种情景？即使大示威大游行丢掷鸡蛋捣毁公务车都发不出来，那是何种情景？谁能保证这事永远不会在台湾发生？

多少老本才够？

电视上，财经节目名嘴七嘴八舌估算要存多少老本才够？有人提供一个数字：三千万，吓得我赶紧关掉电视。

老年生活里最惊人的支出是：医疗、雇佣、房租。如果一个人从六十五岁起受病折磨二十年，无家人照顾，则租屋、雇佣及生活开销的花费绝对超过千万。健康与否决定了老本厚薄，有无家人照顾，左右着钱财流失的速度。

首先，一间无房贷的房子是理想的出发点，我翻开账簿小算一番，一位独居老者在身体健康的情况下，每月最基础的开销可管控在一万五千元左右。若需要二十四小时雇佣，雇外籍者每月支出二万二千，本籍六万，以外籍计，连同生活管销每月约需四万。若加上需自费的医疗诊治、用药，每月六万不等。小结论：一个人退休后奉天承运，拥有自住小房一间，健康自理二十年后，最后一夜在月光照耀下于睡梦中羽化成仙，如此良辰美景的老年岁月，五百万够了。如果，这二十年走的是刁钻险恶的路数，生的病不快攻只是慢磨，我也懒得算了，直接卖一栋房子去吧！

想要长长久久活下去的人，必须对自己的健康负起最大的责任（当然，长久是一个很危险的概念，不鼓励）。二十年，够让一个婴儿进入大学骑着脚踏车飞奔着去上课或是去约会，像惠特曼的诗"我看见一株欣欣向荣的橡树生长着"，多么美好。二十年，耗费在一个老人身上的资源也够让小橡树"发出欢欣的深绿叶子"。老年，是完整生命的一部分，让每个人安享老年是健全社会理应实践的人权责任，正因为如此，一个理性的公民、待老的中年人，应该以最大的善意提前拥抱社会里的孩童、少年——他们将来必须扶老——认真地规划自己的老年资本，既不要成为子女的负担，也尽可能地不动用公共资源。

然而，所谓储备老本，也应该加上储备"快乐本"，以备被枯藤老树昏鸦围绕的老年生活所用。何发此论？因为十之八九的老人不自觉地掉入哀叹、抱怨、发怒的陷阱，仿佛是一种练习，地狱之旅的练习，以便将来堕入地狱时不至于水土不服。"快乐本"像一条绳子，不管用什么质料搓揉的，绑在腰上，坠入陷阱时才能拉着绳子自行攀上来。老人，也要自立自强。

看一眼你的财产

都说世间之物"生不带来死不带去"，此八字箴言锁住了我们的一生；正因为死的时候带不走，所以"物"与"活"相呼应，占据"物"即是占有了"活"，物越繁多，意味活得越澎湃，越是军容强盛、越能长生不死。仿佛造了堡垒，执戟的鬼差能奈我何？

到如今，鬓已星星矣，打开那衣橱、箱笼、书柜、抽屉、宝盒，好好看一眼自己的收藏，物之阅兵，那十八年没穿的衣服、十九年没戴的戒指、二十年没翻的书，像老弱残兵，对着你这位失散多年的统治者哮喘，谁来整顿？学"三顾茅庐"一段，张飞所言："我只用一条麻绳缚将来！"——这家伙眼中，茅庐内岂有大贤？依他看，"三顾毛驴"还差不多，麻绳用得正好——把书籍衣物用绳子一捆，交给垃圾车或旧衣箱。你真的卷袖干活了，无奈气血衰弱、手脚发软，一包重物才提几步，头也昏眼也花，休息的时间比干活长。此时，张飞又蹦出脑海，曰："等我去屋后放一把火，看他起不起！"大凡人老了，动不动就记起张飞的话，此人必是暴躁之徒，有待修为。

佛家云能舍才能得，舍得把物送出去，才能得到清风朗月般的自在。替自己积累多年的物品找个新主，延续一份欢喜，乃老年必做的功课。物是死的，人是活的，是人的温情让物有了光泽与意义，这物便活了。人，都喜欢收礼物，不喜欢收遗物，一字之差，就在于做主人的你肯不肯趁天光未暗时，给物一个安排。

试想，衣橱里有一件质料很好的桃红色羊毛衫，你把它送给老邻居的女儿绣绣，你说："这是为了女儿订婚买的，只穿一回，一直收着，现在身材垮了，更不可能穿，你皮肤白，穿在身上很喜气，配这条项链更好看喽！"绣绣欢喜收下，这是礼物版。另一个版本是，你女儿拿这件衣服给绣绣，说："我妈走得很痛苦，最后身上长了好大的褥疮，这么大，血淋淋的好恐怖喔！我整理她的衣橱，烦死了，满坑满谷，丢回收箱嘛挺可惜的，都是钱买的呀，这一件羊毛衫还是新的，送你穿吧！"绣绣尴尬地收下，看到衣就想起褥疮，转身丢入回收箱，这是"遗物版"。

衣物好处理，书籍难割舍，对嗜书如命的人来说，冤枉啊大人，那叫杀头啊！但转念思及，某年月，图书馆一角，有个戴眼镜、头上未长角的独角兽，穿着伪装的学生制服，抽出你捐的那本书，读了几页，索性坐在地上，读出一条路一道桥，过桥进入你曾去过的那处百年森林，认出他应隶属的国度，如同当年的你。理想找到传承，星火遇到油膏，这岂不是至乐！

书籍也算好处理，难的是古董字画收藏，样样都是挚爱中的挚爱，一想到不能长相左右，不能揽怀以摩挲，简直痛不欲生——不，是痛得欲生，欲永远不死与这挚爱的古董字画收藏永不离分。

这是无药可救的痴病，害这种病最有名的就是清朝收藏家吴洪裕，此人爱上一幅画。

元朝黄公望《富春山居图》有"画中之兰亭"之誉，长约七百厘米。几经流转，落入清朝收藏家吴洪裕之手，他爱这画胜过爱人，临死前，嘱家人焚烧此画以殉葬，死也要带走这心肝宝贝，不愿与它须臾分离。

以下内容是作者的想象：

仆人扛来火炉，升起火，吴洪裕示意家人将画从锦匣里取出，展开让他再看一眼，他已不能言语，两滴痴泪在眼眶打转因水量不足倒也没滑下来。火旺了，家人卷好画正要掷入火炉，有人进言："放入锦匣再烧吧，画也得有个棺儿啊！"

家人心想有理，入匣，大声禀曰："爹爹，富春去陪您了！"

不知将画丢入火炉的是谁？也许是丫环或老妈子，必定是不知此画价值的才下得了手，一阵火光饿狠狠地窜将起来，照亮了吴洪裕半边脸，火光温暖着他那渐冷的身躯。吴洪裕快闭眼了，他听到火烧的轻爆声，像心爱的"富春山居"化成仙女走在他前面召唤他，吴洪裕安心了，有伴儿了，愿意闭眼了，家丁放声大哭："老爷呀！老爷呀您别走哇！"只有一个人趁乱赶紧扑向火炉，不顾烫，救起那画。这人就是他的侄子吴贞度，刚刚进言放入锦匣的就是他。幸好有他灭亲救画，不怕他伯伯化成厉鬼来讨债，我们才看得到这国宝。吴贞度不仅是《富春山居图》的救命恩人，也是后代的救命恩人。

烧成两半的画，卷首经修补成为短幅"剩山图"，其余成为长幅"无用师卷"；两卷各自流浪，前者藏于浙江博物馆，后者藏于台北"故宫博物院"，分隔三百六十一年后，二〇一一年在台北"故宫博物院"合展。

我排了一个多小时的队，挤在喧嚣、汗骚的人群中只能被拥着往前走，匆匆浏览号称合璧的《富春山居图》真迹。这样看展，形同逛高档夜市，毫无感动。草草地自人群中抽离出来，我想得比较多的，反而是一幅画在时间长河里踏上不可思议的漂泊旅程所点亮的幻灭启示，它的不朽是为了宣扬幻灭的真谛。当然，也想到那两个男人：吴洪裕至死不放的那份痴，以及吴贞度手上被烫出的大水泡。

慈禧太后砍了多少人的头，她终究也要一死的，死也要带走帝国的宝藏，殉葬品不可计数，定东陵固若金汤，足以与天地同在。然而才二十年，却被军阀孙殿英给盗了墓，老佛爷手臂上四十八只翡翠手镯于今安在？一颗含在她口内鸡蛋大的夜明珠掏不出，土匪大盗抽刀划开她的脸，硬是给掏盗了。那时候，帝国的军队在哪里呀？那时候，老佛爷您连一句"救命"都喊不出来！想开点吧，素花香草相伴，还能拌泥香，珍宝藏身，白白给盗匪强暴了。

回到我们小老百姓吧，箱笼里的东西还没理完哩！

若是有价的，处理起来伤透脑筋。不说别的，就说那只名牌包包吧，儿子们合送的生日礼物，躺在不织布袋内安眠从未见过世面，该送给媳妇吗？媳妇有两个，送给珍珍还是珠珠？送谁都不公平，送女儿万宝龙好了。也不成，想必媳妇们会有这么一番话：

"哎，那个包偷偷给宝龙了，我就说嘛，没事宝龙昨天回来干吗？老太婆就是偏心，人家说女儿贼一点都没错！"珍珍给珠珠打电话。

"就是嘛就是嘛，宝龙提那个包能看吗？人家还以为是山寨的！"珠珠附和。

"我就气这一点，有事光会叫我们，有好处第一个想到女儿，我们也是人家的女儿好不好！"珍珍咬牙道。

这时候她两人感情蜜得很呐！唉，送谁好呢？不如送给作家简嫃。（作者大惊摆手：千万别送我！）

瞧，单一项"细软"就浪费了三百字唇舌、两回合心思，仍然议而未决。待理的还有：二克拉钻戒三只，钻表一只，红宝石首饰一套，祖母绿玉镯一只，鸿运金币一套，五两黄金条块三条，掐丝玛瑙笔洗一对，牙白划花牡丹纹碟一个，黄绿彩婴戏碗一个，碧玉鳌鱼花插一对，十二生肖纽玉印一组，白玉观音一尊……（以上清单部分参考故宫收藏）。

这些价值不斐的收藏该怎么分配？老太婆想了大半年还没一撇咧，她烦了，耍脾气了："我不管，谁要谁去收拾，谁打赢了归谁，你们打架我也管不着，反正我眼睛一闭什么都没看见了！"

老太婆一点儿都没反省，要是真有一出如火如荼的争产戏码，全都是她发动的。谁叫她积这么多"吵架资本"给子女，谁叫她活了大半辈子看不透人性里都有贪婪、自私的成分；她自己有，她生的子女怎可能没有？积财，本应用来存德，不以智谋处理，反倒成了积仇。

分产之必要

老年财金生活体验营最重要的一课，应是财产分配了。大半生，专家教的都是理财赚钱，没人教如何分产，以致靠自行摸索却摸得让子女大打出手。

　　没有财产只有债务的，最简单，回家叮咛子女将来记得办理抛弃继承，切割干净。有财产没有继承人的，问题也不大，反馈给社会，十方来十方去。只有一名独生子女的，料想也不难，概括承受四字而已。难就难在，继承人有两个以上，除去户籍誊本过于复杂，必须动用几名律师几条司法途径这种非一般人碰得到的戏码，光说我们小老百姓屋檐下的财产分配好了，走了一个老爸（或老妈）之后，手足之间不积怨不吵架的，极少。

　　人啊人，老的时候能够以理智与智慧妥善地分配财产，使资产成为遗爱而非蠢财，似乎不多。关键在于，对大多数老者而言，"死亡"是不可谈论、不愿面对的禁忌，以致错失处理的时机。而钱财之事，更是父母与子女间的敏感话题，分配之议若由子女提出，常会落入通俗连续剧情："我还活着你就问我财产怎么处理，你巴不得我早点死啊！"别否认，这话曾在很多老人脑海浮现过。

　　一个已老将病之人，能在未病之前妥贴地规划好财物，有所分配，不必让子女费心，乃非常人也。他的内在必然具有帝王相，足以与神对弈，能决他人所不能决，断凡人所不能断，提起放下之间，让一城筑成、一墙倒塌。芸芸众生，大多是惊怖恐惧之辈，不愿面对，以致埋下火线，死后烧毁一个家。人性是循私的，不为自己也为子女，清算父母的遗产时，放大自己的功绩贬抑其他继承人的正当性，兄弟阋墙、姑嫂开战、姑嫂反目、连襟对决，也不是新鲜事了。此中，岂是教育水平低下的缘故，不，博士儿子们争起财产的惨烈状不输草原上两虎争食一羊，哪顾得了形象。

庞大的遗产当前，人人都流下口水而不是眼泪，觉得自己应得。而所谓应得，实不难找出强而有力之理由。

基于血缘，我是他儿子（虽然在他生前多所忤逆，还出手殴打导致他心脏病发埋下死因），应得。

我是他妻子（虽然红杏出墙去了，但顾念他是我身份证上的配偶，在他死前，有从三峡赶回八里见最后一面，还亲手帮他换穿西装），应得。

我是长年照顾他的阿玉嫂，虽然每月有付我薪水，但这些年来，我们像一家人，他还帮我女儿付学费，有抚养事实，他意识清楚时曾说这栋老厝是他的发迹地，要留给我做纪念。应得。

我是他四十年的老邻居，他说那块地上的五十棵樱花树要送我，我想做点装潢盖一间小木屋，卖咖啡，让游客看看他种的樱花树有多美，也是一件功德是吧！

……

一个人走的时候，留下一笔感情烂账及数千万数亿财产供子女合纵连横、启动战国时代兵燹，岂是睿智？意大利一只流浪黑猫被老妇人收留，此人于九十四岁高龄辞世，根据遗嘱，留下约四亿元台币由黑猫继承，最后落入一名护士手里，这岂是美事？美国有人大发奇想，在自己的墓碑旁设提款机，来探望的子女才能提领，更是胡闹至极！

"财产分配"是一个人的社会价值观与家庭观念的总体检，依循传统的、作风新派的，各有坚持，理应自己厘清。

再怎么厘不清，也可，就是千万别像莎士比亚笔下《李尔王》般昏庸，我真心推荐每个老人做"财产分配"前应该好好读一读这剧本，瞧一瞧家亡国破是怎么从一个昏头国王兼父亲要依据三个女儿说出爱他的程度来分配土地，遂种下了祸根！为什么说他昏了头？爱与亲情，能用演讲比赛来分高低吗？偏偏老人就吃这一套，喜欢甜言蜜语，喜欢你咳一个嗽她就眼眶含泪扑向你怀说："爸爸怎么了怎么了？我好心疼你喔！"你就恨不得把三栋房子两笔土地全都给她！

千万别做李尔王！要用智慧分配财产。

首先，应该优先提拨一笔数目作为公益慈善之用，感谢扶养了你七八十年甚至更久的社会，若非芸芸有情众生相助，你怎能优渥以终？这一本"慈善存折"，是老年人留给自己最美的一枚胸章。

其余，才论及分配。没有一桩分配是公平的，公平也不应是财产分配的唯一依据。

"重男轻女"永远是第一道难关，多少人在这一关绝裂！然而，细加分析，亦不宜含糊笼统地以重男轻女一概而论，此中涉及父母的家族宗法信仰，必须予以尊重。做父母的，若是重视家族姓氏传承、祭祀、墓园永续管理，认定此一重责大任宜乎由儿子继承，应与女儿充分沟通，获得理解，分配时理应稍为丰厚。

父母不可能是公平的，子女资质各异，养育过程的花费也不尽相同；大儿子赴岛外深造七年，老二职校毕业投入职场，这一层差异也应列入参考。同理，子女反馈给父母的也不可能等量公平；大女儿婚前薪水泰半交给父母协助家中置产，幺儿纵情玩乐从未反哺，论及分配时，若做父母的要求女儿要抛弃继承，那是手刃亲情，极为不智。

子女之中，境遇有幸有不幸，父母对景况不佳的子女分外挂念乃人之常情，宜乎另有暗盘以成全父母心。

此外，很多人忽略一件事，对那跟在身边听候差遣、伴老陪病、负起照顾之责的人，理应另外犒赏。一个人老了，身边有个靠得住的人听令，一开口就办成、一有病就陪医，去打听打听，有这种福气的人多不多？惜乎，做父母的与其他子女极容易忽略这件事而视作理所当然，何以如此？闽南话有言："近近烧火目，远远杀鸡角"，近在身边的易有冲突，一相见就两眼冒火花；住得远的，久久回来一次，关心溢于言表，得人欢心，所以一相见就要杀鸡办席宠爱他。做父母的若看不到这一层，其他继承人也从未设身处地体会那份辛劳，那侍老陪病的人难免要积一点怨的。

然而，我总认为，做子女的反馈父母是天经地义之理，亲恩不报，枉费为人。父母的财产，是他们毕生拼搏所积，要如何分配是他们的自由，做子女的不应有所贪图、计算，即使一毛都不留给子女，也要尊重。我一生暗自期许的就是"不要祖产"靠自己安顿，来去之间光明正大。即使长上基于公平而有所分配，也应该归流于较需要的手足才是成全父母、体贴父母的方式。毕竟，今生做一家人，来生不会再相遇，何不就好好地把人情世故都绣成鸟语花香，不枉费同一个屋檐长大。父母生我齐全、养我健壮、育我知识，没欠我一餐饭、没少我一份学费，还不够吗？若当着他们的面或是尸骨未寒即演一出夺财大戏，那也是手刃亲情、糟蹋自己的生身父母啊！

何时处理财产最好？没有人能回答。

某日，路过邮局，见两名壮汉——约六十岁，实则也不壮了，鲔鱼肚，姑且名之胖汉，左右搀扶一位孱弱老翁，约九十岁，戴帽戴口罩，穿拖鞋，很瘦，像竹竿上晾一件宽松的白衬衫一般，无风盛夏，气温飙上三十八度，好似风都藏在他的衬衫里。胖汉搀扶他，其实是半腾空半行走。老人的手臂贴一块白色胶布，猜测是针孔。三人进了邮局，正是周一早上人最多、细菌最活跃的时刻，有什么道理老人必须亲自出现？当然，不是去寄一封挂号信给海外的游子，不是去领包裹——南部乡亲给他寄一箱燕巢蜜枣，那必是跟钱有关，不是活储，是定存必须解约。来日不多，财产该领一领了。重病时不能安养，还要亲自出外办事，岂是睿智之举？

人都是往坟墓的方向前进的，记得卢梭的提醒："我们每个人去坟墓的时候，手上只能拿着生前所施赠出去的银两。"

也许，这才是处理财产时最应该听的，理财专家的建言。

后记：二〇一三年起台湾地区进行年金改革，昔日优渥的军公教退休条件势必成为历史了。

老　人　词　典

　　有何用处，当一个懒散的国王，安居家中，统治
巉岩峭壁的穷国老妻作伴，我制定赏罚，颁布不平等法
律给未开化的种族，他们囤积，睡，吃，不知道我是谁。
我不能荒废我的旅程，我要畅饮生命之酒直到杯底。

——英诗人丁尼生《尤利西斯》

1.寂寞

　　手机响起，又是阿婆的声音。"喂，明明啊！"她在菜市场，
正吩咐老板处理她要的鸡肉，比了一个稍待的手势，避到旁
边，和颜悦色地说：

　　"不是，你打错了喔，这个电话不是明明的！"

　　每隔一周或十天，阿婆会来电，每次对话的内容都一样，

如此已数年。一个一直拨错电话的阿婆不能算陌生人了，但她一直没与她进展到第三句、第四句话，所以依然算陌生人。

明明是谁？为什么留了错误号码给一个时常想要找她的老人？既然每次都说了"这个电话不是明明的"，为什么阿婆还要打过来？可能是，拥有这个号码的她，从来没对阿婆说"你不要再打来"的缘故吧！

茫茫人海之中，她与阿婆结了寂寞的缘。明明，明明啊你在哪里？

2. 无聊

外婆九十岁以后，腿力不好，已不能自行走回丛竹围绕的老厝跟老邻居聊天。每天，她坐在椅子上，对着大门外的院子，院子外的小路，路以外的稻田，看风景。久久看不到一条人影，鬼影也没有。风景不变，稻田还在，路也在，院子没有动，大门就在眼前。

冯至《一棵老树》借用某诗人的比喻："一个钟面上没有指针"来形容失去老牛的老人的模样。外婆的钟面，连数字都没了，只剩天亮天黑这个边框。

某日，忽然，她大大地叹一口气，高声吟哦："无聊啊——！"

接着，转头问："现在几点？"

3.四张木椅

沿着一道阶梯爬上土丘，上面有个平台，站着十几棵有点儿年纪的栾树、野桐与榕树，自成一处可以藏鸟雀、舞蝴蝶的小公园。腹地不宽，无法设置游乐器材，只做了一条弯曲的鹅卵石步道可供赤脚行走的人按摩穴道。这倒也清静，居民少来，树下的四张木椅，在秋天时会躺几片闲闲的落叶。

不知从何时起，有个八十多岁的老先生发现了这处清幽小园，每天上班似的，出现在小公园，像管理员看守那四张木椅。附近居民原本肯爬阶梯上来的人就不多了，这下子，看见有人躺在木椅上，更不想来了。世间事都是这样，这里退一点儿那里就进一寸，无须多久，这栾树小园子成了他的禁脔。

他坐着，摇一把蒲扇，看同样的风景，不看书、不看人、不听音乐、不做运动，从早到晚，像一件被遗忘的行李，却在他人的视网膜以人的形貌出现。坐得乏了，行李有时会躺在椅子上，直挺挺地，实践了以天地为穹庐的古人潇洒，却阻碍了我这个现代人偶尔想要上去看看栾树的兴致。

我从阳台远眺，希望他不在，但他都在。我放弃了，一个忙碌的人怎敌得过半流浪状态的老人；他以家为圆心，以脚力所及的范围为半径，划圆，每日重复出没，这小公园是他每日流浪范围内最好的所在，我应该让步。

不知怎地，他不再出现。四张木椅空在那儿，给麻雀、野猫跳房子。我猜，他流浪得动的那个圆，缩小了，说不定，小得出不来自家的大门。

4. 挨骂

一早，稍胖的老先生赤足拄杖，身着无袖麻纱汗衫、七分长条纹睡裤，站在一楼住家大门口，被儿子骂："这么懒，也不去运动，整天睡，讲都讲不听，去运动！"

被儿子赶出门。老先生显然中过风，行走缓慢，微跛。手上的杖是不知哪里找来的竹竿，他像一个牧羊人，被迫去放牧那两只不离不弃却已然衰弱的脚。

每个屋檐下必有家务事，意味着有一门至少五十学分的课要修——一年一学分，说不定更久。

若有人在十多岁时父母双亡，他修的是残酷的"密集班"，主课上完还有二三十年的课外实习。有一天，当他坐在一棵古树下因思念天伦而悲伤地哭泣时，另一处屋檐，说不定有一对父子正在反目，争吵中说出割人心肝的话语。愚钝如我，竟不能判断哪一间教室的课程比较好修，哪一条心路历程乐多苦少？

一大早被骂的感受是什么？在儿子的怒目注视之下，老先生走出家门。才走二十步吧，拐了弯，坐在一栋大楼边的木椅上，一棵年轻樟树动员了所有叶子替他把风，没人告状他偷懒，没人发现他真的走不动了。

他坐着，头垂下，赤脚，两手抱着竹杖，仿佛睡着了，仿佛飞到他梦想的地方。

5. 规律

我的大学老师说：早晨活动的，都是怕死的，夜晚活动的，都是不怕死的。言之有理。我加上：大白天活动的，都是不能死的，上班族。

天蒙蒙亮，老先生、老太太与公园的关系就像罗密欧与朱丽叶无须多言。恋爱中的少男少女，目中是无人的，公交车、地铁上，肆无忌惮地宣扬爱情是唯一的真理。老人也类似，固定的时间出门，往公园的路上，拿着一台收音机，音量开大，好像小盒子里养了一群兴奋的小鸡，要你闻鸡起舞，赶快离开被窝，做一个有为的中年人。

公园离你的房子其实有一段距离，但你仍然可以听到拍手功的声音，震动你的耳膜，赶跑耳朵边一只离家太远的蚂蚁。或是扇功，像雨刷一般刷洗你的意识面板，那上面有你的青春残梦。

不久，拄杖老者的都都声出现，不疾不徐，形成规律。

平凡的一天，就这样开始了。

6. 作法

老人总会生一点儿小病，就医固然必要，适度地求神问卜、拜佛或虔诚祷告，亦有镇魂安神作用。

外婆九十三岁时身上长了俗称"飞蛇"的带状疱疹，痛不可当。虽然就医，但痊愈得慢，每日总是烦躁。我母回去，依民俗"斩飞蛇"所传，为她作法。

拿菜刀，在地上画圆圈，先顺时针画一圈再逆时针画一圈，叫外婆站入圈内，用草或绳比出飞蛇长短，一手执草，一手竖起如空刀，作势斩草意即斩蛇，念咒曰："蛇公蛇母，随斩随好！"

"有轻松一点吗？"

"啊，有卡轻松！"

我母叫我舅每天要勤快一点帮她斩飞蛇，反正免钱。

7. 霉味

老人不喜欢洗头洗澡，不喜欢换洗衣裤。感官的迟钝使他们闻不到自己身上的异味，香与臭这两个敌对嗅觉好似情同姐妹了。

也许，因为行动缓慢，每日例行洗浴变成一件大事，穿脱、蹲站的复杂动作使洗澡不再是享受而是苦差，所以，就以今天没出门、没流什么汗、天气冷会着凉、省水等理由而两日一洗、进而三日一洗，演变成一周一洗。

河堤上，受宠小狗装扮得比踽踽独行的老人还光鲜亮丽。它像刚从美容院出来，他像刚从垃圾堆钻出来。

他，料想是独居的人。约八十多岁，瘦小，身子骨算硬朗，每日固定时间在堤岸出现；戴一顶选战帽，那顶污渍帽告诉路人他的政党颜色，身穿卡其布高中学生制服，左右侧还有绣字的残线，不知是哪一所高中哪一个学生的，被这位节俭的老爷爷"继承"来穿，惜乎无法继承年轻人那过剩的青春。制服也是脏兮兮的。他身上必有二物，一台小收音机挂在脖子上，嘈杂的音乐像从他的心口流泻出来，一把伞懒得拿在手上，从背后勾住瘦得跟板一样的肩头，倒有几分行走江湖谁怕谁的气概。

但是，他有霉味。像一条没洗没拧干的油抹布，布着筵席早已散去的味道。每日固定时间在堤岸出现，存在，就是存在。

8. 老夫妻

一对老夫妻，刚从公交车下来，老太太一面走一面转头骂老先生："那么笨,叫你不要讲你偏要讲,丢脸死了!"

大卖场,也是一对老夫妻,老太太挑花车内每样三十九元的小东西,老先生不耐烦:"不要买了,买那么多,买买买,买不停!"

年轻时脾气不好的,老了不会变好,可能更糟。年轻时一天到晚吵架的夫妻,老了不会变恩爱,可能更水火不容。

七十岁闹离婚,也是听过的。

9. 绝不认输

怎么可以服老?一服老,就真的老了。万万不可!

九十二岁老阿公,视力不佳,大概只看得见红绿灯。庄稼,没他的事了,成天无事可干,他给自己安排一日游。

每天从乡下老厝骑摩托车四十公里到镇上儿子家看孙子,黄昏再骑回来。戴着安全帽,骑速慢,警察眼中只抓超速的不抓龟速的。

儿子死劝活劝:"阿爸,你莫再这样,真危险你知否?万一撞到……"

"不会不会!"

"怎不会?你眼睛没看见啊!"

"不会不会!我没看见他们,他们看得见我啊!"

从此,儿子一听到电话响就心惊胆跳,必须去看医生。

十多年前，我从住处下山要到市中心，不久，背后响起喇叭声，是隔巷邻居的车，车速慢下来，招我搭便车的意思。开车的是邻居的爸爸，约八十出头，是一位很和气的爷爷，身体还算健康。

但是，路走得还好的老人家，开起车来像开船，忽左忽右，脸上框着大眼镜，他的下巴快抵到方向盘了。我的右手抓着手把，左手待命准备要抓他的方向盘——万一他昏厥的话，我的手心冒汗，眼睛盯着前方，心中一面骂自己为什么不学开车，一面称诵观世音菩萨救苦救难！

终于到了。我下车时两脚发软、一手扶树，暗示老爷爷开车比较累，是否把车停在这儿，搭出租车去目的地较好，他说："不累不累，开车不会累！"说完，老爷车与老爷子向前驶去。

车钥匙在老人家心中，等同双脚，若被没收，大概像被施了刖刑。家中若有绝不服输的长辈，除了找医生谈一谈自己的焦虑症，别无他法。

10. 坏脾气

一大早，排队的人越来越多。医院心脏科，看医生前需先量血压，有个六十多岁大约是刚退休来当义工的先生，帮待诊的病人量血压，他嗓门颇大，稍嫌啰唆。

轮到一位八十多岁胖爷，他把手伸入测量筒内，没伸到底，义工要他调整，胖爷做得不好，义工说这样不能测的，旁人亦七嘴八舌加以指导，胖爷翻脸了，怒气冲冲："怎不能测？怎不能测？"大家赶紧闭嘴。一小片口香糖的安静。测出来了，志工报了数字，一七三，九十，七十八。服药控制的老病号还得到这种成绩，待会儿医生恐怕会皱眉："哎呀呀，血压太高喽，给你多加一颗药吧。"

　　当志工报数，周围的人心中暗笑，一小片口香糖被七嘴八舌嚼开了。

　　也是医院，领药处，椅子几乎坐满，每个人面对柜台，注意领药的灯号。一外佣推一位胖老奶奶来到等候区，她要外佣把轮椅朝向柜台，显然这初来上工的外籍小姐没听懂她的意思，老奶奶当场发飙，大骂："笨得要死，话都听不懂！"又对投来眼光的旁人加重语气批评："笨呐！"

　　周围有人劝了她几声。外佣终于如她所愿调好轮椅方位，自己温驯地坐在后面。

　　我目睹这一幕，要不是隔了几排且被夹在中间位置，我很想出声说几句公道话。但这也不是善策，因为坏脾气的人随时都在等待一根火柴，扑面赏你几把火，更抓到机会滔滔指控这异乡来的小姐如何笨拙，这岂不是令她更下不了台！

　　于是，我一直看她，从来不曾这么像阿Q！自以为用凶凶的眼神看她就是行使了惩罚。

她真是我所见过最难看的老人，戴着宽幅墨镜，一脸横肉，涂着艳色口红，搽酒红色指甲油，过胖，脸上沉积着长年憎厌、抱怨、喜怒无常所刻出的折痕，无半丝笑意，连愉悦、自适的一丁点可能性都没有，她的表情大约就是我们终于找到不共戴天的仇人时才会出现的线条。

我知道我不应该这样打量她，但她确实是一个最具说服力的模特儿：一个不快乐老人的典型。

她的不快乐具有强大的杀伤力，能把周遭的人拖入不快乐的烂泥浆池塘，一起过着湿淋淋的烂日子。

灯号到了，外佣为她领药，又吓我一跳，总有八九袋药。

望着那台轮椅离去的背影，我原先的小怒气变成小同情；她还有好长的一段苦路要走，因为，刀山、油锅都搬到她眼前了。

11. 牢笼

老，岂是自由的？照说家庭与工作的担子都放下了，人生走到此，正是"行到水穷处，坐看云起时"，无比悠闲才是。不，智者才能坐看云起时，为数不少的老人是自动去坐牢。

最多的，坐"子女不孝牢"，开头不到三句话即导入儿子、媳妇之恩怨情仇，宛如八点档连续剧，中间不穿插广告，一集一小时要更长也可以从订婚那天讲起变成两小时。想来，子女必有离谱之处，不孝的帽子大约也真的适合他们戴，但是，话说回来，人老了，一定要活在切齿之恨中，一定要钻入这"狗笼子"里整日整夜地挣扎到死吗？

既然提到狗，有一段父子对话是这样的：儿子养的爱犬罹重病，欲斥巨资、寻良医诊治，老父反对，父子俩愈嚷愈大声，面红耳赤。老父摇摇头，忽然声音放软，问儿子："我老的时候，你会把我当成狗吗？"太太听了，说："放狗屁，他怎会把你当成狗！"

次多，坐"病牢"。

不能接受，为什么脚力比起去年差这么多？为什么眼力比起去年差这么多？为什么肠胃比起去年差这么多？为什么睡不好？为什么头会晕？是以，大部分时间都在喊不舒服："好不舒服啊，哎呦，我好不舒服啊，怎么这样不舒服啊？痛啊，哎呦，痛死我了！你看，这样坐也痛，那样坐也痛，吃那个药没有效啊，医生为什么不帮我打针？打一针就好了，为什么不打针呢？吃也吃不下，不想吃，一点都不想吃啊！这个腿没力气啊，哎呦啊！……"

也是一集一小时。做子女的不能不听他哀叹、抱怨，也不能不依他所愿带他四处求医、卜卦批流年。

坐政治牢的，也有。街道上，常见一位做回收的老兵，倒推着手拉车，车上堆满纸箱瓶罐。这老来还得自谋衣食的老者十分辛苦，想必退休金微薄。没有人知道他的故事，也没有人敢接近他；他声如洪钟，沿路批评当局，他的政治论点被呼啸的车声打断了，听不出内容。在台北街头，一个人不论发出何种偏激的政治言论都不能使赶着上班的人停下摩托车、赶着上学的停下脚步、赶着买菜的停下菜篮车，那呐喊成为街声的一部分，像某棵树的果实掉入池塘，不能改变蛙族的作息、鱼类的行程一般。

每天，他沿着固定路线收取店家留给他的回收物，也固定喊出他的愤怒！牢笼是脱离时代而自行存在的，没有住址，牢笼已成自身。

12. 惊惧

川端康成《山之音》，六十多岁的信吾夜中不寐，身旁的妻子熟睡，发出扰人的鼾声。有月亮的晚上，庭院传来嘎嘎声，不是蝉。虫鸣依然不休，夜露从树叶落到树叶上的声音依稀可闻。就在这时候，信吾突然听见了山之音。

仿佛遥远的风声，却有地啸的深沉内力。声音停了以后，信吾才觉得恐惧，难道是预告死期已届？信吾不由得起了寒战。

与此类近，有些老人家进入一种忽明忽暗的惊慌状态，莫名的沉重来势汹汹揪住胸口，仿佛被有着尖指甲的死神拉住衣角。他开始眉头深锁；头昏，怀疑长脑瘤；咳嗽，怀疑有肺癌；腹泻，必定是大肠癌。一有风吹草动，紧张得立刻奔向医院，觉得医生护士都应该放下手边的病人立即拯救他，因为他命在垂危。他打电话给子女，以惊恐的声音说："我快死了，我头昏得不得了，站不住啊（语带哽咽、声音颤抖），血压高的怎那么高，一百六十六，从来没有过的，你快来啊！"子女立刻请假从公司赶来，陪他就医，医生说，还好啦还好啦，我开点药给你吃。他非常不满意，认定此人医术不行，多方打听名医，不辞辛劳就诊，最后除了台大、荣总，其他医院的医生大概都是他们的妈妈用两只土鸡换来医师执照的，"那些医生根本就不行！"加重语气。

相关部门统计，一位心脏病患，二〇一〇年全年领药日数高达八一三天，经相关部门介入，此人就医次数从一年三百四十四次减为一百七十三次，但他每天仍吃二十多种药，全年领药日数仍有四〇一九天。另有一位病人，前年一年看病一千零七十八次，经相关部门辅导，去年减为二百三十七次。还有一位，每天量血压三十五次，一旦稍高，招救护车直奔医院，把救护车当作小黄，急诊室是他的后院躺椅。过去两年，每年有三万三千多人一年看病超过一百次。三万三千人，可以挤爆小巨蛋，媲美女神卡卡演唱会之疯狂现场。三万三千人，他们疯的是医院，其录音机可以如此留言："我若不是在医院，就是在往医院的路上。"他们成为死神手中玩弄的小人偶马戏团，用来逗它的老婆、小老婆们哈哈大笑。然而，也可能，唯一不拒绝他们的地方，只剩医院了。生命的价值与意义在哪里？一个人惊惶恐惧地企求长寿，却把活着的每一天用来惊惶恐惧，这样的长寿，意义何在？

13. 煲电话

英国小说家波伊斯："我们越老便会越孤单，这表示，喜欢孤单的人入老后快乐会增加，反观不喜欢孤单的人入老后快乐会等比例地减少。这就是为什么许多老人家会那么聒噪多话，他们对于把他们包围得越来越紧的孤单感到不是滋味，想要反抗。……一个老人如果能在阳光下自得其乐，那他将可与一小片在阳光下自得其乐的大理石发生无言的应合。"[1]

不爱看电视，眼睛不好。不看报纸，眼睛不好也欠缺关心。不听音乐，欠缺兴趣。不画画不书法，欠缺兴趣。不读书，欠缺兴趣。不想整理照片，欠缺兴趣。不剪贴，欠缺兴趣。不出门，体力已不济。

唯一感兴趣的是，聊天。

所以，铃声响起，他便活了，全神贯注、无比兴奋，打开话匣子，滔滔不绝一小时又三十分钟才依依不舍挂断。若

1　摘自《老年之书》，主编：汤玛斯·柯尔，玛丽·温克尔。梁永安译，立绪。

成天无人来电，便唉声叹气，顿觉诸事不顺心，一股凄苦被弃的感觉油然而生。所以，每日必须晨昏定省，而他也会依三餐电你，所谈皆是家常琐碎，一再重复，自成休闲。老人脑内，像一座小衣橱，挂了六件外套五件上衣四条裙子三条长裤两顶帽子一口皮箱，次序不变，每日盘点一次，抖一抖灰尘，顺道把珠饰绣花都抖掉了，剩下一个条纹不清的小玉西瓜脑部。

但话说回来，他就只有这个嗜好，也没吵着要你带他去玩，就爱讲电话而已，你怎能不聆听？

"零……"

家人看了来电显示，也不接，直接把电话递给你。"谁啊？"你问。

"还有谁？"家人答。

14. 年节送礼

由于当年交游广阔，往来酬酢无白丁，且知交乃一世高谊，所以端午、中秋、春节，此三节送礼必不可轻忽。而且，必须由儿子亲送不可交给快递，才显出尊重以及书香门第之家教毕竟不同。

"这五袋燕窝礼盒送北投你郑伯伯，天母郝董事长，仁爱路李阿姨，新店你大舅，罗斯福路林校长。这三盒花旗参，送杭州南路你大姑姑，新庄简总经理，还有哇，你跑一趟林口，把这盒花旗参加上两罐茶叶送给李院长，我上次开刀多亏他关照。"

做儿子的趁中午、下班，开车像疯子一样一家家去送，为此车子还被拖吊了。不久，收礼的要回礼，年纪大了，去邮寄不方便，爸爸当然叫儿子去取。

吃完粽子不久，怎么中秋这么快就来了。做爸爸的又在张罗送礼了。扩音电话里，你听到看着你长大的郑伯伯说："老李啊，我看我们不要这样送来送去了，没必要嘛，以前你有秘书我也有秘书，现在没人使唤啦，折腾孩子做什么呢，他们也忙啊！算了算了，我们别拖累他们！"

做儿子的听了，心口忽然一股热，恨不得插翅飞去，给郑伯伯一个拥抱。

15. 肉身与欲望

当你能观看八九十岁的身躯，你便能深思、规划死亡的路程，视作是一次度假、一次灵修、一次劳改、一次销毁、一次验收，或者当作是一次布施，当器官还可以捐赠时，是一次性归还。死亡话题是赤裸的、火热的，深沉且世故的，重咸且强酸的，犹如腌制过久的酸菜，什么都是，就是不无辜。而欲望，最后一抹霞影将溶于滚沸的夜色之中，当此时，

314

欲望现身，以统治者的威权，宣告御驾亲征。

"像这么冷的晚上，能在少女的裸体旁死去是老人最快乐的死法。"老人说。

川端康成《睡美人》，老年人死亡与欲望交缠之书。已失去性能力的老男人到旅馆寻春，服了药的少女裸身沉睡，任凭老者抚摸、共眠，索得一夜安慰。本来老人就是死亡的邻居，寻欢的老者岂有不知，正因为如此，这偷偷品尝的暗夜小欢乐成为回忆昔日年轻岁月的唯一一杯酒，他需要嗅闻少女的芬芳青春，使他暂忘那虎视眈眈的恶邻居的臭味。然而，"碰到她的皮肤，从心底所产生出来的是靠近死亡的恐怖感，以及对失去青春的哀怨和对自己所做的不道德的悔恨……"川端康成让服药的少女猝死，也让寻欢老人暴毙。那间欲望旅馆，像是死神设的报到处。

在现实上，欲望伴随恐惧端开了老年丧偶者的大门，每道墙壁都震倒了，只剩四根柱子，他坐在家中像坐在公园的凉亭。有一天，下定决心，他要再娶，再尝一口世间美味，不计代价。

"你们妈妈走了一年，你们没一个在我身边，你们都有家，我没有家了哇！谁来照顾我？"

儿子说，那对象看起来不像是当"老伴"的好人选，他发火了，骂儿子："你这么会看人，你怎么没看出你媳妇会跟你离婚咧？"

"爸，有很多，新闻上讲，有很多老人娶了……结果呃，人财两失！"儿子吞吞吐吐。

"说穿了，你们想的就是这几个钱，怕我的财产没了，你们没得分是不是？我的钱我赚的，到现在我没用到你们一块钱，你们急什么？"

"爸，你怎么这样讲？我们不是这个意思！"儿子说。

"我就是这个意思，"个性较强的女儿，不能忍了，踹开天窗："妈才走一年，你就要再娶，我替妈感到不（哭了）……不值！你的财产也是妈帮忙赚的，你何必问我们，带你女朋友去金宝山问她同不同意啊！"

"不要说了，不要说了，你们都给我滚！"

欲望是一把小刀，亲情是禁不起被做成"沙西米"的，活生生地渗着血水，每一口都拌了芥末，吞不下也得吞，吞得你泪流满面。

16. 存折与印章

洒了阳光的老宅树林，宅边九重葛开了艳花，远山含着笑。一小段路之后，就是通衢大街，银行已挤满了人。

拄杖的八十多岁老奶奶站在柜台前，用人陪在身旁。嚅动着缺牙漏风的嘴巴，要行员帮她更改提款密码，由于听力不佳、话语不清，行员小姑娘总算弄懂奶奶的意思，而大家

316

也差不多都知道了。奶奶又问，可不可以限定本人提款。行员取出几张单子要她签名，她的眼睛大概也看不清了，问：签哪里？身旁的用人靠过来，指着右下角说：这里。奶奶不悦，挥手要她后退，用人乖乖后退几步。行员站起来，一一指给她签名盖章。

老了，还要亲自出门办琐碎杂事，怎是福？能把身家性命——身份证、房地产权状、存折、印章、密码、保险箱钥匙，放一万个心地交给一个年轻人（儿女或媳妇）保管、办理，且账目清楚，手脚清白，年终还做了收支账给其他兄弟姐妹过目，这是一件常常被忽略却关乎安危与和谐的幸运之事。

这种幸运，我猜，这位老奶奶是无缘领受的。

17.地母

菜市场角落，八十五岁卖菜籽、菜苗的阿婆，没有闲工夫成天悲情、多疑、忧郁、焦虑、呻吟、暴躁、煲电话，她的小摊子全靠她一人料理；各种肥料，适合不同阳台的菜籽，新鲜的当令菜苗，还有一格格必须弄清楚的豆籽，全靠她指挥。

她的行动慢了，眼睛明显地有白内障，但仍然是一个只手可以撑起半边天的地母化身。客人问，年岁多了还这么勤劳做生意，她说："我们要自己打算，能做就做，坐在家里当废物啊！"她说，几十年喽，天天从南港骑摩托车来，几天前还骑，孩子不准她再骑，现在搭公交车来，真不利便，没法度，孩子担心，我也要替他想。

"你种过菜吗？"客人问。

"吓！"她的脸上闪过一丝不屑的神情，像是"你不知道你在跟祖妈说话吗？"说起以前撒种籽的盛况，用大铝盆装种子，夜深了，用一根竹子插在土上做标记，第二天才知道撒到哪里。客人听了，本来想买十五颗豆籽种阳台，顿时觉得羞愧极了，不敢开口，瞧了瞧，有茄子苗，买一包也好，问她该怎么施肥。

"一个礼拜后再落肥，要落在两株之间，茄子惜根，太咸会长不好，将来结的茄子弯弯曲曲像女人的耳环。"

客人叹服，茄子惜根，从来不知道茄子的自尊心这么强，你损了它，它不帮你铸紫色的剑，只丢给你几副女人耳环。

客人提着茄子苗，一路想，她真是一个好强悍的地母。她怎会怕老，是老怕她才对。

18. 千金小姐

一位八十多岁的阿婆，面带微笑，没空成天悲情、多疑、忧郁、焦虑、呻吟、暴躁、煲电话，在农会做义工，提一桶水，这里擦擦那里擦擦，胸前挂一张门卡，可进出机关重地。她手中拎一条旧抹布，可是在我眼中，是千金小姐的绣花手帕，扑那春天的彩蝶！

为什么她不在乎进进出出的人怎么看她？为什么她不悲情、多疑、忧郁、焦虑、呻吟、暴躁、煲电话？为什么她能面带微笑看自己一天一天地老去？

19. 战将

人称"阿姑"的她，七十多岁，做田近七十年，她的血液大概是稻禾绿色，她的身躯像田土捏成的。

三个儿子依序成婚生子，她帮大儿子带大三个孩子，帮二儿子带大两个，也帮三儿子带两个。七个孙，最大的念大学了，最小的刚出生，她一手包办。小孙在怀，念书的孙儿孙女从小学到高中，一放学都回来吃饭，"阿嬷，我肚子饿！""阿嬷，有什么东西可以吃？"她让孙儿有热饭吃，有干净衣服可换，有便当可带。

她每天四点起床，先到菜园照料菜苗，拔起当日可吃的蔬菜，接着到后院洗衣服，晾毕，做早餐，喊大大小小起床上班上学。像她这样的婆婆，简直是超级台佣，可是天下事常常没什么公道可言——掌管公道的那个神肯定是个酒鬼，公道与否全看它是醒是醉。阿姑的媳妇运不好，先后离了两个。她不想能怎样？自嘲："我嫁出去的都是仙女佛祖，

319

娶进来的是山猪猛虎。"

八点不到，屋子空了，剩她与小婴儿。她没闲着，没空悲情、多疑、忧郁、焦虑、呻吟、暴躁、煲电话，她晒萝卜干、做酱油，她做的酱油远近驰名，常常未开工就被订光了。

有一天，她剁鸡肉，一滑，大菜刀剁到左拇指，几乎断指，速就医缝合，医生嘱咐住院观察。

她躺在病床像躺在针毡上，一下子起来一下子躺着一下子去逛护理站一下子又回来躺下，难得阿姑也会抱怨起来："唉，归世人（一辈子）不曾这样，没代没志剁到流血流滴，实在有够含病（笨）！"

隔壁床病友问她缘故，她说明后，补了一句："叫我住院，我归（整个）厝间的息头都没法度做，这几天要做酱油，气死我喽！"

"你会做酱油？"左右两床病人同时问。

"吓"，阿姑的脸上闪过一丝不屑，也是类似"你不知道你在跟祖妈说话吗？"反正闲着也是闲着，从黑豆开始，说一缸纯手工、无防腐剂的纯酿酱油给病人听，霎时，像水淹金山寺，黑溜溜的酱油汩汩冒出，淹没这充斥着药水味的病房。病友们下订单，我要两瓶，一瓶原味一瓶薏仁的，我要三瓶，我要四瓶……

阿姑去护理站要纸笔，"姓名跟住址你们自己写，字识我，我不识字"。

出院时，阿姑卖了十二瓶酱油。

左拇指缠着纱布，像一球冰激凌，阿姑照样操持家务。人劝她休息，她说，为了一只"大不翁"，整个身躯都免颠动，太不划算了。

她不识字，她不富有，但在命运面前，她绝对是不把天地放在眼里的战将。

我问阿姑："你怕死？"

"不怕，"她斩钉截铁，"不要给我拖！"

气势饱足，犹如怒目金刚，吓死一群病魔瘟神。

20.折星星的老人

银行里，等待的人颇多。她注意到老先生不知在折什么。手还算巧，一条纸片在他手里折出了形，他的口袋里露出数十条纸条，大概是月历纸裁成的。她好奇地问："伯伯，请问你在折什么？"

他给她看，每三条可以折成一个多角星，折好，随手送给陌生人。他折好一个，送她。

九十岁，他找到玩耍的快乐之道，不弯进大多数老人走的那条悲情、多疑、忧郁、焦虑、呻吟、暴躁、煲电话的泥泞路，不必对子女说："你们都不理我，把我丢给外佣，你们恨不得我早点死就轻松了！"他选了一条有风景的小路，笑眯眯的，以星星作标记，纪念平凡日子里萍水相逢所带来的瞬间快乐。

这可爱的老人家，在衰颓的身躯里仍住着一位顽童；从来不好好走路，必是一脚蹦一脚跳的走法，嘴里衔着一茎稻草，或折一片榕叶，吹几个令麻雀吓一跳的高音。他的生命分成两派，肉体那一派逐年老去，灵魂派自在地驻扎在童乐的国度。不，他不是戍守的兵，他是不老的王。

他让我想起捷克电影《秋天里的春光》（Autumn Spring），男主角范达是个享受生命每一刻的七十多岁老顽童，他与好友艾德最爱假扮富豪到处看屋。在老妻眼中，却是个逃避面对死亡、耍小丑的人，她认为他应该严肃看待死亡这件事，学她存棺材本、买墓地、写讣闻、备寿衣、留葬仪社电话，按部就班做准备。范达如此游戏人间让老妻受不了，诉请离婚，在庭上指责他说："他拒绝承认人生最后的路，他拿死亡开玩笑，从不参加丧礼，拿讣闻折飞机，我还不知道他要土葬还是火葬？"

婚没离成，楼下一位坐在窗口望着外面的老人死了三天没人知道，给老妻一个警示，死亡迟早会来按门铃，人不必天天坐在窗口等。老妻也有了觉悟，对儿子说："你有钱，有工作，年轻，有的是时间，我们没时间了。"

范达与老妻展开生命中宛如秋天的晚年探险，嬉戏着，沐浴在春光之中。

21.人生燃烧于每一瞬间

老，是拔根的过程还是另一次种植？是一条通向黑暗还是光明的路？老，一定必须凄凉悲苦，陷溺于自怜自艾的苦水里？还是正好可以把健忘当成一支扫帚，扫荡了不值得保存的档案。老，必然要缴械投降，自此贫化了灵魂乖乖等待肉躯被啃蚀？还是拿出积累多年的智慧与文化底蕴，服膺艾略特的箴言，"人生燃烧于每一瞬间"。

她，八十多岁，远离尘世，躲在山村小书房铸字。若能像一只蓝腹鹇，飞过中海拔的阔叶林，沐着深夜的月光，栖在她窗前的枝干上，应当可以看到她微驼的背影，伏案，一灯黄晕如盛放的花，一字一字地刻着，刻着骨铭着心，手微微抖动，心志却明亮纯洁，唤醒那可歌可泣时代的灵魂，再次活过来，示现一种信仰，一种无边的爱，遂能慷慨地，把生命燃烧于每一瞬间。

公元前四八○年，波希战争，斯巴达国王列奥尼达一世率领三百名精兵及联军，抵御兵力强盛的波斯军队；国王与三百壮士战死于温泉关一役，人们在纪念碑镌刻铭文以纪念这英勇的牺牲，铭文大意："过客啊！请带话给斯巴达人民，说我们壮烈地履行了诺言，长眠在此。"

她像是唯一目睹那壮烈战役的过客，视作一生的责任，要把话带到天外之天、海外之海，让家乡的子民明白这历史。

她不理会病魔作弄，要赶在死神敲门之前把话说清楚，遂以坚毅的精神千里跋涉。

暗夜里那沙沙的声音，不是老人在悲叹，不是夜枭的吟唱，是笔尖划破了铁壁一般的寂静，是一个人所能发出、唯神能聆听的，字的涛声。

22. 整理自己的脚印

他从信仰中得到喜与乐，领受一切，凡事感恩。他不是把话挂在嘴上说说而已，感恩的话语涌自内心深处，他真挚感谢上天对他的赏赐。

一个觉知必须对自己的生命负起完全责任的人，才有可能走到他所抵达的境界，看见他所看到的风景；这一条境界之路，跟教育程度与阅历无关，但跟一个人是否思索生命最高价值、是否做生死学练习题、是否警惕自己必须持之以恒地锻炼心志有关。他是好学的人，也是能做深度思考的人，所以，信仰所指示的道路与他一生所寻思的道路合流，更壮大他灵魂的力量，显出了异于其他老人的生命气象。

他真的认为一个人应该为自己的老年负起责任，完全承受不可避免的肉身衰颓所带来的苦恼，从中寻求平衡之法而不动摇对信仰的坚固信心，不松懈对灵魂的护守，不回头走坠落的路变成一个向子女需索、对世间哀号的老人。

他具有王者的气派。

希腊神话中门神雅纳斯(Janus)有两张脸,一张望向过去,一张前瞻未来。九十岁左右,他觉知生命离终点站越来越近,回望过去,兴起自我整理的念头。他在纸上写着年代大纲,记下事件,以及他认为应当传给子女的金玉之言。

他一遍又一遍打着草稿,绝不把珍贵的时间进贡给悲情、多疑、忧郁、焦虑、呻吟、暴躁、煲电话这一群土匪,他积极地整理一生,记录一双平凡的脚所踩过的不平凡的路,留下个人的历史,感谢神之恩赐。

他示范了一种行走的姿势,如丁尼生《尤利西斯》诗中所言:

> 我不能荒废我的旅程,我要畅饮
> 生命之酒直到杯底。

老 伴 儿 走 了

卞之琳译、法国作家马拉梅《秋天的哀怨》："自从玛丽亚丢下了我，去别一个星球，我长抱孤寂之感了。……因为自从那人儿不在了，真算是又稀奇又古怪，我爱上了的种种，皆可一言以蔽之曰：衰落。所以，一年之中，我偏好的季节，是盛夏已阑，清秋将至的日子；一日之中，我散步的时间，是太阳快下去了，依依不舍的把黄铜色的光线照在灰墙上，把红铜色的照在瓦片上的一刻。对于文艺也一样，我灵魂所求、快慰所寄的作品，自然是在罗马末日凋零的诗篇了。"

伴随自己走过青年、壮年、中年、老年的另一半走了，像房子拆去半间，身体瘫了半边。老伴儿，人际关系中最神秘的一个词，通常来自婚姻，但不是所有的婚姻都能修成老伴儿，多得是老冤家。年轻时绝对不能理解老伴儿有什么必要，老了才知道那代表一种绝对信任的依靠。

老伴儿走了，活着的那一个可能在子女的安排下换个环境以释伤怀，也可能不忍离去守在旧居。

《老人与海》，老头子想起与小伙子钓过的一对马林鱼；雄鱼总是让雌鱼先吃，雌鱼上钩之后，惊慌地拼命挣扎，雄鱼始终陪着她，横过钓绳，陪她在水面转圈子。老头子用棒子敲死雌鱼，把她拉上船，雄鱼仍然流连不去，在船边跳得半天高，要看看雌鱼在什么地方，接着深深潜入水里，一直留在船边。"我看过鱼类的事情，就数这一件最叫人伤心。"

元好问听猎人说，捕获大雁，杀之，那脱网而逃的雁儿，不忍离去，悲鸣徘徊，自绝而亡。元好问买下那只殉情的雁，埋雁为丘，作《雁丘词》："问世间情是何物，直教人生死相许。……"

屋子空了，仿佛全世界没人要的空白都堆到这屋子般。令人窒息的空白，但失偶的人就像那条雄鱼那只孤雁，触景固然伤情，却感觉得到声息气味，流连不忍去。

电影《白狗的最后华尔兹》（*To Dance With The White Dog*），丧偶的老先生山姆，早晨起来看到窗外太太种的玫瑰花，绽放一片，自语："好美的早晨，我想你！"他要用独特的方式重新整理他与老伴儿的一生。他冒险长途开车，重回五十七年前向妻子求婚的池塘边。池中莲花盛放，草地上开遍花朵，空中传来啁啾的鸟鸣，他沉浸在甜蜜的回忆中，仿佛对跟随在他身边的妻子亡灵说："那是我人生中最美好的一天。"

这样的深情也在苏东坡的《江城子》显现：

> 十年生死两茫茫，不思量，自难忘。千里孤坟，
> 无处话凄凉。纵使相逢应不识，尘满面，鬓如霜。
>
> 夜来幽梦忽还乡，小轩窗，正梳妆。相顾无言，
> 惟有泪千行。料得年年肠断处，明月夜，短松冈。

东坡十八岁时娶十五岁的王弗为妻，夫妻缘分只有十一年，王弗于二十六岁夭亡，是个正当风姿绰约的少妇。依俗例，东坡再娶，但未曾淡忘亡妻的身影。东坡仕途坎坷，谪路飘荡，即使想起亡妻，也不免感慨自己一身旅尘，两鬓如霜，若天上人间能相逢，恐怕道途相遇，亡妻已认不得自己了啊！王弗逝世十年后，正月某一夜，东坡梦见自己回到家乡，年轻美丽的王弗正在窗边梳妆，人物情景依旧，但梦中的妻子与他似乎都是返回者，好似各从一阴一阳的世界偷偷返回昔日闺房，所以两人相对，看着挚爱的脸庞却说不出话，只是一迳儿地流泪。梦醒后，东坡写了这阕深情徘徊、幽思辗转的悼亡词，千百年后读来，依然眼湿。东坡把妻子葬在离父母墓不远处，他在山坡上种了万株松苗，十年时间，应是长成短松了。

如果夫妻鹣鲽情深，从年轻相知相伴走到鎏银时光，还

能低唱："亲爱我已渐年老，白发如霜银光耀"，还能说出："唯你永是我爱人，永远美丽又温存"，那么，当另一半离去，独活的人更有被弃的孤单之感。

老年丧偶，也是一堂重击之课。

由于女性的平均寿命高过男性，八十岁以后丧偶的苦涩滋味，成了年长女性最割喉的一杯酒。

一位老奶奶于八十四岁丧偶，三四年来仍无法走出伤怀，常因思念丈夫而哭，孩子把照片都收起来。

也是老奶奶，今年靠近九十，老伴走后，一人独居，常对着丈夫的照片说话。

黄昏的公园是交换资深人生滋味的处所，失去老伴的人不怕被知道，因为，在这里遇得到同病相怜的人，说出的话他们听得懂。一位五年前丧偶的老人家，跟同样遭遇的人说起老伴，仍会流下老泪。

三年四年五年，对失去老伴的人似乎没什么不同。时间过于缓慢，生活里没有新事件，更容易陷入伤感的漩涡。

老人家在丧偶之后，常会有被掏空的刺痛感，伴随着被遗弃、被欺瞒、被处罚的强烈感受。使得理智薄弱，只像一层薄膜，底下是滚沸的人生汤头，翻腾着掏空、遗弃、欺瞒、处罚这四颗丸子，日日夜夜嚼着，偏偏嚼不烂、咽不下，吐出来，四颗丸子变八颗，八颗变十六颗，"为什么那么早走？""为什么身体这样坏下去？""为什么生这种病？""他活一天，我快乐一天！"一连串为什么，适合三四十岁丧偶的人来问，但不适合结缡五六十年、八九十岁丧偶的老夫或老妻来问。

照说，老夫老妻拥有充裕的时间，应该谈论过先走后走的死生大事。但往往是过于依恃数十年不变的生活模式而逃避着，或是基于禁忌不敢谈论这必定到来的分离，以致生离死别之后，丧偶的心理复健过程太长，长到变成屋檐下的负担。

每晚，下了班一身疲惫的儿女听老人家说话、遣悲怀，滔滔不绝两个钟头，夹杂咳声叹气，几句"没办法""早知道"，几句"不听我劝""太苦太苦了"，串连出一世夫妻末段路的病苦内容，"你爸爸太痛苦太痛苦了！""那个病把他折磨得不成人形啊，我舍不得啊！"于是，老泪从扭曲的脸上流出，像扭手帕一样扭出一滩水，做儿女的拥肩拍背，握她的手，递面纸，劝她："身体要紧，坚强一点，爸爸去好地方了，没有病痛了，你这样哭，他会放心不下的！"

"是啊，"老人家的情绪稍缓，理智复位，"想通了，这个病治不好，早点解脱也好！"

做儿女的端杯温水让她润一润喉，刻意把话题转到小孩身上，叛逆啦功课啦爱玩啦，想用孙儿逗她开心。不知怎地，忆起当年也是叛逆啦功课啦爱玩啦相关情节，老人家跌进去了："你当年说那种话，你爸爸一句话都没骂你，他对我讲，孩子上学也是辛苦的，不要骂他！"话匣一开，又看见当年老伴的音容，觉知老伴如此之好，胜过其他男人，老泪又涌出来了。这一哭，用掉半包卫生纸，好不容易养出一刻钟的平稳心情，小芽苞一般，又被摧毁了。做儿女的，叹了一口气，他不是不想爸，不是不知道爸爸对这个家的付出，但他必须推着工作与家庭的石磨，做不到每晚两个钟头陪老妈妈浸在无止境的悲怀里。

那么，在我们必修的老年学习课程上，是不是应该加上一堂"丧偶课"！

白首偕老的"丧偶课"，内容较艰深，念着念着，念到夫妻本是比翼鸟、连理枝这一章，很多老人家辍学，找老伴去了。这是无法解释的生命共同体的爱，一个走了，另一个留不久。

这么说来，一辈子吵吵闹闹的婚姻，到晚年上"丧偶课"似乎容易些。也不尽然。恨不得买一张登仙列车商务舱，让那越来越胡闹的老冤家早日上车的，听过，毕竟是少数。多的是爱恨掺半，刀子嘴豆腐心。蛋糕掉到地上，沾了草屑碎石，还是个蛋糕，虽然嚼得铿铿锵锵，甜味还是有的。这堂"丧偶课"，修起来也不容易。

电影《妻别五日》（Nora's Will），诺拉与丈夫荷西早在二十年前即离婚了，但两人却以奇特的方式继续相互关心。他们住在面对面的两栋大楼里，诺拉不时以望远镜窥视荷西。

年轻时，诺拉颇有精神困扰，曾多次自杀。到了晚年，独居的诺拉在自我了结之前，做了一番精心安排；铺上宛如婚纱的白色蕾花桌巾，摆好整套宴客的瓷花餐具，如同布置一场期待已久的盛宴。冰箱里，一盒盒食材贴上便利贴，让厨子料理她开出的佳肴。在诺拉的安排中，荷西成为第一个发现她自杀的人。她要他帮她办理一切后事，他是她所托付的人，如同当年婚约。但这位既不是丧偶也不是不丧偶的男人，却在这场诺拉的遗愿中有了新的发现与整理。爱与不爱，忠贞与背叛，漠视与关切，谁能分得清呢？婚姻里的爱恨情仇并不因离了婚而终止，反而有了自己的主见般继续延伸，直到死神来了，那纠缠也还是纠缠。

换个角度看，诺拉是幸运的，那些先走一步的人也是幸运的，有老伴可以托付，为他送行。

但是，留下来的人却困在未完的时间里。老伴走了之后，日子必须继续，但已远远不同于以往。

一扇门永远关上了。

〔幻想之三〕 晚秋絮语

——写给晚年的自己

秋日降临。黄昏，凉风习习，吹动溪水，水的鳞片流动着，如一条冥思的大鱼。芒草在秋天肥了起来，尚未飘花，长叶在风中摇曳，窸窸窣窣，低语着。我在堤岸小坐，远处是山及有了倦意的天色。散步、骑车的人多了起来，干扰我的视线。我干脆步下阶梯，坐在河边，眼前是溪流，散步、骑车的人在我背后了。

这一阵晚风真好，有一种自在的况味，能深入衣袖，飘去尘埃，赐予一个勤奋的人应该享有的舒畅。于是，我想起童年，黄昏时彩霞在天边燃烧，亮橙、靛蓝、淡紫，幻化出瑰丽的景象。田里的粗活终于收工了，我感到轻松，忘情地在田埂上奔跑，家就在不远处，炊烟从竹丛溢出，米饭的香味诱引着嗅觉。一阵风吹去我身上的疲惫，有一种解脱之感。忽地，我想，不要急着回去，先在稻草上躺一会儿吧！我躺下来，舒展疲乏的四肢，完整地望着如一场梦般的绚烂天空，享受晚风吹拂我身的惬意，甜美的睡意，竟涌了上来。

生命中美好的瞬间都在大自然怀里发生，如同此时，这一阵流动对他人而言不足为奇，于我，却有着特殊的应答；刚才，我从案头稿纸抽身，决定出门散步，心绪是沉重的，高消耗的文字书写与世俗重轭同时压在肩上，我渴望走路，渴望对话，以恢复一些元气。是以，今天踏上堤岸的脚步一定与往常不同，大自然感应到了，赠我一阵适合启航的晚风。

乘着风的羽翼，这独自徜徉的时刻，我想要与"你"对话。

称作"你"，有点古怪。所有我的身份识别，你都会沿用，你不是另一个人，照说不宜以"你"指称。但时光如刃，修整每个人，十多年后，你使用的身躯与我此时拥有的截然不同，说是判若两人也不为过，如此一来，岂不是另成一人了，称作"你"，又是适切的了。

十四年之后，你六十五岁，是个初老之人。我曾从镜中想象你的模样，那必是以我现在的形貌为基础加以细腻化损毁而得的。其实，我不关心形貌，想必你能接受六十五岁的模样如同现在的我完全接受五十一岁该有的样子，我一向关心心智是否壮硕，灵魂是否朝向自由。

无数次，我眺望肉眼无法穿透的未来，自问："我会在哪里老？我的老年是什么样子？我会带什么进入老年？"

经历了不能细述的西西弗斯式的世间劳役，体察了无法言说的人生滋味，若有掌管的神守在六十五岁路口，拿着点名簿询问每一个旅客："你愿意跨过这道门，进入老年吗？"恐怕，背着行囊的我，当下会迟疑起来，要求它让我在路边想一会儿。我回顾过去，茫茫渺渺却又时而清晰的过往，感觉它与我无关了，印证本雅明所言："人能够阅读自己的过去，正是因为这过去已经死了。"过去已逝，犹如城堡崩塌，留着一把城门钥匙有何用处？展望前路，我知道那是艰辛且寂寞的末段旅途，说不定也有狼狈的路段。当此时，我恐怕会渴望童年时经历的那一个美好黄昏，企盼如释重负的睡眠，我会对它说："我的任务完成了，我想离开。"

那么，你就不必存在了。

但是，这只是猜想，人生，何时是按照我们的意愿运行的？如果，命运要我踏入老年，且必须全程走完老年之路——世人以"福寿双全"字样精美包装的老、病、死全程，我固然极不愿意亦无法反抗，唯一能做的，是提早打点野外求生的行囊，慢慢锻炼能适应泥泞路况的能力，形塑理想中的老者形象——也就是你，平静地把末段人生走完。

你，必须比现在的我坚强——应会如此，从我现在到你所在的时间，还有十四年，我算得出箩筐里还有哪些劳役未了，那一桩桩都是我的担子，不可能逃避。服完这几件劳役，想必坚毅更胜现在的我吧！但除了坚毅，可能也储存了深沉的疲惫——精致的疲惫是好的，有助于面对终结时刻来临，

335

能够毫无眷恋地松手，就像甜美的睡意涌入疲惫的身躯。然而，在漫长的老年生活里，积累过多的疲惫却不是好事，这就是我要你牢记的第一条守则：不要把因疲惫而滋生的"怨"带进老年。

怨，让你觉得所有人都亏欠你，你不知不觉需索无度，时时刻刻想为自己喊冤、控诉、翻案、平反，久之，变成满腹怨言、面目可憎的老人。

一件俗世任务落下来，总有人靠得近、有人站得远，有人本能地承接、有人卸责，有人的生命格局不管走到何处都在第一现场，有人命中注定总有树荫遮凉。

希腊神话中，寻找金苹果的赫拉克勒斯，先在高加索山释放了因盗火而受罚的普罗米修斯，蒙他指点，来到亚特拉斯站立着以双肩背负苍天的地方。在这附近，夜神那机灵的女儿们看守着枝繁叶茂、结着闪亮金苹果的圣园。普罗米修斯叫赫拉克勒斯不要自己去偷，最好让亚特拉斯去。赫拉克勒斯答应亚特拉斯，帮他背负沉重的苍天，好让他去圣园偷摘金苹果。亚特拉斯进入园子，杀了看守的巨龙，计诱夜神的女儿，顺利地摘了三个金苹果回来。他尝到自由的快乐了，双肩感到轻松，不想再受罪，正要离去，聪明的英雄赫拉克勒斯想到一条计策好让自己脱身，他要求亚特拉斯："让我绕一条绳子在头上吧，否则这重量会压碎我！"亚特拉斯认为这是合理的要求，答应他，他以为只要代替赫拉克勒斯一两分钟即可，怎料，苍天一移到亚特拉斯肩上，赫拉克勒斯捡起金苹果一溜烟逃了。老实人总是被骗。

世间，总看得到亚特拉斯的子裔，站立着以双肩担负沉重的人间任务。老了的亚特拉斯，伛偻一身，不能再问为何让他挑重担，要问的是，任务是否圆满达成，无愧无憾，若是，这事就该结案，交给遗忘，不必再计算劳役不均这等小事。因为，被你计算的人永远不知道你耗费宝贵心力为他编了一本论文厚的反省簿、忏悔录，你得到的绝不会是公平（世间并无公平）与平静，而是怨憎心起、善念枯竭的内心世界。我希望你依然记得晋代左思诗句："振衣千仞岗，濯足万里流"，保有一份豪气，将恩恩怨怨都洒向流水，如浮萍飘去，留一个无怨的人生。

第二个字，贪，请你戒除贪念。

我一向不重视物质享受，想必你亦如此。是以，这贪字指的不是饮宴起居，而是对生命的执着与贪欲：想要长寿，想要躲在病的薄纱掩饰之下留在人间，永远享有活着的感觉。

万万不可，切记，万万不可！

当你起念挽留："留住吧，生命！"你便不自觉地变成不敢面对疾病、无法思考死亡而凡事采取逃避的老小孩，你所思所想都是如何祛病回春，你会开始贪婪，认为家人应该全心全意照顾你，把你的"存活"视作生活重心、奋斗标的，稍有不足，便遭你斥责，甚至不惜翻账本向家人讨"人情债"，落入最俗不可耐的金钱投报率的计算。如果你变成这样的人，我真心地，义无反顾地，希望你的生命终止于一场小型滤过性病毒的狂欢，让猥鄙的场面不致发生。

你要常常告诉自己，用一个特殊的声音叮咛自己，如同黑塞《流浪者之歌》[1]，悉达多来到森林中那条长河，在河边凝视自己映在河上的面容，意欲投河了结生命，就在这当口，"他听到了一个声音——一个来自他的灵魂深处、来自他的疲惫生命深处的声音。那只是一个字，只是一个音节，他曾不加思索地随口混念，但却是古代一切婆罗门祷词起首和结束要用的一个字——神圣的'唵'字真言，而它的涵义则是'完美'或'至善'。这个'唵'就在这个当口传到悉达多的耳中，而使他那沉睡的灵魂猛然清醒过来。"希望你也能找到自己的神圣真言，挂起一盏发亮的灯，即使逐日流失智能，亦能因这光明的指引而奋力地返回心灵居所，不变成浪游的浮草。当你回到心灵小屋，你当能拾回理智，不受畏惧宰制，把"贪"这条心魔小蛇拎出门外，野放于山林，你一生得之于自然的启迪甚深，焉会不知，蓓蕾要绽放，枯叶应飘零。

回味李白诗："夫天地者，万物之逆旅也，光阴者，百代之过客也。"生命必有尽时，踏上险坡的时候，双手要握着尊严，你要像一条好汉。

1　《流浪者之歌》，黑塞著，徐进夫译，志文。

第三，是我最不担忧的，除非命运之神交给你的"病役单"是瘫痪或失智，否则，你应能秉承一生的习惯，活在文学与艺术所建构的行宫里。法国作家蒙田认为，我们可以把老年托付给保护健康与智慧的神灵阿波罗，老年应过得愉快且合群。他恳求阿波罗："别让我为暮年羞愧难当，别让我在晚年把诗兴丢光。"

即使你只剩一汤匙智能，我也希望文字是你最后才遗忘的东西。

书写，是你这一生种种劳顿的珍贵补偿，命运给你坎坷，文学赐你康庄，你酙尝这形下与形上两个世界的滋味，劳顿苦役之鞭策，换得书写世界里无限悠游，你活着你自己，也活着他人的那千疮百孔的人生。在书写国度里，总有神奇的风吹拂你的文字，被阅读，被喜爱，如是多年。你应当回想这些，心生感激，无比富足。而这一切的源头，是一个十七岁少女发愿要成为作家所开启的，那纯真且热切的意念，不染尘不夹杂功利，一生以来，我时常省思自己的书写步伐是否辜负了那十七岁少女的初衷，以此自惕。如今换你，请你让那十七岁少女的心与眼来为你的书写生涯划下句点，莫落入藏诸名山、声名永传的虚妄陷阱，莫兴起造神铸像的愚昧欲望。"你命在须臾，不久便要烧成灰或是几根枯骨，也许只剩下一个名字，也许连名字都留不下来。名字只是虚声，只是遥远的回响而已。"公元二世纪，马可·奥勒留，这位更适于称作哲学家的罗马皇帝，在征途中写下《沉思录》。我曾在散步途中，见到一棵丰美灿亮的栾树，在风中尽情飘落细碎的黄花，地上红砖缝隙都被碎花填满，宛如镶了金线。我赞叹这美景，视作是一句提醒：飘零也是一桩盛事，也是一种自由之美。当你老迈，你的时代不再被当代珍惜，你的文字不值得阅读，无人在乎你的书写身份，当此时，你要记起那位哲学家皇帝的箴言，学习那棵宝树的潇洒，把一切还诸天地。

第四，也是我较不担忧的，但愿你继续保有"慈悲"。我不知道你会在哪里度过鎏银岁月？服哪一种病役？老友们还在吗？家人是否近在身旁？只知道我必须学习带着知足与感恩的心，替自己制一双好鞋，以备来日踏上老年旅程，好走一点。何等幸运，五十岁开始，我觉知应该做这种准备，才能换得你，优雅地老去，坚毅地老去，慈悲地老去。等这世间的粗工与细活都做完了，且是尽可能完美地交卷了，有一天，你可以带着这小小的金色功勋，到主宰者面前（如果有的话），卸下亚特拉斯式的袍服，换得千年自由，做一名无面目无姓名无牵挂的野灵，悠游于山水间，随风而飞、因雨而咏叹，不再做人。

最后，我希望你时常称诵的真言是："我够了。"

病，最后一项修炼

台大5號
注射液
400ml

我相信疾病是一串钥匙，可以为我们打开某些门户。我相信有些门户，唯有疾病才能打开。有一种健康状态不允许我们了解每一样事情，也许疾病蒙蔽了某些真相，可是健康同样也会蒙蔽另一些真相，或者使我们避开那些真相，而对之毫不关怀。

我从来没有遇到一个敢夸口说他从不生病的人，不多少是有点愚蠢的；就如从来没有旅行过的人，我记得查尔路易·菲利浦很巧妙地说过，疾病是穷人的旅行。

从不生病的人，对于许多不幸的事，无法产生真正的怜悯。

——纪德《遣悲怀》（聂华苓译，晨钟）

---

1 台大 5 号注射液
400ml（编者注）

欢 歌 与 悲 啼 同 在

记某日。

救护车多了起来。一辆鸣笛的救护车驶过那条路不久，换建筑工地的重机械声接棒，嘣、嘣、嘣，捶打地面，仿佛它的仇人们躲在地底，今天要一个个把他们捶出原形。嘣、嘣、嘣，渐渐变成背景噪音，让人无奈地只能接受。接着，一队绑着红彩带的黑车停在隔壁大楼门前，鞭炮猛地炸开，大约把重机械好不容易捶出来的敌人给吓缩回去了。

新郎下车，后头跟着伴郎及数台相机，还有两部看来很专业的摄影机。大门口，有几个年轻小姐拦着，看来是要给新郎通关难题的。果然，发号施令的那位，要新郎朝楼上大声喊："娟娟（假设这是新娘的名字）我爱你！"

虎姑婆（假设这是她的本性）不满意，"太小声了！"四周笑开了。今天是大喜之日，想必龙心大悦，新郎笑嘻嘻的，好似她们的喧闹是婚礼中不可缺少的一部分，吸饱一口气，再喊："娟娟我爱你！"虎姑婆摇摇头，尖声笑说："哎哎，你们说，是不是太小声了！不行不行！"四周也起哄，重来啦重来啦！

"娟——娟——我爱——你！"喊声盖过重机械声，四周笑翻了，纷纷举起手机、相机、摄影机，取景拍照。

"不行不行，重来重来！"

"娟——娟——我爱——你！"

四周笑得更浪了，左邻右舍拉窗探头，有的直接站在阳台，两手支在栏杆上，偏头看着。

"再来一次！"

"娟娟我爱你！"

"再一次！"

我开始怀疑，拦在门口的这位虎姑婆小姐想必是新娘最贴心的姐妹淘，她的潜意识里其实想拆散这对新人，因为她对新郎其实有一股禁不起分析、隐藏的爱意，她幻想过不同的情节，但怎晓得他们不必经过什么阻碍就在双方家长呵呵的笑声中筹备了婚礼。当她下令要他喊"我爱你！"其实，她正在秘密地享受心仪的男子穿着英挺西装、手拿一束唯美捧花在她面前喊"我爱你！"的梦幻滋味，她贪婪起来，好美的一刻，不要停不要停不要停！

"娟——娟——我爱——你！"

"用最大声！"

"娟——娟——我爱——你！"

虎姑婆透过手机问娟娟："有没有听到？听不清楚对不对？"

"再一次！"

"娟——娟——我爱——你！"

这游戏玩过了界限，旁观人群中若有智者，可能会问新郎："喜欢玩这种游戏的娟娟，值得你娶回家吗？你要不要再想清楚一点？"

咿哦咿哦，一辆救护车从另一条路经过。

忽然，沙哑的呐喊游戏结束了，男男女女进了大门，留下一排黑车像一群肥肥的黑鹅，呆立在路边。想必，当新郎见到新娘，献上捧花时，救护车也抵达急诊室，病人见到了医生。当摄影机举起，为这一室欢歌留下影音时，护士们也为患者量了血压、抽了血，正要推去照 X 光，留下最新的骷髅身影。

有生有死，各忙各的人生，只是同在。

病 役 通 知 书

××君惠鉴：

日月如梭，韶光易逝。阁下误落尘罟，倏忽已数十寒暑。缅怀贤劳，宵衣旰食；翘企相会，常在念中。今，日薄西山，阁下病役佳期将至，特于××医院××科，敬备"天人五衰"菲酌，以表欢迎之微忱。敬希祈哂纳。早日排忧销愁，荣返仙乡，共话巴山夜雨，再叙佳谊。

专此　敬颂

病悦

病役司　敬呈

仿 佛 一 群 野 兽 住 进 家 里

疾病是生命的暗面，一较幽暗的公民身份。每个来到这世界的人都握有双重公民身份——既是健康王国的公民，也是疾病王国的公民。尽管我们都希望仅使用好护照，迟早我们每个人都会成为疾病王国的公民。

——苏珊·桑塔格

1.宣判

一条独木舟用了七八十年，航行大海的梦远了，捕鱼的网收了，但这舟是唯一忠实的伙伴；舟身布满河流的印记，鱼影蟹迹、苔痕水草装饰着原有的纹路，虽然老旧，仍是坚固的依靠。每日放牧于小溪畔，天光云影徘徊，野渡无人舟自横，拍拍舟身，一起跟着天荒地老也未可知啊！

怎料到，起初仅是一线裂痕，竟像有隐形的斧头日夜砍伐，舟身裂开。

医生说："先做个检查。"开了检验单，意味着舟身将滑入蜿蜒的暗流。X光、验血、验尿、验粪、验痰，心电图、内视镜、超音波、计算机断层、核磁共振……侦察兵寻找敌迹，造谜与解谜者斗智角力。终于，看报告的时刻到了，灯号亮起，你在家人的陪伴下推门进入诊间，坐在小圆凳上，家人站着。医生盯着计算机荧幕，正在解读你的体内小宇宙。那黑白影像显现了一副无血无泪的骷髅架，那展开的脏器类似迷航于外太空的卫星或是被狂沙埋没的上古废墟，清空的肠道比较像地下铁或矿坑运煤车。总之，很难相信这些影像跟你有关，那上面既没有你的名字、笑容，也没有性格、故事，像一堆毫无意义的"东西"，可是，这些"东西"将决定你能否继续保有故事、性格、笑容、名字，保有你根深蒂固认为那有血有泪、有情有义的"真实"。

医生的眉头锁着，不吭声，表情严肃，继续观看，有一处影像被放大，他把荧幕转向你们，说："这个地方怪怪的，我怀疑是坏东西。"

这是温和的言说策略，以略带不明确的荡漾语气，指向黑色路径，造成悬疑感但不是法槌敲下的宣判感，让病人与家属因"坏东西"而自行联想到恶性肿瘤可是又因"怀疑"语句而存着一丝希望。目前，只是怀疑而已。

另一张病理检验需求开出了，住院、切片。舟身，已滑入蜿蜒暗流。

从未发现，等待真相的过程是这么煎熬。"害怕"就像一阵蝗风，飞临你的农田，嗡嗡啮咬每一条神经、每一束肌肉像尝着香甜的玉米株、高粱秆。"沮丧"是泛滥的川流，淹没路径，浮起鼠尸。"时间"，原本流畅的时间，其实是残忍的整人刑具：一个铁圈套在你身上，二十四条铁链系住二十四匹马，有人扬鞭，马匹翘首嘶叫，扯动链条，分不了尸，只是凌迟。

你寝食难安，吞的每一口饭都像烫铁，夜来辗转，像有人拿你当面团在揉。你叹的气比说的话多，老友来电关切，你不自觉地哽咽。你想要祷告、祈求，才发现信仰是太平盛世里的事，你只会在灯光明亮、冷气充足、信众聚集的会所祈祷，你从未孤独地在深沉的黑暗中与神对话，你的祷词一向只有保平安、护健康、生意兴隆、事业发达、金榜题名，你从未呼唤"请拿走我的害怕，请医治我的脆弱"，以致握水杯时手会抖，呼求时心乱如麻。

身体怪怪的，说不上来，你有不好的预感。那日出了诊间，你儿子又进去找医生，出来后，你问他，他只说："没啦，问清楚做什么检查，都搞定了。"你怀疑他瞒你，但又响起医生所说的"怀疑"字句，劝自己不要想太多，老了都会这样，应该没事。电话中，老友举了好多例子说明"怀疑"是普遍用法，那些医生都爱做检查，"怀疑"跟健保给付有关，结果都没事，"放心啦，没事的啦！"你发觉这番话组成强而有力的禁卫军队伍，赶走刺客般的害怕心理。每当你感到心浮浮地、胸口发闷，那番话便播放，如高悬在监狱墙上的大喇叭，日夜放送，你因此得了几夜安眠。

宣判日到了。儿子去看报告，要你在家。你打开电视，翻报纸，走动，关电视，喝水，又开电视。拿起电话拨儿子手机，转入语音信箱。你关电视，想找人讲话，偏偏没人接。你低头诵念，祈求神的慈悲，赐你健康，你才七十五岁，还不应该生大病。

儿子来电，说："没事啦，不过有些发炎，医生说要治疗。你不要想太多，没事啦！"

你连连打电话给老友，大笑说："没事没事，我整个人都轻松了！"

2.瞒

"要不要告诉他真相？"

子女们背地里聚会，商量病情。首先为有人没空来这件事，大家发了一阵怨辞，接着，聆听判决的人报告医生诊断与治疗方针。有人查资料做了简报，顺便提供打听来的病讯。要不要换医院找名医再做确认，要不要告诉他真相？

"你看他这阵子脆弱成那个样子，能讲吗？"

"不讲怎么往下走啊？化疗是什么意思，他又不是笨蛋？"

"要讲，你去讲，吓死他了你负责！"

"你这什么话？你那么行以后你带他去看病！"

因为，屋檐下领航的你，从未在任何一次欢愉的聚餐之后，与子女谈论生命观、人生价值，所有跟五斗米、存折无关的事项不在你的兴趣范围。你忌谈疾病，视死亡为妖邪。你喜欢分享养生之道、长寿故事，夸赞某某先生鹤龄九六仍然面色红润，某某人瑞百岁犹能穿针。你展现了对生的眷恋，不能有一根头发掉入汤锅般地，凡涉及疾病、死亡，便是秽念，是仇敌的狠毒阴谋，谁敢提及死，必可斩杀之。唯有永不涉及死的课题，便可永生。啊！永生，仿佛永远以童女之身无止境地在现世轮回；此刻是垂老之人，下一刻，不可思议的阳光照耀到你，便于瞬间回复成青春少年、蓓蕾少女。所以，不能放弃，不可轻易被邪道说动，说什么凡人终将一死！不，是不死，死的是凡人病人他人古人，死的不会是我，我永生！所以，谁也不准在我面前谈死！

你从未有一句话叮咛子女："身体是我的，任何情况，你们不可以瞒我。"你从不认为你会生病，以致，当你生病，一群野兽立刻住进家里。

3. 谁应该

如果你认为你不应该生病，请问谁应该"负责"生病？如果你认为七十五岁"还"不应该生病，请问几岁生病才是"适当"的？"八十五岁。"有个声音这么说，听起来颇合理。但是，我们从没听过八十五岁的人认为自己应该生病了，他们摇摇头，指向九十五岁。而九十五岁的人，想再多活几年，有位老爷爷告诉子女他要拼一百岁，整数。

这就是了，不管几岁，每个人都认为自己不应该被病魔缠住而断送性命，病魔应该从最年长的开始清查；若照这个游戏规则，九五的松一口气，八五的露出笑容，七五的可以去树下纳凉。

问题是，游戏规则不是人订的。不独人的寿夭不照长幼顺序、不抽号码牌先到先办，任何物种生命皆如此。这是自然定律、生命通则，而每一个人——帝王将相或贩夫走卒——无不受这亘古汹涌、惊涛骇浪奔腾而下的生命长河管辖；我们若不受制，就不会在这世上，我们既在世上，就受制于律法。奔流之中，那飞进的水花——无数水滴犹如无数生命——对沛然莫之能御的怒江而言，不须一顾，亦无损其浩荡，然自每一水滴视之，其唯一能体会的真实是自我存在，浩瀚长河过于浩瀚反倒成为虚幻了。而事实恰好相反，真实的是亘古奔腾的生命流域，虚幻的是瞬间生灭的个我。

若曾在片刻之间，这渺小如芥子如微尘的个我暂时放下"我"的概念而任凭意识神游于亿万千百年以来的时空流转之中，这偶开的天眼见识了自然定律、生命通则亦无私地管辖千古以降之帝王、英雄、文豪，以病为钩为廷杖，令其殒落，则回顾自身，思之再三，七十五岁（或往上八十、八十五，往下七十、六十五）罹病灾，有何冤屈？

能够参天地之化育，以人生经历这一趟行旅，是奇迹。能够跨越六十五老年线，从容地完成人生梦想、家庭任务，更是无上恩典。"使我能有一次奢靡的死亡"，写下这么气派的句子的诗人济慈却在二十六岁病死。亚历山大大帝三十三岁逝，莫扎特贫病交迫，死于三十五岁。徐志摩坠机，三十五岁逝。梵高一生抑郁，遗言："悲伤会永远留存"，三十七岁自杀，亲弟弟提奥悲伤过度，次年亦逝，葬于兄旁。他们没有机会跨过三十、四十年线，生命短暂却永远绚烂。与之相较，六十五岁之后才需面对疾厄的现代人，还能喊不够吗？况且，数不尽命运乖舛的老者，遭逢不幸，仍需扛负家庭重担，照顾瘫病的子女、无依的雏孙，老迈贫病却不能歇息，与之相较，已完成任务卸下重轭的人，还能捶胸顿足地喊不公平吗？还能抗拒、号叫、抱怨、发怒，像一个在地上耍赖打滚、不值得半点尊敬的小孩吗？

你不应该生病，谁应该？

4. 疒部

疒，音"床"，人躺在床上的样子，会其意为患病。病，小篆"病"字，从疒、丙声，本义作"疾加"解。疾为较轻的病恙，疾加剧——体温剧升、性亦焦躁，叫作病。

翻开辞书"疒"部，痈瘵在抱，疔疮缠身，痴疯发作，痀瘘难行，瘢痕历历，满目疮痍。一百九十多个部首，就属这一部最像哀号不绝的屠宰场，是以，落入这部首的人鬼叫几声也是合乎情理的。这病字部会，有我最嫌恶的成语"吮痈舐痔"，一百七十多个疒族文字，只有"痴雨""癯仙""瘦雪"保有美感，其余皆令人心情溃疡，以头撞墙。

什么人生什么病，有些是，有些无道理可言；病，不是只给"经年努力追求"这种病的人得的，也像发票一样，只不过买了一份报纸，那张发票竟中了头奖。"为什么？"这三个字像三把小刀，每一把都刺向自己。原因不明，是最常用的说法，只能归诸遗传。所谓遗传，就是回家怪父母、祖父母、曾祖父母的意思。

某医院病房，一位五十多岁罹癌妇女每日放声嘶吼、哭喊、控诉："为什么给我得这种病？我不甘愿！"吵得隔床不得安宁，回呛："哭什么？我全身都是癌，你才一个地方而已，哭什么？"仿若地狱问答。

妇人坚持不治疗，日日咒骂，不多时而绝。她极度不甘心，

354

咬牙切齿地恨，以一死赴黄泉找那司命的神算账！

一桩病，把人间变成地狱。如果，病是不可逆转的，如果，病途的终点指向死亡，我们只能用这种方式面对吗？这是我们最喜爱的方式吗？

《庄子·大宗师第六》，有四个好朋友：子祀、子舆、子犁、子来，这四人喜欢探讨生老病死之道；把"无"看作头部，将"生"当成背脊，把"死"视作臀部，生老病死是浑然一体的，不可分割。

有一天，子舆生病了，病得不轻，子祀去看他。子舆弯腰驼背，躯干都变形了，自语："造物者真是伟大，把我变得如此弯曲！"他气定神闲，蹒跚地走到井边照看自己的样子，仍不住地赞叹造物者的神力。子祀问他："汝恶之乎？"你会不会讨厌这副模样？子舆笑着安慰老友："我怎会讨厌呢？如果造物者的神力把我的左臂变成公鸡，我就用它来报晓，如果把我的右臂变成弹丸，我就用来打小鸟，如果把我的臀部变成车辆、精神化成骏马，我正好用来驰骋一番！"

对于生命，"得者，时也；失者，顺也。安时而处顺，哀乐不能入也"。

没多久，换子来生病了，"喘喘然将死"，妻儿们围着他哭泣，老朋友子犁来探视，看到子来妻儿啼哭的样子，喝斥他们："吓！走开，不要惊扰子来的变化！"接着，子来讲了一段名言："夫大块载我以形，劳我以生，佚我以老，息我以死。故善吾生者，乃所以善吾死也。"

生老病死既是一体成形、一气呵成之事，人不妨安时知命，顺势自然。"以天地为大炉，以造化为大冶"，把天地当成大熔炉，造物者是大铁匠，管它要把人炼成什么样子！

什么人生什么病，不可臆测，也不重要。重要的是，生了那种病，你变成什么样的人？

5. 厮杀

都说，老者是智慧化身，这话不是定理。歌德八十二岁时说："人们时常以为，人必须岁数老大才能成为高明，但是岁数大了而要保持和年轻时候同样聪明，实在是渐渐困难起来的。人在不同的生活时期，或许成为不同的人，但不能说是变成更好的人。"

古人寿短，五六十岁算长的，这年纪确实是智慧发光的时候，加上一旦罹病，不消一两年（甚至只有数月）即殒逝，家人门生故旧老邻来不及看到他久病缠身的模样，没机会见识脑部额叶颞叶病变所引发的失智症状，其智慧语录言犹在耳，自然是音容恒在，智者形象长存。

现代医学文明，既是延命也是延病，八九十不算高龄，有潜力拿百岁金牌的人只会愈多不会愈少。带病延年是现今医疗惠赐给老人的福利，久病缠身，一缠十几年，时有所闻。

是以，家人门生故旧老邻有机会见识其病史，阅读老人心理学与疾病心理学双主修内容，犹如混读《黑暗的心》与《块肉余生记》之病榻改写版。

如果一个人年轻时不够智慧，也从不认为应该提炼智慧，何以见得老了就变成智慧化身？天底下有这么便宜的事，智慧若是老年赠品，那我们混吃赖活等着死前变智慧就行了，何必辛苦修炼？

如果年轻时从未预习这一门关键的人生课程"跟疾病相处"，如何期许他到了七八十岁（甚至更高龄）进入病途时，能展现一种肚量，视疾病为迟来的幺儿或幺女，小心呵护无任何不耐：若是中风半瘫，那是前世失散的手足来访，需诵念"他不重，他是我兄弟"。除此之外，梦中情人躲藏于心脏，天使降临于肝，都是等着带领我们离开尘世的使者。

如果社会养成一种风气，老者不畏惧谈论疾病、死亡，不视之为不洁、诅咒、瘟病、罪愆，而是寻常的杜鹃花潮、枫红或冬雪，那么，病痛的耐受力会不会高一点，是不是更轻灵点儿，更乐于享受生命，更从容一些，更勇于道再见，就像何其芳《货郎》中的老者，"我们这倔强的瘦瘦的朋友又戴上他的宽边草帽了，夕阳灿烂。……他又举起手里的鼓，正如我们向我们的朋友告别时高高举起帽子，摇得绷绷、绷地响了起来"。

道再见的时候，夕阳灿烂，何等气象！

然而，实况往往相反。逛医院像逛百货公司，选医生像选女婿，活在病情加剧、肿瘤旁生的恐惧里。恐惧中，那病是真的，虽然检验报告称正常，但病者斩钉截铁相信，医疗检查的盲点与极限恰好都发生在他身上。那躲在体内的恶病极为凶狠，化整为零，隐在正常细胞的缝隙，以至于超音波、断层扫描都无法侦测。

于是，低潮来袭，度日无欢，感受不到人生欢愉的老病之人，活着最大的功效就是送几朵乌云给周围的人，如一台乌云制造机。

病中乌云，夹着闷雷，情景如下："唉哟喂呀，我唉哟喂呀痛死了喔，救救我不要痛啊，呜，我命苦啊！唉哟喂呀，要死也不快死去啊，这样受罪喔……"侍病者见长者如此哀嚎，神色慌张不知如何是好，持止痛药请他服下，他说这药无效、伤胃，不愿服用，侍病者说："热敷好不好？侧躺好不好？帮你按摩好不好？要不然煮个鱼汤你热热喝好不好？"

"唉哟喂呀受不了（拍打床边），得这什么病这样难受，×医生你这个没用的人，当什么医生，治不好我，你有什么脸当医生，你滚蛋吧你，你让我这样痛！受不了啊受不了啊！……"

我们观看病中老人，如观看一生修炼的总检验。有时，可以看到自己父母在与病魔缠斗的过程中展现出过人的胆识与出类拔萃的智慧，这是幸运的，父母以肉身示范教学，教子女宝贵的最后一堂课，我们必须认真学习。有时，看到的是至亲一路溃败，遂目睹病魔的手法，如何令病者哀叫、咆哮、恐惧。当此时，我们必须坚毅，设停损点，不可让病魔搏攫至亲之后，又以至亲为饵，擒拿了一家而分崩离析。

每一个病中长者都可以开我们的眼。要不，看到抵挡的勇气、爱的行动；要不，看到强敌压境，一路残杀。

值得省思的是，人会不知不觉搁浅于暗礁间，活在恐惧、焦虑、忧愁之中，却又冀望无止境地延寿。究其根底，这岂是热爱生命？不，他不爱生命，爱的是拥有的感觉，爱的是主权，故不许被夺。生命，应该赏给想要寻求意义、开垦快乐与众人分享的人，把生命赐给一个成天抱怨的人真是暴殄

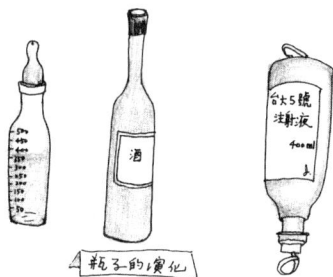

瓶子的演化

喝奶要专心，喝酒要尽兴，打点滴，要认份。[1]

1　瓶子的演化
喝奶要专心，喝酒要尽兴，打点滴，要认份。（编者注）

天物，还让他高寿，真是岂有此理！

需储存多少哲学与信仰的灵粮，囤藏多少文学、音乐、艺术之真善美，一个浊骨凡胎吃过八万七千顿之后，才不会变成一个哀嚎的老人？

6. 病中日月长

战场上的时间过得最快。天色甫暗，早月还只是一枚薄薄的唇印，埋伏在深山丛林的突击兵已分头行动，在夜的掩护下，摸入敌营，才激战一回合，已是东方大白。病榻上的时间最慢，像蜗牛，不，像受了伤的蜗牛，只比微风吹滚一片厚纸板的速度快些，比铅块溶化的速度快些。安养中心病榻上，盯着床头钟的老者，专神地看着秒数，凌晨四点二十九分三十四秒。他别过头，改看天花板。一闭上眼，把自己一生，好友的一生，敌人的一生都各想一遍了，怎么才过了二十分钟？迷迷糊糊睡过去，醒来，终于过了五点。

7. 长寿税

他，笑脸迎人，散发着好老师的特质。第一次见面，他自嘲自己的名字"张鑫熙"念三遍听起来就像"脏兮兮"，适度的幽默感，释放温煦，像暖和的日光。在我演讲之后，他还递上宜兰自家亲戚做的豆腐乳，这是纯朴的乡亲情感，我欢喜接受，快乐合影。第二次见面，也是演讲，他发挥美术老师专长，将我的照片与海报做了美化，裱框以作纪念，我亦欢喜接受，快乐合影。

忽然，寒冬时节传来他猝逝的消息，学生的留言与追思灌满脸书，不及四十岁，正是发光发热的时候，来不及实现梦想，来不及看到儿女自立，来不及把指头的粉笔灰洗干净，来不及好好告别，一朵灿烂的向日葵硬生生地折断了。

那么，安全地跨过五十五岁、六十五岁、七十五岁的人有什么好抱怨？我们真的看不懂造物主的账册；一个才华横溢的年轻人死于二十六岁，正当旺盛的壮年人死于三十七岁，可是一个满腹牢骚天天哀叹、抱怨的老年人却抵达八十九岁，上看九十岁毫无问题。彼太薄，此太厚，上天赐彼寿夭，赐此寿长，岂有"好生之德"？思及此，心生愤然，不只不想敬天，还想瞪它一眼。

如果，阳寿也像收入一样，可以重新分配或课征一点富人税（长寿税），该有多好！

8. 活到几岁才够?

《揭开老化之谜》提及，十七世纪一个名叫汤玛士·帕尔的英国农夫，声称自己一百五十岁了，受到国王召见到宫廷来"展览"人瑞模样，却不幸感染风寒一命呜呼，遗体由权威医生解剖以揭开长寿之钥，但解剖报告说，帕尔先生的内脏不像活了一百五十多年的样子。总之，这是个骗局，帕尔骗到了一席之地：葬在西敏寺，与英国历史上最著名的诗人、艺术家、科学家和政治家躺在一起。

报载，美国有位"人体冷藏法"专家于九十二岁过世，他的身体被急速冷冻，存放于大量液态氮内，在零下一百九十六摄氏度的实验室，等待有一天医学科技进步到能治愈任何疾病时再退冰，治疗、还魂、重生。这位老兄（我本想用"老番颠"）临死前认为，每个人都可以长生不死。不过，如果能重生，那他得处理棘手问题，因为前后两任太太都紧紧地躺在他旁边。

看到这则报道，实在不能怪我喜欢卢梭，他说："如果我们永远不死，我们反而会成为十分不幸的人。……如果有人允许我们在这个世界上长生不老，请问谁愿意接受这不祥的礼物？"

长寿欲望，像中了蛊毒，企求福如东海、寿比南山，其严重性不下于强迫症。当然，也有些非自愿的长寿者，上天给了他们不可思议的长寿基因；一位九十五岁老阿嬷住安养院，自怨："我活太长了！"一位老爷爷九十九岁即将破百，对子女说："活一百岁很辛苦，是不是有什么单位可以颁个奖牌给我？"

根据相关部门二〇一二年资料，台湾最高龄的是两位一百一十二岁的女阿祖（不，应该是阿太），百岁人瑞共有一千八百七十六人，比去年多了三百八十七人，当然是女性多过于男性。

"我要活到几岁才够？"这问题宜于健康时自我诘问，养出不忮不求的随缘心态，以免迈入老年，恐病惧死，觳觫如一只无辜的羔羊，变成一个不用功学习"生死学"的老人！活到责任善尽，活到工作完成，活到能留下爱与温暖的存粮，就够了。追随歌德九年，门人兼秘书的爱克曼撰写《歌德谈话录》，一八三一年记录着："歌德把以前还缺着的第四幕（《浮士德》）在其后的几星期内完成，在八月里第二部全体合订起来，完全告成了。他那么长久努力追求的目标终于达到了，这使他非常快乐。'我以后的生命，'他说，'我今后可以把它看作纯粹的赠品了。'"

歌德逝于一八三二年，八十三岁，享有七个月的赠品。一个人能工作到离世前七个月，以丰沛的灵泉完成不朽巨著，哺育后世无数心灵，这是何等的荣宠，伟哉歌德！

9.你准备好服病役了吗？

总是如此，年轻时被叫"蜜糖"，老来得了"糖尿病"，妖娇时提过"铂金包"，老了拖着"帕金森"。我要记得劳役始祖西西弗斯的勤奋精神与歌德的帝王气象，以此面对创作、人生以及步入老年（如果有的话）的病役军种。当然，幽默感是我一生的布娃娃、绒毛玩具，我打算把它系在腰间，晃荡晃荡地，去见我的主治医生。那么，医生看着断层扫描，就有以下情节：

"您要喝什么？"护士的助理问我。

"热咖啡，加糖跟奶油球，谢谢。"我说。

"嗯，有意思，"医生啜了一口热茶，热雾扑上镜片，他雾着一只眼，看起来挺滑稽。"简小姐，有个顽皮的肿瘤在肺这里，有点大咧！"

"真的哦！在哪里在哪里？"我取下眼镜，睁大眼看荧幕，其实看不太懂，但大概知道有颗乒乓球窝在那里。

"医生，你看大概几克拉？"

"什么？"他狐疑，以为自己置身珠宝店。

"多大啦！"我掏出笔记本，这是职业病使然。

"鸽子蛋！"他也改用具体物项来形容，好让我明白肺上镶的是碎钻还是别针。看起来是别针了。

"你有什么建议？"我问，"我来不来得及把作品看一遍修一修，想一想要不要牺牲几棵树出全集！一般作家都会这么做！唉，要命，我越来越像一般作家了！"

医生没搭腔，叫唤护士小姐，要她开礼物柜，这年头流行送病人礼物，小病小礼，大病大礼。

护士问：“送简小姐什么？”

医生说：“南极旅游。”

“这么大的礼，”我说，“医生，你要不要跟我一起去？”

“去南极呀？”

“不，去死。”

我们两个哈哈笑起来，笑出了泪，护士嘀咕一句：“神经！”

如果，我真的可以跟医生开自己病情的玩笑，那是什么样的社会，那是什么样的生活，那是什么样的我？

10. 病榻战火

家中有生病的父母，十之八九会出现火拼场面；轻者唇枪舌战，重则动手扭打。病魔张大了口，化成一座火炉，借此检验这户人家的亲情是真金不怕火炼，还是一把干草，一烧成灰！

起火点，大约不出：

经济因素：疾病与金钱形成共伴效应，钱字风暴，吹得一家窗破墙倒。庞大的医疗照护费用，如何分摊？病榻前，各摊各的账本，算账的话语岂有好听的？兄弟姐妹若本来就有裂痕，再加上伴侣“搅拌”，难逃绝裂场面。可怜的是，躺在床上的那个老父及半病的老母，是病了，不是聋了瞎了呆了，看子女赏他们一出火爆剧情，怎能不感慨？

医疗策略：开刀派与弃刀派论战，中医与西医对决，致使生病的老父或老母无所适从；大儿子把中药丢了要他吃西药，二儿子把西药丢了要他吃中药，病苦、心苦，双重煎熬，自己偷偷吃草药，吃出洗肾结局。大儿子骂："你就是不听我的话才这样！"二儿子捶桌子："你为什么不听我的话？"但大儿子与二儿子早已不讲话了。

照顾方式：不同的疾病有不同的病程，老父老母的最后一段路可能缠绵病榻十年，可能如猛兽攻击只战了数月半载，前者长路迢遥磨得一家山穷水尽，后者战况激烈度日如年。

谁负责照顾？谁主动站出来说："我来照顾，你们不必担心！"

即使送进安养院、照护中心，也要有一个主要联络者，谁是留下电话二十四小时听候差遣的人？若是在家雇请外佣照顾，谁是送医陪病、料理庞杂家务、聆听病者情绪的人？生儿二三、生女三四，最后，哪一个儿子（通常是儿子）待在身边掌兵符？哪一个无血缘、无养育的别人家女儿做了媳妇，担任总务大臣？

裂痕，由此迸生，"为什么是我？"这句话很难不在负责照顾者脑中浮现，他不是不爱父母，不是不肯怜惜承受病苦的至亲，他只是太不平衡了。

是以，真实案例如下：被送至安养院的老人家出现新病况，需讨论医疗方式。院方联络儿子，他说："儿子不止我一个，你干吗老叫我？"联络另一个儿子，他说："我人在哈尔滨，你打给我姐。"联络女儿，她说："我是嫁出去的女儿，这种事应该由两个儿子处理才对！"可怜的病瘫老人躺在床上呻吟，可怜的小职员到处拨电话，终于又找到第一个儿子，禀明联络情况，他发火了："什么叫嫁出去的女儿？分财产的时候怎么不说她是嫁出去的女儿不要拿，啪！"挂电话了。

小职员鼓起勇气一拨再拨，哀求曰："大哥，你别生气好不好，我们真的需要家属来一趟做决定，不然婆婆愈来愈难受……大哥，求求你（快哭了），可不可以今天过来？"夫妇俩不甘不愿来了，也不进房探视老母，只在柜台谈话，院方说婆婆恐怕要洗肾了，媳妇曰："洗什么肾，苦她还不死，洗什么肾？"

这来自地狱的话语重创两个人，一个是房里老母，没多久她厌食接着出现并发症而亡，另一个是小职员，她冷透了心辞职，宁愿去热乎乎早餐店工作也不要看尽冷酷人生。

真实案例又如下：半瘫痪老父住二儿家，一、三、四儿，有远居他乡的，有"另一半"抵死表明不照顾老人的，有站得远远地不过问家事的。远居他乡的，回来探望像做客，站得远远的买一盒蛋糕恩情大过天，抵死不从地说："出钱可以，出力办不到。"有一天，二儿二媳吵了架，"媳妇有四个，为什么全赖给我？你的兄弟疼老婆，你这样对我，你摸摸良心，我不做可不可以？我不做可不可以？"桌上物件被扫落，铿铿锵锵，音量飙高绕梁三匝，语句红火犹如烙铁，"离婚"二字也说出口了。这时，房门口，瘫痪老父爬了出来，霜发白髭、泪流满面，说："对不起……都是我拖累你们，不要吵架，不要离婚……"

战火，在病榻前蔓延，烧出人性底层最狰狞的原形。带病延寿的老人生不如死，眼睁睁看着一生劬劳换得亲情薄如一张纸。

最后，连同那具冰冷身躯，一个家火化了。

请问，病的是谁？

病 之 遐 想

身体一向不佳、饱受精神煎熬的弗吉尼亚·伍尔芙，难得用诙谐的笔调《论生病》[1]：

"生病是如此司空见惯，而它所带来的精神变化是如此巨大，……感冒的一次轻微的攻击却使人看到了灵魂中的荒野和沙漠，热度的些微升高所揭示的竟是点缀着鲜艳花朵的草坪和峭壁，病恹恹的行为在我们心中连根拔起的居然是那古老而执拗的橡树，在我们去拔牙齿，又在牙医的扶手椅上清醒过来，却把他'漱漱嘴，漱漱嘴'的声音与上帝从天堂的地面俯身欢迎我们的问候声混淆起来时，我们竟是如此地沉溺于死亡之池中，感觉到湮灭之水就在我们的头顶上边……"

伍尔芙滔滔申论，文学过于关注心灵，视躯体不过是一

1　《纯净之泉》，弗吉尼亚·伍尔芙著，孔小炯、黄梅译，幼狮。

369

片白玻璃，通过它看到心灵，此外毫无价值。她用一支笔尖轻轻翻了面，"所有的白天、所有的夜晚，躯体都在干预插手，……在六月的暖和中变成软蜡，在二月的阴暗中凝成硬脂，那里面的心灵只能透过这玻璃——污迹斑斑的或者玫瑰色的——注视外面"。所以，心灵必须经历躯体与整个那没完没了的变化过程，直到最终不可避免的瓦解来临，灵魂才能逃逸。伍尔芙因此拉高声调（想象她正站在质询台，坐在官员席的就是一群削尖脑袋思索人类伟大主题以舞文弄墨的作家们），振振有辞："爱情必须下台以支持那一百零四度的高烧，嫉妒要让位给坐骨的剧痛，失眠扮演的是恶棍的角色，英雄则变成了一种带甜味的白色液体——那有着飞蛾眼睛和羽毛脚的伟大王子，他其中的一个名字是三氧乙醛（一种消炎止咳药水）。"

如果，我坐在官员席，想必脑袋瓜不是削得最尖的，但手没停过在纸上画小图譬如一只口红印水杯、裂痕眼镜或一坨受苍蝇爱戴的软物这等跟心灵无关的东西，遂忍不住站起来发言："尊敬的伍尔芙祖奶奶，您怎么可以叫我们做您自己做不到的事呢？您自十三岁首次精神崩溃以来受病魔纠缠几度活不下去，您《航向灯塔》也没航向疾病，您的《欧兰朵》穿越三百四十多年写性别、爱情、人生、放逐、真理、诗，就是没写躯体这片白玻璃如何承受永恒的孤独！而且，虽然您口口声声叫爱情下台，换写一百零四度高烧，可是您自己写生病也写出这种句子：'每个人的内心都有一片原始森林，一片甚至连飞鸟的足迹都是闻所未闻的雪原。在那儿我们独往独来，而且但愿如此。老是被人同情、被人陪伴、被人理解将会使人难以忍受……'瞧，对付疾病最佳的方式不是把它扩大，是将它缩小，缩成一克拉钻戒或一颗痣，不是停驻于躯体，是遁隐于心灵。所以，您所谓'小说本该奉献给感冒，史诗该忠实于伤寒，颂歌应献身给肺炎，抒情诗则须尽心于牙痛'。我打算以读者的注释自由，解读为：感冒时，适合读侦探小说或罗曼史，害了伤寒读荷马史诗是不错的选择，肺炎需咳嗽吐痰跑进跑出适合颂歌，牙痛因位置靠近脑部，适合读济慈'生命是没开的玫瑰的希望；是同一故事永远不同的诵读；是少女的面纱的轻轻揭露；是一只鸽子翻飞在清朗的夏空；是一个不知忧愁的小学童骑着一条有弹性的榆树枝'。"

不过，我倒是同意祖奶奶对疾病语言过于贫乏的看法："女学生在陷入热恋时，有莎士比亚和济慈为她表述衷情，可是让一个病人试着向医生描述他的头疼，其语言立即就变得干巴巴了……他被迫自己去铸炼词语……"

这番话一针见血地点出我们驾驭语言以铺桥造路的能力太差，无法摆脱"痛、胀、怪怪的、不舒服"这些低阶语句的控制而升级到使用高密度的精致语言来描述输尿管里一颗小结石所引发的潮骚似的刺痛。但是，反过来讲，幸好大家描述病痛的语言趋向贫乏，要不，像我们这种擅长描述的人，借由朗诵一首诗陈述病情时，会被警卫从诊间拖出直接丢到大马路，护士把诗页跟精神科转诊单钉在一起，也扔了过来。

病，都是丑的，即使是心病，发作起来亦是丑态毕露。既是丑，谈之引人心烦，不如不说。然而，有些病不是懒得说，是说不出口。在特殊的时空背景下，社会对某些疾病怀有潜藏的敌意，视为败德或生活糜烂所致。譬如，梅毒，是败坏精神、残害身体的传染病；麻风病患者是腐败社会的象征——吴兆钧导演《索玛花开的季节》记录大陆四川偏远山区彝族村落，因麻风病受到隔绝，主管机关对他们的关注有限。得病者，遭受歧视、孤立，形同被遗弃。

苏珊·桑塔格（Susan Sontag）《疾病的隐喻》开宗明义说："要在未受隐喻污染的疾病王国定居是件几乎不可能的事。"她举出特别受到"隐喻"捆绑的疾病：十九世纪结核病和二十世纪癌症，后来又加入艾滋病。

当医学无力解谜、医疗常识尚未吹成普遍的风时，这些病就像一棵害了病虫的行道树，被挂上破伞、烂鞋及死猫尸，行人掩鼻疾走，儿童朝它丢石子，男人们说这是邪树不如砍掉。臭的不是害病的树，是树上的死猫。一种病，不只生在个人身上，恰好也像探测器探出社会集体潜意识底层、因这病而生成的意识形态魔鬼。《疾病的隐喻》于一九七八年出版，彼时其笔下的"癌"是"恶魔的妊娠……，在那里腆着肿胀肚子的那个人是孕育着自己的死亡"。出书十年后作者亦自癌中复原，对癌的看法已改变："罹癌不再是耻辱，'不体面社会身份'的创造者。"可知，医学进步不仅治疗疾病，亦揭开蒙在世人眼前的污秽面纱，驱除心魔，使禁锢的心灵得以释放。时至今日，台湾每六分三十五秒有一人罹癌、每四人有一人跟癌症打交道之风行率下，书中述及一般人看法："癌症病人则被视为人生的失败者。"已不符实况了，所谓的"成功人士"得癌的风险可能比"失败者"还高。癌，打破了性别、年龄、教育、族群、文化、政治、信仰之藩篱，几乎可以媲美文学了。

慢着，我怎么这么轻易就把"文学"二字赏给癌，这潜藏在体内、自拥血管掠夺养分的恶性肿瘤，任谁想象都难以视为冲积扇上一丛蓓蕾点点的野玫瑰，反倒像一个死皮赖脸的无赖住进家里同衾共眠。癌，是这么地不美，叔本华有句话："没有无刺的玫瑰，但有很多没有玫瑰的刺。"癌就是没有玫瑰的刺。这蔓生的刺，像兵器，戳破独木舟，恶水漫漶，舟身积水，终于沉没。

相较之下，苏珊·桑格塔翻查、考证文学作品与史料，证明结核病在作家笔下披上了浪漫且神秘的薄纱。病，都是难受的，但生了一种可以美化的病，心里舒坦些。忧郁的结核病患者，富创造力，纤细敏感，轻愁如雾在他的眼眸深处飘动，多美多浪漫啊！"济慈和雪莱可能深受结核病之苦，"

苏珊·桑格塔说："但雪莱安慰济慈'此肺病是一尤其喜欢如你这般写好文章的人的病……'，连结结核病与创造力的陈腔滥调是如此根深蒂固，以至于在十九世纪末有位评论者指出，是结核病的逐渐消失造成当前文学／艺术衰退。"

啊！按照祖奶奶伍尔芙的看法，结核杆菌是缪斯女神喽！不过，话说回来，咯一口血确实比其他重症更具有文学的想象空间。《红楼梦》九十六回，一干情债要收笔了；宝玉疯疯傻傻，黛玉形销骨立，两人相见，只是傻笑，这一傻一笑，天地注定要灰飞烟灭了。紫鹃催着："姑娘回家去歇歇罢。"黛玉道："可不是，我这就是回去的时候儿了。"出了院门，也不用丫头搀扶，走得飞快，到潇湘馆门口，紫鹃道："阿弥陀佛，可到了家了！"话未说完，只见黛玉身子往前一栽，哇的一声，一口血直吐出来。

盛放的红玫瑰，醉酒的红斑蝶，灵魂的红色印鉴，这口血吐得真好，总不能让黛玉罹患子宫颈癌来破坏这份凄美吧！

而这一口血，也适合吐在稿纸上，如我们尊敬的锺理和先生。

无论得什么病，只能接受。《挽歌——写给我的妻子艾瑞丝》，牛津大学教授约翰·贝礼（John Bayley），写被誉为"二十世纪最伟大英语作家之一"的小说家妻子艾瑞丝·梅铎（Iris Murdoch）晚年罹患阿兹海默病的狼狈病程。一个被雅典娜亲吻过的黄金头脑，竟在七十五岁掉入"阿兹海默"深渊，变成每天看天线宝宝卡通的老小孩。有什么比这更能"羞辱"一个作家呢？一个饮誉世界的小说家、哲学家竟分配到"痴呆"这么不相称的疾病军种，造化弄人至此。

"她内心有一个完整的世界，而这个世界她不想让我知道。……身为小说家，艾瑞丝以前确实拥有一个无比辽阔、丰美、复杂的内心世界，……这些神秘地域，如今还留存在艾瑞丝心灵中的，究竟有多少呢？"

书中描写医生指着艾瑞丝的脑部断层扫描图片，解释那一片已经萎缩、退化的地区，读来令人叹息。闪闪发光的黄金头脑熄灭了，小说家的脑子一片空白，航向黑暗。

一位女士告诉作者，她跟那个也罹患阿兹海默病的丈夫住在一起，就像身上系着一条锁链，跟一具尸体拴在一起似的。读来怆然。

"我会得什么病？"我们必须练习这一道题。不同的疾病之轭，是否有轻重之别？虽然，承受痛苦的人主观感受自己的病最苦乃人之常情——一位老奶奶腰部扭伤，起卧皆痛，说出宁愿得"帕金森症"也不要这种痛——但持平而论，一排病轭，轻重短长各自不同；有轻而长，有重而短，有轻短的，也有重且长的。重度中风瘫躺十年与心肌梗塞一炷香工夫猝逝哪一种较好？帕金森症与阿兹海默病，哪一种比较适合我？看着我阿嬷从九十岁到一百岁十年间逐渐老化，等同结交帕金森与阿兹海默两位知己但不受人人惊恐的癌肿侵犯，至今肢体僵化，穿"包大人"躺气垫床，喂半碗粥喂出了半碗水，智能如猢狲走散只剩一棵枯树耸立在茫茫寒风之中。看她这样躺着，我情愿冒"不孝"指责而衷心希望心肝阿嬷早日成仙，自病厄解脱。

哪一种病比较适合我？看着病役"菜单"，如果我可以选，拿起笔，赶紧把帕金森与阿兹海默划掉再说，中风瘫躺、洗肾，也划掉，我不喜欢缠太久的病，看来看去，心肌梗塞与半年期癌似乎是不错的选择。

有没有更快的方式？有人问凯撒，他最希望怎么死，他答："你最意想不到的死和死得最快的死。"公元前四十四年，在剧院东门廊，果然有一把刀子直直地刺进他的脖子。

虽然凯撒色拉颇可口，但凯撒的死法未免太戏剧化了，我现在很脆弱，不能接受这种邀请。

医 院 浮 生 录

一个人如果从来没有参观过痛苦的展览所，那么他只看见过半个宇宙。正如海洋的盐水盖满了地面的三分之二以上，忧伤也同样地侵蚀人的幸福。

——爱默生

1. 窗口

从病房走廊尽头的窗口望出去，是座小公园。左边的树枯萎着，留着残冬的气息，想起奥玛珈音《鲁拜集》："不论在纳霞堡或在巴比伦，不论杯中物是苦还是醇，生命之汁滴滴流尽，生命之叶片片飘零。"可是，右边的树却蒸蒸然萌发嫩叶，好似一缕绿烟。自然界每年说法，每一片枯叶指涉一个名字，每一枚新绿亦对应一名婴儿。该老的人要平安地老去，该长的要健康地壮起来。

生生不息。

2. 新鞋

医院旁星巴克咖啡厅，大片玻璃墙闪着银灿灿的冬日阳光，像出清存货，所有人都穿错了，毛衣、夹克、围巾，若是趁机晒衣倒还可以，若是逛街办事，撑不了多久就得进7-11吹冷气。

偏偏店内响起轻快活泼的圣诞歌曲：Jingle bells，jingle bells，jingle all the way。又一个错乱的场景，这么个剥人皮的热天，实在没心情迎接耶稣诞生。

挂着圣诞花环的玻璃窗外，驶来一辆复康小巴士。接着，一名外佣推出轮椅，椅上老者套着毛线帽，身上裹着蓬松大衣，加上毛料长裤，包得严严实实。脸上露出透明的鼻胃管，像一条小蛇。脚上一双NIKE球鞋，太新了，闪出一道光，好像刚从盒里取出来试穿的样子，怎知是魔鞋，年轻小伙子霎时变成老朽，急着到医院找解药。一种错乱的感觉冲击着我，那双鞋不应该穿在他身上。有个声音接着问我："你叫他穿什么？"

能穿着新球鞋走路，原来是这么幸福的一件事。

3. 医院

我不喜欢医院。这是句废话，除了经营者与医护人员，谁喜欢医院？哦不，病瘟与死神喜欢医院，这是它们拼业绩的好所在。

上天给我异乎寻常的劳役却也赐我优良的体质，生了病只要巷口药房就可以解决，被玻璃划破手掌血流不止，也是小诊所在没有麻醉的情况下缝了七八针了事。十多年前难得做一次胃镜，医生亲切地向我说明胃炎情形，说着说着，问："你是作家对不对？"我含着令人作呕的管子能说什么？年轻医生说他很喜欢我的作品，读了很感动，念医学系时曾写过一封信给我。"不过，你没有回。"我含着管子能说什么？心里挤出一丝突梯念头："难怪你刚刚通管子通得我不舒服！"

我不喜欢医院，不是自己的身体受什么折腾，是心里不能承受。第一次在医院晕倒，是半夜赶到医院看到我的小弟重大车祸脑部开刀之后的样子，霎时阿爸、大弟、阿母三场车祸的血色记忆汹涌灌入我的脑海，以致不能承受而眼前发黑。对我而言，医院是邪魔盘踞的所在，是恶灵凌虐病人与家属的刑场，我恨一切跟病痛、脓血、药物、救护车、医院、棺材店、殡仪馆、坟墓连结的事项，却偏偏，这些事项主动连结到我。

大约随着医疗环境改善，医院经营趋于人性化、服务导向，而我虽然马齿徒长一事无成，却也因入世渐深而能拔除不必要的惊恐，因此对医院的看法也逐渐改观——有什么地方比这里更能卸下一个人的肉身苦厄？谁比医护人员更能抚慰病中的脆弱？这里仍是邪灵恶魔盘踞的地方，正因为如此，以亲切的态度全力以赴、为病患解痛除病的人，有了天使的光。

由于这灯光明亮的建筑，是每个人都会来到的血淋淋生死竞技场，是心灵遭受鞭笞的刑庭，所以医院必须是病苦者、受难者的堡垒；城墙上有一排骠悍武士戍守着叫作医术，一条护城河名曰仁慈的心阻挡暗夜邪魔。对寿元尚丰的人而言，医院只是维修、养护的地方，短暂停留即能返回艳阳下，但对肉身残败的重病者来说，进得来恐怕出不去了。是以，医院是他们合上眼睛离开人世的最后月台；列车驶来，离情依依，一个人若在月台上得到站务人员的温暖对待、亲切安慰，踏上列车的脚步应该是轻盈的吧。那么，医院等同于方舟，披袍的人是神的使者。看尽生老病死，不是为了得到冷硬的心，而是能更柔软地对待下一个与死神搏斗的人，更懂得以暖语拔除惊怖，在医疗的限度内抚慰病者的脆弱，鼓舞其坚强。那一身袍，不是白色粗布，确实是天使的光。

跟医院打交道，最折磨的是挂号。被认为名医聚集的大型教学医院，网络挂号往往一个月内全都额满，为了必看此医——传说中武功高强的名医、权威、主任、院长，只好当天到医院现场挂号；为了抢到较前面的号码牌，往往必须凌晨四五点钟就去医院排队，等七点钟号码机开动能抽到较前面的号码牌，八点钟开始挂号时能挂到该医生的号，九点钟开始看诊能较早看到医生，等到终于拿到药，耗费六七个钟头是小事。曾听闻，挂了早诊七十几号的，直到下午三四点才看到医生。人老了，生病了，看个医生也要这么竞争，使我无比叹息——十二年教育要减轻学生的压力，唉，殊不知人生最没压力的是学生，请在凌晨四五点去几家大医院现场观摩，看那中老年人彻夜排队、媲美年轻人为了买 iPhone 或演唱会门票睡地上在所不惜的盛况。连生病看医生都得具备高度竞争力、承受压力，这里才是最需要"减轻压力"的地方啊！

贴近病人需求、流淌亲和气氛的医院，能让看病的焦躁感降低。有朋友在美国斯坦福医院做电疗，疗程结束后院方发给他一张证书，表彰其勇气。做电疗像参加夏令营，这真是人性化的体贴，值得仿效。多么幸运，离我家最近的万芳医院展现了以病人为尊的经营方向：明亮的大厅，舒适的椅子，挂号、报到模式，候诊环境，电子荧幕呈现各科看诊进度以疏散诊间的拥挤，轻音乐与画廊……除了受限于空间无法规划有树的小公园让住院病人晒太阳之外，大约也不能再要求什么了——当然，如果能更精准地缩短每个人在医院等待的时间，有志工招呼站一对一协助独自来看病的老人批价领药、检查免其奔波，当能更臻完善。

然而，等待，在医院等待自己的号码亮起，是一件磨人的事。如果等一两个小时，却匆匆不到三分钟被惜话如金、不愿多解释的医生打发出来，心中一定懊丧不已啊！

医院的灵魂人物仍是医护人员，他们决定了这家医院是病人的堡垒，还是拼业绩的批发商店面。一个受病人深深感念的医生，从来不是因为他一天能看三百个病人、开出两公斤药粒、抽了一升鲜血，而是让每个病人觉得，他的眼睛里有诚恳与关怀，深深地看进了自己。

劳动过度的阿姑伤了手骨，一位骨科医生要她不能再做田了，阿姑说："没法哩，要做啊！"医生握着她的病手、拍拍手背，看着她，温和地说："你叫你儿子来，我讲给他听！"

事后，阿姑说："这个医生实在劲——好！他这样讲，我当场病好一半喽！"

4. 阿母的药袋

原本以为苦命女人都是铁打的，我母是苦海女神龙，照说应该像一尾活龙不受疾病侵扰。没想到才靠近七十，竟然出了状况。有一天，她主动要我带她看医生，胸口很闷，感冒咳嗽不愈。我深知我家都有"死个性"，极度不喜欢上医院，她自己开口，表示兹事体大了。

胸腔科医生从她那因车祸断过两根肋骨的 X 光片判定胸部没问题，但是，心脏看起来比较大，叫我赶快挂心脏科。

我忍不住揶揄："你心肝黑白想是在想啥？想到心脏变

大粒！你若闲闲无代志，多想看眠床下有没有埋金仔块，紧的挖出来给我较实在啦！"她嘻然而笑："金仔块？屎块啦！"

我当然能猜到原因。人的身体，不会无缘无故变化，身体就是一份会议纪录，巨细靡遗地记下浮生战火、世间劳役、内心忧惧与愤懑。"若无闲事挂心头，便是人间好时节。"难就难在，人心一排钩，挂满了脏衣服（苦命）、泥巴鞋（路途坎坷）、别人的痰盂（骂你的话），这不过瘾，还把厨余桶放到床上整夜嗅闻，抱着厨余桶睡觉当然睡不着，身体怎能不败？我们无力消灭别人的痰盂与厨余桶，只能锻炼自己养成天天倒垃圾的习惯。

心脏内科依例做了 X 光及验血、心电图等一系列检查。胆固醇数据不好看，心血管有阻塞现象，医槌一敲：吃药！从此变成心脏科病号。

心脏科是大科，每日一开诊，爷奶公嬷级的老病人挤满候诊间，看诊前需先量血压，排队的人蜿蜒着，乍看以为在买凤梨酥。有两三位医生大概就是"江湖中传说的名医"，挂号的人往往破百。爷奶公嬷大多是每三个月来看一次的老病号，大约像看儿子一样跟医生建立了探亲的潜在联系，所以有的看来不以等待为苦，有的由外佣推着轮椅来就诊，应该也不苦，有的由子女陪同，中年人频频讲手机联络事项，一看就知道很苦。

每次看完医生，才出诊间，我母必从皮包掏出一千元当着众人的面给我，起初被我念了几句，但她执意不让我出挂号费，我懒得争执也就收下，免得母女俩在拥挤的心脏科扭打起来，最主要是，我若不收，她下次会带五个苹果、一个卷心菜、半只土鸡这些让我气到血压飙高的东西到医院给我。护士拿药单出来，我对她说："走喔，来去楼脚领金柑仔糖喽！"

领完药，十点，正是喝杯咖啡吃小点心的时候，我们都喜欢咸食，最理想的就是肯德基的早餐酥饼，"来去呷酥饼喽！"成了看完医生的必定行程。她不宜喝咖啡，但偷喝几口有益心情也就不管心脏了（反正有在吃药）。几次后，我发现她颇期待吃酥饼，七十岁的人开始过"童年"，成为快餐店老童，这意外得来的母女悠闲时光，竟拜那颗不乖的心脏之赐，想来唏嘘。

吃饼的时候，我得帮她弄好药品服法，她不识字，要把四五种不同的药、一天一次或三餐饭后、半颗或一颗标示清楚让她一目了然，可不容易！我很怕她吃错药在地上打滚，只好用最原始的图示法在每个药袋画小图；早上画太阳，中午画时钟十二点加一碗饭，晚上画月亮，睡前画一人睡床上与台灯。一一解释，讲完之后要她复诵一遍，吃完酥饼，再抽问一遍，如家教老师对待即将上考场的基测学生。她一面说一面笑，非常不认真。

有一次，她要跟亲戚去大陆玩，医生特地开了一小瓶舌下含锭[1]，又针对晕眩问题开了晕眩药。

吃酥饼时，我在晕眩药袋上画了皱眉的女人。"这个就是你啦！"头上画了圆圈圈，冒几颗小星星。"晕到头壳顶五粒星金闪闪！若是这样，就吃这个药。"她看了，笑到流眼泪，自评："真惨，不识字！"

她期待看我画小图的样子像个小女生。我想起小学时，同学撕下数学练习簿的纸张，央我帮她们画歌仔戏或布袋戏主角的情景，搞得我下课比上课还忙。我在药袋上画出兴头，又给晕眩女人画上一串珍珠项链，说："给你一串项链，免得你突然间心脏按怎样（怎么样），黑头车要来接的时候，身上什么首饰都没有！"

385

她一点都不忌讳，觉得蛮好玩的。

我常劝她不要想太多，自己要懂得调适，"吃乎肥肥，装乎锤锤（憨笨貌），吃乎瘦瘦，装乎懒懒"，天下即太平。她颇能听进几句，有时不免又有事端惹恼心血管，我就语带威胁说："你自己心脏顾好最重要，我公婆年纪这么大了要顾，公公又生病，如果你怎么样，我顾不到你，岂不是很艰苦？你把自己顾好，就是帮我的忙！"她也听进了，深觉会同情女儿的还是自己的老阿母。但太平日子里总有想象不到的乌云，高龄九十五的外婆于睡眠中离世，她奔回乡下，在电话中对我哭号："我没老母了！我没老母了！"

有一天，我问她："你以后还要不要出世做人？"她毫不迟疑说："不要。"

"那你要做什么？"

"做仙。"

"我也不要再做人。"我说。

讲完，才意识到，我跟我老母相处的时间，也不多了。

5. 鼻胃管与抽痰机

至医院帮阿嬷拿药。等候中，有人推来一病床，大约要做超音波的。床上躺着枯瘦老翁，接近九十貌，插着鼻胃管，右手被绑在病床的边栏，左手也许有绑也许没有，看不见。

看来，已不太能言语了，身体羸弱，但还有意识及些微的活动力。他的身体左右颠动，幅度虽不大，但很清楚地知道他在"挣扎"，脚弓起来，又伸直，盖在身上的被子忽而拢起忽而塌下，这动作如果出现在熟睡的孩子身上，意味着正在梦中回味有趣的游戏，因此会伴随一阵铃铛似的笑声。而此刻病床上被硬是插入鼻胃管的老人，口中发出痛苦的呻吟声，坐着的、走动的人都望向他，仿佛望着影片中的人物。不久，运送工将病床推走，诊间的灯号声此起彼落，恢复了各人的现实。

我们的鼻腔被设计让空气进出、液体流出，不是被设计来插鼻胃管好让八十岁的可以活到九十，九十岁的活到一百，一百的因为管灌得法而延长四个月又二十九天十个小时的寿命，成全了儿女的孝心。

除非已瘫软昏迷，否则从未听过插鼻胃管的老人不需要戴手套或绑手以防他们抽出管子。即使身体已然瘫痪像植物人的阿嬷，九十八岁那年住院，因吞咽困难被插入鼻胃管，她也奋力地、奋力地伸出岩石般沉重的右手要拉下那条让她痛苦的软管。

她闭着眼，不知是睡着了还是内在涣散，不能言谈仅能发出嗯喔之声，但知觉还在。因肺炎必须抽痰，因吞咽困难必须插鼻胃管，这是普遍的医疗作为。当我们把病人送到医院，就是希望医生治疗她，而医生下令抽痰、插鼻胃管绝对是合理的做法。我们有什么好抱怨的？但是——但是——，看九十八岁老人被尽责的护士拿着管子强行伸入口腔、下探咽喉抵达气管，打开马达轰轰作响，抽出痰液连同粉红色的血液，做家属的得按住病人的手，说"忍一下快好了，不要动忍一下"，联手让她因现代医疗的奇迹而延长了寿命，当此时，却有个声音在心中响起："结束吧！结束吧！"

对面病房，床上，也是一位老者，逼近一百的样子，老到从门口望去不能分辨是男是女，一径维持不苏醒的休眠状态，表情留着眉头深锁的样子，输送氧气的软管、鼻胃管、挂在墙上的抽痰设备，显示他的生命已跟我阿嬷一样毫无质量。五点一刻的晚餐时分，看护举着一包灌食液，让丰富的营养继续维持残躯的生命状态，继续哺育尚未衰竭的心脏、胃、肠、肝、肾，不必理会脑部崩坍、肢体瘫痪、肺功能衰弱、吞咽闸口关闭的事实，继续活下去。

如果在五十年前，他应该已经解脱了。如此说来，活在现代，是幸还是不幸？现代医疗，是不是给了老人不能结束的痛苦？当我们恳求医生尽一切积极作为让老病孱弱的父母活下去，不惜气切、插管、电击时，我们是从生命的律法、至亲的角度来衡量这件事还是从自己的感受来下决定？"我不允许我爸爸（或妈妈）死！"是一条潜在命令，是以，至亲必须为我活下去，而活下去的代价是，一天灌五次鼻胃管，抽三次痰，至亲叫得越痛苦越表示活了下来。

活着，是胜利，是王道，是一切。

是这样吗？

澳大利亚曾传出一群老人集体在家制造非法的安乐死药，被查缉共有数百多名老人秘密进行实验，经过无数次失败，终于制成兽医用来让动物安乐死的药剂。想象有个年轻人问这群老者："你们为什么要制这种药？生命是很美好的，要珍惜。"想象有个瘫卧老者回答："给我一颗，我会觉得更美好！"

某位曾从事护理工作的老婆婆，缠绵病榻多年后对女儿说："我现在连自己结束的能力都没有了！"

但是，自我结束的意志有时会做出令家人不可置信的事。美国小说家安娜·昆德兰的 *One True Thing*，改编成电影《亲情无价》（梅丽尔·斯特里普、蕾妮·齐薇格、威廉·赫特主演），那位在女儿眼中只是一位普通家庭主妇的妈妈，饱受癌末痛苦，夜里竟撑着孱弱的病体起床服用大量吗啡而逝。

问题是，在现代医疗面前，哪一个子女敢说不，谁敢对医生说："不要给他插鼻胃管！"

不必等到医生解释，自家手足已伸出食指指着你的额头，怒目质问："你想饿死他吗？你要活活饿死他吗？你太不孝！"

"你看他那么痛苦，这样活下去有什么意思？"你说。

"没有啊，他睡着了哪有很痛苦，他是国宝耶，爸爸越长寿我越高兴！"你的兄弟说。

"孝"这个字，是医院里的热门关键词。"孝"与"活"联手巩固了老病者的病榻现实。

老的时候能避开抽痰机的伺候，绝对是一桩值得跪下来叩谢皇天隆恩的事。

一根细管子连着马达，医疗器材行有卖，身价一万多元。性能完足，强又有力，附一只透明圆杯用来装水，准备恭敬地承接那费尽气力却唾不出、积在气管腔壁、对人世的诤言与深沉的眷恋。细长的管子探触咽喉，伸入，你啊呀咿哦，夹着"难过啊，受不了啊！"舌头抵制小细管不让异族入侵，那持管的手岂容犹豫，一箭似的成功刺入，按下开关，咻咻急抽，再深入一些，急抽，你面容扭曲现出痛苦，咿哦声更高亢，再抽，细管抽出的"诤言"直直落入水杯，那杯上立刻浮上一坨坨淡黄色的浓言稠语。抽完之后，你长长哦咿一声，两眼紧闭，虚弱疲惫如鬼门关归来。哦——咿，你哀鸣着，又活过来了！

一天抽两次。活着真好，还是，真不好？

6. 急诊室

在急诊室，护士为病患做了必要的处理之后，家属陪在旁边，等待在病房。

"要等多久？"

"不知道，有了会通知你。"护士风一般飘走了，手上拿着我们永远搞不清的器具：量体温、血压、血氧浓度，抽血，打针的、拿药的、写资料的，监控生命迹象，一间急诊室像7-11，有时没什么人，有时忽然涌入放学的学生，挤得手忙脚乱。护士们连喝口水的时间都很难得，我甚至怀疑她们连厕所都不必上，大约身体已进化到直接蒸发吧。血压飙高呼吸不顺的妇人、被蜂蜇的妙龄女子、车祸的年轻人、骨折的小学生、腹痛的胖汉，消防员、警察、志工、警卫、清洁员加上家属及好奇的路人，川流着，抓到护士就问，"等一下"是标准答案。护士的两条腿没停过，飘走了，等待的人焦躁起来，再抓一个正好路过的护士问，这个高声问那个，那个急忙赶来"接case"，难免也要接一两句抱怨的话。门口随时驶来咿哦作响的救护车，尖锐的声音听久了也就麻痹了，铿铿锵锵一阵，担架轮子滑动，推进来病患及面色仓惶的家属，护士高声叫这喊那，两条腿像"爆鼓筷"（打鼓），围帘拉上，紧急处理中。

"哎呦喂呀，护士小姐！哎呦喂呀，护士小姐！"有一位生命迹象看来蛮稳定的口罩中年人呼叫着，叫不到人，他发火了，音量飙高。有个忙得要死的护士赶过来，此老兄说他屁股痒要护士帮他擦药膏，护士取来一条药膏请他自己擦。到此，我这旁观的人实在看不出他有何必要躺在急诊室"叫爸叫母"。臀痒老兄从厕所回来躺下不久一阵咳嗽，又呼叫了，这回说他肚子饿，嚷嚷一阵。有个志工妈妈对好奇的其他人使个眼色，"常来的"，一面走过来"接case"，帮他去买便当，要素的喔。此时，我那分泌旺盛的邪念像腌渍在瓮里的豆腐乳，散出重咸味道，我控制不住这样想："急诊室应该与监狱建教合作一下，请狱方派一个改邪归正、刺龙刺凤的大哥来驻点，凡有乱民，请大哥出面，问：你有啥米贵事？哪里在痒？"我承认我心术不正，也愿意因这不正的心术将来去地狱住一天一夜，但看到有人在急诊室殴打医护人员的新闻，加上眼前这位把急诊室当自家客厅的老兄，我的修养也飘走了。我不禁想，若我是护士，可能早就开骂了，但她们不可以，必须自我压抑。这一行何止伤身，也有碍心理健康。

忽然，空档出现，我好像也跟着放松，可以欣赏他们的穿着。住院医师，深蓝制服短白衣，年轻，睡眠不足，有胡渣，头发接近油面程度，衣服是皱的。有个女医师十分时髦，穿格裙，长靴——难得在急诊室看到时尚，取悦了我的眼睛。

他们的一天看起来没什么乐趣。如果不是对这一行怀有形上层次的理想性，具有强烈的热血助人的特质，能从工作中获得跟金钱报酬无关的内在富足，很难不变成一个冷漠、失望、嫌弃病人必须转行的医护人员。这可能是医美这一行与医院岗位极其不同的地方：转跑道的人找到九十九个必须转的理由，没转的人只需要一个不转的理由。那位早逝的医生说："即使死在工作岗位上我也愿意。"伟哉斯言！生命是什么？生命虽是蜉蝣朝夕，却应该如马偕所言："宁愿燃尽，不愿朽坏。"

在我眼前有两位年轻医生，衣皱发乱，脚穿布什鞋，下午六点半，尚未吃晚饭，几乎没上厕所——至少在被我盯上的这两个小时是如此。可怜的年轻人，完全没料到背后有个阿姨这么关心他们的膀胱！

趁着空档，两人闲聊某次考试那条蛇是不是眼镜蛇？一个说，没把握，反正都是神经毒。一个立刻 Google 图片，两人凑近，专心观赏，指指点点，如看 A 片。

我怕看蛇，把头转开，因此看见门口又有一辆救护车驶来了。

7. 手术室

一早赶到医院，有个不听话的亲人需开刀：第一台刀，八点，病人被推进手术室等候区。共有十几床病患等待着，旁边坐着穿粉红色罩袍的家属，陪着即将上战场的家人。由于开刀之必要性、手术同意书皆已确认，所以，病患与家属的脸上都很平静，显然也没有交谈的需求。我忍不住揶揄这个不听话的家伙："拖到必须挨一刀，给医生做个业绩，很值得对不对！"挖苦之后再补上正经话："不要怕，这是小手术，睡一觉就好了。我们都在这里。"

时间一到，一群绿衣护士蜂拥而至，叫家属到外面等，她们各推各的病患进入手术室，入口处竟有"塞床"现象。不久，全部进去了。

手术室外，一排排蓝椅，坐满了人，盯着荧幕看自己家人的名字标着"手术中"，仿佛看一遍就能给他灌注一些平安。

宽阔的长廊，明亮且洁净，等待中觉得这空间太大了，大到足以迷路。

8. 感应

在医院前面等红灯，忽然一辆救护车鸣笛而来，驶向急诊室。当它经过我身边，我竟起了非常奇怪的感应，鼻酸，眼眶热起来，渗出了泪，我起了悲伤念头：今天是车里那个人的最后一日了。小绿人出现，我随着人群过马路，心情仍未能平复。

一年前，我前往松罗山区，必然远眺那巍然雄壮的山群，之后才知，那日正是一位因登山踩到木而永远跌入山林怀抱的人的最后一日。数日后，我行经板桥殡仪馆，见一群媒体待命，立即明白那是等待他返回台北的，作为路人的我，也是一瞥。遂忆起大学时期，与诗相关的某次招徕新生的活动，年轻、瘦小的他，有一朵诗似的笑容。甚至不记得季节，只记得一笑。

我们都有机会以一瞥的情分，旁观一生命之崛起或忽然陨落。

9. 路人

在药局领了药，忽然看见急诊室那里有熟面孔。待我寻去，见帘子拉得密密实实，只看出四五双脚围在床边，隐约听得到录音机放诵梵唱。我问站在外边的那孩子："阿嬷现在怎样？"他说："应该是走了。"

我是个不着边际的路人、邻人，竟恰巧站在老人家凄苦一生最后一刻的最外边，称不上目送，算是耳闻，可又离她只有三步，遂在心里向她鞠躬："再见了，老前辈，您解脱了，去做仙女，做蝴蝶，做任何一种会飞的生命，二十九年中风的枷锁今天解开了，真的解开了，您就自由自在地飞一次吧！再见了，做沙鸥，做什么都好，就是不要再回头做人！"

佛号续续如流水如轻风，想必她已启程，我心里响起振翅之声，鼻头忽然一酸。

10. 看护

梁实秋有篇文章《病》，以其一贯诙谐笔法写住院见闻；

他说中国人最不适合住院，因为会把医院家庭化，一旦住院，把整个家连同厨房都搬来了。进而又把医院旅馆化，人声嘈杂。"四号病人快要咽气，这并不妨碍五号病人的客人高谈阔论；六号病人刚吞下两包安眠药，这也不能阻止七号病房里扯着嗓子叫黄嫂。"

《雅舍小品》的时代远矣，医院生态与今日相差如天地，但亦有不变之处，例如，文中写到："是夜半，是女人声音，先是摇铃随后是喊'小姐'，然后一声铃间一声喊，由元板到流水板，愈来愈促，愈来愈高，我想医院里的人除了住了太平间的之外大概谁都听到了，然而没有人送给她所要用的那件东西，呼声渐变成号声……"令人拍案叫绝。

较轻型的住院状况，通常由家人一手照顾，所需住院期间大约数天，这种住院可视作小放假。重病老者住了院，半月一个月是常有的事，碍于健保规定，常必须先出院再回锅住院，或是因身体不稳定必须常常进出医院。街上的救护车多了起来，我总认为车里大多是老人。

老病长者住了院，若非由家人看护（大多是媳妇或儿女轮流），就是由家中用人看着，要不就是雇用一日二千元的二十四小时看护。若是无用人，又碍于财力无法雇请看护，直接把老人家"丢"在病房也是有的。

双人病房，另一床，来了个八十多岁胖爷，神智不清爽或许有痴呆之虞，已不能自行下床，据云是因肾脏问题住院

396

的。夜里忽睡忽闹，不闹的时候就打鼾，吵得旁人无法安歇。白日，也不见家人来，据云是做便当生意的，胖爷叫护士打电话给他儿子，护士说打过了。不久，胖爷喊要小便，没人理会，隔床的正好有家人在，那好心人帮他拿来尿壶，尿完了，胖爷手拿着尿壶竟睡着了，一壶杨桃汁斜斜放着，怎么办？好心人帮他拿去倒。胖爷醒都没醒，手指头撑得开开的，还拿着壶的样子。

像胖爷这样的病人，实在需要一台"仿真机器人"，如果科技能快快走到那一步，也许像他这样处境的老人能少受一点罪。

到医院看到的用人，应该都是受雇在家照顾老奶奶老爷爷或阿嬷阿公的，老人家进出医院，她们也跟着驻守营区。医院固然不是好场所，但她们在这里可以遇到很多同乡，几乎可以开小型"同乡联谊会"，因此，反倒可以从她们脸上看出难得的笑容。

自一九九二年引进以来二十年间，这群照护军，是步向高龄社会、平均余命越来越长的现代台湾不可或缺的助手与稳定力量。目前在台的外地看护约有二十万人，以印尼居多，超过十五万。报载，五年后恐出现看护荒，而公家所推展的长照体系与本地照顾服务员能否因应变局、顺利接轨，有待观察。除了工作内容、时间、薪水，是难以克服的障碍，历年来偷跑的用人活跃于社会各个角落已自成黑市生态，相较之下便宜的薪资也冲击本地的长照机会。换个角度看，本地照护员宁愿到医院担任看护工作，日薪两千，谁愿意住进雇主家二十四小时包山包海地工作？

是以，在医院担任看护工作的，本地女性和大陆配偶是大宗。她们靠铁打的体力赚钱，二十四小时岂是好玩的，手上拉着滑轮行李箱来报到，三五天或半月绑在病床边，床上那个人全交给她了。

管灌、抽痰、拍痰、按摩、把屎把尿、洗浴、喂药、翻身、检查伤口、注意点滴、体温、血压、心跳……掌握病况，做医护与家属间的桥梁。尽责勤快的看护帮家属扛了重担，换得子女喘息——这种身心煎熬的重担，没挑过的人永远不能理解。放眼望去，穿梭在病房、走廊、护理站、检验室、地下室餐厅的异国姐妹、大陆姐妹、本地姐妹，成为医院战场上不可或缺的照护兵卒，如果没有她们以异乎寻常的韧性与体力扛起这份任务，久病床前即使有孝子孝女孝媳，恐怕身体也败了一半。需知，越长寿的老病者，越需要用子女的健康去换。

正因为病者与看护者是这么辛苦，所以，理想的医院病房区应该有晒得到太阳的花园与树荫，有音乐有影片有小型的筋骨活动设备，有大鱼缸让病人与孩童观想另一个无忧的世界，有接受订制的特调食物小站。因为自第三顿饭起，中央厨房变成令胃部害怕的地方，十一点半、五点半，硿隆硿隆的餐车轮转声就像要逼你吞筷子嚼盘子的母夜叉出巡声，如果有热乎乎的地瓜粥、鱼汤，应可拯救一点胃口。病中心灵脆弱，医院还要有小佛堂可祈求、礼拜堂可祷告。当然，有的人可能较喜欢批八字看流年的命理摊，每张论命单都写着"否极泰来"。

如果医院在不失其专业的范围内，自成一完整的生态区，或许能让成天在医院进出的人稍微嗅得到滚滚红尘的气味吧！需知，在病房待久了，连马路上的灰尘都是香的。有一天，我忽然明白，为什么一楼大厅旁附设的面包店总是播放莫扎特的《大调第二十三号钢琴协奏曲》及《魔笛》序曲，在这沉重的病殿，也只有莫扎特能让病人与侍病者的脚离地十厘米。

病中日月长，有时长得看不到尽头。一条病绳，绑的岂是只有自己：第一圈绑住了看护，第二圈绑住了家人。看护随时可以因病人命在旦夕她不愿碰死亡而辞职不干，管你是否措手不及；外佣从医院偷跑的也不是新鲜事，你不是她的家人，她对你不必同情。但家人怎能自行松绑？病榻上是自己的至亲啊，看护的重责，终究还是落在自家肩上。

侍 病 者 是 下 一 个 病 人

之一　你的半条命值得用子女的人生来换吗？

最初只是路过，初夏已经布局完毕，我赏遍山峦里的新绿，满心欢喜。从山上下来的公交车正好停在一户人家门口。那是热闹的主要街道，几线公交车聚集在此，附近有学校、银行、市场，这几户人家像是扼守重地的关口，人潮川流不息。

这户人家的大门敞开，一对母子坐在客厅往外看，刚下车的我若是一个大趔趄必定进了他家客厅，因此，当他们往外看时，我也直直地往内看，而且在地理位置允许的范围内多看了几眼。老人家，有着病容，脸上没什么表情，那儿子约四十多岁，一双茫然且无所事事的眼睛望着马路上的熙攘人群，好像他每天最重要的工作就是坐在藤椅上陪妈妈往外看。

我立刻猜想，这可能是老地主因都市化而获利的例子之

———曾听闻有信义区地主，售地或合建后家产达天文数字，两代男丁皆不必生产，初中毕业后以玩乐为业。这一对往外望的母子，看来儿子是不必担心生计的，陪伴老母或许是他认为最有意义的事了。

老辈的观念里，老病了就要靠儿子照顾，其实背后的潜在期望是靠媳妇。于今，媳妇有工作的不少，或是因婚变而没有媳妇可供差遣的也不乏其人。伊朗电影《一次别离》讲的就是儿子为了照顾痴呆老父不愿移民，以致太太要求分居，不得不雇用一位怀有身孕的看护来照顾家中老父，却引发一连串悲剧，最后毁了两个家庭。一个老病人的难题岂是一人份而已，蝴蝶效应最好的观测点就在屋檐下，每一个人都不是单一而是众多，不是简单而是复杂。

家中老者不愿进养老院，顺理成章，潜意识里有一张家庭成员阶级与能力认证表，会从儿女中选出一个来扛任务；通常，不会叫担任银行经理的儿子辞职在家照顾，不会叫已婚嫁的女儿照顾，但是若有一个失婚或未婚的女儿，其工作也不太稳定，她就会成为大家心中的"选民"。如果她不愿意，首先，在背负父母的病体之前，得先背一条手足们丢来的不孝罪名。而在父母的老观念里，失婚或未婚意味着社会化不成功，此时能回家陪老侍病，也是她的出路。

亲情有时是救命的绳索，有时是勒颈的布条。

守寡多年的女儿，自然而然成为照顾七十多岁有焦虑症、身体多病的母亲的理想人选。手足多人，在境外的排除了，常出差的排除了，有家小的排除了，脾气较古怪不讲话的排除了，身体不佳的也排除了。她必须挑起一肩箩筐，总揽一切事务。

假设她叫阿芬。

"阿芬，我头壳晕晕，你带我来看医生。"

"阿芬，我上排假嘴牙奈也摇摇，你带我来乎医生乔一下。"

"芬也，我的脚板奈也肿肿，你看，是不是肿肿？你带我来乎腰子科医生照一下电光。"

"阿芬，我心脏药没有了。"

"阿芬，我这目周奈也雾雾，拢看没，来去看眼科。"

每看一次医生，一个早上耗掉了。阿芬女士是有守寡经验的女性，不是受过照顾老者训练的专业人员，虽说是自己母亲，但人老了之后成为病人，意味着她注意自己的时候多过于注意其他人。病人具有优先权："你应该关心我、照顾我，我是病人，怎会是我去关心你、照顾你？"所以，病人需索聆听，但他已不能聆听别人，需索侍候，但已无法判定侍候他的人是否接近生病边缘。

阿芬女士的不平衡感越来越严重，她的心被负面情绪鼓动着，身心俱疲。手足们两手一摊，没法可想，或有真心想接手的儿子要接老母去住，但老人家就像幼童不愿离开熟悉的老窝，不愿跟那个她一向不喜欢的媳妇住在一起。

有一天，老人家走了，阿芬松了一口气，接着竟掩面痛哭起来。不久，她因抑郁症就医，没人陪她去。老母，是手足的共同责任，阿芬扛下，但阿芬不是手足的责任，她只能好自为之。

也是女儿，未婚。无非是这样：罹患恶症的父亲经过治疗已控制病情，需例行追踪，但身体处于不确定状态，时有情节需处理。每次就医的过程都是一种身心的大量耗费，对陪病者而言是如此，对病人来说，因处于积极就医以求取健康的行动之中，反倒不觉得太辛苦。

故事无非是这样的：

你女儿在四周前或数天前先上网抢预约，挂到早诊三十九号，意味着十点半以后才看得到医生。为了不过号，当然也因为你非常急（当你要出门，会不自觉陷入焦虑，一直催：好了没有？要出门了？现在几点？到底好了没有？）希望早一点到诊间，于是，估算车程一小时加上你行动较慢、停车步行，所以九点钟一定要出门。那么，八点要吃完早餐，好让你从容地漱洗换衣。果然，十点整到了诊间，一看灯号，十一号（可能是医生巡房晚到或前面有棘手的病人），你很急，要她问护士是不是过号了怎么现在才十一号，她喘口气正想着要跟医生说什么，被你一催只好敲门去问，护士不客气地回："看灯号。"离三十九号还有二十七个人要看，大段的空白突然丢过来了，把人搁浅在孤单的涵洞里，你一直复习这阵子以来的身体变化好似要参加论文口试。

终于轮到了，在三分钟内看完，领到药，已过了十二点。上了车，你闭眼休息，不必吩咐任何事。她问："中午想吃什么？"你答："随便，回家吃吧。"

一个小时后到家，你自去换衣洗脸，精神放松不少。女儿从冰箱取出蔬果，洗洗切切，你问："吃什么？"她说："炒两个青菜蒸一片鱼。"你说："鱼不要蒸，想喝鱼汤。"她关了炉火，下楼去附近菜场买一条鲜鱼煮汤。

半小时后，饭菜上桌，你喝了鱼汤，吃几口丝瓜，吃了木瓜。"把药给我。"你对女儿说。戴上眼镜，你又问："今天医生说换了药，是这颗是吧。"她答是，帮你倒杯水来，服侍你服下，自去收桌洗碗。

你看药袋，忽然看到这药的副作用是腹泻，叫她来看："是不是写腹泻？"她说是，补上一句："写归写，这看人，不见得会。"

"怎不会，不会他干吗写？"你抱怨，"中午吃丝瓜木瓜就不对了，瓜寒，更要泻了！"

女儿没搭腔。

此时已过了两点半。你自去午睡，她坐下来看一会儿新闻瞄几段韩剧打个盹儿，已是四点出头。开始洗衣、拖地，处理信件杂务，五点钟来了，陪你去小学散步六圈，回来准备晚餐。

第二天一早，你抱怨昨晚没睡好，半夜里肚子怪怪的，虽然没有起来上厕所，但今早上厕所大号偏软，"出来好多好多，怎么这样多，是不是不正常？这药开了二十八天份，能继续吃吗？你打电话问问医生"。

女儿说："再观察看看嘛！"

你不悦了，脸色下沉："观察什么？才吃两次，大便就变软了，观察什么？"

女儿说："好好好，我打，那得等九点医生到诊间呀！"

你说："九点，医生开始看诊哪有空听你好好讲，八点五十分就可以打，先跟护士说，护士跟医生讲，你再打电话去，医生就可以直接回答你了。"

"好，我打。"女儿拿无线电话翻电话簿，东转西转"该分机无人接听请改拨其他分机"，再打。你突然觉得肚子有些动静，去厕所坐着，又出了货，你仔细看，觉得比一小时前的更软些，你喊女儿："阿真！阿真！快来啊！"

女儿闻声立即冲来，前一秒她以为你跌倒，看你没事，稍缓一口气，却见你焦躁地说："你看看，泻了泻了，啧，怎么办？这怎么办？这医生乱开什么药？我吃得好好的药为什么换掉？我不舒服啊，脚没力气啊！"

你女儿的目光停在马桶内那两小球软便上，她的生身父亲排出的。她那枯干夹着白丝的头发凌乱着，一张素颜没有血色，盯着小软球像一个不用功的学生盯着考卷。她冲了马桶，想起电影《奥斯卡妈妈》，那位想逃离安养院的老妈妈提着皮箱、穿戴整齐，站在马桶内拉冲水绳，要把自己冲离那个鬼地方，她也很想这么做。一阵顺时钟漩涡带走秽物，但不负责带走难题。她看你衣裤稍乱，问："擦了没？"你说："擦是擦了，我想洗一下，今早大了两次，从来没有过，一个多小时大了两次，是泻肚子了，怎么这样？唉！"

女儿帮你褪下内外裤，放热水帮你冲洗下半身，擦干，服侍你穿上干净衣服，她自去打电话。

窗外有小发财车扩音喊叫："修理纱窗纱门，换纱窗纱门，换玻璃。"浮生如梦，不，如在雾中沼泽，鳄鱼游来游去。

"医生怎么说？"你问。

"他说先减成半颗，再观察一天。"

"听你钱伯伯讲，台大那个方医师很厉害，你去挂号，我想看看他，听他怎么个说法。这个陈医师提都不提副作用，太不负责任了！"

接着，你打了六通电话给六个人包括老友及其他子女，详细转播大便的软度及次数，女儿在一旁插话："哪有泻，是软好不好！"你听到了，不悦地说："你懂个屁，病的是我不是你！"

这六个人有的正在上班、有的在开车、有的在大陆，一致赞成你应该立即改看台大方医师，其中一个要你把电话交给小真，以急迫且严厉的口气对她说："你现在就帮爸挂方医师，那个陈医师不灵光，你干吗非看他不可！"

女儿像泄气的皮球说："好，我挂方医师。"但她心里有个声音喊着："你能干你回来照顾呀！"压抑再压抑，她把话吞石头一样吞下去。

你那焦急且脆弱的心稍为好转，每碰到关口，这个虽不在身边但指挥大局的"急迫且严厉"的声音总能解除危机，你内心很安慰，生儿生女只要生一个能干的就是福气了。你对女儿说："你哥也说挂方医师才对。"

女儿一言不发，去计算机前摸了老半天，你问："挂到了没有？"

"他是主任耶，这礼拜早额满了。他的专业又不是……挂他好像不太对！"

"怎不对，你钱伯伯那个病就是找他看好的。"

"他那个病不看也会好。"女儿嘟囔着，"挂到下礼拜五下午，七十一号。"

"这么久，还十天，太久太久了，我肚子这样拉下去会死掉，怎么这样挂不到呢？这怎么办呢，唉呀，这个医生怎么搞的啊？打电话问你哥有没有认识的人托一下，十天太久了，我受不了哇，这样泻下去都没命了，呐呐呐（手抚腹部，眉头深锁），肠子转得厉害，不舒服啊，快打给你哥啊！"

"你不要吵好不好？"女儿音量提高了，眼睛仍盯着荧幕，她搜到同科的李医师，专业吻合，后天有门诊。你不要，什么李医师听都没听过，坚持要看方医师，此时的他，是华佗再世、观音化身，唯他能悲海缘声，消灾解厄。

女儿允诺明日凌晨四点去现场排队挂号，你总算放了心。

晚饭后，儿子自大陆来电询问，你神情愉快、声音洪亮："小真明早去现场挂号，没事。你吃过饭没有？轩轩都还乖吧？嘿，轩轩我的乖孙子，有没有想爷爷啊？要听爸爸妈妈的话哦，好，让爸爸听。喂，你自己多当心啊，身体要注意啊！好好好，再见再见。"

你恢复一个在晚年享有天伦之乐的父亲应有的样子，为拥有事业成功的儿子感到欣慰，脸上绽出笑容。你打电话告诉老友，儿子真是孝心啊，那么忙还挂心着呢，又称赞媳妇真是能干，唉呀真辛苦带一个孩子，不简单不简单。

你是老友眼中热心助人的好友，是晚辈眼中和气的长者，也是其他子女心中的好爸爸；他们看过你做父亲的一面、做长辈的一面、做朋友的一面，但没看过你做病人的一面。

当此时，你的女儿在浴室。她坐在马桶上盯着白瓷砖墙壁被一阵疲惫感袭击，仿佛被抽去脊椎骨，几乎瘫软。

你从未想过，你的女儿做你的杖，谁做她的杖？她的兄弟姐妹能做她的靠山吗？你口中那个成功的儿子，是否曾对她说："妹妹，谢谢你扛下来，你的功劳和苦劳我不会忘记，你放心，哥哥不会亏待你。爸爸这个病只会越来越麻烦，脾

408

气越来越大，你有什么委屈跟我讲，我来解决。我在你户头放了一笔钱，不需要让别人知道，你看情况，若需要找个钟点的做家事就去办，不要让自己太累。年底，我们会回台湾半个月，你出去透透气，换我跟你嫂嫂来照顾。"

没有，没有人谢过她，没有人做她的精神支援，仿佛这是她的事。他们心里想的是，她在家吃住不用上班，每个月两万元生活费也随她运用，剩的又不跟她计较，很优待了，凭她，到外面找得到工作吗？人性内里都有一层自私的油脂，血浓于水，但浓不过油。

你从未看过女儿的这一面，也从未关心她的身心是否承受得住。现在，她心绪混乱，思及明日凌晨必须冒着酷寒去医院挂号，感到不情愿。她觉得自己是个没用的人，觉得自己的人生彻头彻尾失败了。

这些，你都不会知道。电热器旋转着，室内温暖舒适。你正在看电视，这是每日必看的政论节目，你颇同意某位名嘴的论点，一面做甩手拍打的保健动作，一面频频点头称道。

你曾经问过女儿："愿意留在爸爸身边侍候我吗？"你曾经替她的人生想一想吗？你是不是一个看得起她的爸爸？你设想过有一天你离开这个世界后，她的兄弟会怎么对待她吗？

路过别人家窗户，看到屋檐下的情节之后，我自问，我要像这样绑住我的孩子吗？像粉红色的福寿螺卵串，牢牢吸在稻茎上，水田倒影着无云的阴天，蜻蜓飞过，轻盈地舞动它的冒险故事，而布着卵串的一茎稻渐渐垂下了，萎靡了，没有自己的故事，只有粉红色的肿瘤般的模样。

"我的半条命，值得用我儿的人生来换吗？"

不，我要不断地自惕、祈求，不要用我儿的人生来换我这副残躯继续存活，我不要附生在子女身上，像永不放弃的亡灵。我情愿动用积蓄雇请专人来协助我，也不愿把子女拴在身边吸食他的年华，我情愿他去工作，与人相遇，铸造自己的人生故事。

但愿，关在浴室里以水声掩饰哭声的花发好女生，有一天，当她认真尽责地完成课业时，忽然被一阵香风吸引，走到河边，深山里一棵炯炯有神的菩提树幻化到她的面前，只对她一人，百年一笑。

之二　阿菊去算命

阿菊偷偷去算命，她想知道，她公公什么时候会死。

八十一岁的公公两年前中风，原本赁居在外的他回家找子女。那时，阿菊刚送走罹癌两年的婆婆不到一年，一口气还没喘够。阿菊的儿子考上南部大学搬了出去，女儿上高中，先生被公司派到大陆当干部，阿菊自己也刚度过最难受的更年期，家中只剩她与女儿。原本盘算重回自己的生活轨道，到社大上课，学太极拳，把自己的寡母接来住一阵子，好弥补分离多年的母女亲情，阿菊非常爱她的妈妈。

就在这时候，公公中风住院了。他的二儿二女在病房外商量往下怎么办，两个女儿端出事不关己的样子，一个说我去上厕所一个说我去看爸一下，不久联手背起包包说要先回去了免得塞车。只剩两个儿子，你看我，我看你。阿菊事先呛明："不可以丢给我，妈妈从头到尾都是我照顾的，不可以再把你爸丢给我喔！我也想孝顺我妈妈！"

"阿菊说，"阿菊先生对他哥哥说，"她身体哦，好像也不太好，你知道我现在被派到大陆，是不是……"

再婚又晚生的哥哥面有难色，说："你嫂嫂上班，婷婷才四岁，我家空间也不够……"

兄弟俩，你看看我，我看看你。最后，哥哥说："弟弟，我这个哥哥没你出息，我要是有钱换个大房子，爸爸由我照顾也是应该的，你就同情你哥哥吧！"

就这么定案。阿菊发了一大顿脾气："怎么这么好，妈生病，他说婷婷还没断奶，爸生病，他说婷婷上幼儿园。空间不够没关系，我跟他换屋住！"做先生的只好打电话给哥哥，哥哥说要问一下太太，回电说："不方便，我们这里的学区较好，你们的孩子都大了，不用考虑这些，我们要为婷婷着想。"阿菊听了又发一顿脾气。她先生临上飞机前，半跪着求她，女儿拉起爸爸，对阿菊说："妈，爸都跟你跪了你还要怎样？你不是教我们要孝顺吗，言教不如身教啊！"

阿菊只好答应，但那句"言教不如身教"让她很受伤。她在梦中呐喊：我要孝顺我妈妈，为什么我不能孝顺我妈妈！阿菊很郁卒，觉得为什么她做媳妇做得这么辛苦，别人做媳妇可以一概不理？

公公有高血压、心脏病、前列腺肥大，喜欢喝酒吃肉不爱运动，偏爱政论节目，晚上看一遍，次日再看重播，一日两遍，因重听，声音开得很大，又喜欢一面看一面跟着评论。阿菊的喜好跟公公相反，强迫看那种节目是精神虐待。有一次她受不了，回说："麦搁看啦，看看那些没路用啦，欲救社会，电视关关掉，省电就是救社会啦！"

阿菊想到一个办法，把自己变成钟点女佣，午餐备好，让公公蒸来吃，她自去图书馆、咖啡厅打混。没想到晚上六点回到家，公公叫饿；原来他蒸好饭要拿出来时失手打落在地，手脚不听使唤，不会收拾，饭菜都还在地上。阿菊问他："你怎么不打电话给我？"公公说："有吃饼干。"阿菊蹲地上收拾，有点自责。

这情况很明白了，放他一个人在家，会出事的。阿菊的"暂时性离家出走"计划宣告失败。当然，她也觉得在外混一整天蛮累的，搁下一堆家务没做又花钱喝咖啡太不划算。阿菊另想一计，跟女儿借 MP3，塞住耳朵听女神卡卡，一整天听下来精神确实"卡卡"，女儿帮她抓费玉清跟邓丽君，总算觉得有人了解她的心。

秋冬之交，公公倒地了。救护车急送医院，疑似再度中风。阿菊一颗心很矛盾，希望就这么有个了局，又怕老人家有个万一，他的女儿、儿子会怪她："你专心照顾，怎么把爸爸照顾成这样？"需知，苦差事没人要做，一旦老人家有个安危，孝子孝女的哭喊声就十分刺耳了。

医生做了详细检查，告诉阿菊："只是一时晕眩跌倒伤到筋骨，你公公的身体还不错！"阿菊听了，一时语塞，掩面哭了起来，岂料越哭越顺口，竟致双肩抽搐。医生拍拍她的肩，安慰道："不用担心不用担心，他明天就可以出院了！以后多注意，避免再跌倒。"护士小姐低声称赞："真有孝心啊！"阿菊心中五味杂陈。

由于伤到筋骨，大小便、洗浴都得靠她了。

虽说阿菊已过了半百，不是没见过老人的身体，但帮一个毫无血缘亲情、未曾建立共同居住关系的老男性洗涤那老化的私密身体、搓洗沾粪内裤，心理有一层很难调适的障碍。阿菊受不了，跟先生商量请外佣或是送安养院，隔海电话中，先生颇苦恼地说："唉，这也是一条花费，每个月总要多开销三万，你也知道，我哥哥拿不出来，两个姐姐更不可能，这笔钱如果能省下来，我们儿子将来要留学也有个本，我在这里省吃俭用，唉，你也知道。"

阿菊身体累坏了，但头脑没坏：确实，一年省三十六万，

413

三年一百零八万，这笔钱与其交给印尼小姐回乡盖楼房不如交给儿子留学。阿菊没答腔，最后叹一口气，丢了一句："再说啦！"

第二天，阿菊偷偷去算命。

她把公公的生辰八字给了算命仙，人称老师的他，擒拿小楷，在粉红纸上批流年，小指甲又长又弯，成了钩，翘着小指写毛笔，阿菊的心脏扑通扑通跳。桌上檀香袅袅，老师清了喉咙，嗯嗯两声，说："这人前世积德造福，今生遇大劫必有贵人，逢凶化吉啊！一生衣食无虞，无正俸有偏财，晚年子女尽孝，得养天年，九十岁有一劫，若过了这关，百岁可期啊！"

"百……百岁！"阿菊听得面色如土，说不出话，脑中好像有什么轰隆隆作响，问老师："刚刚有飞机飞过吗？"

老师愣了一秒，牛头对不上马嘴，喝口茶，问："你还有什么要问的？"

阿菊说："那就，看看我的吧！"把八字给了老师。

翘指老师叫助理打来一张新命盘，巡视一番，抬头看阿菊："今年化忌当头冲，流年凶险，有血光。"

阿菊扑哧一笑，心想："你不死，我死！"

但这个念头在回家的地铁上打消了。她中途转车去了弟弟家，一进门看到老母，忍不住诉了满坑满谷的苦楚。阿菊对老母说："你要活久一点，等我好好孝顺你！"

老母说："你免烦恼我，你公公较需要人照顾，你好好顾他就好了。你做人的媳妇，铺路铺一里，不差最后一畚箕。我们对得起自己的良心，佛祖知道。"

阿菊抱着老母亲，哭了起来。

之三 浪子回头

由于做"丈夫"的大她十岁，又由于女性的平均寿命比男性高也就是身体比较好，所以，丈夫在七十岁那年"浪子回头"搬回家时，她才六十整，刚从大陆黄山爬很多阶梯回来。

其实，女性平均寿命较高是因为吃苦太多、劳动太勤、辛酸太烈造成的（至少对她而言是如此），为什么会有苦役、酸楚？还不是男性造成的（至少对她而言是如此），好了，结论出来了，注意听：男性折磨女性，是为了让她长寿，女性长寿是为了照顾生病的男性，让他"好好去死"（至少对她而言是如此）！

她的婚姻是一则笑话，原以为自己是元配，搞了半天才发现是小三——前面的婚没离干净，好像一颗隐藏版智齿。元配说，我跟他早就没什么感情，你要就拿去，不过，空壳子我要保留，面子给我顾一下啦。她能说什么？生米不仅煮成熟饭，还熬成皮蛋瘦肉粥了——儿子已在肚中。他这时候很有协商本事，要大家以"大局"为重，各尽本分，一起向前努力。"大橘，"她愤愤不平，"我还葡萄柚咧！"

努力不到两年，大约就是儿子学会叫爸爸的那节骨眼，外面的热心眼线给了线报，说小四若隐若现了。她跟他大吵一顿，他也觉得这样若隐若现蛮累人的，干脆给她正式呈现。那女人叫"朱古力"，古铜色皮肤也正好姓朱。不久，换小五"提拉米苏"——人家就姓苏不然你想怎样——若隐若现了，这回有了传承，她"站高山看马相踢"（布袋戏语），小四出手打击小五，提拉米苏榨得一笔巨款后退出战局。

总之（由于篇幅有限且作者无意发展成"怨偶像剧"），他变成火坑孝子与商场大亨的结合体——一具高功能的情欲变形金钢——没错，是"威而钢"的钢。光说钱吧，小情节，就别浪费我们的纤纤玉指去敲计算机了，大事故加总起来耗去半个资本额不离谱。所以（作者忍不住手痒再说几句），有阵子新闻热烈讨论"安乐死""立法"问题，她心里想的是，为什么法律没有"阉刑"？

她死了心，也想通了，一个人的婚姻若是一则笑话，不要想把它变成一出传奇，那是不可能的；教大象跳芭蕾舞，要付出惨痛代价，不是地板裂了这种小事，是它会把你踩死，哪一头大象伟大到值得你为它去死？大约就是儿子们（后来又生了一个）上初中那节骨眼，她已经不在乎他的情场值日生叫"蛋塔""舒芙蕾"还是"马卡龙"了，只要按时养儿子就好。她的婚姻变成"按件计酬"与"版税结算"之综合体。

儿子，他是有养的，过年过节也有回来，这我们得说公道话，只不过，养别人的儿子多过养自己的。渐渐，他的风光日子随着年纪愈来愈大变得愈"两光"——头顶光了，口袋也光了。"浮浪狂"（闽南语，泛指有路无厝的浪荡子）一阵，有一天，满脸倦容出现在门口，对她说："唉，我要浪子回头！"

"浪子回头"，她虽然没上过大学，但对这个成语还算清楚。恨就恨，她长年习于独自生活，欠缺与男性打交道的经验，以致无法在第一时间以辣椒语言回应这个浮浪狂，更过分是，她还帮他把包包拎进来，还问："吃过饭没？"忽然，她愈想愈不对，"浪子回头"不是应该回元配那里吗？继之想到，元配大姐已经过世了，不可能回那儿；可是，还有很多……很多……怎么讲呢？"相好"？"奸头"？"狐狸精"？"伴侣"？"玩伴"？"床友"？她还在推敲正确用法，只见七十岁浪子已吃完饭，筷子往桌上一拍，要去洗澡，问她："毛巾在哪里？"

浪子从此变成宅男，她变成供食宿的"阿桑"，完全符合高深的闽南箴言："有路找路，没路找老主顾。"人两脚，钱四脚，没钱当然没路，没路只剩下一步，回头找老主顾。

更要命的是，这个宅男带着"三高"回来——高血压、高血糖、高胆固醇。一般而言，有本事男人的"三高"其中两高是指"高楼""高薪"，最后一高才是高血压。一事无成的男人只有一高叫"高个子"，他比这还糟，他带回来的三高像猛虎饿狼。果然，三个月后，中风了。

两个儿子一在境外就学，一在大陆工作，一听到爸爸回家且中风了，即刻奔回来探望，缺了一角的家好像团圆了，老宅男露出欣慰的笑容，做出愿意努力复健将来去境外一起旅游的承诺。儿子们嘱咐妈妈："爸爸现在很脆弱，不要刺激他，以前的事都不要再提了，最重要是现在，把爸爸照顾好，让他赶快好起来！"

她没答腔，心想"刺激"这两个字是什么意思？"照顾"是什么意思？

从此，她的人生进入生命中不可承受的"拖油瓶"阶段。一向过着与姐妹淘唱歌跳舞爬山做志工生活的她，被一个习于使唤人的老宅男"缠脚绊手"，除了上菜场、带他就医，哪里都别想去。刚开始，姐妹淘体谅她出门不便，上家里来陪她闲聊，但是，旁边晃着一个不良于行的人一会儿问遥控器在哪里一会儿要倒水吃药，众人觉得索然无味，草草作散。她积了一桶子怨，有一天，嚷开了："少年时我劝你要为老年打算，你一句也不听，还笑我傻，现在搞成这样！你为什么不去找朱古力，找那些什么蛋糕碗糕，你找我做什么？……"

俗话说，识时务者为俊杰，能伸能屈真好汉。浮浪狂看过日月星辰，行过五湖四海，哄过三千佳丽，对伸缩之道甚

418

有研究，深知"皮之不存，毛将焉附"之理，当下涎着忏悔式的苦笑，眼眶含泪、语带哽咽："我真后悔当时没听你的话，现在才知道，你才是真正关心我的人，看在儿子的面，你给我最后一个机会吧！"

能怎样？你叫这位"先知"能怎样？她抹了眼角的泪滴之后，看看时钟，说："去复健！"

大约随着他懒于复健、不愿改变生活作息饮食习惯开始，她才领悟到"牛，牵到北京还是牛"的道理。领悟之后没多久，她的身体出现状况，失眠、晕眩、胃痛，从此上医院不只陪他看心脏科、复健科，也看自己的肠胃科、精神科。

有一天，她看连续剧，看到做太太的哭哭啼啼，想尽办法要从小三手中把丈夫夺回来，她忽然有所领悟，那些编剧都是未经风霜的年轻人，演来演去都是俗套，她想：不要怕男人不回来，怕只怕老了穷了病了，他自动回来！

这时候，那个不良于行的人从房间晃出来，问她："晚餐吃什么？"

之四　给老仙女的私房话

小仙女在花褥草茵上憩息，与蝴蝶共舞、翠鸟合鸣。老仙女的你，成天与四脚拐、便盆椅、血压计、拍痰器、尿布为伍，侍候那枯皱的身躯。

抬头望天，你无法倒提江水回到源头阻止河川成形，你无法潜返年轻岁月修改命运的方向，你也无法锻炼自己做一个冷铁心肠的人。

是的，你从来不是冷铁心肠的人，你有道德上的向往，在无处不讲究功利的人世里，你对真、善与美仍有追寻。

那么，肩头的重担一概承担吧，当他人提出九十九个不能做的理由，你只需一个必须做的理由，那是你的本能，你入世的任务。你必须看清楚，你之所以无法收手不管，是因为你爱其他家人胜于爱自己，你知道若你卸下担子，其他人会翻覆。你不愿看到这种局面，弯下腰，做了挑夫。

既然如此，所有于事无补的怨言都丢弃吧，所有不切实际的期许都焚毁吧，所有积存的劳累都遗忘吧。

不管你以女儿身份照顾亲父母，还是以无血缘的媳妇身份照顾老迈公婆，或是以妻子角色照顾丈夫；不管你的手足是否看到、感谢你以身体心力反哺病榻上的亲生爸妈，不管其他人是否看到、感谢你侍候他们的亲爹娘，你的心里不要存着任何一丝希望他人感谢、善待你的念头。人生，写来只有两个字，但人生的内容，从头到尾只有一句话：你做了什么？

别人做了什么，不是你的事，他不需要向你解释，你也不必帮他做记录，那是他的人生。你做了什么，是你自己的事，是你跟神之间的事。终究，你看重的那张成绩单是你自己盖了手印、问心无愧的那一张。

你是亲手侍候的人，受你照顾的长辈必能感受到你的付出，你让他的人生最后一段路有温暖有依靠有陪伴。当他即将抵达终点，握你的手说："女儿，还好有你在我身边！"当他最后一次呼唤的是媳妇的名字时，你知道那微弱的声音里饱含着感谢。此时，所有的劳苦都化成烟散，你领悟到这是长辈以肉身传授最后一堂生死课，而你纯良地祈祷他解除一切痛苦到喜乐的国度，这一刻，真呼应了真，善引导着善，圣成全了圣。阖上眼睛的是他，感受到恩泽与平安的是你。

那是你独得的，埋藏在死亡里的，神的芒光。

寻 找 奇 迹

　　希腊神话里，宙斯的儿子坦达罗斯是个暴虐且傲慢的人，他以残酷的作为冒犯了诸神；神祇将他打入地狱，罚他站在大湖之中，湖水漫至下巴，但当他口渴想要低头饮水，水即速退，一滴不剩，让他饱尝焦渴之苦。湖边有各种果树，结实累累，但当他想要摘取，一阵狂风将树枝吹向云际，让他领受饥饿之苦。最可怕的折磨是，一块大石头悬挂在他的头顶上，随时有坠落的危险，让他饱受粉身碎骨的死亡威胁。嘲弄了神祇的坦达罗斯，必须在地狱遭受这三种苦刑。

　　长者的病程若过于缓慢，缠绵病榻不进不退如卡在岩缝的羔羊，其受苦的程度不下于坦达罗斯。当此时，屋檐下常有医疗论战之即兴演出：或为中西对决弃中就西、弃西保中或中医为体西医为用；或是灵药传奇、祖传秘方再现——一帖喊饿两帖下床三帖下田；或是奇人异士发功拯救，肿瘤缩小，积水消退。

在这场生死拔河比赛中，态势越来越复杂，第一回合是子女与父母联手对抗死神，第二回合变成以病人为绳，子女与死神拉锯。是以，病人与家属一起进入脆弱期，惊惶如受暴的稚童，渴盼奇迹如地狱里的坦达罗斯，而奇迹使者的话语总是如此："我同事的爸爸就是看那个医生好的，（压低声音）也是肺癌第三期，你快带你爸去，不要来不及了！"或是："你妈妈睡这间房不对，整个磁场都乱了，负能量太强，容易窝藏冤亲债主，化解方式是把这一面墙敲掉！"

奇迹需动用到泥水工，要不就是在远方，越远越有奇迹，必须开车九拐十八弯又九弯十八拐，才见得到治好无数位被西医宣判死刑的末期病人的神医，求得到高僧加持过的灵水，吃得到有缘才赐下的不传之秘，遇得到能消灾解厄、起死回生的延命高人。

火爆争吵常在这时点燃，信与不信交战，迷与不迷决斗，甚至哭喊："你没看到爸爸那么想活下去吗？你为什么不试试看？"

于是，黎明即起，搀扶病榻上的老父，背他上车，系好安全带，左右各塞一个椅垫以免晃荡。"爸，我带你去高雄看一个神医，他会治好你的病！"瘦骨嶙峋的老人家点点头已不能多言。车行向南，如风雨飘摇中一叶扁舟航向传说中的仙岛；岛上有祛病花、长生果、不老泉，令骷髅重获肉身，肉身夺回青春。

或是，挥汗如雨赶回家，手拿一大罐药粉，奔至病榻前禀告："妈，这是我去求来的秘方，你吃了就会好！真的真的，很多人第一次被抬着去，吃完一罐，自己走路去了！"可怜床上老母连吞一口水都要呛了，那一大罐药粉怎个吞法？"医生说，吃完这罐药，就能改善吞咽能力！妈，嘴巴张大一点，把它吞下去！"

传说中的奇迹总在远方，而且总是来得太迟。

鲁迅《父亲的病》，为了治疗老父，延请名医到家诊治，第一个医生开了方子，"药引"难得，得去河边掘芦根，搜寻"经霜三年的甘蔗"。药方一换，药引不同，就得大忙一场。忙了两年，老人家的病没啥起色，水肿逐日严重，不能下床。换了第二个名医，用药不同，药引更是刁钻：

> 芦根和经霜三年的甘蔗，他就从来没有用过。最平常的是"蟋蟀一对"，旁注小字道："要原配，即本在一窠中者。"似乎昆虫也要贞节，续弦或再醮，连做药资格也丧失了。

蟋蟀易得，他家有个百草园，要几对有几对。但另一味药引"平地木十株"，可就不知道是啥了？鲁迅写来风趣："问药店，问乡下人，问卖草药的，问老年人，问读书人，问木匠，都只是摇摇头。"终于问到爱种花木的远房叔祖，才得见庐山真面目。再要有一味丸散叫"败鼓皮丸"，用破鼓皮做成丸药，因水肿又叫鼓胀，所以用"破鼓"破之，收克伏之效。照这逻辑，何不干脆拿刀子刺一刺肚皮"破鼓"算了！

药方不见效，医生竟建议在舌头下点灵丹、请人看前世冤愆。鲁迅也觉得过头了，没做，光吃药打不破水肿，老人家终于躺在床上喘气了。往下十分逼真，那病榻前的难关是每个人都有可能遇到的，不妨请鲁迅莅临指导，跟我们做一场心灵交流，（作者递麦克风）有请鲁迅先生。

父亲的喘气颇长久，连我也听得很吃力，然而谁也不能帮助他，我有时竟至于电光一闪似的想道："还是快一点喘完了罢……"立刻觉得这思想就不该，就是犯了罪；但同时又觉得这思想实在是正当的，我很爱我的父亲。便是现在，也还是这样想。

鲁迅忙过的事我们正在忙，课题一致，只是忙法不同。老人家启程的那一日到了，一个精通礼节的妇人衍太太，见鲁迅兄弟像傻子一样杵在那里，指挥他们不该空等着，给老人家换衣服，又将纸锭与经文烧成灰用纸包起来给临终老人捏在拳头里。

"叫呀，你父亲要断气了。快叫呀！"衍太太说。

"父亲！父亲！"我就叫起来。

"大声，他听不见。还不快叫！"

"父亲！父亲！"

他已经平静下去的脸，忽然紧张了，将眼微微一睁，仿佛有一些痛苦。

"叫呀，快叫呀！"她催促说。

"父亲！"

"什么呢？……不要嚷……不……"他低低地说、又较急地喘着气，好一会儿，这才复了原状，平静下去了。

"父亲！"我还叫他，一直到他咽了气。

我现在还听到那时的自己的这声音，每听到时，就觉得这却是我对于父亲的最大的错处。

听完鲁迅自述，有两个感想。感想一：唉！感想二：在悲伤中被衍太太催促，像我这样昏头昏脑的人，可能惊慌地喊成"衍太太！衍太太！"

尊 贵 地 离 席

现在，生命对我已经没有用了，如果我揪住了生命舍不得放手，我只会叫我自己都觉得可笑。

——苏格拉底

1. 你必须思考死亡

谁在黄昏的山丘，吹起离别的洞箫？

独木舟已朽坏了，搁浅在世间一隅，只是积生泥垢供养青苔，了无意义。生命最蓬勃的时刻，已经过去了，最丰美的时刻，远去了，最甘醇的时光，消逝如烟了。所有的劳役与课业、任务与心愿都已完成，功过也成了定局。这独木舟般闯荡了五湖四海、捕获精彩故事的肉身已进入崩裂阶段——这是造物者的另一次神迹，我们没有机会鉴赏它如何让生命寸寸生成，却能目睹它怎么让身躯逐日裂解，终于释放了灵魂。

"死神是个带爪子的动物"，马尔克斯如是说。但是，死神难道不是思虑周密、手法纯熟的神？它让一个人安全地航过老年门槛，看到自己的第三代或第四代诞生，送来不短于数月不长于数年的病役，让人有充裕的时间、体力、精神整顿自我，与家人偕手共同迎接死亡。如此善待，相较于刹那间被掠夺生命的年轻人，还能哭天喊地说死神是凶残的吗？

人老了，必须思考死亡。蒙田说："你的死亡是宇宙的一部分，也是世界的生命的一部分。"如此圣美，焉能不庄严面对！以不作寿、避谈岁数，消极地规避死亡，是不智的。对一个享有丰寿的老人而言，死亡，已不是敌人身份，是挚友，死亡，不仅是完整生命的一部分，更可视作一篇文章的精彩结尾。这结尾，必须由自己亲自撰写。

柏拉图《斐多》[1]，记录了伟大哲学家苏格拉底的最后一日——他因信念被捕入狱，判服毒死刑。饮毒药之前，七十岁的他依然与前来探望的朋友、学生畅谈哲学，辩证灵魂不朽，思想的芒光一如往常照耀着学生。斐多，也是陪在监狱里的学生之一，他说："如果我看到一个朋友要死了，我心里准是悲伤的，可是我并不，因为瞧他的气度，听他的说话，他是毫无畏惧、而且心情高尚地在等死，我觉得他是快乐的。"

1　《斐多》，柏拉图著，杨绛译，时报。

苏格拉底从容的样子，如一场春季郊游，在林荫下亭子里，对年轻弟子阐述真理："真正的追求哲学，无非是学习死亡，学习处于死的状态，他既然一辈子只是学习死，学习处于死的状态，一旦他认真学习的死到了眼前，他倒烦恼了，这不是笑话吗？"

最后的时刻将至，"命运呼唤我了，也是我该去洗澡的时候了"。苏格拉底说："我想最好是洗完澡再喝毒药，免得烦那些女人来洗我的遗体。"

当学生问他有什么嘱咐？他说："只是我经常说的那些话，没别的了。"问他该怎么葬？他说："随你爱怎么葬就怎么葬。……看到我的身体烧了或埋了，不用难受，不要以为我是在经受虐待。"

苏格拉底一一与家人、朋友、学生告别。狱卒也来了，对他说："你始终是这监狱里最高尚、最温和、最善良的人。"狱卒和他告别，忍不住哭了起来。

苏格拉底接过了毒药，向天神们祈祷，祈求离开人世后一切幸运。说完，把杯子举到嘴边，高高兴兴、平平静静地干了杯。当学生们不由自主地哭泣，他说："人最好是在安静中死，你们要安静，要勇敢。"

人，必须思考死亡，不断地在心里练习。当那一天来临，但愿能高尚、尊贵，如苏格拉底。

2.死前清单

一部温馨的电影小品《The Bucket List》（译作通俗且肤浅的《遗愿清单》），两个老男人在医院相遇，罹癌的摩根·弗里曼与身体不适的富豪杰克·尼科尔森正好同病房；同房不同病，不同病却同怜，联手写下死前最想做的事，趁身体尚未衰弱展开生命最后的冒险与体验。简言之，是两个老男人的死前旅行。电影中提及埃及人对死亡的想象：人死后，灵魂来到天堂门口，使者会问两个问题，以判定能否进入天堂："你生命中是否有喜悦？你是否带给他人喜悦？"

空白的纸，放在你面前，你的清单是什么？该写下"全家到山上小木屋赏枫"还是"向一出生就送养的女儿说对不起"？是"跟绝交三十年的哥哥见一面，一切和解"，还是如鲁迅在死前一个多月所言："让他们怨恨去，我也一个都不宽恕。"

3.你想去哪里？

苏格拉底："一个人死了，属于凡人的部分就死掉了，不朽的部分就完好无损地离开了死亡。灵魂不朽也不可消灭，我们的灵魂会在另一个世界上的某一个地方生存。"

让信仰指向的道路在心中显现，这是心灵主宰的时刻。

病榻不只是床铺，是另一艘长板船，四面墙壁悄然寸移，让出渡口，小船将驶向彼岸。

你想去哪里？

是仗凭一股专注且刚毅的意念如同撑住一竿，要与你一生挚爱却先你而逝的人在洪荒乱流中重逢，再一次紧紧拥抱，即使一说那是冤亲债主幻化，亦甘心甘愿紧紧拥抱绝不分开。

或是，任由意识逐渐消散，有歌声自深沉之处传来，不知是自己的灵魂的欢唱还是来自他方的呼唤，有风随风，遇水随波，无牵无挂地沉入无尽的黑暗，让肉体与灵魂俱入空无。

是端正衣冠，以饱满的诗心、渴慕真善美的纯粹之情。"我用我的声音求告耶和华，他就从他的圣山上应允我。"祈求永恒生命的牧者引你躺卧在青草上，领你在可安歇的水边，使你的灵魂从雾锁中苏醒，虽行过死荫的幽谷亦不怕遭害，因为牧者的杖与竿必不离弃你，神以他的袍服披覆你，因为你在他心中唯一。你凭着他丰盛的慈爱进入他的居所，那没有黑夜只有神的荣光照耀的所在，那宝石根基、黄金城墙，流动着生命长河、河边有生命树的永恒家园，那只有自由、信心、喜乐的归宿。

或是，一束纯净柔和的光在你面前闪动，阿弥陀佛与诸圣众现身，有花雨洒在你身，法喜充满，你欢喜地踏上往生之路。你知道你要去微风吹动着灿烂宝树的地方；那里有金沙布地的清净水池，池中绽放各色莲花，微妙香洁。有金银琉璃、赤珠玛瑙装饰的楼阁，阶道都是七彩宝石铺成的。那里有你从未见过的奇妙的杂色鸟，羽毛斑斓，鸣声悦耳，如欢唱如吟诵。当你抵达，一只迎接的灵鸟栖在你的肩头，为你终于回到这众人等待着你的极乐世界献上诗与歌。

你想去哪里？若你知道自己的去处，当能如马可·奥勒留这位罗马皇帝所言："以愉快的心情等待死亡。"

是的，像一个皇帝。

4. 遗嘱与后事

多年前一次漫无边际的闲聊中，我母忽然说她死后要洒海，我说："这样的话，到时候是不是要帮你穿泳衣？"她笑说："青菜（随便）啦！"我又说："万一，你生的这些没路用的孝子孝女晕船，一面吐一面帮你洒骨灰，变成玉米浓汤怎么办？"她也说："青菜啦！"我进一步刺激："清明节，就去海边呼请你的魂，是不是要先烧一个泳圈给你？你要游快一点喔，祭拜的东西，用甜甜圈就好了。"她笑得花枝乱颤，好像子女不孝是蛮开心的事。当然，这是笑闹不必当真。

老友黄姐对死生之事时有感触，嘱咐我将来如何如何，仿佛我是她的礼仪师。我答："好，到时候我会帮你穿迷你裙配网袜！"她惊声曰："不要啦！"我更进一步加以刺激："玫瑰花很贵，你的骨灰，我会拌橘子皮。"她说："不要，橘子让我胃痛！"换我惊声曰："那时候还有胃呀？"当然，这也是笑闹不必当真。

笑闹也好，严肃也罢，自己要大大方方地把末段路铺好，别让做子女的不知如何启齿，问也不是，不问也不是，"爸，你……希望将来用火葬还是土葬？"

"妈，你银行里的定存、基金还有股票，是不是趁现在处理一下？""爸，你要留一口气回家还是在医院走？""妈，告别式要怎么办？要不要发讣闻收奠仪？"总不能毫无头绪，无半句交代，留下一摊乱。

在把死亡当作不祥、邪秽、冥暗的观念里，跟死相关的话题都是不能碰触的禁忌。仿佛一句话露了馅，邪灵将附身，恶魔会纠缠。然而，既然死亡是每个人必须走的一条最平等的路，有什么道理活到一大把岁数、累积数箩筐人生滋味的人不能勇敢地面对死亡？如果那是不能逃避的奇幻之旅，有什么道理不能、不敢、不愿亲自整理行李？死，可怕，怕死的心，更可怕。

写下遗嘱吧，不是给自己，是给屋檐下"未完的人生"一个妥善的安排、圆满的交代；该告解的，该补偿的，该答谢的，该让人家认祖归宗的，该和解的，难道不该一面服病役一面把握时间亲自安排？好让活着的人不至于因为你留下

433

的复杂谜团、错综的导火线而活在一连串的爆裂之中，一生被浓烟笼罩——若走到这一步，远去的你焉能安息？

至于后事，宜乎也应该自己设想，免得爱热闹的与恨虚华的两个子女为了要不要挂上礼仪社弄来的政客署名的挽联而大吵一架，"恳辞花篮"与"恳求花篮"两派大打出手。

"生前告别式"是新兴思潮，能在活着的时候听到家人、亲友的赞辞是很特别的经验。常言："人之将死，其言也善。"将死之人对亲友说出善言，给与祝福，亲友也以善言回应，表达感谢。死，引出彼此的善良力量，回忆过去、整理人生、抒发感怀，相互用温暖的方式拥抱道别，"要是知道死会让你们对我这么好，我早就该死了！""虽然我们舍不得你，但也不想陪你去天堂。"人生处处有险滩，但险滩旁边也处处有春暖花开，如弘一大师所示："悲欣交集"。既是生前小聚，还可送亲友小礼物，"你们不用回送我，我带不走！"挥别之后，了却礼俗，恢复安静，该病的继续病，往下的发展从速从简，轻舟已过万重山。

作风保守的，大概不能接受"生前告别"这种有笑有泪、不知该哭该笑的情绪云霄飞车，回归传统作法——大家的表情比较一致，那么更需要自行规划，以免后事之情节足以媲美洒狗血的乡土剧。

如果这一生所经营的人生故事是一部血泪交织的悬疑长篇小说，或是虽然故事单纯但夹了一页很讨厌的销售单，若有以上情形，最好鼓起勇气，戴上老花眼镜，想一想讣闻的内容。免得一长串"泣启"的亲伦名号中，夹杂一两个在你生前百般嘲讽你、咒诅你、辱骂你、惹你五内俱焚因此塞了两条血管、爆了半个肝埋下死因的名字；这名字躲在"杖期夫""护丧妻"旗号下，尤其可能现身于"孝子""孝媳""孝女""孝女婿"阵营中。告别式时，这些人也是哭得非常伤心的，甚至哭到令人费解的地步，譬如，狂哭大叫："爸（或妈）！你不要走啊！你回来啊！"身子一扬，两膝下跪，作势欲滚欲爬欲摔欲撞，众人左右扶起，半搀半拖，司仪以哀凄抖动的声音劝曰："人死不能复生，请节哀啊！"哀乐奏起，满场皆啜泣，无不赞扬"遗照"上的你有此"孝子""孝媳""孝女""孝女婿"真是一世人值得！只有几人心里有数，这欲滚欲爬欲摔欲撞的表演者在老父老母缠绵病榻期间，可一次也没来服侍过，还说过："也不快死，拖累人！"这些，你心里清清楚楚。当此时，如果你的灵仍附在照片上那两丸炯炯有神的眼珠里，看了这场面，你恐怕会有些许情绪。这不好，非常不好，别的不怕，怕只怕在这时刻动了情绪，原本已一切放下现在又把一切提起，一个踉跄，变成厉鬼候选人。

后事，指死后之事，但必须在死前想清楚。

5.乘风归去——关于"放弃急救，器捐，捐大体"

放弃急救，是浅显易懂的口头说法，正式的书面名称是"安宁缓和医疗"，其施行的法源根据是二〇〇〇年相关部门通过的《安宁缓和医疗条例》。此条例定义"安宁缓和医疗"为："为减轻或免除末期病人之痛苦，施予缓解性、支持性之医疗照顾或不施行心肺复苏术。"这串解释，用最简单的话讲就是：不要急救，让他自然地、没有痛苦地离开。

"安宁缓和医疗"挑战了根深蒂固的、穷尽医疗技术救到最后一秒钟的传统医疗思维。

相关医疗法规规定："医院、诊所遇有危急病人，应即依其设备予以救治或采取一切必要措施，不得无故拖延。"救人是医生的天职，"有危急病人"不分男女老幼，医院本应救治。但是，如果这位"有危急病人"是末期病患或重症老人，所谓"采取一切必要措施，不得无故拖延"就变得非常吓人；医疗法规定医生必须救，从来不曾讨论医疗课题、不愿放手让至亲离去的家属也主张必须救，于是，地狱现身，用来急救的"心肺复苏术"包括：对临终病人或无生命迹象之病人，施予气管内插管、体外心脏按压、急救药物注射、心脏电击、心脏人工调频、人工呼吸或其他救治行为。

（要不要帮九十五岁肺炎老爸"气切"以答谢他的养育之恩？要不要帮癌末积水老妈心脏电击以报答她为你洗衣烧

饭四十年？)

想象自己即将走到尽头，引路天使或阿弥陀佛或是登仙列车就在眼前，天女奏乐，迎宾舞跳起，竟被医生与子女联手掷来的急救追捕令抓回来，承受气切或插管、心脏电击的待遇，肋骨断了、皮肤烧灼、鲜血喷洒，又活了一个星期或一个月。而这多出来的时间并不能使一个末期病人回春、复元，徒然造成医疗浪费、病人痛苦、家人事后懊恼，意义何在？孝心何在？人性何在？

虽然"安宁缓和医疗"在台湾已推动近二十年，正式通过也已十二年，然而，一般人在太平无事时不会积极思考"老、病、死"课题，更不会理智地设想自己的末程病况，跟家人畅谈，预做心理建设与准备——据统计，有一半以上的癌末病人未被告知病情，换言之，这些病人不只未曾与家人谈过死生之事，也没有机会对自己的末程病况处理表达意见，因此，事到临头，家人也就无法理智地抉择，遂在纷乱的心绪下坠入一般人认为"安宁缓和"四个字的非理性隐喻："安宁，安宁病房，不救，等死，放弃，自生自灭，遗弃，不孝"，以致做出极度非理性但是充分地照顾了自己的感受的决定：尽一切力量急救！

黄胜坚医师《生死谜藏》，写及："台湾一年死亡人数约十五万五千人，但只有七八千名临终病人接受安宁照顾，能'有尊严地好走'，其余往生者，临终前，多少都历劫过度医疗的有口难言之苦，毫无善终可言。"

　　做子女的不是不知道"死亡已不可逆"，只是过不了"让父母等死"这一关的心理痛苦，更过不了被家族长辈评为"不孝"的终生阴影。如果，医院有急救影片让家属一起观看，或是让家属躺在床上模拟，或许能让他们瞬间清醒，知道叔叔伯伯阿姨舅舅的批评都是无关其痛痒的嘴皮之事，但承受"不得好死"痛苦的却是自己的老父老母。孩子生病时，做父母的知道怎么做能让孩子舒服，父母临危，为什么做孩子的不知道怎么做能让父母舒服？关键时刻，应该替父母做一个好决定，还是优先照顾自己的感受做下决定，或是被家族舆论牵着鼻子，做出他们想要的决定？

　　《死亡的脸》作者舍温·努兰医生提及一位九十二岁老奶奶，因摔倒被疗养院送到医院，他发现她有严重的十二指肠溃疡，建议动手术，她拒绝："够长了，年轻人。"他极力说服她手术，否则等于宣告死亡，老奶奶基于对他的信任答应了。但手术后，当她完全清醒，"用尽每一分钟责备地瞪视着我，当她两天后拔管能说话，开始不浪费任何时间让我知道，我不如她所愿让她死去，却动了手术，是对她开了一个多么污秽的玩笑。我认为我以具体行动证明我做对了决定，毕竟她存活了下来。但她对此事有异议，且不厌其烦地让我知道，我没告诉她手术后的困难现象等于出卖了她。"老奶奶出院两周后中风，在一天内辞世，作者诚实且诚恳地反省了这件事："我已经解了谜题，却败在更大的战役——对病人的关怀。"

无怪乎，英国一位老太太在胸前刺青"别急救"，她目睹老伴晚年求生不得求死不能的惨状，用如此极端却明确的方式告诉医护人员她的意愿。

所以，活着的时候，请拨开禁忌之幕，明确地告诉家人，在那危急存亡的时刻，你希望医生穷尽一切医疗作为对你"急救"，还是预先立下意愿书，接受"安宁缓和医疗"，让缓解痛苦的照顾护送你回归自然脉动，依随各器官的退休时程，一盏又一盏地熄灯，带着满怀的温暖阖上双眼，生者与逝者两相平安。

植根在一般人内心深处的那株恐惧树，使我们对死亡抱持投射式的非理性态度。我们若要搬家，阳台上的盆景，若有邻人需要，应会慷慨地赠送，甚至觉得那花树有人照顾继续在季节里生长是很好的事。我们的灵魂要离开独木舟，去天国或佛国，舟上的木块、螺丝钉若还能用，送给几个人修缮他们的独木舟，是善举，有何不好？"器官"若是像珠宝一样可以留给家人"以待不时之需"，那么存放于"器官银行"（如果有的话）做定存，也是可以的——当然，谁也不希望自己的儿孙需要用到这颗珠宝心脏、玛瑙肾脏。既然家人用不上，走时，送给芸芸众生之中的有缘人，不亦乐乎？这种"天作之合"，何等高贵何等美丽！

战胜死亡最厉害的武器是，把死亡变成无尽的温暖与爱，把死变成生。预立安宁缓和医疗，只要突破第一关"等死"障碍，不难。签署同意器官捐赠，只要突破第二关"全尸情结"，也不难。第三关最难，捐大体。

我的姑丈承受四年罕见疾病之苦，七十五岁那年，生命最后三个月，对自己的一生做了总整理也是总检讨，对妻子说："我这一生做错很多事，希望最后做一件对的事。"

"预立选择安宁缓和医疗意愿书""器官捐赠"及"捐大体"，他在意识清楚、意愿强烈的状况下由家人见证签署了这三份文件。他说："人死了，只剩一个空壳，捐出去，让医生做研究，帮助更多人。"说得好像捐一件不合身的旧大衣。

他的内心充满坚定的善念，倒数第二日，忐忑不安的家人问他后不后悔捐大体，已不能言语的他犹然奋力摇头。他的幺儿自美国回来，用大手一面温柔地抚着他的额头一面说："爸，我们都很爱你！"他决定走，黄昏时往生。

由于器官衰竭已不能捐赠，经过评估，符合大体捐赠的条件。现在，他的遗身交给医院做药物处理，一年后，将于适当时间成为"大体老师"，让年轻的医学院学生把他的独木舟当作练习簿，划过千刀，只为一心救人。

他替家人上了宝贵的一课，解除每个人心中"不能入土为安""千刀万剐"的死亡心锁，呈现庄严的一面，留下不可思议的善念。他示范了一个人在生命最后如何尊贵地离席，像一名壮士。

6. 道一声谢

不管是，美好的仗已经打过，或者是，打过的仗都不美好。生命来到终岸，都要放下。向四方有缘无缘、有情无情、有义无义，道一声谢。

向医治你的医生、护士，照顾你的看护，道一声谢。

向为你祷告、祈福的人道谢。

向陪伴你的老友一一道谢。

向你最爱也是最爱你的家人道谢。

一趟人生悠悠随逝水，生者珍重，逝者平安。

第 二 个 爸 爸

——叩别公公姚鸿钧大人

"爸爸，我是简媜，我来了。"

不记得从何时起，我一见到您就说这话，您总是回答："你
忙啊！"我也总是回说："不忙不忙！"每周六或是年节，
您与妈妈到我们这儿聚餐，一进门穿上拖鞋，您一定对厨房
里的我说一句："哎呀，让你忙啊！"我也立刻在抽油烟机
的轰炸下高声说："不忙不忙，一点都不忙！"忙与不忙，
似乎成了多年来我们的见面惯语。即使在您病中，我给您送
粥过去，躺在病床上的您见到我，仍旧是这句话；即使是最
后一天早上，我带着您的西装与鞋袜赶到医院，看到您大口
喘着，正要从烛灭般的身躯蝉蜕而去，我忍着泪在您耳边说：
"爸爸，我是简媜，我来了。"您的嘴忽然颤抖地抿了一
下却发不出声音，然而我知道，因着多年来的默契我知道您
要说的是："你忙啊！"

淡定的智者

您与妈妈是奉行独立自主生活的长者，不愿给子女添一点麻烦。您俩相依相伴，形影不离，住在老公寓四楼，生活起居自理。所幸保养得宜，虽逾八十五而身心朗健，仍能晨起运动、搭公交车办事购物听演讲做礼拜，怡然自得，几乎让我们窃喜时间的鞭子放过了您俩。然而，我们也理智地知道那间公寓的楼梯终会成为障碍，因此数年前即在离自家仅三分钟脚程的电梯大楼为您俩觅得一屋，把您俩圈在附近，让您与妈妈既能继续保有独立空间，又能与我们就近呼应。

虽然只隔个小树林，您俩仍不愿"麻烦"我们；逢到阴雨天气，做儿子的"顺路"要载您俩出门，您俩却坚持要搭公交车，因为"年轻人时间宝贵"，电话中总有一番攻防，气急败坏的儿子甚至说出："没关系，您俩不坐没关系，我开车跟在您俩后面！"这种具有威胁嫌疑的话。您俩是处处为儿女设想、体谅子女的父母，从不要求回报；就像往高处走的行者，平原河口的耕耘都收成了，两人规划妥当，越走越高，终于走成高山上的针叶木，不要求浪花鸥鸟前来取悦。

您与妈妈一向硬朗，称得上粒药不进，父母健康是子女的福气。直到去年（二○一○）四月初，您咳嗽不愈，经就医检查初步判断是肺癌末。我们与医生详谈后，决定告诉您们实情。

那真是艰难时刻，沙发上坐着九十二岁老父、八十九岁老母，四人相对，闲话家常后，陷入沉默。真希望沉默就这样永远留着，不必惊动任何一次呼吸。然而话题已触及断层扫描报告，说到水就得提到舟，由不得闪躲，做儿子的缓缓说出"判决"；妈妈放声而哭，我望着您，您不发一语不问一句，看着前方墙壁，表情肃然，不惊不惧不嗔不怨不悲不泣，仿佛听闻的是抗战时期报纸里的战事。接着，您非常坚定地挥动右手，说："我不住院，不做切片，不治疗。"于今回想，当我们忙着安慰妈妈而您静默的片刻，您固然衡量了年龄体力，但必是预见儿子带您往返医院、种种奔波的画面遂回到一个父亲疼爱儿女、不愿子女劳动的最高原则而做出毫不迟疑、毫不反悔的决定！

您的决定，军容壮盛，既卸去子女肩上的铁扁担——我们虽倾向不积极作为但也不能断然替您决定，亦抹除老伴心中的惊惧。第二天起，不，即刻起，"判决"是病历表上的事，这个家因着您能处变不惊，定调为"一切都没发生"而当下恢复平静。您依然晨起运动，听广播阅报，读书写字，饮食如常。我们除了急召在美的大哥嫂回来共享数周亲情之外，"癌"这个字被您逐出家门，一切仿佛不曾发生。

整整八个月，您乐观淡定。有时，我们小心翼翼地问您的身体状况，您斩钉截铁地答："我都很好啊！"我们无从得知您的内心历程，您是如此温厚坚毅的人，不愿让家人担一丝忧、尝一口苦。直到您走了之后，我整理您的书桌，看到您留着一张剪报"留下自己活过的证据"，又写下"告诫后辈：为人处世，传承永续"箴言，我顿然明白，这段时间您静静地在整理一生，练习告别。

姚家屋檐

人与人之间，总有个或深或浅的缘字；与我们深缘者，不见得是血缘至亲，缘浅的，也不见得都是萍水相逢的陌生客。终究是缘深缘浅，固然有深耕经营之判，但更常发端于心性是否契合。合者，一路顺风，不合的，一路风暴。人与人相处，说得通的，叫道理，说不通的，归诸缘。

回想我踏入这个家的过程，不能不说是特别的缘分。我记得结婚那日拜见公婆，您与妈妈赠我金元宝，您以欢愉的神情对我说了许多鼓励祝福的话。我恭敬聆听，对您说："谢谢爸爸，很高兴我又有爸爸了！"

那是由衷之言。十三岁丧父的我，是以孤儿心情成长的，失去自己的"阿爸"二十多年，怎料到因着婚姻续接了被斩断的父亲之情。婚前，我阿母叮嘱我："大家大官年岁多了，要好好给人照顾。"那是必然的，我甚至揣想阿爸在天之灵若得知这位江苏来的亲家公会替他弥补无法疼爱女儿的遗憾，他也会交代女儿要恪守孝道的。

喊了十六年，如今，又失去爸爸了。

然而，我已非当年手无寸铁的十三岁孩儿，人间烟尘结成了霜发，两眼也略略看得懂生老病死，明白那条自然律：非自己即是至亲挚友，总有一天要送别。

也许，这是天意。去年夏天，罹癌判决两个月后，在山上那座"生命纪念馆"，我替您与妈妈选定了"爱的小屋"（夫妻塔位）。远山含翠，白云悠然，我忽地明白，我必须扮演执事角色，提早部署，为您那进入倒数的人生做好准备。天意如此，您为我弥补了无父的缺憾，我必须为您送行。

爸爸的人生七讲

十六年来在您身边，何止弥补了亲情遗憾，您更像一位师长，为我们开设宝贵的人生讲座。每一讲的讲义，皆是您用脚步印成的。

您生于民国八年，家道中落自幼困顿，身为长子的您十八岁高中毕业即须挑起家计，却逢上抗战炮火，是不可计数被乱世海啸冲散、流离、渡台的一员。但您具备了极为特殊的镇定能力，如锚之于船舶，地基之于屋舍；抗战间，不管当银行行员或是后来从军担任财务工作——先随军移防南北后驻留重庆，您丝毫不因神州板荡而丧志、不被硝烟蒙蔽而自弃，镇定且积极。十八至二十六岁正是黄金青年时期，您搜集光阴敦品勤学，完成自我锻练、惕厉之人生重责。民国三十五年春，奉派为第二批接收特派员来台，不久将母亲接来，次年娶初中同窗好友的妹妹为妻。在局势动荡、人心惊惶的年代，您镇定如锚，扎根深耕，倏然白手起家。因而，您开宗明义的人生第一讲，即是镇定、坚毅与信心。

因镇静笃定，故能随遇而安，因坚毅不挠，故无畏艰困，因信心丰实，故开创新局。这一份性格特质亦形成铄铄操守，您在"联勤总部"经手的业务皆是他人眼中的肥膏，但您廉洁自持公私分明，凡有人送礼必原封而退，亦不做贿赂之事以求升迁。这是何等的自我锤炼，您长于贫门又无祖荫，竟能摒弃贪婪、拒绝权钱诱惑，一生光明磊落，无一隅阴暗。何等令人赞叹，您自少年即自我导航，仿佛预知有一天将成为人子之父、孙辈之祖，故以身作则走光明大道。则您所导航的岂只是乱世中的自己，亦涵盖那未来的子子孙孙。是以，您留给子孙的，非存簿上的数目，正是这不偏不倚的光明大道、这崇高无瑕的精神人格。

您教我们的第二讲是，鸳鸯夫妻。

婚姻是一种誓，不是纸张契约。抗战胜利后回到上海，您与初中同班好友慕陶见面，您俩自幼相知相契，彼此欣赏。末了，您提及将有台湾之行，慕陶问您："有没有朋友？"您答没有。上海一别接着便是两岸分裂，但因着您的回答，同窗高谊化成月老的红绳；慕陶赏悦您是正人君子，想把妹妹雅英介绍给您，您信任这位知交，也乐于成婚。三十六年，二十五岁的雅英拎着行李来到台湾，要嫁给从未谋面的哥哥的知己。第一次见面，您对她说："你跟你哥哥长得很像。"而只身来台、举目无亲的雅英，对眼前这位英姿焕发的姚家大哥亦一见钟情。知己红绳系住了一对鸳鸯。

您与妈妈结缡六十四年，彼此是初恋情人也是偕老的伴侣，一生同床共枕，俪影成双，似比翼鸟如连理枝。您有着老辈男人做妻子靠山的传统观念，又具备新时代尊重女性的优点；对妻子不曾说过一句粗话重话，不曾抱怨责备争吵冷战亦从不回嘴，凡事商量设想呵护。妈妈的朋友曾说："若嫁的像姚先生这样的人，做牛做马也甘愿。"壮哉斯言，这是女性对男性的最高赞辞。您确实是妻子眼中"完美的丈夫"，妈妈说过，只要你在身边，吃什么苦都不在乎。

即使年迈了，仍看得出您俩彼此深情呵护。妈妈是基督徒，您虽未受洗，但不仅尊重她的宗教选择还每周陪她上教堂做礼拜，慕道近二十年。每次来我们这儿吃饭，您会帮妈妈先把牙刷摆好牙杯注水，以便她饭后刷牙。而妈妈，总是把好吃的营养的让您多吃一些，苛刻自己。她看您吃，心里高兴，自己吃，反而不觉其滋味。

去年十二月初，您因肺部感染住院，癌已扩及肝。住院十二天后，感染稍愈，可以出院，采居家安宁照护方式，购医疗器具，请全日看护小姐，让您在家抗病，万芳医院亦每周派安宁护士来家送药检查。

这段期间，您最受折磨；咳不完的浓痰，越来越吞咽困难，身体消瘦枯槁，但意识清晰如常。夜里，您一咳，妈妈必从另一房间跑来："你哪里不舒服？"为您擦痰，而您忍着病苦，仍然呵护老妻："你去睡，你去睡！"一夜如是数回。冬冷，晾干的衣服总裹着一层薄冰，妈妈会把当天要换的衣裤折一折藏入腹腰，用体温渥暖，好让你触肤时不必挨那股寒气。日常点滴，皆是鸳鸯夫妻的厮守细节。年轻时，甜言蜜语是情爱的表现，求的是"同心"，到了白发，语言只是一层华丽的包装纸，更要看是否"连体"——涕痰屎尿，皆是秽物，我们日日处理自己的不嫌脏，处理孩子的亦不觉其臭，是否也能把另一半的身体视作自己的，为病榻上的他（或她）抹痰拭涕把屎擦尿，求只求这钟爱一生的伴侣得片刻舒适，得那婚约所言不离不弃的安慰。妈妈说，为你擦拭秽物，不觉得脏，从来都不觉得脏，只要你能舒服。这确实是鸳鸯话语了。

您仔细收着民国三十六年的结婚照，照片中，新郎俊秀挺拔，新娘清丽娴雅，依偎着是一对璧人，弯着腰是能把荒土垦成丰年的胼胝夫妻。五十年金婚时，您与妈妈到相馆拍了结婚纪念照。此时二子一女皆已成家立业，分别任职州政府、教育界、学术界，第三代正欣然成长。您俩的神情舒展，眉眼间洋溢着欢愉。四年前，结婚六十年，您不改浪漫，对妈妈说："我们去相馆拍一张照留个纪念。"时间的镂痕虽布在脸上，但您俩慈眉善目，嘴边含笑，焕发着人间责任皆已圆满达成后的怡然光泽。鸳鸯老了，还是鸳鸯。

看着您俩的照片不禁问：佳偶是天成的，还是那温文儒雅的君子、明亮勤敏的丽人一起修炼而得的？您俩的婚姻里没有猜疑、侦测、试探、争夺、辩驳、哭喊、垂泪、委屈、伤痕、冷漠、撕裂、怨怼，只有手牵手彼此疼爱互为靠山，从年轻走到生命终了，牵的还是同一只手。圣哉，这必是完美的婚姻了。

亲情才是祖产

第三讲，您讲的是亲情。

从未听闻像您一样以虔诚之心经营家庭的。每年月历上，您标着子女媳婿、孙儿孙女的生日，到了时间，必赠以写着贺辞的生日红包。若逢上值得庆贺的事，如：整数寿、上大学进小学、获奖出书、结婚生子、留学购屋搬家……您另备大礼，红包袋上写着想必打过草稿斟酌用辞的贺文，在家庭聚餐后，称赞、嘉勉、祝福一番，再赠以红包，摄影留念。儿女从您这儿得到的是纯粹的赞美，即使只是一桩小荣誉，您也一叠声地说"这是不简单的事啊！"深深以子女为荣。

抽屉里留着一叠您赠我们的红色袋，红纸墨字，笔划间藏着浓浓父爱。

您的远孙上小学，您在红包袋上书以"祝贺远孙今上小学开始接受学校教育志喜，永保学习迈进精神，创造光辉灿烂愿景……"饭后，八十三岁爷爷亲自颁赠给七岁小孙，一时客厅如礼堂。您的庆儿获奖，您书以"专潜精研，广启学用。绽放异彩，绩着荣增。"亦在客厅举行颁奖小典礼。逢到我出书，您也必定备上大红包，书以"欢贺敏媳贤媳新著问世"，并写上读后赞辞；贺《天涯海角》出书的红袋上，您写着：

"综覈史册，缅怀感念；警句醒世，源远流长。感怀身世，今日何日；愿祷天佑，永共关爱。"我的书获选文学经典，您在两个红包袋上写了绵绵密密近五百字美言，并赞以"禀赋非凡，卓尔不群；笔底生花，世代永传。"

我的生身阿爸若知道您这样疼惜他的女儿，定能放下猝逝的遗憾了。

去年深秋，是我的整数生日，也正是您身体转坏之际，您依然备了红包，持笔颤抖地写着："欢逢贤媳五秩华诞……坤范永持，璇阁长春；勤谨实践，南山献寿。"这是最后一个红包了。

爸爸给的红包，写满祝福的话。

在您与妈妈心中，亲情是永恒无价的，而家庭和谐喜乐，才是传家的祖产。五年前，长居美国的大哥大嫂回台度假，您早早准备，要趁着这机会教给子女传家心法。您写下姚家六代世系表、铭记力行的座右铭、荣誉纪念事项、捐助公益纪念事项等并附一长信，影印成三份，子女媳婿围坐客厅，您慎重虔诚，说明全家团聚一堂是上天关怀、祖上庇佑，大家要永远感念不忘。接着，赠子女一家一块金子附上文件，您说："以贵重的金子为信物，不在金子的量少价钱，是要大家团结合作，全家一条心，能坚贞如金石，永远保有。"您要子女媳婿六人叠手为证，您拿出那台老相机，支着弯驼的背，为我们拍照。

您以恭谨虔敬之心扮演每一个人生角色：长子长兄、为夫为父为祖、大伯娘舅，每个角色无不尽责尽善尽美。家，首先是个宝盖头，您强壮的手臂一张开就是宝盖，拥抱了现在及未来的子子孙孙，让他们是血脉至亲，也是金石盟友。

因着您的父爱浓荫，姚家屋檐下，父母慈爱、子女纯孝、手足亲善，不曾有过嫉妒、争夺、詈骂、忤逆、算计。您一手带大的孩子，纯良宽厚慈善，光明正大。

抗病期间，大哥不时越洋电询，姐姐日日奔波来探，庆每日送餐晚上为您读报。病魔捆绑您，您的子女以孝心滋润那勒痕。

某周日，庆带妈妈上教堂做礼拜，我去陪您。您枯瘦如柴，痰多虚弱，镇日卧床，已不能多言。我坐在医疗床边，念完报纸，您闭眼似乎睡着了，我轻声问："爸爸，您睡着了吗？"您微微张开眼皮，答："没有。"接着又是剧烈地咳痰。那阵子，因痰深且多，您无力咳出，恐有致命之险，我们买了抽痰机让看护小姐为您抽痰；那根深入咽喉的抽痰管子犹如长剑，您极为抗拒，每当机器一开，您喊哎呦，妈妈惊哭，我们不舍。遂决定只在口腔内清扫，不探入喉咙。看着病床上的您如一截断木，生命一日日流失，肉体一寸寸衰颓，任何医疗作为已不能逆转、不能阻挡您必须走的路，任何子女亲情都没得商量，只能眼睁睁看着您逐渐离去。忽地，我的脑海涌现了早已尘封、眼睁睁看着阿爸流血而绝的场景，那个仲夏夜与眼前初春的早晨相叠，那副溢着血的三十九岁壮年身驱与眼前蓄着痰的九十三岁病体合一，是血缘阿爸是尊敬的爸爸，而我一样无能为力，只能眼睁睁看着自然律这条钢绳捆绑着至亲。

总有能让您舒缓的法子吧！我牵起您的左手，轻轻按摩指头，说："爸爸，很抱歉，抽痰让您受苦了！"您勉强睁眼说："哪里。"不一会儿，您自动移来右手，我握着您的双手，明白这意思。有些话应该尽早说，我说："爸爸，谢谢您栽培一个那么优秀的儿子给我做丈夫，照顾我。"言语是心花，冲淡空气中的药味。"不过，唯一缺点是，不会做家事。"您闻言，蜡色脸上浮出半朵突如其来的笑——妈妈口中，您连煮水饺也不会，有子若父，也是合理的。病中半朵笑，得来不易。

那个仲夏夜，我太弱小，不懂得对父亲说："阿爸，多谢您生了我。"眼下，我接住那半朵得来不易的笑，继续说："爸爸，谢谢您对我那么好，做您的媳妇，我觉得很荣幸！"

赶在冥神抵达之前，种种关爱要提早做，想必您也这么想。旧历年后，您已完全无法下床，三餐只咽得下一餐。即使病重如此，您的心中仍然牵念着子孙；您的远孙正值初三下学期，三个月后要上考场拼高中"联测"。病榻前，元气只够说几句简短话的您，竟用饱足的声音对他说："考试的时候，不要紧张，身体要紧，不要太用功。"爷爷的一番话鼓动了他，他对我说："妈，我决定了，我要穿 × 中的制服跟爷爷照相。"

您也记得唯一的女儿将过整六十生日，要妈妈备红包，然您已无力写字。姐姐来探时，病榻前，见到这个无字红包，看被恶病百般折磨的爸爸还记得要贺女儿生日，一时悲从中来抱着老父痛哭。明知生命荣枯是迟早的事，但人子怎能割舍这么一位慈父？

您的第四讲是勤俭节约。

您与妈妈都是崇尚简朴的人，不仅不慕物质，更练就一门惜物惜福功夫。婚后上你们那儿聚餐，看到窗台上放了几片橙子皮橘子皮，暗想是否在晒陈皮炖中药？随后才知是用来抹碗盘油渍以利清洗的。日常用度，粒米滴水绝不浪费，水电煤气电话一整年费用仅需数千元。在《爸爸的皮夹》一文，庆写着：

> 小时候，我常对父亲那不体面的皮夹感到很没面子。这个皮夹其实就是用土黄色公文纸袋改装的，装着纸钞、零钱及证件，谓之皮夹不太恰当，姑且称为"非皮夹"。

> 记得小学时，需缴几块钱班费，我向父亲要，他就从"非皮夹"里算出几十个一毛钱镍币给我，我拿去交时被同学笑："这是你自己存的吗？"

> 这个"非皮夹"经多年使用之后，显得色泽暗淡、布满皱纹，忠诚地任由主人利用它所剩的最后一丝价

值，像个饱经风霜而又打死不退的老兵。不知用了多少年，父亲终于让这个残破不堪的"非皮夹"退役，再用一个新的信封。

长大后，我渐渐从父亲的身教中体认到他一生对世上各种资源的爱惜之心；一件内衣、一双袜子，补了又补，就是舍不得丢掉。他不喜用昂贵的物品，也从不因物品廉价而浪费，他从未丢弃可用之物，真正落实物尽其用。父亲从未高谈永续经营、节能减排等时尚名词，但他用一生默默地实践，是一个真正的先驱者。

你们这一代经历抗战，尝过一无所有的滋味，"惜物"观念生了根，把每样东西视作"资源"。现代年轻人三十年用掉的物质与资源，够您俩用到一百岁。到处都在呼吁全球暖化、生态危机，人人皆需节能减排；然而，人之惰性与私心难改，希望别人去节能减排过苦日子，我继续自在挥霍。每年酷夏，我这个自诩不开冷气、力行节能的人在你们面前还是矮一截；您与妈妈不仅不开冷气，连电风扇也不动，只摇着一把数十龄的蒲扇或是印着房地产广告的小纸扇。我佩服至极，总算见识了徒步走过半壁江山、藏过防空壕躲轰炸的这一代人的厉害。我甚至认为，那些赶流行高喊节能减排"理论"的人都应该惭愧地退到墙角，换经历日本侵占或抗战的这一辈父祖现身示范：一盆水的阶段任务，一条毛巾如何洗成鱼网，如何一双鞋穿到鞋底粉化，如何一件内衣在他人眼中"破一洞"必须丢，而在你们眼中却是"只破一洞"还能补，如何随手关灯甚至不必开灯，如何吃净碗中食粮且心存感谢！我们这一代没决心、下一代没感觉，真正有能力"救地球"的恐怕是你们这一代吧。

爸爸的笔记本

是以，我明白您的操守是如何锻造出来的！菜根自有百般滋味，杯水别具朗阔乾坤；安贫若素者，岂能以权势名利使之颠动？企慕澡雪境界的人，哪看得上区区一把茶叶罐里的钞票、月饼盒内的珠宝！

于今思之，您那写满密密麻麻小字的笔记本与妈妈为您缝补的袜子、汗衫，连同红包袋都应该仔细收叠，装箧以传承后代——让他们睹物而思索，炮火岁月、蓝缕光阴，遥远的那一位曾祖父留给他们的宝藏是什么？

左手慈悲，右手感谢

第五讲，是的，那是您一生信仰、实践之所在：慈悲与感谢。

您十六岁考上海门高中，高一上学期缴不出十元学费——当时您父亲一个月的薪水仅二十元，正是困坐愁城之际，邻居徐公公慷慨襄助，送来十元，解了燃眉之急。这十元之恩，您感念一生，无数次在闲聊之中向我们提起。

您与妈妈俭朴度日，锱铢必省，所蓄积的资财除了培育子女，更乐于布施。二十年前，您以父母之名在台北县智光商职设清寒奖学金，赞助寒门子弟，至今不辍。数十年来每年捐赠家扶等单位，亦不曾间断。四年前，你们返乡终于探得徐公公后人下落，您与妈妈都是九十靠边的人了，仍一秉诚敬，至徐公公夫妇坟前鞠躬致敬，向徐公公禀告："七十多年来，夙兴夜寐，奋励自己，虽多尝艰辛，都能把握，俯仰无愧，无负公公当年嘱望。"

二〇一〇年春天，正是您遭到医疗判决的前一月。在这之前，您已念了不止一年，要在江苏海门母校为徐公公设纪念清寒奖学金，感谢他当年的善行。我们都不能体会您的心愿，总是婉言相劝、余话后谈，就这么搁浅着。或许冥冥之中，自有负责点醒的神祇催促您，去年初春您意志坚定起来，亲拟章程办法，几经书信往返终于如愿，在家乡母校以徐公公伉俪名义设纪念清寒奖学金，奖助初中、高中学子。

伟哉！十元之恩，终生不忘。布施者，世间难得，如此感恩者，更属人间罕见。

当我看着两岸两所学校寄来获奖学子的家庭状况简介：

"某生，父亲单身，在家务农，患有多种慢性病……"

"某生，父母无工作，母亲残疾……"

"某生，父母离异，父亲残疾……"

"该生父亲原在市场卖鱼，母亲因脚受伤不良于行无法工作……该生及弟弟放学后需打工维持家计。"

"该生自小父母双亡，目前跟表姐住……制服书包鞋子皆是捡毕业学长姐留下的，午餐亦是学校供应的爱心便当……"

"该生母亲过世，父亲因案在押……"

"该生父亲去世……生活费无法供应，虽已帮该生申请佛堂爱心素食便当，但该生有时一条吐司要吃好几天……"

当我看着这些，不禁泫然，遂领悟您一生律己严苛，宝惜滴水粒米，穿破袜食粗粮而甘之如饴，就是为了积存资财，帮助无数陷入困顿的家庭；疼惜角落里的孩子，做他们从不曾知晓的姚爷爷，期望他们长成，自立，有一天翻身。

您是个把感谢挂在嘴边的人，不只是口头禅亦是肺腑之言。常人所说的感谢有保存期限，您的感谢刻骨铭心。

年轻时，主管李处长赏识您的才干与品德，欲升您为科长。那个位置应是具有八方云集之便的隘口，以致多方势力角逐，欲安插自己的人马。李处长极力保荐您，甚至惊动副座高层面谈才拍板定案。您对李处长的提携之恩，终生感谢；逢年节必亲访致意，他一生未婚，死后葬在军人公墓，您与妈妈每年清明必定上山到他灵前献花鞠躬，直到去年清明，九十二岁高龄、弯驼着背的您依然去鞠了躬。这种感谢，至死方歇。

罹病以来，您不曾因困惑（一个不烟不酒不茶不咖啡的人竟得到肺癌）而中止感谢；不曾为这病惊恐、喊叫、嗔恨、掉泪，您对家人说："我已经很好了，感谢！感谢！"对护士说："感谢！感谢！"对看护说："感谢！感谢！"对医生说："哎呀，感谢！感谢！"

人生，因慈悲而圆满，因感谢而得以无憾。

去年十二月初，正是过了八个月淡定如常生活、病情生变之际，我感觉到您的身体在变化了，时间紧迫，有一天对您说："爸爸，您要不要说一说经历，我帮您记下来，将来孙辈的才知道家族的故事。"您竟然毫不迟疑地答应。那瞬间，我深感自责；我应该早一点发觉您的心愿，您从不主动要求子女为您效力，而我这个媳妇最能回报您的，其实就是"文字"。

连续数日，您坐在客厅椅上盖着毛毯，从清末曾祖说起，我振笔而书；您急切的语声与严重的咳嗽交杂着，搏斗着，霎时一室如小舟，飘摇于时代的洪流与生命的暗礁之中，几度翻浪腾空，终于在台湾找到风平浪静的光阴，扎根而成荫。

故事说到眼前了，笔即将在纸上画句点，却起了流连不舍的心情——这是书写者的痼疾，明知该停却不忍停。该说的细节都说了，该提的人名都提了，您沉默着。这沉默意味着纸上离别的时间到了，令我难受。于是我兀自搏斗，让笔能继续往下写，不要告别。

我问了最后一个问题："回想这一生，您有没有觉得遗憾的地方？"

没想到您毫不迟疑地说："没有，我是充满感谢，没有遗憾。"接着，继续沉默。您做了告别。

这回答如闪电劈空，划开蒙昧与清明。感谢您啊，爸爸，在只有我陪同的纸上溯洄之游，旅程最后，您亲自教我"一生无憾"四字箴言。我设想当我走到生命终站，若有晚辈问我同样问题，能否像您一般坚定地给出同样纯度的答案？我回顾一生，能否如您眼中所见心中所想，充满感谢？

黄姐为爸爸做的寿肴，但他一口也没吃到。

离别

居家照护两个月后，病魔吞噬的速度加快了，您记忆依然清晰、修行涵养仍在。有一天，您对妈说："我自己观察，这个病好不了，叫孩子不要急救，那么多人照顾我，我很满足，没有遗憾。"

我们看您受病苦，问您要不要去医院，您总是摇头。我判断往下的发展恐怕难测了，建议大哥尽早回来。大哥自美回来，到您床边叫了您一声："爸！"您原本昏沉而睡，竟醒觉，用镇定的声音说："就是痰多。"仿佛是小事，不必惊动大儿子千里迢迢请假回来。

我们一起劝您到医院，接受更好的医疗照顾，您答应了。庆叫了救护车，正好安宁护士例行来家，大家忙着整理衣物用品准备到医院，说不出的感伤在屋里弥漫，两名壮汉抬着您出门，妈妈哭了起来。安宁护士连络院方，我看到这位每周来家的小护士脸上黯然神伤，黑框眼镜后面已不是一个旁观的护士，而是远亲、是近邻，眸里升起怜惜与伤感的泪雾，她又抱了抱哭泣中的妈妈。温暖啊，世间令人感谢的温暖，因着您的缘故，总是包围着我们。

安宁病房提供了一般病房做不到的贴心照护，我们由衷感谢这套人性化的医疗系统，纾缓了您的病痛，甚至派出洗澡达人为您洗浴，三个人协力让您享受水的冲洗、润泽，即使您的身躯已如枯树，但您的感官一定能在温热的水声中重现欢愉——仿佛泡在丰沛的野溪里，游鱼啄着脚趾，日光照暖了皮肤。

这最后的七日，安宁病房里，您完整地被儿女的爱围绕着；为您放音乐、诵诗篇、读《圣经》，为您祷告，祈求恩典降临，说感谢的话语。您都静静地听着。倒数前三天晚上，庆陪着，您撑着病体，气息虚弱地对他说：

"我有三点指示，要遵守姚家传统，走正道。要有信心，不要怕困难。要勤俭克己，帮助别人，做慈善公益的事。"

这是老父遗言了。

倒数前两日，您说梦见您的母亲，她对您说："自己要保重身体。"颇吻合一般所说会梦见亲人的传闻。由于大哥的工作不能请假太久，返美的日期已定，正不知如何向您启口，想必病榻上的你一定从家人谈话中得知，依您疼爱子女、处处为子女设想的父亲之心，必定不希望他为了您两度奔波，遂悄然有了决定，病程加速下滑。

接着，您出现谵语，意识开始涣散，但仍努力地想认出我们；看着我的脸，旁人问您这是谁？您说："写很多书，……家人！"看着儿子女儿的脸，您已说不出名字，却坚定地说："小……小孩！"只剩最后一束稻草的燃料，您也要用那光逼退漫天而来的黑暗，指认自己最爱的小孩。

大哥预定回美的前一日，我相信您已下定决心要在这一天告别。清晨，庆为您送早餐去，不久，电告我情况危急。我带着您的西装与鞋袜赶到医院，庆握您的手、向您复诵您的三点指示，我在您耳边说："爸爸，请您放心、放下，身体已经衰败了，就放手吧。妈妈我会照顾，您交代的事我也会办。爸爸，我们下辈子还会再见的！"

随后赶来的大哥大姐也一一向您话别，妈妈哭着对您说："您放心喔，孩子会照顾我。"您的远孙从学校赶来，对您说："爷爷，谢谢您陪伴我十五年。我会遵守您说的三点指示，我不会辜负您的。爷爷，来世做我的孩子，让我回报您。"

在安宁病房护士的协助下，我们为您净身，穿上您最爱的那套旧西装，穿鞋袜，戴上帽子。紧闭双眼、面容安详的您看来像一个要出门远行的人，要去美好的天堂等待我们。安宁病房主治医师率护士，来到床边，向您鞠躬送别，教会牧师带领我们祷告。推车要离开病房，我们大声对您说："爸爸，出院了。"

每一个生命都必须结束，不得抗拒，方能让位给源源不绝的新生命！差别只在于，离开的时候是否一生无憾，送别的人是否让他无憾。

再怎么坚强的人在亲伦面前都是恋恋不舍的；父母舍不得天使子女，儿女舍不得慈蔼父母，夫舍不得完美妻子，妻舍不得那说不尽美好的恩爱丈夫。是以，人生不在于长短，在于屋檐下攒存的是亲情祖产还是累世冤债？在于行路中，铸造的是闪亮德操还是贪婪之刃？在于两手伸出，是掠夺还是布施？寿夭荣枯，岂是人能算计的，冥神最后只得到一副破损不堪的身躯，那丰饶的回忆与满怀温暖的思念，留下来了，继续陪伴亲爱的家人。且在一遍又一遍的覆诵中，成为故事、立下典范。最后胜利的，不是冥神，是天使儿女，慈父慈母，是鸳鸯夫妻。

十六年来随侍听讲，爸爸的人生讲座已敲了下课钟，学生不忍离开但老师已步下讲台。每天早上为您装早餐的保温壶还有散不去的芝麻糊味，您的衣服还挂在竿上。虽然日子继续转轮，但每个人都有被掏去一方的感觉。

不知道您好不好？

追思礼拜之后数日，我梦见您。

梦境由一口黑色旅行箱提示了旅程即将开始，您现身，穿着常穿的大夹克，我与庆坐着，您也坐着。场景不明，只觉得温温润润的金黄色光晕环绕着您，且有三个小女孩伴随您，一个较大，一个像少女，一个小女孩，最小的那个还飘在您头上半空。

庆问您："什么时候到家？"

您答："十点多，十一点。"

梦境结束，醒来是人间黎明。回想梦中所觉知的，爸爸要去的地方必是天堂，必是乐土。

一生圆满，不必哀伤。在无边无际温暖的金色光芒中，爸爸平安地与我们话别。

写于二〇一一年五月

  又及：您走后两个多月，您的远孙上考场。考完出来，竟说："爷爷附身了！"原来有两题较难令他心烦，眼看时间不多了，他想起爷爷叫他不要紧张，静下心一看，立刻迎刃而解。他如愿考上心目中的学校，九月开学，穿上新制服，我颇有感触，对他说："你说过要穿制服跟爷爷照相，来，照一张吧！"他拿着您的照片，留下了合影。

1　36 1 29
台湾铁路快车
准当日原车乘用
台东
至花莲港
二等　168 元
台东—花莲港
28 岁江苏青年来到台湾，新的故事开始。结婚、落籍、生子、工作、出差、退休、罹病、辞世，一生完成。（编者注）

466

〔幻 想 之 四〕
水 面 上 的 鸢 尾 花

有两样东西，我对它们的思考越是深沉和持久，
它们在我心灵中唤起的惊奇和敬畏之感越是历久弥
新：一是头上璀璨的星空，一是心中的道德律。

——康德

我祈求仁慈的神聆听我，当我体内的文学血液干涸，手
中的笔已折断，当我服毕人生劳役，逐一善尽作为孙女、女儿、
大姐、媳妇、妻子、母亲这六宗责任，能慷慨地赐我，如济
慈诗所言：

从你那圣殿吹来清新的空气，
为了迷人，再融以月桂的芬芳，
使我能有一次奢靡的死亡。

当身体完成尘世任务，卸下重轭时，我应会为恢复自由而欢呼吧！

如果，我的心愿不被聆听，无法在理想的时刻离开，必须受制于家族长寿基因的管控，拖着病躯像一只受伤的蜗牛缓缓行至终点，那么，我希望用在我身上的医疗资源、被我惊动的人越少越好。我要早早签下应该签署的文件，我不愿家人为了我披星戴月访视权威医生、寻找灵药、祈求奇迹，不要，千万不要，有限的权威与珍贵的神迹应该赐给年轻却遭难的生命，赐给病床边围着幼儿的父亲或母亲，不应该浪掷在我——一个经验了完整人生、步向朽坏的人身上。我也不愿把年轻人捆在身边，耽搁了他们的人生，相反地，尽其所能地去经验精彩的人生，才是为我战胜可恼病魔的表现、反哺给我最滋润的"孝心"的方式。

我要每日锻炼那仅存的脑力，呼吁自己做一个有智慧、有修养的病人，如前辈所示范，历来智者所教导。

如果，不能在雾锁江畔，在云海翻腾的山崖，在潋滟秋色的柔波里，或是在突如其来的一阵迷眩之中告别我的独木舟，却必须缓慢地等待脏腑停工，那么，我要时时刻刻向医治我的医护人员道谢，向照顾我的人致谢。我也要向喂哺我灵魂的一切美好事物致谢，不贪恋明日的太阳，不嫉妒身强力壮者发出的肉身芬芳而我的皮囊里只有腐败。我要时时刻刻感谢上天赐我这微不足道的人拥有自己的独木舟，它载着热烈又害羞的灵魂驶过暗礁，滑过旖旎春岸，遇见善良的人，收获了自己的奇遇。感谢仁慈的力量眷顾我，让我有能力在世间劳役之中追求真善美，实践对道德的向往。由此观之，一切劳役反倒成为盛住宝石的网，我在网中固然不得逃脱，却也领受了份内的珍奇。人生滋味，不是等到劳役之后才能尝到，是在尘网的丝缕之中，苦涩与甘醇互补，坎坷与恩典交织。

如果，我必须在病榻上修炼，困在残躯里检验自己的信仰，那么，愿我是一个平静的老人，仍有余力在内心深处创造自己的风景，设想灵魂的去处：依随多年前所梦，一名穿黑袍的女人，在水面上种植鸢尾花，宛如一阵紫蓝色的轻雾，我问她做何用处？她声称那是我的灵魂睡榻。我要守护这个美丽的预言，藏好，带到我的病榻，伴我一心一意蝉蜕。

梦着梦，奔向另一个真实。

谁在银闪闪的地方，等你

死亡也可以是一个目标或一种完成。

——荣格

一 人 旅 途

生者为过客，死者为归人。天地一逆旅，同悲万
古尘。月兔空捣药，扶桑已成薪。白骨寂无言，青松
岂知春。前后更叹息，浮荣安足珍。

——李白《拟古》

1.预言

人，听得到死神的脚步声吗？不，不是窸窸窣窣的脚步
声，是一丝奇异的声息，一阵幽冷的肤触，隐在寻常现实里，
瞬间出现。仿佛板壁裂出一条细缝，接着被撬开，移进另一
个世界的入口，等待一个名字；他，或许已卧榻数年，或许
还是阳光下年华繁盛的壮年。

雪莱（Percy Bysshe Shelley，1792—1822），一身叛骨
的英国浪漫主义诗人，一八一八年，二十六岁，写了《沮丧》

（Stanzas Written in Dejection—December1818，near Naples）一诗，抒发了极度沮丧自觉没有希望、健康，没有平静与荣光，没有声誉、权势、爱与闲适的内心感受，诗中出现这样的句子：

My cheek grow cold，and hear the sea
Breathe o'er my dying brain its last monotony.
我的两颊变冷，
听到千篇一律的浪涛在我垂死的头上呼吸。

四年之后，一八二二年，三十岁的雪莱驾船出海，巨浪吞噬了这位用尽身上每一根骨头鞭打不公不义社会却也被学校家庭社会联手驱逐的诗人。他的遗体在海滩上火化，有什么比得上惊涛与烈焰更能彰显雪莱这短暂却光芒万丈的生命？

The Sun is warm，the sky is clear，
The waves are dancing fast and bright.

《沮丧》，是雪莱对自己的预言。

"是人没有不想飞的。老是在这地面上爬着够多厌烦，不说别的。飞出这圈子，飞出这圈子，到云端里去，到云端里去！"

这是徐志摩的名篇《想飞》，行文酣畅，气象万千，写于一九二六年，三十岁。下笔时，诗人呐喊似地写着："诗是翅膀上出世的；哲理是在空中盘旋的。飞：超越一切，笼盖一切，扫荡一切，吞吐一切。"难道他已感觉到死神的袍服拂过他的脚踝，以致写下自己的预言？而这件袍服必然就是一八一八年拂过雪莱使他写下《沮丧》诗的那一件，因为这两位相隔一百零四年的诗人有着不可思议、相呼应的生命轨迹；同样是反骨与浪漫，同样是婚姻的叛徒又是爱情的奴隶，同样哀悼了早夭的幼儿，同样写下死亡预言。

　　雪莱《沮丧》有一句："The purple noon's transparent might"（紫色日午的晶亮光辉），仿佛文字能隔空呼唤、启动同类的心灵，徐志摩《想飞》写着："趁这天还有紫色的光，你听他们的翅膀在半空中沙沙的摇响"，更直接引雪莱《致云雀》诗，心心相印，灵与灵叠合。

　　诡异的是，《想飞》写到结尾，顺着文气可以收笔了，可他偏偏另起一段，写下预言："同时天上那一点子黑的已经迫近在我的头顶，形成了一架鸟形的机器，忽的机沿一侧，一球光直往下注，砰的一声炸响——炸碎了我在飞行中的幻想，青天里平添了几堆破碎的浮云。"

　　五年后，一九三一，诗人搭乘的飞机撞山，死于空难，三十五岁。

　　说来，生命还是有值得玩味之处，个人的死也许不仅仅只是个人的事，同样手法的预言启动了同类型的心灵，经历同一版本的死之旅。这么一想，诗人里尔克所言："喔，主啊，赐给我们每个人属于自己的死法。"宜乎改成"属于自己族类"的死法。那么，死亡这条"一人旅途"也不算太孤单，因为在我们之前，同样风景的路已有同族的人走过了，那些翱翔的心灵应该会以独特的方式等在路边，给他们的同类奇妙的欢迎。

除此之外，死亡的预兆也会以无法解释的梦境方式落在家人身上。我父亲出事之前，我梦见他躺在木板上被抬着，之后，他确实是以类似的方式回家。声称"生命就像以根茎来延续生命的植物，真正的生命是看不见、深藏于根茎"的分析心理学大师荣格，是梦境教父，于八十三岁高龄写下自传，诡谲瑰丽，展示了心灵的奇幻国度，读来宛如一场梦。书中，写及母亲去世前一晚，身在外地的他做了一个可怕的梦：

"在一座浓密阴晦的森林中，原始丛林的巨树中间到处摆放奇形怪状的大石块，一片粗犷原始的景色。突然，我听见一阵尖厉的口哨声，响彻整个宇宙。我打起颤来，接着，灌木丛中呼啦呼啦地发出响声，一头巨大的猎狼犬张着可怕的大嘴窜过去。我一看到这头猛兽，突然明白：是荒野猎人命令它去掳走某一个人的灵魂。"

第二天早晨，传来母亲去世的消息。

"荒野猎人"带着他豢养的狼群出外打猎，这强烈的意象使死亡的预兆宛如一行诗句自原诗脱落，冲淡了惊惧之感。不，也有可能触动更深处的惊惧；乡间传说，夜半有狗吹狗螺（嗥叫），是看见鬼的缘故，必有大凶。证之荣格荒野猎人与狼群摄魂之说，竟有奇妙之迎合。

2.临别赠言

杨柳依依的岸边，归人即将踏上返乡之舟，握着送行的人的手，情深意浓，说出临别之言，那言语瞬间变成锦绣蝴蝶，在四周回飞。

人世离合，是当下之事，挥别的人知道下一刻要分开了，送行的人也知道别离在即，执手相看泪眼，望君珍重，言语交缠，叮咛再三。下一刻，江面一点帆迹，岸边模糊的身影，时间被拉长了，思念被犁深了，完成完整的离别场景。

生死岸边的送别，却不是如此。有时，彼此都不知道终止之日是何时，甚至连谁先走都不知，待天人永隔，生者回想日前不寻常的谈话，忽地明白那就是临别赠言，这话从此变成金句，在心中永志不灭。

《礼记·檀弓上》记载，七十三岁的孔子一早起来，背着手，拖着手杖，在门口走来走去，忽然若有所思，唱起歌来："泰山其颓乎？梁木其坏乎？哲人其萎乎？"唱完，进屋，对着门口坐着，一句话不吭。

泰山要崩了吧？栋梁要朽了吧？哲人要凋零了吧？子贡正好走到近边儿，听到夫子无缘无故这么唱，心中掠过一丝不祥。他想起往昔，夫子家的看门狗死了，夫子叫他去埋狗，曾感叹："我听说，破幔子不要丢掉，可以用来埋马，破车盖也留着，可以埋狗，我是个穷人，哪有什么车盖？可是这狗帮我看了门，你埋它的时候，用席子裹着吧，别让它的头碰到泥土。"这位最具政经长才、眼光独到的弟子，停住脚步，心一沉："啊！夫子要病了！"

才进门，老人家见了他，劈头就说："赐啊，赐啊，你怎么来得这么迟？前晚我做了梦，梦见自己安坐在两楹之间，我大概快死了！"

子贡明白为什么夫子一早唱这歌了。

"夫子，泰山塌了，我们要仰望什么？梁木坏了，我们要依靠什么？哲人凋零了，我们要追随什么？"子贡这么问。孔子摇了摇手，不再言语。晨风吹动他的长髯，话都说尽。病了七天之后，辞世。

弟子们无不悲哭，讨论丧服该怎么穿，子贡回想在夫子身边学习的往事，止不住哀痛，说："以前，颜回死的时候，夫子哭他像哭儿子一样，没有穿丧服，办子路的丧事，也是如此。我们在他心中就像儿子一样，现在，夫子走了，我们也像哭父亲一样哭他吧，但不必穿丧服。"

听子贡这么说，弟子们聚在一起时，都在头上戴一块麻布，腰间围麻带，为夫子居丧。出了门，就取下。

师生之情是另一种血缘。读《论语》《礼记》，向往两千五百年前那场永恒且高贵的师生情，想象弟子们围在孔子榻旁，脸上流露悲伤，多希望夫子坐起来，再说一句话，骂骂人也好，其情其景，令人凄恻。犹如读到狱中的苏格拉底，叫狱卒把毒药拿来，学生忙说："太阳还在山头上，没下山呢……，别着急，时候还早呢。"言辞间尽是不舍，不要老师这么早服毒，一分一秒都要抢，要是老师死了，他们都会变成心灵的孤儿一般，也是动人肺腑的。

歌德的一首小诗《流浪者之夜歌》（梁宗岱译），是对自己生命的传奇预言：

　　一切的峰顶

　　沉静，

　　一切的树尖

　　全不见

　　丝儿风影。

　　小鸟们在林间无声。

　　等着罢：俄顷

　　你也要安静。

年轻的歌德，在伊尔默瑙（IImenau）山上一间被松林包围的狩猎小屋上，用铅笔写了这首饶富哲思的小诗。五十一年后，八十二岁的他重游故地，见小诗仍在壁上，岁月侵蚀了一切，却独独让这八行诗以预言的姿态等待主人。歌德不禁淌泪，自语："是啊，俄顷，你也要安静。"数月之后即一八三二年，领取了份内的安静。

追随歌德九年，身兼门人与秘书的爱克曼，描述自己与歌德的关系是特异与微妙的，他说："这是弟子对于师长的，子对于父的，教养贫乏者对于教养丰富者的关系。他把我引入他的世界里。"歌德逝世第二天早晨，他被强烈的悲伤淹没了，渴望再看心灵的父亲一眼，他进了安放歌德遗体的房间，看到他像睡着一般，高雅的脸上浮着和平与安详，额头上似乎还蕴含着不熄的思想。被哀伤与爱冲激着内心的爱克曼写着："我很想要他的一束遗发，但畏敬之心阻止我去割取，他的身体赤裸地被用白寝布包裹而躺着。四周近处摆了冰块，为的是要尽可能地长久保持他清爽。弗利特列希把布揭开，我惊异他的肢体的神异的壮丽。胸部非常强大、宽广而隆起；臂膀和腿丰满而多浑圆的筋肉；脚是秀美而具有极完整的形式，在全身上没有一点肥大消瘦衰颓的痕迹。一个完人雄伟而美好地横在我的面前，我因此而感到的欢悦，使我一时忘记了不死的灵魂已经离开了这样的躯壳。我把手放在他的心上——到处都是深沉的静寂——我转过脸去，让我含忍的眼泪自由地流出来。"

"把手放在他的心上"，再也没有比这段描写更让我心情澎湃的了。比歌德小四十三岁的爱克曼，站在歌德赤裸的遗体面前，他眼中看到的已不是冰冷的凡人身躯，他看到了宙斯。

"你永远不会知道你的影子落在何处"，诚哉斯言！歌德死后六十年才出生的德国思想家本雅明（Walter Benjamin，1892—1940），这位在世间仅停留四十八年却在知识国度具有超级飓风影响力的大师，其作品《单行道》里有一篇题为《餐厅》的短文，我不得不以奇异的眼光看待每一个字："在一个梦中，我看见自己在歌德的工作室里。那个工作室和他在魏玛时期的工作室迥然不同。首先房间很小，只有一个窗户。写字台的横头顶着他对面的墙。已届耄耋之年的诗人正坐在桌前写作。当他中断写作，将一个小花瓶，一件古雅的器皿作为礼物送给我时，我就站到一边去了。我在手中转动着它。室内闷热之极。歌德站起来，和我一起走进隔壁房间，那里一张长餐桌上已经为我的亲戚们摆好食具。可是，我点数的时候发现，那好像是为更多的人准备的。也许连祖先们的位子都有了。在桌子右边的顶头，我在歌德旁边就座。宴席过后，歌德要站起来，显得很吃力。我用一个手势请求他允许我扶他一把。当我触摸到他肘部的时候，我开始激动地哭起来。"

对本雅明这类型的心灵而言，还有比这更激情的吗？

相较之下，传说中的歌德遗言："多些光！"显得微不足道了。伟大作家的死亡毕竟不同于一般人，于属灵的文字国度，他拥有无数次新生及死亡的可能。在自由的心灵面前，时空限制、肉身生灭犹如草屑尘埃，不能阻挡千军万马。歌德在本雅明心中重新活着，认识、交往、应答、共鸣，本雅明用他的方式让歌德活着，也用独特的情愫封存了对歌德的爱、诠释了他的死亡。每个读者会在心里为赏爱的作家、为启蒙他思想的导师办一次告别式——或许也可以称为爱的告白，这些跟思想的醍醐、巨著的火焰毫无关系的情愫，来自于人与人之间渴望相逢的欲望——想要见他一面，想要拥抱一次，想要促膝畅谈一回，恨只恨生得太晚，此恨绵绵无绝期。本雅明在梦中的样子，几乎是另一个爱克曼了。

启蒙者的临别之言蕴含智性力量，与之迥异，属于夫妻间的遗言常常是柴米现实的总整理，是共负一轭的苦涩言语；夫妻是同林鸟、连理枝，因为共苦过，脚踩过同一片荆棘，肚子挨过同一餐饿，话语勾起了最深沉的记忆，彼此说的话自然与对其他人说的不同——对父母、子女、手足、朋友、学生，话语里的轻重是金子、玉石、晶钻等级，唯独夫妻间的话，是岩层，是地基。即使婚姻中曾有小风小雨，生命最后，同林鸟、连理枝的话语总是充满歉意、怜惜与感激。

台大校长傅斯年先生于一九五〇年十二月二十日在答询

时，因情绪激动引发脑溢血猝世，五十五岁，震惊社会。这是台大校史上永远的伤痛。前一晚在家中，傅校长与夫人闲话，毫无预兆可是又透出不寻常讯息。

时值隆冬之夜，气温极冷，校长穿着厚棉袄伏案疾书，赶着给杂志写稿。夫人俞大彩教授为他生了盆炭火，坐在他对面，替他补破袜子。因次日还有两个会要开，夫人叫他早点睡。校长搁下笔，搓了搓眼皮子，靠近火盆暖暖手，说往下几日都忙，今晚赶着把稿子写完了事，能得点稿费也是好的，以下就是清贫夫妻的体己话："你不对我哭穷，我也深知你的困苦，稿费到手后，你快去买几尺粗布、一捆棉花，为我缝一条棉裤，我的腿怕冷，西装裤太薄，不足以御寒。"话说完，若写稿的继续写稿，补袜的继续补袜，便是单调生活寻常一夜，偏这时候，埋伏在窗外的死神进了屋，见这对患难夫妻灯下对坐，再过几个时辰，天亮，校长出了这门是踏不回来的，死神起了一点慈悲心，趁夫人尚未去睡，让做丈夫的对妻子说了一段话："你嫁给我这穷书生，十余年来，没有过几天舒服的日子，而我死后，竟无半文钱留给你们母子，我对不起你们！"

这是夫妻遗言。

二十年前，罹癌的三十七岁壮汉已走到风中残烛阶段，一岁多的独生女儿还不会叫爸爸，他的心中难舍却必须舍。辞世前，对前来探望的老大哥说："我想通了，生命是生生不息的！"这话像是给老友拍拍肩膀，卸下担子。

九年前，罹癌的四十六岁男子鏖战六个月后药石罔效，离世前一日对妻子说："我想通了，死一点都不可怕，我现在觉得好轻松！"这话生出大力量，安慰了妻子。

数月前，病重的七十四岁父亲躺在病床上，对陪侍他两年半的女儿说："辛苦你了！"次日离世。这话是父亲用慈爱与感谢，最后一次拥抱女儿。

三十八年前一个夏日早晨，我阿爸吃过早饭要出门做生意，我从外面蹦跳着进屋。忽然，他叫住我，没头没脑地对我说："要骨力（勤劳），莫懒惰！"

竟是遗言。

3. 寿衣

最有名的一件寿衣，是佩内洛普（Penelope）手中那件织了又拆、永远织不成的寿衣。

特洛伊战争结束后，英雄们各自返回他们的祖国，只有伊塔卡国王奥德修斯（Odysseus）没有回来，他遭到飘泊诅咒，返国途中遇到海难，自此在海上荒岛飘流，归途愈来愈迢遥，费了十年才回到家乡。他的命运，连众神都不胜唏嘘。

谣传奥德修斯已死。宫殿中，他的妻子佩内洛普也遭到另一种"戏弄"诅咒：一百多个求婚者像狼群般在宫中欢宴享乐，耗费仓廪，吞食脂膏，却毫无办法驱赶他们。他们逼迫佩内洛普必须选定一个人结婚，以继承奥德修斯拥有的一切。手无寸铁的佩内洛普，既无军队可供指挥亦无刺客、杀手为她效命，显然，也欠缺谋士献策。她被无情的命运下了戏弄咒，最终，也只能以女子的天赋技法"反戏弄"：她宣布，必须克尽孝道，亲手为公公织好锦绣寿衣，免得他将来没有适于国王身份的衣服。寿衣织好，她才能结婚。恶狼们吃喝玩乐被肥油灌脑，觉得有理，同意。

佩内洛普白日坐在织布机前，成天纺织，到了晚上，偷偷把织好的布匹拆掉。那件寿衣，成了另类"国王的新衣"，永远织不成。

回到现实，躺在病榻上的人，不能等寿衣织成才上路。家有老病者，家人一路共同奋斗，待走到医生技巧性地提醒"可以想一想财产怎么处理"或"还有什么心愿"，这是警钟第一响，犹如黑板上写着距学测倒数一百天。到了危急存亡阶段，见多识广的人或医护人员提及"衣服鞋袜有没有准备"，这是第二响，日子屈指可数了。

在我阿嬷那一辈人心中，寿衣的重要性等同嫁裳，几层几件规定严苛，礼节繁缛。我们这一辈挣脱了这些拘束，显得适切多了。一人之旅，最后一次着衣，何必要重金另购华服徒然浪费资财（这钱捐给偏乡儿童多好！），衣橱里都是他（她）熟悉的、亲自选购的，穿着一份旧记忆岂不更温暖？

江湖上对着装之法有各种传闻，有说，外套口袋要缝起来，有说口袋里要放冥钞，有说忌杀生之嫌故不配戴皮革制品如皮带、皮衣、皮鞋，有说要戴真首饰免得冥府之路难行（这是我阿嬷的说法，但失窃风险极高，尤其在阳世），有说礼仪社有假的"金戒指""劳力士"可供选购，仿佛阴间也流行名牌。需备两套衣服，阖眼时一套，告别式一套，但听说入梦时穿的是阖眼时那一套。

某日，我问某人："你死的时候要穿什么衣服？"他说："出生时穿什么，死时就穿什么。"我说："出生时，都穿……胎便耶！"

当我们是局外人，看"寿衣"之事觉得轻易，甚至不免为某些细节感到可笑，但当我们是当事人，为时日已近的妈妈准备衣服，打开衣橱才发现节俭的妈妈都是拣女儿不穿的，自己连件像样的礼服都没有；或是上街要为垂危的爸爸买鞋，才发现自己从来不知道他穿几号；或是要为同甘共苦的配偶备衣，发现自己连把衣服取下来的力气都没有，摸到那西装、那大衣就像摸刀子一样；最悲哀的莫过于为早逝的儿女备衣，应该买一套时髦西装给儿子，或晚宴礼服给女儿，还是让他穿制服像寻常日子去上学一样？当我们是当事人，才能了解"寿衣"的每一道皱褶是刺的，每一条缝线是烫的。

我阿爸躺在客厅木板上，我跪着替他穿袜穿鞋，看到"有个人"协助我阿母，帮我阿爸穿衬衫；阿爸的肢体已僵硬，阿母已穿好一边，另一边就是穿不进。我母接手，泪着喊她的丈夫名字，说："你放乎软，我来给你穿衫！"她揉着与她共生五个孩子的壮硕男子的身体，她无处不熟悉这身体的起伏，她揉着他的肩头、手肘、手腕，奇异地，那身体竟在难以察觉的瞬间套进袖子。

我母说，我阿爸有孤僻性，不喜欢别人帮他穿衣。

4. 手尾钱

还记得在坟上，葬了我阿爸之后，黄袍道士摇铃诵念祷文，接着交给依次跪着的我们五个孩子一小包红纸包着的东西，那就是"手尾钱"，象征逝者留下财富与祝福庇荫子孙，内有稻谷、铁钉、铜板，主五谷丰登、添丁发财之意。那时候年纪小，不明其义也不懂得保留。后来，重修家族墓园，祭拜仪式之后亦发放"手尾钱"，仍是稻谷（又添了红豆）、铁钉、两枚铜板。这回我懂了，把它跟存折、印章放在一起，当作阿公、阿爸、两个叔叔给我的祝福。明明知道他们没办法帮我把存折上的数字多添一个零（一个就好），但这是他们跟我之间唯一的联系，感觉上是温暖的。

唯一，我对我阿母抱怨的是，铁钉放太多支了，这是什么意思！

借"手尾钱"呈现出逝者对生者的福荫，在生死诀别之事上，是非常重要的一环。各地做法或有不同，但本质一致。都会区采的是改良版，病者大多在医院阖眼，净身换衣后，将事先准备装着纸钞的红包袋置于衣袋内，或助念八小时之后，或牧师带领祷告之后，大体移往殡仪馆之前取出，即是手尾钱。这笔福荫如何分配，给谁不给谁，那是家规通常也是复杂的家务了。

某日，与我母闲磕牙，提及乡下有此一说：若是凌晨走的，三顿饭都留给子孙，福荫很大；若是下午走的，留了一餐，也很好。

1　手尾钱：

两个铜板：财富

稻谷与红豆：五谷丰登

铁钉：多男丁，子孙衍盛。（编者注）

488

我一听，脾气来了，顶嘴曰："这种讲法很没道理，让躺在那里快断气的人压力很大，万一是晚上走的，岂不是被子孙嫌！为什么要跟父母斤斤计较福荫多寡，为什么不问问自己对他们孝顺到哪里去？"我愈说愈顺口，好像为"逝者"喉舌，冥界民意代表。

谈及临终时，身体可能出现的变化，有的会有排泄物流出，乡下又有一种说法，视作吉兆。"那叫留财给子孙，要特别把'那包'留起来，放几天再丢。"我母说。

我瞪大眼睛，看着她，说："拜托喔，你以后先拉干净好不好？不然，那包'黄金'留给你的爱子金孙好了，我不要！"

两人相视，抖着肩嘻笑，很是三八。

附带一提，要是长辈是晚餐后走的，也没留"黄金"，没关系，据说留一件他的长裤有"财库"之用，也能招财。唉，不肖子孙，真是想钱想疯了！

5. 留一口气回家

"孤魂野鬼"是我们传统文化、生死意识形态里最难以突破的心理障碍，深埋在潜意识底层，恐惧自己成为孤魂也害怕父母、家人成为野鬼，以致必须采取一切激烈手段把临终或已阖眼的病者运送回家，在家中断气或形式上再断一次气，这样就不会成为孤魂野鬼。

这种意识形态，可能来自认为灵体是愚昧的、盲目的、惊怖的、禁锢的、无助的，所以必须带他回家以防迷失或被不名的恶力挟持而去。也可能源自于生者尚未做好死别准备，无法当下舍离，需要完整的时间、沛然的哭泣，才能与挚爱分开，当此时，"带他回家"是极为重要的仪式，不经过这道仪式，生者的哀伤无法疗愈。尤其，当逝者，非常不幸地，是遭逢意外的孩子、年轻人时，"带他回家"，让家人最后一次呼唤他、围绕他，倾诉心中无尽的爱意，好好地告别，是残酷打击之中唯一的善行了！

然而，若逝者是高龄长辈、久病父母，是否仍需不择一切手段留一口气带他回家？

寒冬早上，九十五岁老奶奶喝完热汤后，慢慢走到床铺躺下。至午，家人发现她已无气息，急召救护车送至急诊室，请医生尽一切力量急救，要插管"留一口气"回家。老奶奶的一头白发被鲜血黏成惨红面条，完成表面上"在家过往"的坚持。而那一大片渗入衣服、床单的暗血，夹藏至亲惨遭痖痛的心理创伤，永远烙印在活人的心版，一闭眼，便完整呈现。

久病老爸进加护病房，走到残烛将灭那一步，很危险了，家人说，大哥小弟住外县市正在途中，"留一口气"要带老爸回家团圆。于是，一脚跨进登仙列车的硬是被医护人员施行积极的医疗作为给拖回来，以等待儿子们来见最后一面。

如果，时光倒流，重新选择，还会坚持要留一口气回家吗？

你要你的老父被强行插入管子，喷一滩血给你，好让你带着只存一丝气息的他"回家再死"，或者，当启程的时刻来临，当时当下，管它是医院，是野外，是粉蝶飞过的春天，还是冬雨绵绵季节，你握着他的手，在耳畔对他说："爸，我们都很爱你，很感谢你把我们养大，你不要怕，我们都在你身边，一切都要放下，菩萨会带你去没有痛苦的地方，去极乐世界，你要平平安安跟菩萨走！"

你要哪一款话别？或是，反过来问，你觉得辛苦一辈子的老爸或阿母值得哪一种对待？

然而，务实地看，传统农业社会因交通、通讯不便，医院亦欠缺适切的空间，临危之际，返回家中以待亲人远道赶来见最后一面，自有其情感与实务上的考量。时至今日，访亲探病十分便捷，除非情况特殊，实在无须再施行激烈手法折磨临终者以满足生者的感受与需求。

再者，除了观念修正也需佐以外在条件之配合。医院除了安宁病房稍为符合临终送别之用，其他病房皆非理想之所。倘若，医院能更吻合人性地规划出有家的味道的房间——假设，取弘一大师作词《送别》："长亭外，古道边，芳草碧连天"，命名为"长亭"。洁净、明亮、香氛、绿意、温暖，关起门来不受任何干扰，让风中一苗烛火在家人围绕、陪伴下静静地离去，完成属于他们的长亭送别。若能如此，"留一口气回家"或许能成为历史名词吧！

6. 告别的时刻

狱中，苏格拉底给学生们讲了小故事。

他说："天鹅平时也唱，到临死的时候，知道自己就要见到主管自己的天神了，快乐得引吭高歌，唱出了生平最响亮最动听的歌。可是人只为自己怕死，就误解了天鹅，以为天鹅为死而悲伤，唱自己的哀歌。……天鹅是阿波罗的神鸟，我相信它们有预见。它们见到另一个世界的幸福就要来临，就在自己的末日唱出生平最欢乐的歌。"

告别人世的时刻，不尽然是欢乐的，恐怕大多是抱憾的。《三国演义》一百零四回，写孔明仰观天象，自知命在旦夕，"在帐中祈禳已六夜，披发仗剑，踏罡步斗，压镇将星，见主灯明亮，心中甚喜。怎料，魏延一个飞步，把主灯踢翻了，孔明弃剑而叹：'死生有命，不可得而禳也！'"

以下这一段是每个"孔明迷"不忍卒睹却又含着眼泪一读再读的："孔明强支病体，令左右扶上小车，出寨遍观各营；自觉秋风吹面，彻骨生寒；乃长叹曰：'再不能临阵讨贼矣！悠悠苍天，曷此其极！'"

孔明抱的是家国之憾，林黛玉抱的是情憾。这位前身是一株绛珠草，受了宝玉的前身神瑛侍者以甘露灌溉之恩，说

"他是甘露之惠，我并无此水可还。他既下世为人，我也去下世为人，但把我一生所有的眼泪还他，也偿还得过他了"的灵慧女子，浊世一趟，临死前直声叫道："宝玉，宝玉，你好……"说到"好"字，便浑身冷汗，不作声了。黛玉气绝之时，正是宝玉娶宝钗的时辰。"好"之下该接什么呢？虽说是小说人物，讲的可能是现实情节，能接的，大概是："好一个悠悠苍天，曷此其极"吧！

人在临死前，是布着痛苦的挣扎吗？《死亡的脸》作者舍温·努兰提及：临床死亡前，有一个极短的瞬间称作"巨痛期"。临床医师用"巨痛"这个字眼来形容生命要自原生质中分离开来，再也不能继续下去时，他们所见到的景况。"巨痛"这个字的希腊字源是"agon"，意思是"挣扎"。我们常以为有一种濒死的挣扎，其实病人根本感觉不到，他们的表情往往只是由于最后血液酸化造成的肌肉痉挛而已。……紧接在巨痛期后的，就是最后的安息。

这段描写，对经历亲人死亡（尤其是挚爱猝逝）的人来说，非常重要。再也没有一种安慰比得上有人告诉他：走的时候没有痛苦，只有安详。在骨血与骨血联结、心与心共感的亲密关系里，若生者存留"逝者痛苦而死"的记忆，那伤害永难治愈。书中，引述一位目睹疯狂凶手当街杀害她的九岁女儿凯蒂的母亲的现场回忆，她把垂危女儿抱在臂弯里，唤她的名字像唱摇篮歌，直至死亡。她在事发后不停地问自己："她究竟有多痛？"她很想知道女儿的感受……她说："你能想象凯蒂当时的神情吗？她看来像是解脱了。当我亲眼目睹凯蒂受到攻击，只有她看似解脱的面容，使我得以平静。我感觉她一定是从那痛苦中解脱了。……我们曾请人画过一幅凯蒂的画像，就像她那时的眼神。大大的眼睛没有惊惶，但非常地纯真——一种纯真的解脱。她全身都由我而出，我是她的血液和所有一切的母亲，能够明了她的眼神使我得着安慰。在那一刻，我在她身旁，感觉到她已离开躯体，飘浮在空中，正向下望着自己的身体。虽然她已失去意识，但我觉得她还知道我在那儿。当她死去时，有母亲陪伴着。我把她带到这个世界，当她离世时，我也陪伴着她。尽管我的心中充满恐惧震惊，但毕竟我在那儿。"

一个哀痛母亲的经验与话语，"解救"了很多人。

为什么小女孩脸上竟没有一丝恐惧，只有无辜与解脱？作者从医学角度提出解释："这类面对重创剧痛却只感到安详疲惫的经验，有一个原型，就是注射鸦片类或其他麻醉性止痛剂的结果。……人类本身就会制造吗啡类物质，并且会在最需要的时候释放出来。这是有事实根据的。而'最需要的时刻'正是启动这个开关的关键。"

脑啡，我们体内会自行制造的"鸦片"，这种被比拟为睡眠与梦幻之神墨菲斯化身的物质，在关键时刻，改变人的感觉功能，提高对疼痛的忍受度，最重要，影响情绪反应。

《揭开生死谜》作者芭芭拉·罗默尔（Barbara R. Rommer），致力于研究濒死经验，借着转述死而复生者的经验来减轻人们对死亡的恐惧。在她的研究中，经历濒死经验者描述的过程具有高度的相似性，包括：难以描绘、听到自己死讯、吵杂声音、黑暗的隧道、祥和及宁静的愉悦感觉、脱离肉体的经验和遇见其他人、看到亮光、回顾以前的人生、不可逾越的界限。

引人注意的是隧道与愉悦感觉。想象那必然是：澉滟如水的幽光，渐次明亮，洋溢其无边的温暖与纯洁，无有恐惧，毫不惊怖，优美的山野次第延展，自由自在，被不可思议的爱包围，忽有人声人影，错身时，笑语："你回来了！"被接纳的归属感油然而生，如同美国女诗人艾米莉·狄金森（Emily Dickison）的遗言："被召回。"想必如此。

"我在研究时看到统计数字上出现最重大的人生转变，"作者说，"是对死亡的恐惧感降低。为什么经历过恐怖濒死经验的人会有这么高的比例不再那么恐惧死亡，这有几个原因可以说明。最主要原因是他们在死亡时已经证实，灵魂在他们的肉体死亡之后还会继续存在。"很多濒死经验者从此不再参加丧礼，他们说，不是不尊重死者，而是因为已经知道死亡的人仍然存在于另一边的世界。"濒死经验十分奥妙，当事人会感受到无条件的爱以及喜悦。"作者说。

那么，从脑啡分泌到濒死经验者所言，祥和的死亡、愉悦的感觉、爱的围绕，是可能的。"死亡"这两个字，相对于生命，已牢不可破地被绣满骷髅的黑幔紧紧裹住，透出强大的腐败、邪秽气息，以致引发极度的惊怖。如果，我们换个角度看，为"死亡"灌注一点新气息：这只是一趟"归返"，时间到了，踏上旅途。死亡，当然仍是诀别的意思，但另外岔出一条新枝，死亡，是爱与被爱的人无条件、无止境地心灵拥抱的时刻，共同成就了永恒的爱，这是灵魂的能源，自此以后，旅途中的那个人虽然少了家人陪伴，但必然前往无条件的爱所标示的国度，仍在世间的人虽然少了逝者陪伴，亦必然被富足的爱所充满。是两个世界，或者，是一个世界只是被"死亡"扩大了。

当告别的时刻来临，若只有哭泣、号啕，显得浪费时间了。

电影《大智若鱼》（*Big Fish*），善说玄奇故事、用奇幻情节包覆现实经历的父亲，一向不受务实倾向的儿子尊重。父亲最爱说，儿子出生那天，他在河里用婚戒钓到传说中那条大怪鱼。在儿子眼中，父亲是个无法区分真实与虚幻、神话与现实的人，父子两人已多年不交谈了。

父亲走到癌末，儿子返家侍病。死亡，是可预期的事了，但真正要跨难关的是儿子，他必须对父子一场做总整理。在医院，他问老医生他出生那天的真实版本，医生说，你父亲在外地跑业务，邻居载你妈妈过来，顺利生产。医生又说："我宁可要夸张版。"

半夜，病床上的父亲醒来，对儿子说："河，告诉我会怎样？"

"什么怎样？"儿子疑惑地问。

"我怎么死的？"父亲虚弱地说，抛了一个难题给儿子。他当然知道自己罹癌，死亡已等在前面，但他不想听这些，他渴望知道儿子怎么叙述——挣脱现实、超越世俗，以自由的心灵、丰沛的想象给他的生命来一段最后的翱翔。

儿子明白了，说："我试试，我需要你帮忙，帮我起个头！"

"就从……这里。"父亲说。

儿子开始编故事，叙述带他从医院偷跑出去，开车到河边。父亲张开眼睛专注地听着，像小男孩期待床边故事般。儿子将父亲曾说过的奇人异士一一纳入，"他们早就到了，没有人有哀戚的表情，大家都很高兴看到你，来跟你道别"。

叙述中，儿子抱起老父走入河中，阳光闪亮的秋天，岸上是送别的好友们，父亲双手环胸，入河，化成那条大鱼。

"你变回原来的你，一条很大的鱼。结局就是这样。"儿子说。

"是，没错。"父亲露出满意的笑容，阖眼而逝。

就像父亲给儿子一个奇幻版的出生证明，现在，换儿子给父亲一张奇幻版的死亡通行证，那既是文学的想象，可能也是最接近灵魂的原貌！

当告别的时刻来临，且慢哭泣、号啕。有将丈夫圈在臂弯里，诉说天上人间的情话；有至亲好友一起在病房唱他最爱听的歌曲，歌声里有悲伤也有坚强；有紧握母亲的手，说感谢的话，说"下辈子还要当你的孩子"。

多么悲伤可是又多么珍贵，这一刻，爱与被爱合一。

某小孩的劳作．問他是什麼，他說：天使的時間。1

7. 备极哀荣

我不在乎死掉——
但不喜欢孤单死去
我要有一打的美女
哭喊呜咽。

---

1 某小孩的劳作，问他这是什么，他说："天使的时间。"（编者注）

我不在乎死掉

但要我的葬礼体面

我要一长排高的妈妈桑

呼天抢地晕倒

我要一部会摆尾的灵车

还要十六辆摆尾的汽车

一组大铜管乐队

以及满满一车子的鲜花

当他们放我下去

下到土里，

我要这些女子又哭又喊：

请不要把他带走！

呜呜呜呜

不要把爹地带走！

——美国诗人休斯（Langston Hughes），《男人当如是》[1]

---

1 引自《老年之书》，梁永安译，立绪。

我所读过最奢华的一场"丧礼派对"（请恕我加上派对二字），当属《红楼梦》第十三至十五回，宁国府贾蓉之妻秦可卿的丧礼。《红楼梦》有几场重要的死亡，但其丧仪都是草草带过，唯独秦可卿占了大篇幅。

　　秦可卿在书中稍纵即逝，却是个具有指标意义的枢纽人物。宝玉在她房里午睡（第五回），梦中游历太虚幻境，观"金陵十二金钗"簿册，赏《红楼梦》十二支仙曲，甚至在旖旎梦中与她云雨一番。叫宝玉"宝叔"、辈分低一辈的秦可卿，"生的袅娜纤巧，行事又温柔和平"，可说是宝玉的"情欲启蒙者"，是"警幻仙姑"用来点化世间风月情债的特使，是作者全书终极主旨的发言人。身负多重情欲任务的秦可卿，据专家考证，作者原先设想的结局是"秦可卿淫丧天香楼"，故薄命司判词"情天情海幻情身，情既相逢必主淫"、仙曲所云"擅风情，秉月貌，便是败家的根本"是吻合原先布局的。但显然，有一大段欲海翻腾的情节被删去了，却没删改判词、仙曲内容，秦可卿变成一个无人不怜、无人不爱的"良家妇女"，可是关于她的描写却少得可怜，貌似虚拟人物。到了第十三回，更是没头没脑地到凤姐梦中——又是以梦的方式——越宁荣府际、越级也逾越了辈分，嘱咐凤姐购置祭祀田亩、设立家塾等关系着家道的大事，一个十几岁的人却俨若贾家先祖化身。凤姐惊醒，人回："东府蓉大奶奶没了。"气都不吭一声，就这么莫名其妙死了。

秦可卿，是作者写得最糟的部分（我这么说，需提防红迷丢来皮鞋）。若依作者原设想的、派给她情欲启蒙、败家根本的任务，这位风情袅娜女子不配得两回半重笔浓墨的丧礼场面，若依删去淫情、改了死法的"良家妇女版"，足配得"备极哀荣"丧礼，可书中又见不出她有什么"丰功伟绩"？难道，让宝玉在她房里午睡，教一点性教育，领略云雨滋味，就算立下大功吗？

且不说它。无论如何，有两件事是确定的，秦可卿是领宝玉进入太虚幻境，洞悉天机、领略情欲的关键人物。其二，秦可卿的丧礼是全书最奢华壮盛的一场，最高等级犹如办理太上祖奶奶。姑且不论合理与否，开书不久，来这么一场情欲与死亡共响的重头戏，极尽豪奢笔墨，寓意深远，既点明了梦，也用繁盛裹藏了衰亡。

场面有多大？

治丧委员会大总管是凤姐，调派的人手算得出的有一百二十六人，各司其职，分作两班：二十人单管客人来往倒茶，二十人管本家亲戚茶饭，四十人负责灵前上香添油、挂幔守灵、供饭供茶，四人单在内茶房收管杯碟茶器，八人单管灯油、蜡烛、纸扎……

做公公的贾珍，哭得泪人一般，"如何料理，不过尽我所有罢了！"这话讲来清淡，知道府库仓廪的明白人才懂得轻重。听好，珍大爷说的不是"尽力"，是"尽我所有"，还要淡淡地拖个尾音"罢了"，翻成现在的"气口"，就是："不要考虑钱的问题，给我办最顶级的！"请恕我手痒替他再添一话："我这媳妇，比我亲祖母还亲！"

"宁国府前，府门洞开，两边灯笼照如白昼，乱烘烘人来人往，里面哭声摇山振岳。"接着写自贾代儒算起，共四代男眷三十人吊丧哭灵，这是何等尊贵才担得起的！贾珍令停灵四十九日，这七七四十九天里，法事是这么安排的：单请一百零八位禅僧在大厅上拜大悲忏；另设一坛，九十九位全真道士，打四十九日解冤洗业醮；停灵之处，灵前另有五十高僧、五十高道，对坛作七，诵经修福。法事规模，动用佛道三百零七人。不算吊客，光治丧委员会员工加上诵经人员，四百三十三人！你能想象你家一开门有四百多人要吃饭、上厕所吗？

这等手笔，那棺材铁定不能用"环保棺木"。贾珍亲自去看板（这真是启人疑窦，这种事理应做丈夫的已经二十岁的贾蓉去办才是，怎么贾珍都一手揽下了？）几副杉木板都看不上，正巧薛蟠说有一副板叫樯木，做了棺材，万年不坏。贾珍喜之不尽，叫人抬来瞧瞧，只见帮底皆厚八寸，纹若槟榔，味若檀麝，以手扣之，玎珰如金玉。贾政劝他："此物恐非常人可享者，殓以上等杉木也就是了。"贾珍一心恨不得代替他媳妇死，哪里听得进这些话？

贾珍又嫌儿子贾蓉的头衔仅是个"监生"，端出来份量不够，灵幡经榜上写出来不好看，花钱替他买个五品"龙禁尉"的官。果然，灵前供用执事等物，俱按五品职例，身份地位一升，秦可卿的灵牌疏上皆写"天朝诰授贾门秦氏恭人之灵位"——照道理，五品官的妻子叫"宜人"，四品官之妻才叫"恭人"，但为了丧礼体面，是可以在旗幡、灵牌上提高一级的。于是，看看这阵仗：停灵的会芳园临街大门敞开，两边设鼓乐厅，两班青衣按时奏乐。门外，竖着两面朱红销金大字牌，写着"防护内廷紫禁道御前侍卫龙禁尉"。对面还高搭一座讲经作法的宣坛，榜上大书："世袭宁国公冢孙妇、防护内廷御前侍卫龙禁尉贾门秦氏恭人之丧。四大部州至中之地、奉天承运太平之国，总理虚无寂静教门僧录司正堂万虚、总理元始三一教门道录司正堂叶生等，敬谨修斋，朝天叩佛。"曹雪芹写红了眼，当然不是哭秦可卿哭红了眼，是不怀好意，用金碧辉煌来镂刻腐败，且要镂个痛快！

　　四十九日期间，宁国府一条白漫漫人来人往，花簇簇官去官来，且不细说。出殡那日，吉时一到，"六十四名青衣请灵，铭旌上写：'奉天洪建兆年不易之朝诰封一等宁国公冢孙妇防护内廷紫禁道御前侍卫龙禁尉享强寿贾门秦氏恭人之灵柩'"，大殡队伍浩浩荡荡，压地银山一般从北而开。送殡者冠盖云集，公侯伯子男不计其数，大轿小轿车辆不下百余十乘。路旁，更搭着彩棚，是各家路祭；第一座是东平王府祭棚，第二座是南安郡王祭棚，第三座乃西宁郡王，第四座是北静郡王。祭棚内设筵、奏乐，各家手下仆从拥侍，盛极矣！

这样的丧礼，备极哀荣！

待安灵于铁槛寺，诸事毕，宾客散。凤姐另需耽搁一日，于是带宝玉及秦可卿之弟秦钟（秦可卿是父亲秦业自孤儿院抱养的，秦钟是他亲生的）到离铁槛寺不远的水月庵下榻。当晚，秦钟寻了庵里的小徒弟智能，"满屋漆黑，将智能抱到炕上，就云雨起来"。他姐姐的棺木就在不远处，还有这种兴致，吻合情欲与死亡的旨趣。果然，秦钟没活太久，回府后便生病，到十六回就死了。

这场"世纪丧礼"，写出一般人对丧礼的两大迷思：其一，对逝者需"厚葬"。衣着器物法事棺椁墓园，务求极致，百万起跳之稀世桧棺、缅甸白玉骨灰坛、龙脉墓地不在话下，厚葬之以求尊灵于冥间地府掌握权势，回荫子孙官运亨通蹦出一位总统、财源广进列名世界富豪榜。则，厚葬之潜层心理不是缅怀逝者的家庭功迹，是要他（她）保佑子孙，继续为子孙"效力"。其二，丧礼是社会政经地位、家族伦理、人际关系之"阅兵大典"。是以，挽联、祭品、罐头塔、花篮、花圈、乐队、阵头，所有能展现"国威"之事项无不全力布局。所谓"备极哀荣"，荣的是生者不是逝者。

白漫漫人来人往，花簇簇官去官来，给生者面子，与逝者何干？这种心态推到极致，必然落入"军备竞赛"：公祭时，大儿子交游广阔，前来致祭之工商团体或公教机关大排长龙，一叠公祭单，乃总经理率一级主管黑压压数十人或教育局长、校长、院长亲临致祭；二儿子，领死薪水的，同事只来一个代表。人群中就有耳语了："你看，都靠大儿子撑场面，那个老二就不行了。唉，生儿生女生一打，能干的生一个就够了，咳，老先生一生值得啦，最后有这么多大官大人物来送他，值得值得！"说完，还要抹一下眼角，不免生出一些羡慕。

次之，家属也会暗中拨起算盘：朋友交游，谁有来谁没来，谁送花篮谁没半点表示，谁包奠仪多少是否礼尚往来？是以，有来有花篮有奠仪者，友谊更进一层——即使他来了，没安坐片刻，都在外面抽烟、讲手机，与人聊业务、说八卦、批时局，仰头哈哈干笑几声。没来没花篮没奠仪者，自此冷淡疏远之。

丧礼，是逝者与家人、朋友的最后告别，必然需要经过形式化的仪式，才能梳理悲伤，释放深情，使生者内心得到舒展，获得安慰。吊死唁生乃人情之常，但走偏了路，虚应一场，意义何在？

保存农业社会人际模式的乡下地方，同村者莫非亲族即是数代老邻，因此丧礼在自家稻埕举行，是最理想的方式了。宽敞且独立的空间，使法事与仪式得以安排，族亲与老邻人手充足，自动组成治丧执事，分派工作、采办什物，乱中有序。是以，一人逝，是同村再次凝聚情感的大事，繁复的仪式，严守分别的丧服，彰显逝者之亲伦成就，同时也完成了集体的悲伤治疗。

外婆九十五高寿祥然仙逝，丧礼在自家前庭搭棚举行，吊客川流，细问竟都是或远或近的亲族；多少长辈后生、广延三四代，经年未往来，只记得称谓、名字，竟在这春雨绵密、演音奏乐的场合见面了。于是，那边行公祭之礼，或得空档让我母放声哀哭，这边数十圆桌，人声鼎沸，都是唤名认亲的。生死两岸合一，前一刻还在灵前垂泣行跪拜礼，下一刻掀了头戴，握着婶婆、姑婆的手欢然招呼。前院是祭场，后院是厨师与妇人准备外烩之处，哀乐与炉火声交织。当人越能够以平常心看待生死，在丧礼中越能处之泰然。外婆高寿，是喜丧，她的丧礼少了悲戚哀绝的气氛，反倒像亲族大集合。"大厝"（棺木）出门之日，家中厨房大锅内沸水煮白萝卜，炉火不断，取好彩头福荫子孙之意；原停灵的大厅地上，置一水桶，桶内吊一袋发糕，亦有趋吉避凶之用。丧礼上，处处呈现出以曾祖母之尊离世的她对子孙的祝福，料想，这应该是最贴近大地之母的心。大厝一启程，邻人合力收拾前庭，自动自发，添设桌椅，后院亦准备就绪，开席用餐，毫不怠慢。想必，这也是我外婆看重的。

都会区受限于时间场地，多行改良版。然不管如何，丧礼的核心人物是家人，因为，与逝者有血缘牵系、共同生活、陪老侍病的是最亲爱的家人，逝者对他们的人生有意义，他们也是带给逝者最后温暖的人，丧礼是彼此最后一次倾诉亲情的时刻，在形上层次回想、依恋、不舍、找到另一种贮存情感的方式而愿意放手，在实际上目送棺木即将推进火炉，喊着："爸，您快走，火来了！"或是最后一次耳语："妈，做您的孩子很幸福，下辈子再见！"熊熊炉口前，人子之哀思无尽、家人之爱充满，一生圆满完成。

即使是白发送黑发，生身父母送那短篇小说一般的儿女，流不尽泣血眼泪，诉不完缱绻亲情，最后抚棺告别，也要用父母孕育生命的大力量说出："爸爸妈妈原谅你了，你自由了，去找一个美好地方重新开始，不要挂念我们，我们会好好照顾自己当作你还在身边，总有一天会再见面，再来做我的孩子！"如果，当年我阿嬷不仅只是日连夜地哀哭、昏厥，出殡日，她能够抚棺对她儿子说："一切都是命运，老母原谅你不能尽孝，你自己去找好所在重新开始！"应能让怀着不能尽孝之愧疚的人子灵魂除去憾恨而得到安息，也让无辜的孤儿不必在内心深处替父亲担起不孝罪名而加重了哀伤？

是以，只有家祭的丧礼并非不近人情也不见得是冷淡凄清，是家人珍惜最后一聚，不想分神应对、依俗答礼。沉浸在悲伤里的爱是这么澎湃且私密，匍匐之后，因着更坚定的爱而愿意静静地思考死亡的意义，安顿思念，寻求升华，这一段心路，也是私密且澎湃的。

告别式是为生者办的还是为逝者办的？什么样的告别式

是最好的？宜乎深思。

8. 雨下在墓园

墓园或灵骨塔，是安厝逝者、供家人缅怀追思的地方，可有些少数民族对逝者的追悼方式极为特别。据载，印尼的伊利安查雅岛上有一支少数民族叫达尼族，家中若有男性过世，年长的女性除了在脸上涂泥，还必须由族长执行切掉一节指头的仪式表示深切的哀悼与悲痛。由于切指之后，妇人依旧必须操持家务、营生干活，所以——我伸出双手数了数，共有十八节指头可以切，换言之，累积的死亡人数超过十八个才能算"没指望"而退役。这风俗隐藏着对女性的残忍惩罚，好像男人丧命就是她的罪，她命中带克，没有把男人照顾好，理应受罚。这种恶习，令人心生愤怒。

从景美溪畔万寿桥上远眺，右边是动物园，左边连绵山峦密密麻麻布着墓碑，是福德坑墓园。晴日，站在车水马龙之中，极适合参"兽、人、鬼"之奥义，无论如何，就是轮不到参"美"字。

一副空壳，如何处理，依时代变迁、社会潮流、宗教信仰、个人意愿而有所不同。早年尚土葬，今日以火化为主流。至于埋骨之处，自然是各地墓园或灵骨塔，但叶落是否归根，应千里迢迢返乡归葬，抑是落脚处即为家园，不必再像古人买舟扶棺而归，端看个人的漂流故事如何收尾了！

以色列导演伊安·瑞克利斯《人力资源经理》（*The Human Resources Manager*），耶路撒冷一家面包厂人力资源经理，厂内一名罗马尼亚外籍女工尤莉亚死于市场爆炸意外，她举目无亲，无人收尸。为了平息舆论指责，经理奉命运送尤莉亚棺木返回其祖国厚葬。旅程迢遥且艰困，风雪中长途跋涉一千公里到山上老家，其母问："尤莉亚在那里快乐吗？"经理答："我不知道。"尤莉亚母亲沉着脸，说："感谢你送她回来，但是你错了，而且大错特错，她一心向往耶路撒冷，她属于那里。"这话像针一样刺中了经理。暗夜，尤莉亚的棺木停在她生前一心想逃离的家乡屋旁，她的遗照此时才出现，观众包含经理到这时才算正式认识这位确实存在、漂泊异国追梦的女子。经理单独在棺前沉思，抚摸那棺，仿佛握住她的手，等她回答。一阵雪花飞来，宛若回答，他听到了微音，做了决定。此时，他不是职称上的人力派遣经理，倒像一位大哥，明白了尤莉亚想要的归属，他又将棺木运回耶路撒冷，葬在清幽宁谧的墓园。

叶落，不尽然必须归根。

葬在何处？涉及空间问题。早年台湾高山族中的泰雅人、布农人、排湾人等都采"室内葬"，人死后，葬于家屋内的土地下，生者与逝者同在一屋，表现出深厚的情感。这项习俗于日本侵占后被禁止，改葬于室外公共墓地。土地无法增生，活人与逝者争地，永远不够用。意大利一小镇，因缺乏墓地，必须改建新墓园，镇长竟下令在墓园建好之前，"禁止居民死亡"——否则，否则怎样？处以死刑还是活刑？小小一个镇长，连天晴天冷都控制不了，遑论生死？果然，不久就有两位镇民公然违背他的命令，死给他看！

我一直有个疑问，为什么我们的坟场总在靠山面海、风景优美的地方，而人的村镇却像盆里泥鳅？更可惜的是，仿佛出自同一家工厂，墓园形式大同小异，鲜有美感可言，其碑文亦欠缺可读性，无非是"×姓历代之佳城""显考×公讳××之墓""显妣×太夫人之墓"，怀念之辞不出"祖德流芳""典范长存""亲恩长存"。唯一，我所见过最特别的是夫妻双穴墓园，在主碑旁另立小碑，上书："爱永不渝至永恒的一对。"病榻上自知来日不多的丈夫，亲自嘱咐墓工砌建夫妻同眠之墓，小碑上，嵌一张夫妻同游照片，做丈夫的回想虽然一生飘泊却有幸得到完美的爱情，嘱墓工铸了这一行字。爱永不渝，上古文，认得这四个字的年轻人已经不多了。

诗人冯至《山村的墓碣》一文，像死荫幽谷难得照到阳光。他提及，旅行至德国和瑞士交界一带的山谷、树林，忽见草丛中有一块方石，仔细看，是一座墓碣，写着：

　　一个过路人，不知为什么，

走到这里就死了。

一切过路人，从这里经过，

请给他作个祈祷。

碣文虽浅显，对路人来说却是一次奇遇；"一切过路人"，触动了每个人内心深处"白云苍狗，浮生若寄"的飘泊感，霎时，觉得埋在这里的这个无名无姓的人也是自己的一部分，不免生出温情，低头为他祈祷，愿他安息。

冯至从此对墓碑起了兴趣，无意间购得一本专门搜集碑文的小册子《山村的墓碣》，读得逸趣横生。有两则特别引人会心一笑，一是："我生于波登湖畔，我死于肚子痛。"另一则："我是一个乡村教员，鞭打了一辈子学童。"朴素的文字源自与世无争的山村，读来，比镌刻一串头衔貌似功业彪炳的碑文，更令人驻足沉思。

最有名的墓志铭，当属早逝的英国诗人济慈，其《希腊古瓮颂》诗末："'美即是真，真即是美'，那是你所知道的一切，也是一切你应该知道。"可视作诗人的美学宣言，其自撰的墓志铭也同等优美：

Here lies one whose name was writ in water.

（这里躺着一个人，他的名字写在水里。）

其意境绝美，胜过"死于肚子痛"千万倍。可见，文笔好坏，差别极大。

关于墓园，我读过最美的，不是朱丽叶与罗密欧、梁山伯与祝英台等悲剧故事，是穿越千百年时空文学心灵的相依相随。

《鲁拜集》作者，波斯诗人奥玛珈音（Omar Khayyam，生于一〇二五——一〇三三年之间），一生在纳霞堡过着自在悠游的日子，其四行诗（鲁拜，意为"四行诗"）闪烁着哲思与优美的华采，如：

> With them the seed of Wisdom did I sow,
>
> And with my own hand wrought to make it grow;
>
> And this was all the Harvest that I reap'd——
>
> "I came like Water, and like Wind I go."
>
> 我将智慧的种子播下，
>
> 劳动我的手使它们发芽长大，
>
> 我的收获即是如此，
>
> "来如水，去如风"。

七百七十多年后，生于十九世纪初英国的爱德华·菲茨杰拉德（Edward Fitzgerald，1809—1883），是把波斯文《鲁拜集》带进英语世界的灵魂人物；四十七岁那年，他首次以创造性的翻译手法译了奥玛珈音的四行诗，自此沉浸也沉迷于与奥玛的心灵交流之中。一生历二十多年，五度出版，修订其"衍译"的《鲁拜集》，最后一次在他逝后出版。再也举不出更好的例子来说明作者与译者的心灵缠绵关系了。若有所谓"投胎转世"，视他为奥玛再临，也是合理的。

晚年，奥玛曾说，他的坟上要有树木一年两度落花[1]。逝后葬在纳霞堡，依其所嘱，坟上落英缤纷。一八八三年，七十四岁的爱德华·菲茨杰拉德在睡眠中安详而逝，葬在波尔基园林的墓园中。次年，友人自纳霞堡奥玛坟上采了玫瑰种子，于别处花园培植，在十周年忌时，移种到爱德华坟上。让奥玛与爱德华这两个无法解释却穿越时空心灵交会的人，坟前开着同一株光辉且柔美的玫瑰。

玫瑰（亦作蔷薇），坟前的玫瑰令人忆及与爱德华时代相近的英国女诗人克里斯蒂娜·罗塞蒂（Christina Rossetti，1830—1894），其诗《歌》却说坟上不需要种植玫瑰。这首诗经徐志摩以流畅、唯美的文字译成中文，早已是我这一代文艺青年共同的青春印记之一，后由罗大佑谱曲演唱，似乎也找不到比他更具有诠释感的苍凉声音，来演唱这份"浓在悲外"的告别之歌。

1　《鲁拜集》，孟祥森译，远景。

当我逝去的时候，亲爱，

你别为我唱悲伤的歌；

我坟上不必安插蔷薇，

也无须浓荫的柏树：

让盖着我的青青的草

淋着雨也沾着露珠；

假如你愿意，请记得我，

要是你甘心，忘了我。

我再见不到地面的青荫，

觉不到雨露的甜蜜；

我再听不到夜莺的歌喉

在黑夜里倾吐悲啼；

在幽久的昏幕中迷惘

阳光不升起也不消翳，

我也许，也许我还记得你，

我也许，把你忘记。[1]

"挥一挥衣袖，不带走一片云彩"的徐志摩会喜爱这首诗，不难理解了。最后一次告别的时候，有人要团团围住的

1　SONG，by Christina Rossetti（1830—1894）。

温情，有人只要一人份的潇洒。不管是备极哀荣或静静地独行，次日，一人旅途上仍然只有一条身影。

When I am dead,my dearest,

Sing no sad songs for me;

Plant thou no roses at my head,

Nor shady cypress tree;

Be the green grass above me

With showers and dewdrops wet;

And if thou wilt,remember,

And if thou wilt,forget.

I shall not see the shadows,

I shall not feel the rain;

I shall not hear the nightingale

Sing on,as if in pain;

And dreaming through the twilight

That doth not rise nor set,

Haply I may remember,

And haply may forget.

〔 幻 想 之 五 〕
葬 我 于 一 棵
被 狂 风 吹 歪 的 小 树

葬我于一棵被狂风吹歪的小树，或严重营养不良的花丛，我的一把灰，给它们施了"五谷丰登、六畜兴旺"的散文味的肥。

当我死去的时候，若是在汹涌的涛浪之中或险绝的山崖底下，千万别派壮汉来找，我可不愿意任何人为了扛回、捞回我那腐坏的独木舟而担受了危险与风寒，彼亦人子也、人夫也、人父也！放心，我的魂具有卫星导航能力，而且此生绝非路痴是个路精，要也可、不要也可，竖一支招魂杆，无须道士摇铃也不必僧众诵经，我自己会回来。

若我阖眼于病榻上（能用的器官要赶快"宅急便"送去），替我换穿旧衣即可，不必特地为我买布鞋，我不相信一个吃肉的人穿了布鞋就比吃素的人穿皮鞋慈悲。如果，冥

516

府要替我的生前饮食论罪，想必像税务部门拥有我的财产清册般拥有我的胃部业务报表，一双布鞋绝对无法减轻我的肉食之罪——如果这是罪的话。但如果要考量火化之充分燃烧，我也不反对穿芭蕾舞鞋。其实，赤脚也蛮好的，那么，我的赤脚童年会从冰冷的脚底回来，使我咽下最后一口气时恰恰好心灵定格于兰阳平原微雨纷飞的季节，我回复成绑辫子的纯真小女孩，赤着脚蹦蹦跳跳，享受一人份的快乐。

确实，无须哭泣，不必唱悲伤的歌。不要劳驾牧师为我祷告，也不必请师姐助念诵经八时，我只要我的家人陪在旁边，加上几位宛如家人的老友。对我说话也可以，唱一首歌、读一篇诗，低头祷告，或是静静地坐着流泪也行。再请专业的人把独木舟送到冰存的地方，阴阳正式两隔。

千万不要任何仪式。不要佛事、做七，不要追思礼拜、告别式，不设灵堂、牌位，不必烧元宝、莲花、库银，不要放大照片，不必寄讣闻、不收奠仪，既不要生前告别也无须死后纪念。我走了，就是走了，只需速速火化成灰，树葬或洒海随意。若是树葬，在树下说几句告别的话，向四方行鞠躬礼，代我向郁郁苍苍的山林、悠悠云空致谢，感谢它们收留我，赐我四季盛景。像轻风，像流云，不必张扬，要安安静静，只须家人陪我到入土时刻。如果一定要持香礼拜才能抚慰别离之情，折一段野枝条，或是一朵花即可。不要买水果给我，我不饿，也不想再处理果皮（此生做家庭主妇，处理得够腻了），可为我茹素一天或一月，等同待我以满汉全席。

若洒我于咖啡小树之下，极度欢迎；感谢小树的祖辈们哺育我一生，刺激我的神经，赐我兴奋，一日至少两回。洒于香树小苗，也可，我不在意它一行瘦。

也可以，洒我于秋阳如醉的海上；光影闪闪如碎银，如鎏金，我的灰触及海面时，必有大幸福之感进入家人的内心，感应着我灵魂的欢呼，借鸥鸟的喉咙喊出获得自由的尖声。我恢复成一名野灵，不急着去佛国净土，不即刻投入天堂主怀，我要"乘赤豹兮从文狸，辛夷车兮结桂旗"[1]，游荡于山水花树之间，徜徉于天光云影之际，赞赏枯木老藤，崇拜山崖之险奇。我依然善良如早春的露水，耽美似燃放之花。

一片叶子落了，无须惊动整座森林。我或许不近人情，话说回来，活着的时候就不是个热衷人情世故的人，这最后一事，更应简朴、宁静，吻合性情。

因为无墓可扫所以不必扫墓。想念的时候，一张小照，供上一杯热茶或咖啡，一束灿烂的花。也许，我还会乘着风的翅膀回来坐坐，四处巡一巡，顺便把淡淡的喜悦粜在大门上。

1　《楚辞·山鬼》，屈原著。

冥 界 神 游

> 我饮完至圣之水后重返河岸，已经脱胎换骨，像
> 新苗新青，全部换上了新嫩的叶子，美善而纯洁，能
> 够随时飘举向群星。
>
> ——但丁《神曲》[1]

之一　地狱

有一天，在路边草丛，庄子用马鞭敲了一个骷髅头。

庄子要去楚国，半路上内急，下马撒了一泡野尿，看到
不远处有个骷髅。他蹲下来，伸手拂去骷髅头上的泥土草屑，
几只小虫仓皇地从孔洞钻出来，迅速地逃了。庄子拔去骷髅
眼洞内窜出新叶的杂草，现在，它确实像一个骷髅头了，而

1　《神曲》，但丁著，黄国彬译，九歌。

不是养着野草野花的小盆景。

庄子问它："老兄，你是因为贪恋生命又养生不当才变成这样？还是亡了国被砍头？是做了什么亏心事怕让父母妻子蒙羞所以自行了断？饿死的吗？还是年纪大了时间到了？"

骷髅头没答腔。庄子看它形状不恶，想必生前应是个不俗的人。干脆将它取出来，用袖子拭净，放入袋内。晚上，拿它当作枕头，睡了。

夜半，骷髅先生来到梦境，对庄子说："庄大师，久仰您的大名，可惜我生前无缘向您请益，今日萍水相逢，草丛一见，算来也是我的奇遇呢！您今天一连问我几个问题，本来，阴阳两隔，我无须作答，但看你把我的骷髅头当作枕头——奉劝您别再这么做，会得'落枕'，看来是想知道我脑子里怎么个想法？所以，我就不揣简陋，来跟您交流交流！"

庄子喜出望外，作揖："骷髅兄，劳驾您来一趟，在下洗耳恭听！"

"您问的问题，都是活人的烦恼，对我们死人而言，全没这些鸡毛蒜皮的麻烦，您想不想知道死后的快乐？"

庄子说："当然，当然。"

"死了以后，上面没国君，下头无臣民，不受管辖，无拘无束；也没有一年四季忙不完的活儿，自由自在地跟天地同寿，就算面向南边称王的快乐，也比不上。"

庄子耸了耸眉毛，不信，说："如果我让命运之神使你死而复生，恢复你的身体，让你重新回到父母妻子身边，你要不要？"

骷髅头哈哈大笑，牙齿咯嘣咯嘣，差点滚下床来，他说："我怎么会放弃国王般的快乐，再去人间当奴隶呢？庄兄，等你死了你就知道，没有一个死人想回去再受罪一次的！"[1]

最后两句是我编的，其实，整大段被我添了油醋，但无损这一段的原意：生不如死。

死后有乐土吗？死后的"生活"（应作"死活"）比生时舒畅愉悦吗？各宗教发了通行证，指路牌指向天堂或是极乐世界，这真是最了不起的精神文明，死亡所改变的只是形体，灵魂不增不减不衰竭不离散，直接归返所属，那天上的家、法喜充满的乐土，无条件地接纳子民，暖光与喜乐无所不在。死亡，有何可惧！

不同文明对于死后灵魂何去何从各有安排，生的世界与死后国度孰苦孰乐，亦各有"想象式的体会"。异于庄子借骷髅所言，特洛伊战争中的希腊英雄阿基琉斯（Achilles），曾在冥界获得奥德修斯的帮助而恢复意识，他说："宁可在贫民区做工，也不要在冥界称王。"到底，我应该相信庄子手中那颗快乐的骷髅头，还是相信大英雄阿基琉斯的证词——他爸爸是希腊英雄，妈妈是海洋女神。或是，合理地推测，

1　《庄子·至乐篇》。

骷髅头去的地方是乐土，而阿基琉斯去了可怖的地狱。

希腊神话对于神、人、鬼的世界有具体且生动的描述。天神宙斯是至高无上之神，其兄波塞冬统治海洋，德墨忒尔是农耕女神，宙斯之弟哈迪斯统治死亡国度。

人死后，灵魂先进入一座草原，那里开着死者之花，流淌着几条河川。第一条叫阿克伦河，有一艘摆渡小舟，渡费是死者嘴里含着的一枚希腊银币。河中有地狱狗，对所有要进入冥府的人摇尾欢迎，但决不让他们出去。第二条河是感叹河，第三条是忘川，亡灵饮忘川之水即忘却世间一切。

此外，尚有火焰河、憎恨河等。

冥界是惩罚与痛苦之处，没有人能脱离，即使是最动人的歌手奥佩乌斯亦是如此；他的妻子叶留迪克死了，徘徊于冥界，深爱妻子的奥佩乌斯以歌声感动了冥王哈迪斯、冥后珀耳塞福涅，允诺他将妻子带回阳间，但途中不可回头看。奥佩乌斯一路弹奏乐曲，以歌声引导爱妻的灵魂，至冥界出口，奥佩乌斯以为回到阳间了，忍不住回头看，却忘了走在后面的妻子还在冥界，一眸之间，妻子永远消失了。

西方文学史上最伟大的作品之列，必有但丁《神曲》。意大利诗人（Dante Alighieri，1265—1321），熔神话、历史、哲学、神学于一炉，穷十余年心力完成《神曲》三部曲《地狱篇》《炼狱篇》《天堂篇》，以诗建构严谨且完整的亡灵世界，包含九层地狱、七层炼狱及天堂九重天。即使是《国家地理》

杂志派出全部摄影家、记者联合采访的规模，也无法与但丁那浩瀚的想象、繁复的情节、瑰奇的诗采相比。这一趟自地狱之门开始，历地狱、炼狱至天堂的漫长旅行，几乎可视作对自古以来禁锢于死亡课题之人类心灵的解锁行动。人死之后，何去何从？用来惩罪的地狱是什么样子？为亡灵洗涤骄傲、嫉妒、愤怒、懒惰、贪婪、贪饕、邪淫七宗罪的炼狱是何情景？幸福的灵魂居住的天堂又是何等辉煌？《神曲》做了总体回答。

隐在《神曲》背后，是一段凄美的爱情故事。贝缇丽彩，一个被但丁神格化的凡间女子；但丁与她初相遇时，是八九岁无邪的童年，再次相逢，是十七八岁怦然心动的少男少女。仅此两回，爱情的魔芽埋入但丁那肥沃的青春皋壤，扎根抽枝，绽放慕恋之花。七年后，已婚的贝缇丽彩竟以二十四岁芳龄猝逝，可想见，但丁深受打击，一度意志消沉。死亡夺去了他钟爱的灵魂恋人，他却以文学让她重生。贝缇丽彩过世十多年后，但丁动笔撰写《神曲》，他心中永恒的缪斯女神贝缇丽彩在诗中"复活"，与巨作同等不朽。

"我在人生旅程的半途醒转，发觉置身于一座黑林里面。"书中，天堂里的贝缇丽彩发现但丁在世间堕落得厉害，"步子离开了真理的道路，去追随一些伪善虚假的幻影"，所以央请古罗马诗人维吉尔（生于公元前七十年）的灵魂做向导，引领但丁踏上荒途，游历地狱、炼狱，目睹罪孽深重的亡魂哀号、痛苦之状，至天堂界，再由贝缇丽彩亲自引导，体验福灵之无上喜乐。书中，但丁不仅与贝缇丽彩重逢，更完成灵魂之救赎、飞升，同享天堂之永恒神恩。

我不禁幻想，在如此磅礴的书写中，即使贝缇丽彩之死是个椎心之痛，这痛也会被翰墨冲淡而消除。死亡变成一件渺小的事，改变的只是目所视的形体，伊人依然住在但丁心中，共呼吸、同觉知而未曾须臾离。其二，在纸上建构空前绝后之地狱、炼狱、天堂世界的但丁，当他的生命来到死亡边界，还会恐惧吗？还需要向导吗？料想，应有人同我一般，死后除了要去西方极乐世界参观参观，也要拿着《神曲》当旅游指南去自助旅行，游一游地狱、天堂。最好还能够向但丁要一个亲笔签名。

佛教轮回之说，使死亡像一道旋转门，众生各乘因业而旋转于六道——地狱、饿鬼、畜生、阿修罗、人间、天上之道途。一生结束，是另一生的开始。死，是往生，奔赴新的旅程。则，千斤重的死亡，哀痛逾恒的死亡，在"往生"的观念里变得轻盈且寻常了。死亡，不是世界到了末日，天欲崩地欲裂，是一阵春风吹过，柳絮飞起，湖心水波皱了。死亡，也不是永无止境的黑暗，残忍地拆散，来来去去之间、先行后到之间，几次旋转，又相逢了。有血缘是本分之亲，无血缘是福分之亲。装过糖的口袋还留着甜味，包过鲜花的手绢还藏着暗香，爱（或恨）随着转世轮回形成密码，经千百劫，在另一次人

524

生里与冤亲债主相逢。

地狱思想是各宗教重镇，在中国传统文化里，冥界之路十分险恶，乡间丧俗，棺木前置一根长竹枝，挂一条猪肉，说是免于恶鬼阻路，刃割亡灵。此外，十殿阎罗各有所司，十八层地狱亦耳熟能详，各层刑期及痛苦指数皆有详细规定。可惜，在世间作奸犯科的人都不知道死后的"地狱管理条例及施行细则"，故不能防患未然。由此可知，阳世与冥界两岸交流工作推行不力，主管高层应该减薪或下台。地狱，不能自恃是"天营机关"（非国营机关）而不改革。不过，话说回来，若懂得改革，那还叫地狱吗？

《地藏菩萨本愿经》第五品述及"地狱名号"。普贤菩萨请地藏菩萨给护法四大金刚及未来、现在一切众生做个业务简报，介绍一下"罪苦众生所受报处，地狱名号及恶报等事"，使未来世末法众生知道果报详情。地藏菩萨现场演讲必然极为生动，或者是，在座神通者皆具有一字系万象的神力，话语即出，影像即传输至脑海，所以无须多费舌唇详述，以致吾人阅读此品，只见一连串专有名词，却不知其内容实况，状似看 Power Point，只见大标题不知影像，不像《神曲》描写生动，俯拾即是："此刻，他们正裸着身体，在那里遭牛虻和马蜂狠狠刺螫折磨。鲜血从他们的脸庞流淌下滴，和眼泪混在一起滴落脚边，再遭令人恶心的蛆虫吮吸。"读之，仿佛观看《阴尸路》恐怖影集。关于地狱，经中仅记："阎浮提东方有山，号曰铁围。其山黑邃，无日月光。有大地狱，号极无间；又有地狱，名大阿鼻；复有地狱，名曰四角；复有地狱，名曰飞刀；复有地狱，名曰火箭；复有地狱，名曰夹山；复有地狱，名曰通枪……"铁围山内，地狱之数无限，地藏菩萨更进一步阐述，有："叫唤地狱、拔舌地狱、粪尿地狱、铜锁地狱、火象地狱……锯牙地狱、剥皮地狱、烧手地狱、烧脚地狱……"琳琅满目，仍然只有名称，总算到了后面有较具体的描述："或有地狱，取罪人舌，使牛耕之；或有地狱，取罪人心，夜叉食之；或有地狱，镬汤盛沸，煮罪人身……"刑具及用刑的情形堪称挖空心思、不择手段，只是，未说明何种刑用来罚何种罪？这一点，《神曲》较有人力管理、业务分级观念，各层地狱专管各类罪犯，譬如第一层幽域，关的是像我这种未领洗者；第七层地狱的第三圈，关放高利贷的，想必金融罪犯如坑杀政府劳退基金、掏空公司资产、恶性倒闭者，都会聚在这里劳改。"他们的痛苦，使他们睚眦欲裂；双手在左挥右拍，一会儿拨抛炎土，一会儿想把裂火抓灭。"魂丛里，人人颈上挂一个钱包，而且紧盯着自己的钱包不放。这种"死爱钱"的生动描写，令我大开眼界。

地藏菩萨辖下的地狱总管理处，固然在管理、企划、宣传方面有待加强，然它发愿："度脱六道一切罪苦众生，众生度尽，然后成佛。"读来依然动人，触及灵魂深处。罪苦众生一句，道尽多少生之辛酸，所犯之罪有多少是因为无奈与绝望而铸下的？若无福力救拔、解脱苦罪，如何可能？

"未来世中，若有善男子、善女人，闻是地藏菩萨摩诃萨名者，或合掌者，赞叹者，作礼者，恋慕者，是人超越三十劫罪。"

因忏悔故，获福如是。一切罪障，悉皆消灭。

之二 牵亡魂

如果没有冥界让亡灵暂歇，让生者有寻索的处所，那令人发狂的思念该怎么安顿？

三十八年前我父猝逝，殡葬毕，家中哀伤犹如潮浪拍岸。恍恍然，会因远处传来摩托车声以为他回来了，因不知是谁喊"阿爸"而奔至竹丛外小路看是不是他回来了。家中每个人各自陷入自己的幽冥感受，徘徊生死边界，进一步退一步拉锯着，忽然相信下一个转弯他会完好地出现，忽然被巨刺刺中内心有个声音窜出来："他死了！"我此生第一次知道疯狂边缘是怎么回事，才知道"哀痛"也可以算是无期徒刑。

族亲中，有人探听宜兰某处有灵媒能牵亡魂，其功力高深，无牵不出者。我们全家加上热心的族亲，浩浩荡荡十多人出发。临出门，在我父灵前禀告今日之行，请他的亡灵随我们去灵媒处相见、说话，一炷香与衣服象征他的存在，由我弟一路捧着。我们走很长的路，上公交车时，呼请他："阿爸，上车了"，下车亦是，接着换乘火车，下车再步行甚远，一炷香续续不断，一缕烟如亡灵相随。

是一处民宅，外观寻常，进了门吓一跳，大厅里等着牵亡的人总有五六十个，黑压压一室，不知是人多檐低因此显得昏暗，还是此处既是幽冥海关所以尚黑。烟雾弥漫，有灵媒自行供奉各路神明是以燃香不断，有来牵亡者带进来的亡灵之香，有阿公阿伯等候间互敬香烟；渺渺茫茫，犹如雾锁阴阳河，生者与逝者隔岸相寻。看来都是如我家这般新丧的，四周是叹息与低泣，人声沉沉，偶夹一两声刻意压下的嗷声，肃立的人交耳低语，转过头各自擦了涕泪。

内有一间房，应是牵亡处。门开，一群人鱼贯而出，多在抹泪。接待的人说，轮到我们了。他把表单交给灵媒，是个稍胖之妇，声音低沉富磁性，长得不辨男女相了。表单上只写我父姓名、身故日期及家宅所在地，其余一切资料空白。房间不大，供奉神像，有桌有椅，香烟袅袅，光线昏暗。灵媒对着神案喃喃诵念、祷求，接着以一长条布夹着冥纸蒙住双眼绑在头上，持续诵念仿佛有问答，观其背影，宛若已潜入冥界，探听家住某地、某日交割报到的某某人士是否在此，请来与家人相见。不得音讯，似乎另往他处牢笼，再次探寻，忽然，灵媒止声，静默瞬间，猛然向后倾倒，其助手扶她躺卧长椅上，观者皆明白亡灵已附身了。我母等人呼唤我爸名字，那灵媒竟出现痛苦状，声音微弱，说：
"真痛！"

听到这，全家已哭声震耳了。往下如何对话，做小孩的
我们听不清。事后听大人谈论，约略提到对我嬷、我母的歉意，
也对小孩勉励一番，不过，族亲问"他"有几个小孩，说的
又不尽然相符。临了，有一件怪事，灵媒问，有一人也来了，
你们愿不愿相见？问来者何人？灵媒没说名字，只描述了长
相。大人们一致猜测是逝去多年的一位邻家老翁，我对这位
四处漫游的"伯公"印象深刻，他擅说乡野故事，是童年时
唯一说故事给我听的人，我挤到前面，想听听他说什么？料
想如果是他，应有一番特别的言语来宽慰我们，怎料，只是
一般寒暄，我大失所望。

离开灵媒之屋，依然以一炷香带父灵回家。人人脸上肿
了双眼，一触到外头灿亮的阳光，几乎睁不开。但情绪释放了，
原本压在胸口的悲伤石块，因为刚刚喊了儿子、喊了丈夫、
喊了"阿兄"、喊了"阿爸"而崩去大半，竟流露出难得的
轻松之感，甚至回味灵媒话语，开起半信半疑的玩笑。

冥界必须存在，好让阴阳两界能在森森幽光之中相会、
呼唤、倾诉，爱必须有出口，死亡把出口堵住了，灵媒打开
一缝，让爱流淌，即使只有片刻如梦如幻，似真还假，也能
疗几寸伤、止几分痛。

十多年后，家人又听说某山某宫某灵媒功力高强，能唤

亡灵来会，竟又兴起去牵我父之灵的念头。我甚不以为然，事隔十多年，生死殊途，各奔前程了，何必有此一举？他们自去，我懒得相随。

事后，问家人，阿爸讲啥？家人说，"阿爸"一出来，大家又哭得"麻麻号"（放声大哭），讲什么，都没听到！我说："要'麻麻号'，在家就可以了，何必花钱费时间跑那么远？神经！"

大家尴尬一笑。死亡一事，若走到哭笑不得地步，表示外面阳光很灿烂了。

之三　返回

希腊神话[1]里，半神人英雄赫拉克勒斯必须完成国王交给他的十二道难题，才可升格为神。但当他完成任务，才知道一切都是徒劳，他失去家庭，变成飘泊浪子。有一天，他来到一个小国，遇到一件奇事。

国王阿德墨托斯深受人民爱戴，和美丽的王后过着幸福日子。讵料，国王的死期将近，保护神阿波罗告诉他，唯一化解之道是找个人代替他到地府去，即可免于一死。国王四处找寻可以替死的人，但爱戴他的人民个个沉默，低下头来

1　《希腊罗马神话与传说》，葛斯塔夫·舒维普著，齐震飞译，志文。

叹息，没有一个人愿意替他死。即使是他的年迈父母也不愿意放弃所剩不多的生命来拯救儿子。（我必须承认，我又再度心术不正地从投资报酬率的角度认定风烛残年的老人应发挥剩余价值去当儿子的"替死鬼"，我这念头邪恶得不得了，将来恐怕要去但丁地狱七楼三室，帮金融罪犯"看"钱包。）时间迫近，王后站出来，愿意赴死，她对丈夫说："因为我爱你的生命甚于自己的生命，所以愿意为你而死。我只请求你记住我所做的事，不要将我们的孩子交给后母，因为她可能会虐待他们。"她的丈夫含泪发誓，她活着是他的妻，死后也是他唯一的妻（唉，对"替死"这件事，我有很大的意见，但这不是此处重点，我也就自我克制不再多言了，以免要下降到但丁地狱八楼九室，那是关"制造分裂者"的地方，我才不要跟此刻浮现脑海的那几个人关在一起）。

王后死了。不久，赫拉克勒斯漫游到此，受到国王的礼遇与款待，但被宫中的忧伤气氛弄得不悦，问仆人才知这等大事，他深感愧疚："我竟然在哀伤的屋子里戴着花冠饮酒作乐，告诉我，王后的墓在哪里？"仆人指了方向。

赫拉克勒斯独自站在墓前，深深地看着，仿佛瞧见墓穴里那张姣好的脸庞，他并不悲伤，但这位大英雄做了决定："我必须救活这个已死的妇人，将她带回给她的丈夫、孩子！"

赫拉克勒斯埋伏在墓边，等待前来取祭品的死神，一把捉住它，激烈地与它战斗，迫使它返还王后。赫拉克勒斯带

531

着蒙着面纱的王后回到宫里，当国王揭开面纱看到自己的妻子，激动得几乎晕倒，赫拉克勒斯告诉他："她现在还不能说话，也听不到，到第三天拂晓，死亡的束缚才可以完全割断，带她回寝宫，庆祝你们的团圆吧，我得启程了！"

赫拉克勒斯离去，国王在他后面大声喊着："你指引我回复到更美的生命，现在我不仅是幸福，并且以感恩的心体会到我的幸福了……我们将怀着无限的感谢和爱戴纪念你，啊，宙斯的伟大的儿子哟！"

上一次我想到赫拉克勒斯，是数年前盛夏某日在地铁车厢里。我与班级导师去医院探视一位首次见面也是最后一次见面的家长，她已走到癌末，见到导师，苍白的脸立刻揪成一团，没有客套、寒暄，脱口第一句话说："老师，我儿子不爱念书怎么办？……我没有要他考第一名，可是只考一二十分……"句句都是滴血的话，孩子啊，你听见了吗？你能无动于衷吗？她喘得很厉害，虚弱得无法继续，情绪非常激动，但已流不出眼泪。她的身体枯槁，如裹着皮的骨架，腹水严重，下肢肿胀，次日将移至安宁病房。老师安慰她。然而，我以一个母亲的心知道，她最想听到的是孩子对她发誓，这一生不让妈妈蒙羞！

临别，我握着她的手说祝福的话，冰冷，像握着冰棒，我感受到她仍有很多牵挂，做母亲的牵挂。她胸前挂着护身符，手上戴佛珠躺在床上闭着眼，只能微微点头作别。

地铁车厢里，我祈求慈悲的神解除她的痛苦，我愿神的恩典降临，让她心中挂念的孩子们日以继夜地对她承诺，让一个年轻母亲在温暖且坚定的语句中放下牵挂，让她原谅命运对她的无情摧残。就在此时，我想起赫拉克勒斯充满力量的话："我必须救活这个已死的妇人，将她带回给她的丈夫、孩子！"

四天后，她离开了。

之四　当神失去它的所爱
——赠苏姐姐

主掌大地上一切耕耘的女神德墨忒尔，失去了她的女儿。

她与宙斯生下美丽的女儿珀耳塞福涅，德墨忒尔宠爱她像呵护大地上独一无二的花卉。某日，在山野游玩的珀耳塞福涅，被冥王掳走，诱拐为妻。

德墨忒尔四处寻找失踪的女儿。她追踪每一株作物的根须分布，翻查每一片叶子是否隐匿了讯息，所有听令于她的土壤、作物、鸟雀、蜂蝶、川流甚至擅于钻动的虫族，都回报没有看到珀耳塞福涅的影子。伤心的母亲在世间、地界徘徊，放声大哭九天九夜，第十天，一位能透视万象的神不忍心，告诉她真相。德墨忒尔极度愤怒，她没有能力闯入冥界夺回女儿，遂化作人类，穿粗布衣裳，失魂落魄地在人间漫游。

愤怒与哀痛侵蚀着她的心，绝望的母亲毁去地上一切农作物，使人间出现饥荒。宙斯只好安排珀耳塞福涅一年有三分之二的时间回到母亲身边，其余时间留在冥界。当母女相会，快乐的母亲德墨忒尔恢复大地之母的慈爱与丰饶，让地上一切作物发芽抽长，令丛花盛放，蜂蝶飞绕。当女儿必须返回冥界，德墨忒尔抑郁不欢，地上万物凋零，进入枯萎、酷寒。季节的轮回因此而形成。

特洛伊战争希腊联军第一英雄阿基琉斯，最被后人熟悉的不是荷马史诗《伊利亚德》[1]以他为主角颂扬其英雄事迹，而是他的脚踝；"阿基琉斯的脚踝"，用来指称一个人的致命弱点，而"阿基琉斯腱炎"更是复健科的热门用语，除了足球老金童贝克汉姆有此一痛，吾辈小有年纪之人也常因跳国标舞——不，是踩空楼梯这种没出息的理由必须跟它缠斗一番。

海洋女神忒提丝与希腊英雄佩琉斯神人通婚生下阿基琉斯，这位母爱澎湃的女神疼爱儿子的程度不亚于地面上的农耕女神德墨忒尔。她一心要剔除儿子身上的人类成分，握着他的脚踝，倒提着，浸入冥河（一说放入天火烧炼），使他圣洁。据传，唯一没炼到的就是脚踝，这成了致命点。阿基琉斯还是个孩子时，预言家告诉忒提丝，这孩子将来是个英

1　《伊利亚德》，荷马著，邓欣扬译，远景。

534

雄，他是特洛伊战争希腊联军致胜的关键，但他也会死于这场战争。忧愁的母亲倾全力要改变命运，她替这面容俊美的男孩穿上女生衣服，当作女儿养大，甚至，长大以后，眼力最好的人也难以从一群妙龄女子中看出哪一个是他，不得不使出诡计，在房间放兵器，再吹紧急喇叭，女郎们四处窜逃，只有"她"拿起武器，准备作战。

命运的棋局已定，青年阿基琉斯固然具有雌雄同体、男女相共美的独特气质，但骨子里流的是阳刚的英雄血，他躲不掉属于他的那一场战争。

阿基琉斯穿着金光灿烂的铠甲——那是神祇送给他父母的结婚礼物，在战场上骁勇善战，令敌人闻之丧胆。可是，他对母亲的依赖、呼求，甚至遇到难题时首先向母亲哭诉的情形，完全是个长不大、被宠坏的孩子模样。而忒提丝对儿子疼爱之深、呵护之切、用情之专在希腊神话中亦是绝无仅有的，《伊利亚德》书中，忒提丝对海洋女妖们说："我做了人类中最好的人的母亲，我养出了一个完美无瑕的儿子，使他去做一个威武的英雄！"若说儿子是母亲前世的恋人，用在忒提丝与阿基里斯这对母子身上是最恰当的。

特洛伊战争中，阿基琉斯两度向母亲呼救。第一次，是希腊联军统帅阿加孟农夺去他的战利品——一名与他相爱的美丽女子。愤怒的阿基琉斯独自跑到灰蒙蒙的海岸，望着苍茫海面，哭了起来，对母亲祷告："母亲啊，既然你以一个女神的身份给了我生命，那在奥林帕斯的宙斯总该对我有几分照应，可是他对我毫不关心……"这番话，真像受了委屈的儿子闹起脾气的言辞，不像英雄言论。做母亲的听到儿子哭喊，急忙自深海赶来，坐在哭泣的儿子身边，用手抚摸他，柔声地问："你为什么掉眼泪？什么事让你烦恼？不要把愁苦闷在心里，告诉我，让我替你分忧。"

阿基琉斯深深叹口气，以略带撒娇的语气说："你是知道的，既然知道了，为什么还要我叙述事情的底细！"阿基琉斯要妈妈去向宙斯求情，替他出口气，帮助特洛伊人打胜仗好教训教训阿加孟农。这是违背宙斯与赫拉旨意的，忒提丝不是不知道，但她愿意为儿子做任何事，果然飞到奥林帕斯山绝顶，见到宙斯，跪倒在地上，左臂抱住宙斯的双膝，右手举起抚着他的下巴，为儿子请愿。

阿基琉斯罢战期间，与他从小一起长大也是亲密挚友的帕特罗克罗斯，借穿那套独一无二的铠甲上战场，被误认为阿基琉斯，死于特洛伊王子赫克托之手，铠甲也被他夺走。阿基琉斯得知死讯，如坠入绝望深渊，双手抓起泥土涂抹那张漂亮的脸，在地上哀嚎打滚，若非他人制止，几乎要拔剑自刎。

阿基琉斯发出可怕的狂叫，海洋深处的母亲听到了。帕特罗克罗斯，在阿基琉斯心中具有独特地位，超越儿时同伴、军中同袍关系，视作密友亦不为过，他曾言爱帕特罗克罗斯

"爱得同我自己的性命一般"。他的死，改变了阿基琉斯的态度。阿基琉斯第二次呼求母亲。汹涌的大海分开两边让路，做母亲的看到爱子躺在地上呻吟，大哭一声奔过去捧着他的脸，无限怜惜。忒提丝并未忘记那则预言，战争打到第十年，决战时刻逼近了。阿基琉斯自悲痛中奋起，誓言要回到战场杀死赫克托，为挚友报仇。忒提丝含泪告诉他："我的儿子，那么你的青春生命也将断送，因为命运女神规定，赫克托死后，你的末日也近了！"

阿基琉斯，这位英姿勃勃，集纯真稚童、女性气质、美男子与英雄气概于一身的传奇人物，此时恢复成不可一世的英雄样貌："我要杀死赫克托，让宙斯和神祇们规定的命运临到我头上吧，亲爱的母亲，不要阻止我！"

做母亲的没有阻挡，"你是对的，我的儿子。"但她要儿子等着，"明天日出时，我会带给你新武器，我回来前你不要出战！"

忒提丝火速赶到火神宫中，抱着他的双膝，请求他为她已注定即将死亡的儿子制造一顶战盔、一面盾、一副胸甲和有着护踝的胫甲。火神答应，说了一句："如果我能救你的儿子免于死亡，那该多好！"

破晓时分，阿基琉斯仍然守着帕特罗克罗斯的尸体悲泣。忒提丝捧来森然闪亮的武装，放在儿子面前，那铿锵的金属声令人闻之胆怯。阿基琉斯一见，垂泣的双眼射出凌厉的光芒，他迫不及待地在母亲面前全副武装，忒提丝露出微笑，她如此骄傲，养出了一个完美无瑕的儿子。

阿基琉斯离开前，吩咐众人："小心看着，不要让苍蝇落在帕特罗克罗斯的伤口上，玷污了他美丽的身体。"做母亲的说："这事交给我吧！"她用香膏和美酒保护尸身。她爱儿子，也爱儿子所爱。勇猛的阿基琉斯杀死赫克托，不久，如神谕所示，特洛伊的保护神阿波罗自云雾中搭起神箭，一箭射中阿基琉斯最脆弱的脚踝，他怒吼："用冷箭射我的是谁？出来跟我面对面作战！"说完，愤怒地拔出箭，但鲜血直流，他如巨岩轰然倒下。赫拉斥责阿波罗："你杀死他是因为你嫉妒他！"

在这场神与神、人与人、神与人的激烈战争中，不世出的人间英雄终究尝到败绩，而神注定失去它的所爱。

阿基琉斯倒下，大地震动，染血的铠甲铿锵作响有如轰雷。战友们带回他的尸体，为他洗浴，穿上出征时他的母亲给他的华丽衣袍，雅典娜从奥林帕斯山俯视，心中充满无限怜惜，用香膏洒在他的额头上。这位善战英雄的脸上褪去了战争所镂刻的愤慨与苦恼，恢复稚童与美男子的表情，面容美丽且圣洁。

忒提丝感应到儿子死了。她从深海悲号而出，天色骤暗，海面掀起咆哮巨浪，整条海岸线几乎被疯狂的浪涛冲毁。每个人都知道，阿基琉斯的母亲来了。忒提丝紧紧拥抱高大俊美的儿子，抚摸他的金色头发，亲吻他，哭泣着，诉说着他带给她的快乐与骄傲，她以他为永远的光荣。所有人退到远处，不敢打扰海洋母亲与她的爱子最后一别。地面被忒提丝的眼泪淋湿，连太阳也无法晒干。

英雄们为阿基琉斯举行火葬，每个人割下一绺头发作为殉礼。熊熊的火焰冲天，仿佛能让奥林帕斯山上众神的脚底发烫。礼成后，将灵骨装在镶金的箱子里，和帕特罗克罗斯的放在一起，置于海岸最高处。让深海里的母亲一眼望见，也让这不朽的青年偎依着海洋。

依例，人们会为战死的英雄举行殡葬赛会，以武艺或体能竞赛来分配逝者留下的物品。帕特罗克罗斯的殡葬赛会由阿基琉斯主持，而阿基琉斯的，该由谁主持？

海浪分开，伤心的母亲来了，头上戴着黑色面纱，命侍女取出许多辉煌贵重的奖品，包括儿子的两匹神马、战车、器物及最宝贵的铠甲。她吩咐英雄们开始比赛，徒步竞走、摔角、拳术、射箭、掷铁饼、跳远等，她把奖品颁给获胜者。海洋母亲的脸上依然有着悲愁的神色，但任谁都能从轻纱一般的海面推测她的内心有了大平静。拥有完美无瑕的儿子是事实，儿子战死沙场也是事实，这两件事同时存在；她亲自主持殡葬赛会，既是面对、承认儿子死亡的事实，却又不仅于此，她必须这么做，因为，一个完美无瑕的儿子理应得到母亲的这种对待——为他划下完美的人生句点，为他而勇毅，为他而恢复平静。

当我读到，把因意外而身亡的美丽女儿的脸刺青在胸口的父亲，把猝逝的儿子的脸刺青在手臂的母亲，我总是想到寻找女儿的德墨忒尔，无论如何要把挚爱拥入怀里的那份刻骨铭心。当我读到这样的一首诗：

最后的第一次

原来天，真的，会塌下来
原来井边那少女，为她
未来的小孩的厄运悲泣
并非与庸人同温的笑话
杞人许是洞烛机先的哲人

从那年冬暮除夕，我们母子
留置医院守你的初岁，开始
欣悦地收藏许多的第一次
总以为那些的点滴珍贝
将无止境地继续向上堆叠
讵料不过一个横行的浪头
沥血的沙堡登时崩毁无踪

只好勠力倒置广漠的沙滩

由忽忽流淌的时间之漏

去显微每一粒闪烁的细痕

然随处撞遇，尽属最后的折页

最后一张留影于外公的寿宴

最后一通微带哽咽的电话

最后一封应诺的电子邮件

……

而今年凛冽冻雨的新岁初——

未插茱萸但永远少了一人

在你的空位前摆着素面

于阖上你单薄的半册之后

终又能为你加添一笔第一次

你的第一个，第一个冥诞啊[1]

当我读到这样的诗，我怎能不想起忒提丝和她的爱子？

在痛失子女的哀伤父母面前，才发现，我们对眼泪了解得太少，对悲哀体会得太浅，而说出的话语都是杂草。当神失去它的所爱，号啕哀哭，一如凡人；当人失去所爱，号啕哀哭，与神无异。

---

1 《昨夜风》，白雨著，自印。

死亡诊断书上写的死因仅供参考，每一个迸裂青春都有属于他们的特洛伊战争，十年长征，飘泊在外，使他们倒下的，不是因为武艺不精、懦弱怯战，是来自云端的一支冷箭射中了脚踝，一如阿基琉斯。

"我做了人类中最好的人的母亲，我养出了一个完美无瑕的儿子。"赐给儿子铠甲的是母亲，把铠甲当作殡葬奖品分赠出去的也是母亲，母亲的爱是海，死亡只是一颗石头。

一颗石头，怎能推翻海洋？

悲 伤 终 结

之一　最后的歌

　　——某年捡骨，置父亲三十九龄之头颅于掌上，
刷其泥垢，凝睇甚久，有感。

　　沉默的秋日山岗　紫花霍香蓟占领无人墓域
　　你的头颅在我掌中发亮　不断以闽南古礼呼唤你
　　据说漂泊的灵魂得以安息

　　煤油灯闪烁你的身影　童年的我
　　躲在八仙桌底逗弄金龟子的翡翠翼
　　一根黑线绑住虫脚　飞哟飞哟
　　逃不出我的手指
　　虫影映在你的白衣上　你弯腰问我
　　躲在神桌底下玩什么把戏

遂应验鬼节那晚　你终于逃不过死神的捕魂绳

然而你总该记得多雨黄昏
我独自跪在你的墓庭低泣
辨识鸭跖草践踏我们的痕迹
我确实是你预言中迟早要离乡背祖的女儿
不断收集浮云　制造废墟

我竟无法告诉你的头颅　世间仍有浓蜜值得牢记
海水漫过我的肩头时　曾呼唤你指给我冥府之路
另一个世界也飘毛毛雨吗
你居住之处有火宅与冰牢吗
曾对阳世女儿预警碎骨之途吗
为何我从未躲过劫数。

刷亮你的头颅之后　你都干净了
决定放你走
从今起　不想不念不提起无须舍下
人生草草一场
我已习惯去空旷的地方放牧自己　并且随身携带
一株盛开的蟹爪兰
预先为我清除头颅内的污泥

写于一九九三年

之二　相逢月台上

深秋时分，一个寻常的清早，我伏案书写，这本书刚进入末卷，死亡气息在纸上弥漫，笔尖常因回忆过于壅塞而停了下来。

来了一通电话。一位在大学任教的朋友，像热心的路人，描述一段曲折的寻人路径；她的学生帮一位外系学生问她，关于我的连络方式，她问我愿不愿意给？我问：那学生为什么找我？她提到一个名字，这个外系学生是这人的女儿！这个名字重新出现，距他辞世已悠悠二十年了。当日，电子信箱来了一封信。

　　简媜老师（或是可以改口叫简媜阿姨呢）：

　　　　说实在的，写这封信的时候我真的很紧张，不知道您是否还记得我的父亲？也不知道您是否愿意和我多说一点关于我父亲的事情？总之很多复杂的情绪，包含着期待、紧张、担心、兴奋……诸如此类。

　　　　第一次听到简媜阿姨您的事情是奶奶提起的，当时我读初一，去参加文艺营。那时候听完您的演讲，似懂非懂，然后我拿着书找您签名和合影，却不知道该如何向您提起父亲的事情。因为一份作业，需要画出家系图，所以我开始寻找我父亲的资料，在网络上发现了您《胭脂盆地》写的那篇《大踏步的流浪汉》，一面读，一面认识了我的父亲。

从以前到现在，都只是不断听着一些父亲开朗有趣的一面，却从来不知道其他的事。真的非常感谢您为我父亲留下了这么一些文字，让我能够拼凑出父亲的模样，让我在二十一岁的这一年终于知道更多父亲的事情，读到了父亲当时对我的期待。

真的很多很多的感谢。

本来想要亲笔写信给您的，但是不知道若是寄去出版社，您是否会收到，于是我请文学系的学妹帮我问系上老师，辗转问到您的 mail。

祝您一切平安，身体健康。

L

我读了又读，试图从字里行间窥见二十年间一个生命的成长，以及如何在每一刻度成长过程隐藏"没有父亲"的缺憾。这缺憾，我是知道的。

我取出旧作，二十年来不忍再看，如今，因着这则电邮，鼓起勇气重阅，往事逆风扑来，历历在目，读到："第二殡仪馆告别式中，你的女儿，安静地吮吸奶嘴，盯着爸爸的遗照看。她才一岁多，还不懂悲伤。等她长大学会认字，她会从这篇文章知道，她的爸爸在生命最后写给简阿姨的信中曾提到：'这孩子遗传了我的面貌，看到她一天天长大，成了我的生命最大寄托。'她会了解父亲的爱，以你为荣而坚强地替你活下来。"

忽然明白，在沧桑世间是有拈花微笑的可能的！依着文字的线索，这孩子找来了！我想这是天意——不，是二十年前以三十七岁英年而逝、看不到女儿长大的年轻爸爸的心意，他要我履行文字承诺，与他女儿见面，亲口告诉她父亲对她的爱！

L宝宝：

收到你的信很开心，你应该早点跟我认亲的。

你的爸爸活在很多人心里，用他特有的温暖的方式。

我第一次看到你，是在你爸爸的告别式上，没想到你这么大了。如果你爸爸还在，一定是那种溺爱女儿到不像话的爸爸。

你住哪里？家人都好吗？我很乐于跟你见见面聊一聊，什么时间方便？现在几年级？快告诉我吧。

简嫃

简嫃阿姨：

大家都很好。我已经大四了，住在学校宿舍。我目前因为在实习，所以只有假日比较有空，平日的话，

只有礼拜五的晚上。不知道这样的时间对阿姨来说方

不方便？

L

L：

我们在小碧潭地铁站碰面，你一出地铁车厢就站

在月台上，我们在月台上相认吧。我带你去一家咖啡

厅，有个江阿姨也会来，她也是你爸爸的同事。

简媜

多么奇异的约会，这样的心情不是我这岁数的人该有的。

小碧潭站，步出车厢的乘客一一往闸门走，我寻找高颧骨男

子可能遗传出来的女貌，有个年轻女孩的脸略有几分相似，

她也看了我，现在，月台上只有我跟她，我叫了名字，与她

相认。

这一刻，我觉得，我仿佛是她爸爸。

是个多么光辉灿烂的女儿啊！是每个做爸爸的愿意为她

做牛做马、恨不得放在口袋里像保护公主一样保护她的那种

女儿。她落落大方，毫无时下女孩的浮华俗气，谦和有礼，

遗传了她父亲的朴实与独立自主，是一匹可以驰骋的黑马！

温暖的咖啡厅里，我们三人的秘密相聚像是失散多年的

某种关联又黏合了。某个刹那，我以为那个爽朗热情、笑声

548

响亮的壮年男子回来了，我们三个下了班的同事窝在咖啡厅聊得正起劲，二十年风雨沧桑是墙角某一本卷了页过期杂志的封面故事，与我们无关。某个刹那，我闪过一个念头，生与死并非割裂，其实一直接续着，只是换了形式。

我问："成长过程，没有爸爸陪伴，会不会觉得缺憾？"她说还好，同学、老师都不知道。怎么可能没有缺憾，但聪明的孩子自有一套包扎伤口的法子吧！

分别后，又通了电邮。

L：

我与江阿姨都很高兴与你见面，看到你长得又懂事又漂亮又有主见，真要嫉妒你的妈妈喽，有这样可爱的女儿一定很满足！

你也帮我弥补了一些遗憾，知道你这么认真地要活出自己的人生，使我心里因为二十年前失去一个好同事好朋友的遗憾得到了安慰，可见你的存在是多么重要！

我相信你爸爸一定护佑你，因为我绝对绝对相信，你是他最爱的人！

深深祝福

简媜

简嫃阿姨:

　　很开心能与您和江阿姨见面,在七张的月台上就看到您的身影,那时还在猜想是不是您?没想到,直觉就这么准。我想大概是缘分吧!

　　真的谢谢您俩,告诉我很多我不曾听过的关于父亲的事情。当您问我过去那段时间是否有些缺憾时,想一想,当时是说谎的。我也因为失去父亲,反而父亲似乎成了我心中的神一般。

　　每当遇到困难或人生必须做出选择时,我都会暗自问问"心中的父亲",我该怎么做,该怎么选择?

　　至今想到父亲,偶尔还是会难过,但更多时候,我还是从父亲那儿得到很多的力量。

　　　　　　　　　　　　　　　　　　　　L

　　我想象,"心中的父亲"拥抱女儿的情景,是虚,却也是实。这一场相逢,冥冥之中仿佛是天意,要帮死神说几句好话;消失的只是形体,从生下孩子的那天起,父爱或母爱,从未远离。也仿佛在为我的书写作结,如同二十年前他离世前所领悟的真理,这真理如今在我眼前印证:

　　生生不息。

之三 完成

　　天若有情天会老，地若无情地会荒。我们扎根于有情大地，仰望亘古无情的天，于其间遇合离散，领受悲欢爱憎，或长或短都叫一生。或许，生命的真谛，不在于带走什么，在于留下什么；不在于如何开始，在于怎么结束。即使是出生即夭折的婴儿，都要奋力地在母亲心中留下永难忘怀的婴啼，更何况得寿之辈？若只摆着空摊子，醉生一场，又何必这一趟？若是埋首耕耘、尽情度日，得寿者衍育了子孙、善尽了职责，早逝者发扬了华采，以己身说一场生死大法，则皆是不虚此生。我们的生命，是他人死亡之延续，来日，我们的死亡也将启蒙他人。生是珍贵的，死也是珍贵的，生只有一回，死也只有一次，我们惜生之外也应该庄严地领受死亡，礼赞自己的一生终于完成。

　　功德圆满的人生，应该是指能让生者在悲痛之中犹然感受到力量的；爱的力量，智慧的力量，道德的力量，奉献到春蚕丝尽的力量，在岗位上燃烧至蜡炬成灰的力量，这力量鼓舞生者，鞭策来人，源源不绝，死亡不仅不能消灭反而彰显了它的价值。即便是一家屋檐下，目不识丁的老农，胼手胝足种作，养护幼雏成人，传下坚毅的精神，亦是大成就，一生圆满。功德，岂只在头衔而已。

　　而中途被迫离席的人，或心愿未了，或壮志未酬，或难关未破，一生戛然而止留下未竟的篇章，那篇章必须由生者续笔、补缀，了却心愿、酬了壮志、破了难关，替他划一个圆。是以，活着的人，除了活着自己的，也必须伸展臂膀，替逝者解除遗憾，让他得以安息。死亡，岂是一无所获之事？我们从中领悟爱之无限，愿之无穷，领悟人生峰顶，那风景叫"无憾"。

当我们埋首耕耘、尽情度日，份内有多少寒暑不妨听天由命，得多少福禄功勋，任凭浮云去注定。生命的意义在付出过的每一滴汗水、品尝过的每一口滋味、了悟的每一桩道理，汇整之后做出了给与——生命是为了其他生命而存在的，生接续了生，扩大了生，是以生生不息。

当休息的时刻来临，有何可惧？死亡，是完整生命的一部分，更是一种完成。朽坏的独木舟还给大地，卸下的包袱交给世间，爱留给心所系的人，温暖赠给四方，那辽阔的自由赏给灵魂独享。

当此时，笑意自内心深处浮出，谁会在银闪闪的地方等着，不再重要，无边无际的自由与愉悦荡漾而来，只存一念：

　　带我走吧，风，

　　我是落叶，我是空。

尾声　下着雨的冬天早晨，
阿嬷启程

这一篇是多出来的，或许是阿嬷的意思。

撰写这本书期间，我被文字与例行性的劳务绑住，回去看阿嬷的次数锐减。秋天，来台接任的看护工作不到三个月竟偷跑了，为了重新开立巴氏量表，阿嬷又被折腾一次，"运送"到医院给医生看（电询所谓到府开立量表，需等待月余，最快的方式还是亲自上医院）。有一晚，我梦见阿嬷缩到很小，像婴儿，在她旁边有一只变形大蜘蛛，梦中的我一掌将它击杀，此时却看见已过世的亲人的背影。醒来，不明所以。等待新看护期间，屘姑与我轮值回家协力，她得此机会与老母共眠数夜，我不过夜，其实只是带笔记本电脑回去敲打，与我母闲磕牙，顺便做一点轻省的小帮手而已。用过午膳喝过咖啡，叫一声："阿嬷，我要回去煮饭了！"她或是沉睡或是盹坐，没有回应。

阿嬷活在昏暗摇晃的夜行列车里，晕晕然，似睡非睡，季节风雨溅不进来，拂窗的树枝打不进来。我们是查票员："阿嬷，我谁人你知莫？"她掏了老半天，掏出残缺不全的票。查票员查得太勤了，她干脆答以："不知啊！"逃票无罪，耍赖有理。有时，列车见了天光，她又清楚得很；我母逗弄她："姨啊，你女儿要来帮你剪头毛，顺便染一染好不好？"她抖动嘴巴，表情正经地说："剪就好，莫染！"惹得众人啧啧称奇，此时的她是个老婴儿，说了一句可爱的话被无聊的大人视作纶音。

秋深，小妹买了蛋糕，对她说："嬷，你今仔日生日，我买鸡卵糕给你呷。"她清楚地回答："莫睬钱（浪费）！"妹问："你知影你几岁莫？"她答："不知啊！"妹说："你一百岁喽！"她脑中那浑沌天地忽然闪过明光，惊答："啊，有这多！"

于今想来，天机触动了。那一个我们从小熟稔的精明、胆识、果断的阿嬷从脑中苔深露重的幽暗角落钻了出来，开始测量时间。

匍匐二十六万字之后，这本书在十一月底完成主体结构，剩下的只是绣面。我过了几天身轻如燕的日子。十二月初，冷雨连绵的早晨，正是上班上学开始干活的时刻，我打开计算机，精工修缮《冥界神游》与《悲伤终结》两篇，电话响了起来。

云妹口气急促，外佣电她，阿嬷情况不对，要看医生。她在办公室当天要发薪走不开，问我能不能回去带阿嬷看病？我说可以，正准备出发，她又来电，是不是叫救护车较快？我说，叫救护车也得有人在那儿接应才行。我知道我母人在宜兰参加亲戚的告别式，小弟上班了，最有可能还没出门的就是住附近的大弟，我电他，人在哪里？他竟说：桃园。我当下像遭到雷击，怎么所有人都不在！幸好我家中老同学尚未上班，火速载我回去。途中，云妹又来电，她也要赶回来了，因为外佣在哭，阿嬷很喘。

我一到，冲过去，阿嬷像睡着一样，就是平常的样子，身体热乎乎的。我叫她："阿嬷！阿嬷！我敏娟啦！阿嬷！阿嬷！"她都没应。我从她的脸读出她已准备离开了。我摸她的手，是热的，而我的手是冰的，无法感觉出脉搏。我爬上床，趴在她的胸口，听心跳，起初仿佛有微弱的感觉，但接着就听不到，我又静静听了一会儿，确定灵敏的耳朵已听不到任何搏跳。当下决定不必叫救护车，阿嬷已启程了。

我握着她还温暖的手，轻轻摩挲她的心口，像幼时我们生病时她摩娑我们的胸口减缓病苦一样，对她说："阿嬷，你现在都没病痛，没烦恼，也没有委屈了，你要随佛祖去极乐世界，去快乐的所在。多谢你一世人为我们牺牲，我阿爸死后你把我们养大！……"我跪在床上，握着她的手，此时才发现她身上穿着跟我一模一样的白棉袄，多年前我买两件，一件给她一件自穿。生死相别的当口，前路茫茫，雨雾漫漫，我们祖孙以衣相认。

厝姑与家人一一进门，我母与二姑也自宜兰赶回，叫她，跟她说话。"阿嬷，你现在眼睛金朵朵，脚也能走了，不要走错，要去极乐世界！""姨啊，以前怕你伤心不敢告诉你，你的大女儿跟两个女婿也去极乐世界了，你若看到他们不要惊，要一起随菩萨去极乐世界！"泪水在每一张脸上流溢，叫姨的、叫阿嬷的、叫阿祖的，围绕在她四周说感谢的话，连在美国的外孙也透过电话在她耳畔低语，送她这一程。

云妹备了红包袋放在阿嬷手上当作手尾钱，我母拿出早已备妥的衣服，一媳、二女、三个孙女齐手为她装扮，"阿嬷，你身躯放软，我们要帮你穿水水，戴手镯戒指。"二姑熟稔古礼，由她指示着装，我母为她梳头，最后，在腰间系上我母做的荷包袋，袋内装银纸，二姑持剪刀剪下一截带子，说："姨啊，短的你带去，长的留给子孙做家火（财产）。"

仿佛预演过，仿佛另有一个睿智的阿嬷超脱肉体束缚，调兵遣将安排这一切；她知道什么时候、什么事该找什么人。一切是巧合，但也可能不是巧合。她知道我一整年陷入生死主题书写，回顾过她的一生，思索过死亡，心理力量已与以前不同。她把所有人调开，指定我回去，她知道我会理智地为她做出一个最呵护她的决定，不让她经历无谓的医疗急救最后狼狈地离开，她知道自小疼爱的长孙女有足够的胆量帮她顾好往生的路口，让她在自己家里自己的床上，无惊怖无折磨无阻挠，平安地跨过生与死的门槛，卸下背了一百年的人世。

阿嬷往生的路走得安详平顺，干干净净，没有任何药味臭味，换上厝姑为她买的漂亮衣服，家人好好地跟她说话，跟她告别。这是多么大的福气，多么平安的事。虽然不舍，但想到她百岁善终，心中感到宽慰，觉得老天很疼我们的阿嬷，赐给她这么难得的句点。或许，这就是她要的，她不要子孙因她而劳顿奔波、哀伤悲痛，她一生最重视的就是家庭，用家的温暖送她，她才能一直住在我们的心里，温暖我们。

一个苦命的绝望女人活了下来，只有一个理由：爱，阿嬷爱我们所以活下来。她布满哀哭的一生，留下的财富也只有一个字：爱。

阿嬷成为我们的祖产。

写于二〇一二年十二月五日，阿嬷成仙日